Guido Thiemeyer

Internationalismus und Diplomatie

Studien zur Internationalen Geschichte

Herausgegeben von Wilfried Loth

und Eckart Conze, Anselm Doering-Manteuffel, Jost Dülffer und Jürgen Osterhammel

Band 19

Guido Thiemeyer

Internationalismus und Diplomatie

Währungspolitische Kooperation im europäischen Staatensystem 1865–1900

R. Oldenbourg Verlag München 2009

Gedruckt mit Unterstützung der Fritz Thyssen Stiftung

Bibliografische Information der Deutschen Nationalbibliothek
Die Deutsche Nationalbibliothek verzeichnet diese Publikation in der Deutschen Nationalbibliografie; detaillierte bibliografische Daten sind im Internet über http://dnb.d-nb.de abrufbar.

Rosenheimer Straße 145, D-81671 München
Internet: oldenbourg.de

Umschlagbild: International Monetary Conference © CartoonStock
Gedruckt auf säurefreiem, alterungsbeständigem Papier (chlorfrei gebleicht).
Gesamtherstellung: Druckhaus „Thomas Müntzer" GmbH, Bad Langensalza.

ISBN 978 3-486-58431-8

Inhalt

I. Einführung ... 8

Methodisch-theoretische Prämissen: Geschichts- und Sozialwissenschaften ... 11
Internationale Geschichte und ihre Quellen ... 18

II. Die Gründung der Lateinischen Münzunion ... 21

1. Eine De-facto-Währungsunion und ihre Probleme ... 21
2. Die Gründungskonferenz zwischen Belgien, Frankreich, Italien und der Schweiz im November/Dezember 1865 ... 28
3. Französische Planungen für die Ausweitung der Lateinischen Münzunion und ihr Hintergrund ... 36
4. Verhandlungen mit Preußen ... 40
5. Die internationale Währungskonferenz im Sommer 1867 ... 43
6. Der Beitritt Griechenlands zur Lateinischen Münzunion und die Verhandlungen mit Österreich-Ungarn und dem Heiligen Stuhl ... 46
7. Der Franc als Ankerwährung unter Vorbehalt: Die skandinavische Währungspolitik ... 52
8. Systematisierung: Die Lateinische Münzunion zwischen Ökonomie und Politik ... 54

III. „Une Révolution Monétaire Générale" in Europa: Die deutsche Währungsreform 1871–73 und ihre Konsequenzen ... 61

1. Die Entstehung des internationalen Goldstandards: Interpretationsmuster ... 61
2. Das Deutsche Reich als währungspolitisches Zentrum Europas ... 66
3. Der Übergang der Lateinischen Münzunion zum Goldstandard ... 78
4. Die Entscheidung für den Goldstandard im Deutschen Reich ... 82
5. Systematisierung: Eine neue These zur Entstehung des internationalen Goldstandards ... 94

IV. Die Währungsfrage in den Vereinigten Staaten und die internationale Währungskonferenz von 1878 100

1. Die Anfänge US-amerikanischer Währungspolitik bis zum „Crime of 1873“ 101
2. Die Währungsfrage im Wahlkampf 1876 105
3. Der „Bland-Allison Act“ von 1878 und sein innenpolitischer Hintergrund 108
4. Die Reaktionen auf die US-amerikanische Währungsinitiative 113
5. Die „Amerikanische Münzkonferenz“ im August 1878 118
6. Systematisierung: Die Ökonomisierung der Außenpolitik durch die Vereinigten Staaten 127

V. Die Weltwirtschaftskrise der 1870er Jahre und ihre währungspolitischen Konsequenzen 130

1. Die Wirtschaftskrise 1878/79 und ihre währungspolitischen Konsequenzen 131
2. Die französisch-amerikanische Initiative für eine internationale Währungskonferenz im Frühjahr 1881 135
3. Bismarcks diplomatisches Spiel mit der Währungspolitik 140
4. Die internationale Währungskonferenz von 1881 146
5. Systematisierung: Unterschiedliche Kommunikationscodes als Ursachen für das Scheitern der bimetallistischen Initiative 157

VI. Ökonomische Vernetzung und nationale Souveränität: Die Krise der Lateinischen Münzunion 1878–1885 162

1. Die Abschaffung des Corso Forzoso in Italien als Zwangsmaßnahme der Lateinischen Münzunion 162
2. Die Krise der französischen Hegemonialpolitik in der Lateinischen Münzunion 1882 169
3. Italien, Frankreich, die Schweiz und die Frage der Verlängerung der Lateinischen Münzunion 172
4. Belgien und das Problem der Liquidationsklausel in der Lateinischen Münzunion 180
5. Systematisierung: Ökonomische Vernetzung und nationale Souveränität 186

VII. Höhepunkt und Ende der Bemühungen um den internationalen Bimetallismus 1892–1897 190

1. Fortsetzung der Währungsdebatte in den USA 190
2. Der „blockierte Bimetallismus“ in England und Deutschland 194
3. Frankreich und die Staaten der Lateinischen Münzunion 201

4. Die Währungskonferenz von 1892 ... 206
5. Innenpolitische Kontroversen um die Währungsfrage ... 210
6. Die gescheiterte Währungskonferenz 1897 ... 214
7. Währungspolitik unter dem Druck der Öffentlichkeit: Die Lateinische Münzunion und Italien 1893 ... 219
8. Systematisierung: Gesellschaftliche Konflikte und internationale Währungspolitik ... 221

VIII. Systemische Differenzierung im Zeitalter des monetären Internationalismus ... 224

IX. Quellen und Literatur ... 239

1. Ungedruckte Quellen ... 239
2. Gedruckte Quellen ... 239
3. Zeitgenössische Literatur ... 240
4. Literatur ... 243

Dank ... 252

Personenregister ... 253

I. Einführung

„Auf national-ökonomischen Fragen baut sich heutzutage die innere und äußere Politik auf", schrieb der deutsche Botschafter in Wien, Philipp von Eulenburg, im Februar 1893 in einem privaten Brief an den deutschen Reichskanzler Leo von Caprivi. Der Bund der Landwirte, die gerade in diesem Jahr gegründete deutsche agrarische Interessenvertretung, hatte Eulenburg zum Beitritt aufgefordert, er jedoch lehnte ab. „Den Bund der Landwirte vermag ich von der Politik nicht zu trennen", so erläuterte er seinen Entschluss. „Der Bund ist wohl mehr ein neues Symptom der Gärung, welche die parlamentarischen Flegeljahre des jungen Deutschlands hervorrufen und welche durch die Fehler bei der Geburt des Reiches – das allgemeine Wahlrecht – so bösartige Formen angenommen haben."[1] Die Äußerungen des konservativen deutschen Diplomaten über die Bedeutung der Wirtschaft für die „innere und äußere Politik" sind ebenso typisch für die zweite Hälfte des 19. Jahrhunderts wie seine negative Bewertung des jungen deutschen Parlamentarismus. Wie ein Brennglas fokussieren die Äußerungen Eulenburgs jene fundamentalen Veränderungen, welche sich in jener Zeit in der inneren und äußeren Politik Europas zutrugen, das drastisch verstärkte Eindringen wirtschaftlicher und sozialer Konflikte in die Diplomatie und die beginnende Demokratisierung der Gesellschaften. Beides gehörte zusammen; es war die historische Begegnung zwischen alter Feudalordnung und moderner Gesellschaft, hier repräsentiert durch den konservativen, adeligen Diplomaten alter Schule, der sich gegen die Vereinnahmung von Interessenverbänden und den aufkommenden Parlamentarismus wehrte. Drei der zentralen Themen des 19. Jahrhunderts spiegeln sich in diesem Brief, die Revolution des Kapitalismus, die Konfrontation zwischen parlamentarischem und autokratischem Regierungssystem und der durch diese Entwicklung bedingte Wandel des europäischen Staatensystems.

Damit ist das Thema dieser Arbeit umrissen: Es soll am Beispiel der internationalen Währungspolitik gezeigt werden, wodurch dieser Wandel des Staatensystems ausgelöst und bedingt wurde, wie das Eindringen von Wirtschaft und Parlamentarismus in die internationale Politik konkret vor sich ging und welche Folgen dies für das internationale System hatte. Die internationale Kooperation

[1] Philipp Eulenburgs politische Korrespondenz, Bd. II, hrsg. von John Röhl, Boppard 1979, S. 1029, Eulenburg an Leo Graf von Caprivi, 24.2.1893.

auf dem Währungssektor steht in Zusammenhang mit der politischen, wirtschaftlichen und kulturellen Internationalisierung, die Europa in den letzten vierzig Jahren des 19. Jahrhunderts erlebte.[2] Es ist ganz offensichtlich, dass in dieser Periode eine Entwicklung in Gang gesetzt wurde, die in der gegenwartsbezogenen soziologischen, ökonomischen und politikwissenschaftlichen Forschung seit einigen Jahren unter dem Schlagwort der „Globalisierung" intensiv diskutiert wird.[3] Dabei wird gerade in diesen Disziplinen allzu oft übersehen, dass schon die zweite Hälfte des 19. Jahrhunderts eine Epoche des beschleunigten globalen Zusammenwachsens in den Bereichen der Kommunikation, des Verkehrs und des Handels war, ja, dass viele der im Kontext der Globalisierungsdebatte analysierten ökonomisch-gesellschaftlichen und politischen Prozesse eben hier ihren Ursprung haben. Die in dieser Arbeit behandelten Jahre waren eine Epoche der zunehmenden globalen Verflechtung, in dieser Zeit entstand beispielsweise der Weltpostverein, die Zeitrechnungssysteme der Welt wurden ebenso wie Maße und Gewichte synchronisiert, auch die Bemühungen zur Vereinheitlichung der Sprache (Esperantobewegung) spielen hier eine Rolle. Schon die Zeitgenossen prägten hierfür den Begriff „Internationalismus"[4], Jan Aart Scholte sprach von der zweiten Phase (von insgesamt drei) der Globalisierung, die durch die großräumige Vernetzung von Handlungs- und Wirkungsketten gekennzeichnet sei.[5] Trotz dieser weitreichenden und in ihrer Allgemeinheit zweifellos zutreffenden Thesen gibt es bislang nur wenige quellenfundierte geschichtswissenschaftliche Darstellungen, die detaillierter zeigen, was „Internationalismus" eigentlich bedeutet.[6] Eben dies soll in dieser Arbeit am Beispiel der internationalen Währungspolitik verdeutlicht werden. Internationalismus soll hier als Begriff zur Beschreibung dieser Phänomene gewählt werden, weil dies der zeitgenössische Terminus für diese Entwicklung ist, der aus diesem Grund als zutreffender erscheint als der gegenwärtig geradezu inflationär gebrauchte und deswegen unklare Begriff der Globalisierung. Internationalismus meint nach Alfred Fried die Entstehung von „internationalen Verbände(n), und Einrichtungen, der Staaten

2 F.S.L. Lyons, Internationalism in Europe 1815–1914, Leyden 1963. Madeleine Herren, Hintertüren zur Macht. Internationalismus und modernisierungsorientierte Außenpolitik in Belgien, der Schweiz und den USA 1865–1914, München 2000. Martin Geyer, Johannes Paulmann (Hrsg.), The Mechanics of Internationalism. Culture, Society, and Politics from the 1840s to the First World War, Oxford 2001.

3 Dabei gibt es, je nach wissenschaftlicher Betrachtungsweise, verschiedene Thesen über den Beginn des „Globalisierungsprozesses". Immanuel Wallerstein, Das moderne Weltsystem: Kapitalistische Landwirtschaft und die Entstehung der europäischen Weltwirtschaft im 16. Jahrhundert, Frankfurt 1986 (Original New York 1974), datiert den Beginn dieses Prozesses auf das 16. Jahrhundert. Karl Polanyi, The Great Transformation. Politische und ökonomische Ursprünge von Gesellschaften und Wirtschaftssystemen, Frankfurt 1995 (1944), sieht ihn im 19. Jahrhundert.

4 Alfred H. Fried, Das internationale Leben der Gegenwart, Leipzig 1908, S. V.

5 Jan Aart Scholte, Globalization. A Critical Introduction, Basingstoke 2000. Robert J. Holton, Making Globalization, New York 2005, Chapter 2. Jürgen Osterhammel, Niels P. Petersson, Geschichte der Globalisierung. Dimensionen, Prozesse, Epochen, München 2003, Kap. 2.

6 Vgl. Anm. 2.

sowohl, wie auch der privaten Interessenkreise (...)."[7] Der Begriff entstand in diesem allgemeinen Sinne in der Mitte des 19. Jahrhunderts im englischen Sprachraum. In der Folgezeit entwickelten sich zwei Bedeutungsebenen: Zum einen spielte er für die Geschichte der Arbeiterbewegung eine zentrale Rolle, wobei hier unter Internationalismus vor allem die internationale Organisation der sozialistischen Parteien als Vorstufe der sozialistischen Internationalen gemeint war.[8] Diese Verengung des ursprünglich sehr viel breiteren Begriffes herrschte bis in die 1990er Jahre vor.[9] Parallel hierzu entwickelte sich auch eine völkerrechtliche Bedeutung des „Internationalismus". Auch wenn in diesem Zusammenhang immer darauf verwiesen wird, dass es Vorläufer im 19. Jahrhundert gab, beginnt das Zeitalter des Internationalismus aus völkerrechtlicher Perspektive erst mit dem Völkerbund.[10] Eine begriffsgeschichtliche Untersuchung zum Internationalismus, die diese beiden Ebenen gleichberechtigt integriert, ist nach wie vor ein Forschungsdesiderat. Hier soll ausgehend von der sehr allgemeinen Definition Frieds eine Konkretisierung des Begriffes am Beispiel der internationalen Währungsbeziehungen vorgenommen werden.

Die internationalen Währungsbeziehungen, so lautet die Eingangsthese dieser Arbeit, entwickelten sich in den Jahren zwischen 1865 und 1900 als zunächst weitgehend eigenständiges Teilsystem der internationalen Beziehungen, dessen Bedeutung für das Gesamtsystem der internationalen Politik zunahm. Das war, wie der eingangs zitierte Philipp Eulenburg schon feststellte, keineswegs ein rein wirtschaftlicher Vorgang, sondern die währungspolitischen Entwicklungen hatten weitreichende Konsequenzen für die Diplomatie und damit für das europäische Staatensystem insgesamt. „Die Wirtschaft", so formulierte der Historiker Rudolf Ibbeken 1928, „rückte aus dem Bannkreis ihrer sachlichen Existenz in die Bewegtheit des politischen Lebens hinüber."[11] Er meinte damit, dass außenpolitische Fragen durch die Veränderungen des Staatensystems zunehmend von wirtschaftlichen Erwägungen bestimmt wurden, ebenso wie umgekehrt wirtschaftliche Entscheidungen nicht mehr ohne politische Überlegungen getroffen werden konnten. In den kameralistischen bzw. merkantilistischen Wirtschaftssystemen des 17. und 18. Jahrhunderts war es vornehmlich darum gegangen, den wirtschaftlichen Wohlstand des Staates zu mehren.[12] Dies wurde mit staatlichem Dirigismus erreicht, bestimmte Wirtschaftszweige wurden unterstützt und durch

7 Alfred H. Fried, Das internationale Leben, S. III.

8 In diesem Sinne auch: P. Friedemann, L. Hölscher, Internationale, International, Internationalismus, in: Geschichtliche Grundbegriffe, Bd. 3, Stuttgart 1982, S. 394ff.

9 Manfred G. Schmidt, Wörterbuch zur Politik, Stuttgart 1995, S. 446. Vgl. auch Madeleine Herren, Hintertüren zur Macht, S. 13–17.

10 Internationalisierung, in: Karl Strupp, Hans-Jürgen Schlochauer, Wörterbuch des Völkerrechts, Bd. 2, Berlin 1961, S. 138.

11 Rudolf Ibbeken, Das außenpolitische Problem Staat und Wirtschaft in der deutschen Reichspolitik 1880–1914, Schleswig 1928, S. 279.

12 Gerold Ambrosius, Die historisch wirksamen Kräfte bei der Entwicklung öffentlicher Unternehmen: Deutschland im internationalen Vergleich, in: Peter Eichhorn, Werner Wilhelm Engelhardt (Hrsg.), Standortbestimmung öffentlicher Unternehmen in der Sozialen Marktwirtschaft, Baden-Baden 1994, S. 199–216, hier S. 201.

hohe Importzölle vor auswärtiger Konkurrenz geschützt. Landesherrliche Hauswirtschaft und öffentliche Staatswirtschaft waren nicht voneinander getrennt. Zumal öffentliche Unternehmen waren selbstverständlicher Bestandteil eines wirtschaftspolitischen Konzeptes, das ausschließlich politischen Prämissen folgte. Eben dies änderte sich im Laufe des 19. Jahrhunderts, als sich die Wirtschaft unter dem Einfluss der Industrialisierung und der kapitalistischen Revolution zu einem eigenen, bald grenzüberschreitenden System entwickelte, welches zwar ein hohes Maß an Autonomie genoss, gleichwohl aber zu dem bereits bestehenden internationalen politischen System der Diplomatie in einem zunehmend engeren Wechselverhältnis stand.

Die kapitalistisch-industrielle Doppelrevolution des 19. Jahrhunderts, so lautet die erweiterte These, führte zu einem fundamentalen Wandel im internationalen Staatensystem, dessen Auswirkungen schon in dem hier zu betrachtenden Zeitraum deutlich wurden, auch wenn sie erst im 20. Jahrhundert ihre volle Ausprägung erreichen sollten. Dieser Aspekt ist von der bisherigen Forschung nicht behandelt worden. Es wird daher keine umfassende Geschichte der internationalen Währungspolitik in der zweiten Hälfte des 19. Jahrhunderts angestrebt, diese bleibt ein Forschungsdesiderat. Es sollen in dieser Arbeit vielmehr einzelne Krisen oder Wendepunkte in der Geschichte der internationalen Währungsbeziehungen dieser Zeit untersucht werden, weil – in bedingter Analogie zur menschlichen Psyche – auch die Charakteristika eines Staatensystems unter Stressbedingungen am deutlichsten hervortreten.[13] Am Beispiel dieser Wendepunkte und Krisen soll gezeigt werden, wie Diplomatie und internationale Währungspolitik zusammenhingen, um dann schließlich zu einer neuen Bewertung des internationalen Staatensystems in der zweiten Hälfte des 19. Jahrhunderts zu gelangen. Um diese Zusammenhänge zu erhellen, kann die Arbeit nicht alleine die diplomatischen Beziehungen zwischen den Staaten behandeln, obwohl diese selbstverständlich eine wesentliche Rolle spielen. Ebenso bedeutsam sind die sich in dieser Zeit in rasantem Wandel befindlichen gesellschaftlich-ökonomischen Entwicklungen in Westeuropa und den Vereinigten Staaten.

Methodisch-theoretische Prämissen: Geschichts- und Sozialwissenschaften[14]

Auch wenn die internationalen Währungsbeziehungen unter diesem Aspekt noch nicht behandelt worden sind, ist der Wandel des europäischen Staatensystems in der zweiten Hälfte des 19. Jahrhunderts schon lange ein wichtiges Forschungsge-

[13] Dieser Aspekt wurde übernommen von: Jost Dülffer, Martin Kröger, Rolf Harald Wippich, Vermiedene Kriege. Deeskalation von Konflikten der Großmächte zwischen Krimkrieg und Erstem Weltkrieg (1856–1914), München 1997, S. 10.

[14] Es gibt keine geschichtswissenschaftliche Darstellung, die sich in umfassendem Sinne mit den hier gestellten Fragen beschäftigt. Die historische Detailforschung wird daher zu Beginn der jeweiligen Kapitel vorgestellt.

biet der Geschichtswissenschaft. Insbesondere die Veränderungen des Systems seit dem „Konzert der Mächte" von 1815, nicht zuletzt in Hinblick auf seinen Zusammenbruch im Sommer 1914, wurden intensiv diskutiert, wobei sich in der Beschreibung des Wandels vier Grundtendenzen herauskristallisierten: Einerseits konnte gezeigt werden, dass militärisches Denken in zunehmendem Maße auf die klassische Diplomatie einwirkte.[15] In der „Hochrüstungsphase" (Michael Geyer) zwischen 1887 und 1893 wurde beispielsweise die deutsche Truppenstärke fast verdoppelt, wobei Kriegsministerium und Generalstab die treibenden Kräfte waren.[16] Das führte tendenziell zu einer Militarisierung von Außenpolitik, militärische Kategorien wurden wichtiger für diplomatische Entscheidungen. Zweitens wuchs über die Parlamentarisierung der europäischen Staaten der Einfluss der Öffentlichkeit auf die lange Zeit als Arkanum geltende Außenpolitik. Franz Schnabel hat in diesem Kontext auf den Unterschied zwischen „Diplomaten" und „Patrioten" hingewiesen, sowie darauf, dass Letztere das alte Konzert der Mächte durch ihren zum Teil blinden Nationalismus zerstörten. Drittens trug zum raschen Wandel der Staatenwelt bei, dass sich das europäische System in zunehmendem Maße ins Globale ausweitete. Verantwortlich hierfür waren nicht zuletzt bahnbrechende Entwicklungen im Bereich der Verkehrs- und Kommunikationstechnik.[17] Von Bedeutung ist schließlich die von der Wirtschaftsgeschichte schon lange beobachtete beschleunigte Internationalisierung der Wirtschaftsbeziehungen in der Phase zwischen 1860 und 1914, die ebenfalls weitreichende Auswirkungen auf das internationale Staatensystem in dieser Zeit hatte.[18] Bedingt durch die insbesondere im Deutschen Reich und den USA zu dieser Zeit rasch voranschreitende Industrialisierung, die schnell an die Entwicklung in Großbritannien anknüpfte, entwickelten sich parallel zum bestehenden Staatensystem neue Formen von „Governance" jenseits des klassischen Nationalstaates. Auch dies, so die These, habe zu einer Veränderung des Staatensystems geführt.

Ein methodisches Hauptproblem bei der historischen Analyse internationaler Beziehungen ist, dass die Außenpolitik eines Staates das Ergebnis von zahllosen Interaktionen ist, die innerhalb eines politischen Systems bestehen sowie zwischen der Gesellschaft und jenem System und wiederum zwischen den politischen Systemen insgesamt.[19] Hinzu kommt die Vielzahl der Akteure

[15] Für Deutschland zeigen dies: Jost Dülffer, Karl Holl (Hrsg.), Bereit zum Krieg. Kriegsmentalität im wilhelminischen Deutschland 1890–1914. Beiträge zur historischen Friedensforschung, Göttingen 1986.

[16] Michael Geyer, Deutsche Rüstungspolitik 1860–1980, Frankfurt 1984, S. 45–69.

[17] Für die Diskussion: Peter Krüger (Hrsg.), Das europäische Staatensystem im Wandel. Strukturelle Bedingungen und bewegende Kräfte seit der Frühen Neuzeit, München 1996. R.B. Elrod, The Concert of Europe. A Fresh Look at an International System, in: World Politics 28 (1975/76), S. 159–174. Lothar Gall, Europa auf dem Weg in die Moderne 1850–1890, München 1984, S. 92.

[18] Vgl. einführend: Winfried Baumgart, Europäisches Konzert und nationale Bewegung. Internationale Beziehungen 1830–1878, Paderborn 1999, S. 37–49. Craig Murphy, International Organisation and Industrial Change. Global Governance since 1850, Cambridge 1994, S. 46–81.

[19] Ernst Otto Czempiel, Deutsche Außenpolitik von 1871 bis 1945, in: Geschichte und Gesell-

unterschiedlichster Provenienz, der Politik, der Wirtschaft, der Kultur, die es von Beginn an notwendig macht, die Fragestellung so einzugrenzen, dass schwerpunktmäßig nur ein oder allenfalls zwei verschiedene Gruppen von Akteuren betrachtet werden können. Aber selbst dann, wenn man sich wie in dieser Arbeit auf die diplomatischen und (geld-)wirtschaftlichen Akteure beschränkt, bleiben die außenpolitisch relevanten Faktoren so vielfältig, dass weitere Einschränkungen notwendig sind, um des Themas Herr zu werden. Hinzu kommt, dass gerade die internationale Währungspolitik nicht unabhängig von ihrem Entstehungsraum in den nationalen politischen und wirtschaftlichen Systemen gesehen werden kann. Währungspolitik wird zunächst einmal national definiert und dann außenpolitisch wirksam. Es wird noch deutlich werden, wie eng außenpolitische Entscheidungen und ökonomisch-gesellschaftliche Strukturen in den verschiedenen Nationalstaaten zusammenhingen. Um diese potentiell unendliche Vielzahl von Beziehungen darstellen zu können, bedarf es eines ordnenden Prinzips, eines heuristischen Mittels, das die unübersichtliche Vielzahl der für die Fragestellung relevanten Beziehungen erst handhabbar macht. Dies ist der Moment, in dem die Geschichtswissenschaften gerne auf die systematisch-theoretisch orientierten Sozialwissenschaften zurückgreifen, die eine Vielzahl von Theorien und Instrumentarien bereithalten, um jenes Problem zu lösen.

Um den fundamentalen Wandel des europäischen Staatensystem zwischen 1865 und 1914 zu erklären, wird daher auf das Modell der „evolutionären Universalien" des amerikanischen Soziologen Talcott Parsons zurückgegriffen, das dieser in einem Aufsatz für die *American Sociological Review* aus dem Jahre 1964 erstmals entwickelte.[20] Demnach lässt sich die Entwicklung von der traditionalen zur modernen Gesellschaft beschreiben als die Ausdifferenzierung von sozialen Teilsystemen. Ausgangspunkt dieser Entwicklung war, so Parsons, die industrielle Revolution, die die von ihr betroffenen Gesellschaften zwang, bestimmte Entwicklungspfade, eben evolutionäre Universalien, einzuschlagen, um überleben zu können. Hierzu gehörte die Ablösung sozialer Normen von religiösen Begründungen, die Differenzierung von politischem System und ziviler Gesellschaft und, hier entscheidend, von politischer Herrschaft und Ökonomie. Auch für moderne Gesellschaften, so Parsons, sei die Konzentration von Macht, nach Niklas Luhmann das Ziel aller politischen Handlungen schlechthin[21], entscheidend. Hierfür gebe es im Bereich der Ökonomie verschiedene Möglichkeiten. Eine ist die Mobilisierung der Ressourcen durch den unmittelbaren Einsatz politischer Macht, notfalls mit Gewalt. Eine weitere wäre der Appell an Solidaritäten und Verpflichtungen beispielsweise im Rahmen ethnischer und religiöser Gruppen oder von Klassengemeinschaften. Es hat sich aber, so Parsons, gezeigt, dass die Allokation von Gütern und Dienstleistungen über das System der Marktwirtschaft allen anderen Organisationsprinzipien hinsichtlich der Effizienz und Leis-

schaft, Bd. 22 (1996), S. 243–256, hier S. 245.

20 Talcott Parsons, Evolutionary Universals in Society, in: American Sociological Review, Vol. 29 (1964), S. 339–357.

21 Niklas Luhmann, Die Politik der Gesellschaft, Frankfurt/Main 2000, S. 75.

tungsfähigkeit überlegen ist. Um langfristig überleben zu können, müsse eine Gesellschaft daher ein marktwirtschaftlich organisiertes Wirtschaftssystem ausbilden, das von anderen notwendigen Teilsystemen der Gesellschaft, Kultur, Politik, Wissenschaft, getrennt ist. „But in general the money and market system has undoubtedly made a fundamental contribution to the adaptive capacity of the societies in which it has developed; those that restrict it too drastically are likely to suffer from severe adaptive disadvantages in the long run."[22] Die Ausbildung eines prinzipiell durch freie Märkte gesteuerten Wirtschaftssystems, welches zudem unabhängig von anderen Funktionssystemen, wie dem der Politik und der Kultur arbeitete, war daher nach Parsons eine notwendige Voraussetzung für die Entstehung moderner Gesellschaften. Nur Gesellschaften mit marktwirtschaftlich organisierten Wirtschaftssystemen seien daher langfristig überlebensfähig.

Der Bielefelder Soziologe Niklas Luhmann hat die Thesen Parsons von der notwendigen systemischen Differenzierung moderner Gesellschaften aufgegriffen und auf dieser Basis eine umfassende Gesellschaftstheorie entwickelt.[23] Aus seiner Sicht ist es entscheidend, dass die moderne Gesellschaft sich nicht nur in verschiedene Funktionssysteme einteilen lässt, sondern dass sich diese Systeme vor allem hinsichtlich ihrer Kommunikationsstruktur unterscheiden, mehr noch, sie werden durch die Kommunikation erst hergestellt. Es wird in dieser Arbeit von der Ausgangshypothese ausgegangen, dass sich die von Niklas Luhmann beschriebene systemische Differenzierung der Gesellschaften auch für die internationale Staatenwelt beschreiben lässt. Es gibt, so die These, ein internationales Gesamtsystem, das prinzipiell alle Kontakte zwischen Mitgliedern der Gesellschaft umfasst. Dieses Gesamtsystem, bei Luhmann die Gesellschaft, ist ein spezielles System, denn es schließt alle anderen Teilsysteme in sich ein.[24] In der Mitte des 19. Jahrhunderts entstanden als Differenzierung des Gesamtsystems internationaler Beziehungen verschiedene Teilsysteme, so auch jenes der Diplomatie und jenes der Wirtschaft.[25] (Parallel hierzu entstanden auch in anderen Bereichen, etwa jenen der Kultur, Religion und Gesellschaft, eigenständige Systeme, die aber in dieser Arbeit keine Rolle spielen und deswegen vernachlässigt werden können.) Das System der Wirtschaft und jenes der Politik, so die Ausgangshypothese weiter, können durchaus als Systeme im Sinne Luhmanns interpretiert werden. Die Diplomatie ist ein eigenständiges System, und zwar aus folgendem Grund: Es lässt sich von anderen Systemen abgrenzen, es gibt eine Differenz zur Umwelt.[26] Die Differenz ist gegeben durch die bestimmten Operationen des Systems „Diplomatie", die nur diesem System zu eigen sind und es damit von anderen Systemen abgrenzen. Das System der Diplomatie ist selbstreferenziell, d.h. Vorgänge in diesem System beziehen sich auf andere Vorgänge im System, von au-

22 Talcott Parsons, Evolutionary Universals. S. 350.
23 Niklas Luhmann, Die Gesellschaft der Gesellschaft, Frankfurt/Main 1997.
24 Ebd., S. 79.
25 Das heißt nicht, dass es zuvor keine Diplomatie oder Wirtschaft gegeben hat, diese waren bloß nicht systemisch voneinander getrennt.
26 Niklas Luhmann, Die Gesellschaft der Gesellschaft, S. 60f.

ßen muss zum Funktionieren des Systems nichts eingebracht werden.[27] Auch wenn es schon zuvor Diplomatie und Diplomaten gab, wurden die für diese Untersuchung relevanten Regeln für die Operationen des Systems auf dem Wiener Kongress 1815 festgelegt.[28] Zum Teil in Vertragsform als Völkerrecht oder als dem Völkerrecht zu Grunde liegende allgemein akzeptierte Regel wurden hier die Prinzipien des „Konzertes der Mächte" fixiert.[29] Doch nicht nur durch die Kommunikationsregeln, auch durch das dem System zu Grunde liegende Medium und durch die Ziele des Handelns lässt es sich unterscheiden: Es geht in der Diplomatie um die Konkurrenz um Macht (ganz im Sinne der Realistischen Schule der Politikwissenschaft) und um die Herstellung kollektiv verbindlicher Entscheidungen. Auch die Akteure lassen sich gegenüber anderen Systemen abgrenzen, es sind die Diplomaten (auch deren Status wurde im Kontext des Wiener Kongresses erstmals definiert), formal als Vertreter ihrer Staatsoberhäupter, de facto als Agenten ihrer Regierungen.

Ähnliches lässt sich für das zweite hier relevante Teilsystem, jenes der Wirtschaft, beobachten. Es entstand, und dies wird am Beispiel der Währungspolitik noch genauer zu beschreiben sein, in der Mitte des 19. Jahrhunderts im Kontext der industriellen und kapitalistischen Revolution. Auch dieses Teilsystem ist gekennzeichnet durch die spezifische Differenz von System und Umwelt, die es erst zum System macht. Das System der Wirtschaft ist kommunikativ geprägt durch die Institution des Marktes, auf dem Angebot und Nachfrage nach einem knappen Gut aufeinander treffen. Der basale Code der Wirtschaft ist nach Luhmann die Zahlung. Würden im Rahmen dieses Systems die Zahlungen eingestellt, so löste sich das System auf, es wäre nicht mehr existent. Die Zahlungen erfolgen in aller Regel mit Geld, das damit „als Duplikation von Knappheit" eine zentrale Funktion als Steuerungscode erhält.[30] Die Form der Kommunikation ist also im Teilsystem der Wirtschaft der über das Medium des Geldes vermittelte Tausch, wobei auch das Geld (bzw. das diesem zu Grunde liegende Edelmetall) zum Handelsgut werden kann. Ziel des Systems ist die effiziente Allokation und Distribution von Gütern und Dienstleistungen. Akteure im System der Wirtschaft sind private Individuen, Unternehmen in privatem oder öffentlichem Besitz sowie Staaten, vertreten durch ihre Regierungen.

Wichtig im Sinne der Luhmannschen Theorie und auch für diese Arbeit ist, dass die beiden Teilsysteme zwar durch ihre verschiedenen Kommunikationsstrukturen voneinander getrennt bleiben, gleichwohl aber im Rahmen des Ge-

[27] Andeutungsweise führt dies auch Wolfgang Reinhard, Geschichte der Staatsgewalt. Eine vergleichende Verfassungsgeschichte Europas von den Anfängen bis zu Gegenwart, 2. Auflage, München 2000, S. 377, aus.

[28] Alan Henrikson (Hrsg.), Negotiating World Order. The Artisanship and Architecture of Global Diplomacy, Wilmington 1986. Hans Arnold, Diplomatie, in: Wichard Woyke (Hrsg.), Handwörterbuch Internationale Politik, Bonn 1994, S. 60–65.

[29] Zu diesen Regeln und zum „Konzert der Mächte": R.B. Elrod, The Concert of Europe. A Fresh Look at an International System, in: World Politics, Bd. 28 (1977), S. 159–174. Paul Schroeder, The 19th Century International System, in: World Politics, Vol. 39 (1986), S. 1–26.

[30] Niklas Luhmann, Die Wirtschaft der Gesellschaft, 2. Auflage, Frankfurt/Main 1989, S. 46f.

samtsystems miteinander verbunden sind. Luhmann spricht hierbei von Systemdifferenzierung.[31] Konkret bedeutet dies, dass ein Ereignis, je nach Systembezug, verschiedene Bedeutungen erhalten kann. „Im Kontext von Systemdifferenzierung ist mithin jede Veränderung eine doppelte, ja eine vielfache Veränderung. Jede Änderung eines Teilsystems ist zugleich eine Änderung der Umwelt anderer Teilsysteme. Was immer passiert, passiert mehrfach – je nach Systemreferenz."[32] So hatte beispielsweise der Vertrag über die sog. Lateinische Münzunion zwischen Belgien, Italien, Frankreich und der Schweiz vom 23.12.1865 für das System der Wirtschaft die Bedeutung, dass die Transaktionskosten der Wirtschaftssubjekte durch die nun vertraglich fixierten Wechselkurse zwischen den Währungen dieser Staaten gesenkt wurden, das bedeutete eine Effizienzsteigerung für den Handel. Für das System der Diplomatie hingegen führte der gleiche Vertrag zu einer verstärkten Abhängigkeit zwischen den Regierungen, die in ihrer Handlungsfähigkeit eingeschränkt wurden. Eben jene Systemdifferenzierung, die Interferenz verschiedener Systeme und ihrer Kommunikationscodes, war, so lautet eine zentrale These der Arbeit, wesentlich für den Wandel des internationalen Staatensystems in der zweiten Hälfte des 19. Jahrhunderts. Das Staatensystem wurde durch diese Vervielfältigung der Bedeutung der Ereignisse, aber auch der Akteure zunehmend unüberschaubarer und immer weniger steuerbar. Die Luhmannsche Systemtheorie soll dabei als heuristisches Mittel zum Beleg dieser These herangezogen werden. Auf die hier eingeführten Begrifflichkeiten wird in den Systematisierungen der Kapitel so wie am Schluss zurückzukommen sein. Dabei geht es nicht um eine Weiterentwicklung der Systemtheorie, sondern um deren Anwendung als heuristisches Mittel in einer geschichtswissenschaftlichen Arbeit. „Es muss also", so schrieb Frank Becker zuletzt in Bezug auf die Luhmannsche Theorie, „erlaubt sein, die Theorie wie einen Steinbruch zu benutzen, aus dem nur diejenigen Elemente herausgeschlagen werden, die sich auf den jeweiligen Forschungsgegenstand beziehen. Dass andere Elemente der Theorie dabei außer Acht bleiben, ist unvermeidlich."[33]

Doch nicht nur soziologische, auch politikwissenschaftliche Ansätze verschiedener Provenienz sollen herangezogen werden, denn gerade von dieser Seite wurden bereits Arbeiten vorgelegt, die insbesondere nach dem Systemcharakter der internationalen Währungspolitik in dieser Zeit fragten. Die wesentlichen Probleme der Arbeit stellte Jeffry Frieden in einem Aufsatz über die Funktionsweise des internationalen Goldstandards vor, ohne jedoch Lösungsmöglichkeiten bieten zu können.[34] Ihn interessierte vor allem die Dynamik dieses internationalen Systems, welches aus seiner Sicht vor allem durch die Interdependenz von

[31] Niklas Luhmann, Die Gesellschaft der Gesellschaft, S. 595ff.

[32] Ebd., S. 599.

[33] Frank Becker, Einleitung, in: Ders. (Hrsg.), Geschichte und Systemtheorie. Exemplarische Fallstudien, Frankfurt/Main 2004, S. 8.

[34] Jeffry Frieden, The Dynamics of International Monetary Systems: International and Domestic Factors in the Rise, Reign, and Demise of the Classical Gold Standard, in: Jack Snyder, Robert Jervis (Hrsg.), Coping with Complexity in the international system, Boulder, San Francisco, Oxford 1993, S. 137–162.

außen- und innenpolitischen Akteuren entstand. Auf eben jene Beziehung zwischen Innen- und Außenpolitik soll daher besonderes Augenmerk gelegt werden, ohne allerdings in die Falle der geschichtswissenschaftlichen Debatte um den Primat von Innen- oder Außenpolitik zu laufen.[35] Es soll vielmehr exemplarisch am Detail gezeigt werden, wie internationale Politik in dieser Zeit auf dem Währungssektor funktionierte, welche Bedeutung ökonomische Strukturen für politische Entscheidungen hatten, und wie diese politischen Entscheidungen wiederum auf die Strukturen wirkten.[36] Auch andere Politikwissenschaftler haben sich mit dem Systemcharakter der internationalen Währungspolitik in dieser Zeit beschäftigt, vor allem Giulio Gallarotti.[37] Er fragt, warum das System des Goldstandards entstand und wie es erhalten wurde und kommt zu dem Schluss, dass es keine politische Kooperation zwischen den Regierungen der wichtigsten Nationalstaaten in Bezug auf die Währungspolitik gab. Entscheidend seien vielmehr die Industrialisierung und Internationalisierungsprozesse gegen Ende des 19. Jahrhunderts gewesen, die unabhängig von den Regierungen ein neues internationales System geschaffen hätten. Dieses Argument ist kaum zu bestreiten, doch zeigt ein Blick in die Quellen der Außen- und Finanzministerien, dass sich die Regierungen sehr wohl mit währungspolitischen Fragen beschäftigten, es muss also eine Beziehung geben zwischen den von Gallarotti untersuchten zivilgesellschaftlichen Entwicklungen und jenen auf der Ebene der Regierungen. Neben diesen Ansätzen spielte natürlich bei dieser Arbeit auch jener der „politischen Ökonomie“ eine bedeutsame Rolle, weil sie gerade nach der auch hier im Zentrum des Interesses stehenden Beziehung zwischen Wirtschaft und Politik fragt.[38] Hier interessieren die den ökonomischen Prozessen zugrunde liegenden politischen Entscheidungen, das heißt die im System der Wirtschaft ebenso wie in der Politik existierenden Interessen.

Neben soziologischen Ansätzen und jenen der Politikwissenschaft spielen naturgemäß auch wirtschaftshistorische Interpretationen zur internationalen Währungspolitik eine Rolle. Während die Währungsunionen des 19. Jahrhunderts

[35] Hierzu zusammenfassend: Eckart Conze, Abschied von der Diplomatiegeschichte? Neuere Forschungen zur Rolle der Bundesrepublik Deutschland in den internationalen Beziehungen 1949–1969, in: Historisches Jahrbuch, Bd. 116 (1996), S. 137–154.

[36] Gerade zu diesen Fragen auch Melvyn Leffler, New Approaches, old Interpretations, and prospective Reconfigurations, in: Diplomatic History Bd. 19/2 (1995), S. 173–169. Jean Baptiste Duroselle, L'histoire des relations internationales vue par un historien, in: Relations internationales, Bd. 38 (1995), S. 195–210.

[37] Giulio Gallarotti, The Anatomy of an International Monetary System. The Classical Gold Standard, 1880–1914, New York, Oxford 1995.

[38] Die vor allem in den siebziger Jahren intensiv diskutierte Politische Ökonomie hat in der Politikwissenschaft der letzten Jahre im Kontext der Debatte um die Globalisierung eine Renaissance erfahren. Einführend vgl. Kurt Tudyka, Politische Ökonomie und internationale Beziehungen, in: Volker Rittberger (Hrsg.), Theorien der internationalen Beziehungen, Wiesbaden 1990, S. 130–150. Joseph Schumpeter, Kapitalismus, Sozialismus und Demokratie, 2. Auflage, München 1951. Carl Böhret, „Politische Ökonomie“, in: Gert von Eynern (Hrsg.), Wörterbuch zur Politischen Ökonomie, Opladen 1973, S. 292–302. Robert Gilpin, The Political Economy of International Relations, Princeton 1987.

bisher nur am Rande das Interesse der Wirtschaftswissenschaften weckten,[39] gibt es über die Entstehung und Funktionsweise des internationalen Goldstandards eine umfangreiche Debatte, in die diese Arbeit im dritten Kapitel mit einer eigenen These eingreifen wird. In diesem Kontext sollen auch die Ergebnisse und Defizite der wirtschaftsgeschichtlichen Forschung diskutiert werden.

Doch gibt es auch wichtige geschichtswissenschaftliche Arbeiten, die allerdings alle zeitgenössisch sind, oder kurz nach der Jahrhundertwende entstanden. Vor allem die Studie von Henry B. Russell schildert die verschiedenen internationalen Währungskonferenzen vor 1914 präzise und detailliert. Auch wenn sie in starkem Maße von der US-amerikanischen Perzeption der Ereignisse geprägt wird, leistete sie wichtige Vorarbeit.[40] Gleiches gilt für die Studie über die Lateinische Münzunion von Henry Parker Willis, die allerdings ebenso wie die Darstellung von Russell ausschließlich auf publizierten und den US-Forschern zugänglichen Quellen beruht.[41] Beide Bücher müssen auch als Bestandteile der in diesen Jahren immer noch in den USA stattfindenden intensiven politischen Auseinandersetzung um die Währungsfrage gesehen werden, die eben nicht nur Wirtschaft und Politik, sondern auch die Wissenschaft einbezog. Von nach wie vor hohem Wert ist auch das Buch von Jacques Mertens über die Entstehung des internationalen Goldstandards.[42] Das Buch besticht auch heute noch durch seine analytische Klarheit, leidet aber ebenso wie die Studien von Russell und Willis daran, dass der politische Kontext der internationalen Währungsbeziehungen nur angedeutet wird. Das liegt nicht zuletzt daran, dass keiner der Autoren die diplomatischen Quellen zur Währungsfrage ausgewertet hat, die ja auch der Forschung erst nach dem Ersten Weltkrieg zur Verfügung standen.

Internationale Geschichte und ihre Quellen

Die oben vorgestellten Arbeiten zu den internationalen Währungsbeziehungen vor 1914 nehmen alle das System als Ganzes in den Blick, auch wenn sie sich notwendigerweise auf die wichtigsten Akteure beschränken. Damit hat die Geschichtsschreibung der internationalen Währungsbeziehungen einen Vorteil gegenüber der Tendenz der rein politikgeschichtlich orientierten klassischen Diplomatiegeschichte, die internationalen Beziehungen aus der Perspektive eines Landes oder allenfalls bilateral darzustellen.[43] Dabei kann nur auf dieser multiperspektivischen Ebene tatsächlich „europäische“ Geschichte geschrieben, nur

[39] Vor allem: Theresia Theurl, Eine Währung für Europa. 12 Lehren aus der Geschichte, Innsbruck 1992. Silvana Koch-Mehrin, Historische Währungsunion zwischen Wirtschaft und Politik. Die Lateinische Münzunion 1865–1927, Baden-Baden 2001.

[40] Henry B. Russell, International Monetary Conferences, New York London 1898.

[41] Henry Parker Willis, The Latin Monetary Union, Chicago 1901.

[42] Jacques Mertens, La Naissance et le Développement de l'étalon-or 1696–1922, Paris 1944.

[43] Ähnliches bemängelt auch Lothar Gall, Europa auf dem Weg in die Moderne 1850–1890, 3. Auflage, München 1997, S. 188.

so kann auch der Systemcharakter der internationalen Beziehungen erfasst werden. Der Nachteil ist, dass diese Untersuchung nicht auf die Details der Entscheidungsfindung in den Nationalstaaten eingehen kann, dies würde den Rahmen bei weitem sprengen. Für die Quellenauswahl bedeutet dies, dass die Dokumente der wichtigsten Mächte der Währungspolitik dieser Zeit (Großbritannien, Frankreich, Deutsches Reich, Italien, USA) berücksichtig werden müssen. Da die offiziellen diplomatischen Quelleneditionen aus dieser Zeit nur rudimentäre Hinweise auf die internationalen Währungsbeziehungen geben, war die Arbeit vor allem auf das zum Teil (vor allem in den Archiven Frankreichs, Deutschlands und der USA) sehr umfangreiche Archivmaterial angewiesen. Neben diesen drei Ländern wurden auch die Archive Großbritanniens und Italiens ausgewertet.[44] In allen beteiligten Ländern fand die Diskussion um die Währungsfrage auf Regierungsebene in einem institutionellen Dreieck zwischen Zentralbank, Außen- bzw. Finanzministerium und Parlament statt, wobei die Gewichtung unterschiedlich war. Daher wurden immer diese drei Institutionen besonders untersucht. Die unveröffentlichten, unter dieser Fragestellung erstmals ausgewerteten Quellen bilden daher auch das empirische Gerüst dieser Arbeit. Sie werden ergänzt durch die schon zeitgenössisch in überraschendem Umfang veröffentlichten Materialien. So wurden die Protokolle fast aller Währungskonferenzen entweder von der Regierung der USA oder der französischen veröffentlicht, auch an Währungsfragen interessierte Wissenschaftler publizierten wesentliche Dokumente, um so eine Basis für eine grenzüberschreitende wissenschaftliche Diskussion zu ermöglichen.[45] Die innergesellschaftlichen Diskussionen finden sich in den umfangreichen Veröffentlichungen der wirtschaftlichen Interessenverbände und vor allem in der Wirtschaftspublizistik. Aus diesem Grunde wurden die gängigen nationalen Zeitschriften herangezogen, vor allem der Berliner Börsen Curier, der Economiste Français und der britische Economist.

Auch wenn die Studie grundsätzlich chronologisch vorgeht, das sei noch einmal betont, ist es nicht das Ziel dieser Arbeit, eine umfassende Darstellung der internationalen Währungsbeziehungen im fraglichen Zeitraum zu geben. Zunächst wird die Gründung der Lateinischen Münzunion, ihre Vorgeschichte und vor allem die Motive der Hauptakteure zwischen 1865 und 1868 untersucht. Dann wendet sich die Darstellung der deutschen Währungsreform von 1871/73 zu, die in Abgrenzung zur bisherigen wirtschaftshistorischen Forschung als die entscheidende Ursache für die Entstehung des internationalen Goldstandards als Währungssystem interpretiert werden wird. Kapitel vier schildert das erste Eingreifen der USA in die europäische Währungspolitik, seine Hintergründe und Ursachen. Im Mittelpunkt steht die auf US-Initiative entstandene internationale

[44] Insbesondere in der „Großen Politik der Europäischen Kabinette" und in den „Documents Diplomatiques Français" finden sich keine Hinweise auf die internationalen Währungsbeziehungen in dieser Zeit.

[45] Die Nachweise für die Publikationen finden sich in den relevanten Kapiteln und sollen daher hier noch nicht erbracht werden.

Währungskonferenz von 1878, zum ersten Mal entwickelten sich in diesem Kontext währungs*politische* Beziehungen im transatlantischen Raum, die bis heute essentiell sind für die internationalen Währungsbeziehungen. Auch 1881 initiierte die US-Regierung – nun gemeinsam mit Frankreich – eine Währungskonferenz, ihre Ursache hatte diese jedoch in der ebenfalls nun erstmals transatlantisch bedeutsamen Agrarkrise und ihren währungspolitischen Konsequenzen, wie das fünfte Kapitel erläutert. Das sechste Kapitel beschäftigt sich mit der Krise der Lateinischen Münzunion 1885, es zeigt, wie ökonomische Strukturen dazu führten, dass die von der belgischen Regierung getroffene politische Entscheidung, die Währungsunion zu kündigen, nicht realisiert werden konnte. Das siebte Kapitel schließlich demonstriert, wie die beiden bis dahin unbeirrbar am Goldstandard festhaltenden Mächte, das Deutsche Reich und Großbritannien, von innenpolitischer Seite unter Druck gerieten ein bimetallistisches System einzuführen, diesem jedoch aus verschiedenen Gründen standhielten. Der in der Mitte der neunziger Jahre einsetzende weltweite Wirtschaftsaufschwung stabilisierte schließlich den währungspolitischen Status quo, bis das System durch den Kriegsbeginn 1914 endgültig zusammenbrach. Auch wenn es in der Zwischenkriegszeit verschiedene Versuche gab, das bis 1914 bestehende internationale Währungssystem zu revitalisieren, war die Zeit der Metallwährung endgültig vorbei.

II. Die Gründung der Lateinischen Münzunion

1. Eine De-facto-Währungsunion und ihre Probleme

Die Lateinische Münzunion vom 13. Dezember 1865 war bis zum Juli 1914 ein Eckpfeiler der internationalen Währungspolitik. Das lag zum einen daran, dass sie mit Frankreich, Belgien, Italien, der Schweiz und (ab 1868) Griechenland immerhin fünf europäische Staaten, darunter zwei Großmächte, umfasste. Andererseits beruhte diese Währungsunion auf dem Prinzip des Bimetallismus und verkörperte damit exemplarisch eine der wichtigsten Währungstheorien jener Zeit. Erfolge und Probleme dieses Währungsbündnisses wurden daher in der politischen und ökonomischen Öffentlichkeit leidenschaftlich diskutiert; die Lateinische Münzunion polarisierte die Diskussion, sie bildete lange Zeit den bimetallistischen Gegenpol zum monometallistischen Goldstandard, und das sicherte ihr die permanente Aufmerksamkeit der Fachwelt.[46] Zugleich hatte die

[46] Es gibt noch keine modernen historisch-wissenschaftlichen Ansprüchen genügende Darstellung der Lateinischen Münzunion. Vor allem die politischen Aspekte dieser Währungsunion sind noch nicht erforscht worden. Vertragstext in: Das System der Vereinten Nationen und seine Vorläufer. Bd. II: Vorläufer der Vereinten Nationen. 19. Jahrhundert und Völkerbundzeit, hrsg. von Franz Knipping, Bern München 1996, Dok. Nr. 15, S. 291–301.Vgl. aus wirtschaftswissenschaftlicher Sicht: J. B. Esslen, Münzbund, in: Handwörterbuch der Staatswissenschaften, Bd. VI, Jena 1926, S. 664–668. Aus wirtschaftshistorischer Sicht: Friedrich Zellfelder, Der Lateinische Münzbund. Grundlagen, Entstehen und Scheitern, in: J. Schneider (Hrsg.), Währungen der Welt, Bd. I, Stuttgart 1991, S. 105–121. Ders., Lateinische Münzunion, in: Michael North, (Hrsg.), Von Aktie bis Zoll. Ein historisches Lexikon des Geldes, München 1995, S. 213f. H. P. Willis, A History of the Latin Monetary Union, Chicago 1901. E. van der Rest, L'union monétaire latine, son origine et ses phases diverses, in: Revue de droit international 13 (1881), S. 5. H. Kleinmann, La conférence monétaire de Bruxelles et l'union latine, ohne Ort 1892. E. Brossault, Histoire de l'union monétaire latine, ohne Ort 1903. R. Greul, Die Lateinische Münzunion. Eine Völkerrechtsgeschichtliche Studie, Berlin 1926. A. Niederer, Die Lateinische Münzunion. Ausstellungskatalog, Hilterfingen 1976. Barrie M. Ratcliffe, Latin Monetary Union, in: Historical Dictionary of the French Second Empire, 1852–1870 ed. by William E. Echard, Westport, Conn., 1985, S. 342f. R.J. Bartel, International Monetary Unions: The Nineteenth Century Experience, in: Journal of European Economic History, Vol. 3 (1977). Yves Bitar, Les Unions monétaires, Louvain 1953. Madeleine Herren, L'Union Monétaire Latine, la guerre et la Suisse, in: Relations Internationales, Nr. 99 Automne 1999, S. 269–288. Die Autorin weist auf die Bedeutung der Währungsunion als Kommunikationsrahmen im Ersten Weltkrieg

Lateinische Münzunion aber auch eine politische Bedeutung: Die Währungsunion, so lautet die im Folgenden zu belegende Ausgangsthese, war ein Symptom für den tiefgreifenden Wandel, der das europäische Staatensystem in den sechziger Jahren des 19. Jahrhunderts erfasste. Die Kernelemente der alten Wiener Ordnung von 1815, die Solidarität der Kabinette, die Trennung von europäischer und kolonialer Welt, die Sicherheit der Partner durch wechselseitige Befriedigung ihrer Ansprüche[47] traten langsam in den Hintergrund und wurden durch neue Strukturen abgelöst. Das Staatensystem weitete sich ins Globale aus, die wirtschaftlichen und gesellschaftlichen Kräfte beeinflussten außenpolitische Entscheidungen. Insgesamt lösten sich die Grenzen zwischen Innen-, Außen- und Wirtschaftspolitik auf, alle drei Bereiche verflossen ineinander. Die Gründung der Lateinischen Münzunion war ein frühes Beispiel für diesen Prozess.

Die Verfassung der Münzunion beruhte im Kern auf dem am 23. März 1803 (7 germinal XI, daher die Bezeichnung „Franc Germinal") verabschiedeten französischen Münzgesetz, das den Wert des Franc nach der Zerstörung der Währung durch die Revolution neu definierte. Die mit diesem Gesetz eingeleitete Währungsreform schuf eine stabile französische Valuta, die mehrere Kriege, Revolutionen und zwei Kriegsentschädigungen größeren Ausmaßes, insgesamt über hundert Jahre, überlebte. Der Franc Germinal war damals eine moderne Währung, er beruhte auf dem Dezimalsystem, was den Handel sehr erleichterte, und er beendete die dem Ancien Régime entstammende Teilung zwischen monnaie de compte und monnaie de paiement.[48] Vor allem aber wurde die neue Währung durch einen Gegenwert in Edelmetallen festgelegt: fünf Gramm Silber, 9/10 Feingehalt, definierten die Währungseinheit Franc. Zugleich wurden 20- Franc-Stücke in Gold ausgegeben. Hieraus entstand die Relation zwischen Gold und Silber von 1:15,5, die ihre Gültigkeit bis in die siebziger Jahre des 19. Jahrhunderts behalten sollte und auch zur Grundlage für die Lateinische Münzunion wurde.[49] Die Bedeutung des Gesetzes lag jedoch nicht nur darin,

hin. Zuletzt: Silvana Koch-Mehrin, Historische Währungsunion zwischen Wirtschaft und Politik. Die Lateinische Münzunion 1865–1927, Baden-Baden 2001. Luca Einaudi, Money and Politics. European Monetary Unification and the International Gold Standard, 1865–1873, Oxford 2001.

47 Elrod, S. 173, Paul Schroeder, 19th Century, S. 1–26.

48 Hierzu die beiden journalistisch orientierten Publikationen von Georges Valence, Histoire du Franc 1360–2002. La Légende du Franc, (2. Auflage) Paris 1998, S. 133–169 und René Sedillot, Le Franc. Histoire d'une monnaie des origines à nos jours, Paris 1953, S. 217. Wirtschaftstheoretische Argumentation bei Michèle Saint-Marc, Histoire monétaire de la France, 1800–1980, Paris 1983, S. 133–150. Zur Vorgeschichte dieses Münzgesetzes: F.J. Bosher, French Finances 1770–1795, Cambridge 1970.

49 Das französische Münzgesetz von 1803 und die hierin festgelegte Relation zwischen Gold und Silber prägte die Währungsdiskussion für das folgende Jahrhundert bis zum Ersten Weltkrieg. Vgl. Adolf Soetbeer, Edelmetall-Production, Gotha 1879, S. 130. Text des Gesetzes (Auszug) bei: Valence, Histoire du Franc, S. 145. Vgl. hierzu auch die anlässlich der internationalen Währungskonferenz von 1878 von Dana Horten herausgegebene Dokumentation zur französischen Währungspolitik: International Monetary Conference in Paris in August 1878, Washington 1879, S. 249–305.

dass es die für die nächsten hundert Jahre gültige Relation zwischen Gold und Silber festlegte, viel wichtiger war, dass es den für die Währungspolitik des 19. Jahrhunderts prägenden Gedanken kodifizierte: Geld erhält seinen Wert nur durch die Deckung durch ein Edelmetall. Die durch die Assignaten-Währung während der Revolution ausgelöste Katastrophe schien diesen Grundsatz zu bestätigen; er sollte erst in der Mitte des zwanzigsten Jahrhunderts wieder verlassen werden.[50]

Das mit dem Franc Germinal eingeführte französische Währungssystem wurde in der ersten Hälfte des 19. Jahrhunderts vorbildlich für viele europäische Länder. Die Ursachen liegen auf der Hand: Zum einen sorgten die Napoleonischen Kriege – wenn auch nur kurzfristig – dafür, dass die französische Währung in fast ganz Europa zum Zahlungsmittel wurde. Zum anderen erwies sich der Franc Germinal als stabile und durch das Dezimalsystem auch praktische Währung. Nicht zuletzt spielte die Bedeutung der Handelsmacht Frankreich eine wichtige Rolle bei der Verbreitung der Währung.

Als erstes Land übernahm das neu entstandene Belgien durch das Münzgesetz vom 5. Juni 1832 den französischen Münzfuß. Dabei war die Einführung des französischen Systems keineswegs unumstritten:[51] Im Gegenteil versuchte der belgische Finanzminister, J.A. Coghen, in seiner Vorlage an das Parlament vom 17.2.1832 zunächst eine neue nationale Währung, den Livre belge, einzuführen. Auf diese Weise sollte die Unabhängigkeit von Frankreich dokumentiert werden. Andere Vorschläge plädierten für einen belgischen Gulden oder ein pentagramme (fünf Gramm Silber) als Währungseinheit. Schließlich setzte sich aber doch der belgische Franc als Kopie der französischen Währungseinheit durch, bot er doch den Vorteil eines festen Wechselkurses zum Nachbarland, was gerade für die junge Industrie im Süden (Lüttich, Verviers) von Bedeutung war, die den großen französischen Markt im Auge hatte. Damit siegte die ökonomische Praktikabilität über die Funktion der Währung als Stifterin nationaler Identität. Andererseits wurde Belgien in den Folgejahren ein geldpolitischer Satellitenstaat Frankreichs.[52] Dies wiederum weckte regelmäßig neue Debatten über die geldpolitische Abhängigkeit des kleinen Landes vom großen Nachbarn. Immer wieder wurde eine belgische Währung gefordert, um die nationale Autonomie gegenüber Frankreich zu dokumentieren.

„Toutes les Nations, disait le compte de Meeus à la Chambre, en 1840, ont un système monétaire à elles, la Belgique seule fait exception à cette règle générale et cependant c'est la Belgique qui a le plus besoin d'avoir un système monétaire à elle, parce qu'elle est plus industrielle que les autres

[50] In der Theorie war dieser Grundsatz schon viel früher formuliert worden. Das Gesetz selbst war gleichwohl weniger das Produkt wissenschaftlicher Erkenntnis als vielmehr des Zufalls: Vgl. hierzu Jacques Mertens, La Naissance de l'étalon-or, S. 258.

[51] Valéry Janssens, Le Franc belge, un siècle et demi d'histoire monétaire, Bruxelles 1976. Vgl. auch: Mertens, La Naissance de l'étalon-or, S. 261f. Valence, Histoire du Franc, S. 206–208. Henry Parker Willis, Latin Monetary Union, S. 15–25.

[52] P. Kauch, La Banque nationale de Belgique, 1850–1918, Bruxelles 1950, S. 14.

pays, parce qu'elle renferme une foule de petits industriels qui ne vivent que de capitaux empruntés." [53]

Am 28. Dezember 1850 führte Belgien als Reaktion auf die Entwertung des Goldes gegenüber dem Silber die Silberwährung ein, verließ den Bimetallismus und damit auch die enge Bindung an die französische Währung.[54] Die Bevölkerung jedoch reagierte hierauf nicht. Über Jahrzehnte waren französische Gold- und Silbermünzen in Belgien verwandt worden, und die belgische Bevölkerung bediente sich der fremden Währung wie selbstverständlich, auch als diese mit der Einführung des Silberstandards ihre Funktion als gesetzliches Zahlungsmittel verlor. Der Gesetzgeber konnte die gewachsenen ökonomischen und sozialen Strukturen zumindest kurzfristig nicht ändern.

Die Einführung des französischen Münzsystems 1832 war politisch bemerkenswert, weil die neue französische Regierung Louis Philippe jeden Verdacht vermeiden wollte, sie habe den Aufstand der Belgier gegen die Niederlande unterstützt oder hege gar Annexionsabsichten. Auch der britische Außenminister Palmerston hatte sich auf der Londoner Konferenz der Großmächte im Januar 1831 gegen die französische Vorherrschaft in Belgien gewandt, auch wenn er die Unabhängigkeit des Landes von den Niederlanden akzeptierte.[55] Ganz offenbar empfand man die Übernahme des französischen Münzsystems durch den neuen belgischen Staat nicht als Vorteil für Frankreich, Geld- und Währungspolitik waren noch nicht als Bestandteil der Außenpolitik anerkannt.

So wie Belgien orientierte sich auch die Regierung der Schweiz an der französischen Währungspolitik.[56] Schon 1757 waren in Bern, Solothurn, Basel und Luzern Franken geprägt worden, mit der Napoleonischen Herrschaft wurde der Franc zur Währung der „République Helvétique". Nach dem Untergang des napoleonischen Reiches aber zerfiel die monetäre Einheit der Schweiz wieder, die Kantone waren nun für die Ausprägung von Münzen zuständig. Erst die Verfassung vom 12. September 1848 übertrug die Geldpolitik dem Bund (Art. 36). Ähnlich wie in Belgien wurde auch in der Schweiz heftig über die neue Währung diskutiert. Während die Westschweizer die Anlehnung des Franken an den französischen Franc wünschten, strebte die Bevölkerung der Ostschweiz nach einer Anbindung an den süddeutschen Gulden.[57] Die Westschweiz konnte sich in die-

[53] J.J. Theunissen, Vie du Comte Ferdinand de Meeus, Louvain 1863, S. 296.

[54] Mertens, La Naissance de l'étalon-or, S. 262. Albert E. Janssen, Les conventions monétaires, Bruxelles 1911, S. 171. In diesem Zusammenhang steht auch die Gründung der belgischen Nationalbank. Vgl. hierzu P. Kauch, La Banque national de Belgique, S. 19–39.

[55] Der politische Gesamtzusammenhang kann hier nicht referiert werden. Vgl. Winfried Baumgart, Europäisches Konzert und nationale Bewegung. Internationale Beziehungen 1830–1878, Paderborn u.a. 1999, S. 273f.

[56] Mertens, La Naissance de l'étalon-or, S. 262f. Valence, Histoire du Franc, S. 210–212. Kurt Blaum, Das Geldwesen der Schweiz seit 1798, Straßburg 1908, S. 3–81. Paul Hagenbach, Die Entwicklung zur Goldwährung in der Schweiz, Weinfelden 1929, S. 9–17.

[57] Georges Paillard, La Suisse et l'Union monétaire latine, Paris et Lausanne 1909, 21–29. Paul Hagenbach, Die Entwicklung zur Goldwährung in der Schweiz, S. 11f. Herbert Rittmann, Deutsche Geldgeschichte 1484–1914, München 1975, S. 653–673.

ser Frage behaupten und mit dem Gesetz vom 7. Mai 1850 wurde in der Schweiz eine Kopie der französischen Währungsverfassung eingeführt. Die Münzen waren identisch, nur die Bezeichnung für die Subdivision des Franc lautete in der Schweiz Rappen anstelle von Centimes.

In vieler Hinsicht komplizierter war die Situation in Italien.[58] 1861, bei der Gründung des Nationalstaates, war die Halbinsel ein in wirtschaftlicher Hinsicht sehr heterogenes Gebiet, die ökonomischen Beziehungen zwischen den Teilstaaten waren gering. Sardinien-Piemont, der Kernstaat Italiens, war politisch und wirtschaftlich nach Frankreich orientiert, lediglich ein Siebtel des piemontesischen Außenhandels wurde in den fünfziger Jahren mit italienischen Staaten abgewickelt. Dagegen war der bourbonische Süden nach Großbritannien orientiert. Die Lombardei (bis 1859) und Venetien standen politisch und ökonomisch unter österreichischem Einfluss. Entsprechend heterogen waren die Währungsverhältnisse: Seit 1820 hatte Sardinien-Piemont das französische System bevorzugt, im Nordosten des Landes bediente man sich wie im Süden der österreichischen Silberwährung. Vor der Einigung gab es auf dem Gebiet des späteren Italien neun Emissionsbanken, 1866 waren es noch sechs, 1893 immerhin noch drei und erst 1926 erhielt die Banca d'Italia das Emissionsmonopol für Banknoten.[59] Ähnlich wie in der Schweiz war auch die italienische Münzreform durch die Diskussion zwischen den Anhängern zweier Währungsprinzipien geprägt:[60] Die piemontesische Notenbank plädierte für die Neuordnung der Währung auf Goldbasis, während der Rest des Landes nahezu einheitlich für die Einführung einer Silberwährung plädierte. Das dann eingeführte bimetallistische System schien ein Kompromiss zu sein. 1862 wurde im neu gegründeten Nationalstaat eine Währungsreform durchgeführt, das für Sardinien-Piemont maßgebliche Währungssystem französischer Provenienz mit der Lira italiana (zuvor Lira sarda) auf die ganze Halbinsel ausgedehnt.[61] Wie in Frankreich wurde das Verhältnis zwischen Gold und Silber mit 1:15,5 festgelegt, kurzum, auch die italienische Währung wurde eine Kopie der französischen mit einem Austauschverhältnis von eins zu eins.[62] Damit war, ohne dass es eines internationalen Vertrages bedurft hätte, eine De-facto-Währungsunion zwischen Frankreich, Belgien, Italien und der Schweiz entstanden.[63]

58 Alfredo Capone, Destra e Sinistra da Cavour a Crispi, Torino 1981, S. 151–155. Emilio Sereni, Capitalismo e mercato nazionale in Italia, Roma 1966, S. 162. Peter Hertner, Italien 1850 bis 1914, in: W. Fischer (Hrsg.), Handbuch der europäischen Wirtschafts- und Sozialgeschichte, Bd. 5, Stuttgart 1985, S. 765–770.

59 Renato Di Mattia (Hrsg.), Gli Istituti di Emissione in Italia. I Tentativi di Unificazione 1843–1892, Roma Bari, 1990, S. 4. B. Stringher, Gli scambi con l'estero e la politica commerciale italiana dal 1860 al 1910, in: Cinquant'anni di storia italiana, Vol. III, Milano 1911.

60 Peter Hertner, Italien, S. 766.

61 Teresia Theurl, Eine gemeinsame Währung für Europa. 12 Lehren aus der Geschichte, Innsbruck 1992, S.86f.

62 Emil Frauz, Die Verfassung der staatlichen Zahlungsmittel Italiens seit 1861, Straßburg 1911. Emmanuel Fochiert, La circulation fiduciaire et les crises du change en Italie et en Espagne, in: Questions monétaires contemporaines (1905), S. 441–514.

63 Archives du Ministère des Affaires Etrangères, Correspondance de la sous-direction commer-

Warum war diese De-facto-Währungsunion entstanden? Aus wirtschaftshistorischer Sicht ist schon darauf verwiesen worden, dass die vier Länder keinesfalls einen Binnenmarkt bildeten. Hinzu kam, dass die Länder sehr unterschiedliche Enwicklungsniveaus hatten: In Belgien und der Schweiz hatte die Industrialisierung schon im 18. Jahrhundert eingesetzt, der Alpenstaat spezialisierte sich bald auf die Produktion von Uhren und Textilien. In ähnlicher Weise konzentrierte sich in Belgien die Produktion der Textil- und Schwerindustrie.[64] Die Volkswirtschaften beider Länder waren exportorientiert, wobei vor allem der französische und der italienische Markt als Absatzgebiete fungierten. Diese beiden Länder hingegen waren hinsichtlich des Entwicklungsniveaus weit hinter Belgien und der Schweiz zurück.[65] Frankreich begann erst in den sechziger Jahren, den Industrialisierungsrückstand gegenüber anderen europäischen Ländern aufzuholen, in Italien behinderte der Nord-Süd-Gegensatz eine rasche Modernisierung. Die politische Einigung hatte die ökonomische Spaltung des Landes nicht überwinden können.[66] Trotz dieser deutlichen Entwicklungsunterschiede übernahm die französische Regierung unangefochten die Führung in der Währungsunion. Das lag zum einen an der absoluten Größe der französischen Wirtschaft, die nach wie vor alle anderen der Währungsunion überragte. Hinzu kam, dass sich Frankreich, speziell Paris, seit 1815 zu einem internationalen Kapitalmarkt entwickelt hatte, an dem alle bedeutenden Bankhäuser der Welt vertreten waren. Frankreich fragte kurzfristiges Kapital nach und verlieh dieses langfristig, übte also international eine Bankiersfunktion aus. Das lag auch daran, dass es im Inland lange keine lukrativen Anlagemöglichkeiten gab. Insgesamt erfüllte die französische Finanzwirtschaft in der Mitte des 19. Jahrhunderts damit jene Voraussetzungen, die die Währungstheorie über hundert Jahre später als entscheidend für die Entstehung internationaler Schlüsselwährungen identifiziert hat.[67] Der sprunghafte Anstieg der internationalen Handelsbeziehungen in den fünfziger und sechziger Jahres des 19. Jahrhunderts und die hierdurch in Gang gesetzte Dynamik dezentraler Marktprozesse erforderten eine Verringerung der Transaktionskosten durch die Vereinheitlichung der Währung.[68] Diese Entwicklung

ciale. Affaires diverses commerciales (avant 1902), (künftig MAE), Vol. 603, Nr. 31–37, Convention monétaire du 23 Décembre 1865. M. le Ministre aux MM. les Agents diplomatiques de l'Empereur, 5.12.1866.

64 Theurl, Lernen aus der Geschichte? S. 175f. Vgl. auch Michel Dumoulin, Les Relations économiques italo-belges, Bruxelles 1990.

65 Hierzu J. De Long, Productivity, Growth, convergence, and welfare: Comment, in: Journal of European Economic History, Vol. 78 (1988), S. 1138–1154.

66 Peter Hertner, Italien 1850–1914, S.769.

67 Für das Folgende: Rainer Klump, Entstehung und Verwendung von internationalen Schlüsselwährungen. Theoretische Erklärungen, historische Erfahrungen, wirtschaftspolitische Schlußfolgerungen. Veröffentlichungen des Instituts für Wirtschaftsforschung, Hamburg 1986, S. 419–428. Für das französische Beispiel: Alain Plessis, La Banque de France es les relations monétaires internationales jusqu'en 1914, in: Relations internationales Nr. 29, printemps 1982, S. 3–23.

68 Hierzu analytisch: Karl Polanyi, The Great Transformation. Politische und ökonomische Ursprünge von Gesellschaften und Wirtschaftssystemen, Frankfurt 1995 (Übersetzung der Origi-

zog drei wesentliche Konsequenzen nach sich:[69] Zum einen kam es zu einem Sprung in der Monetisierung der Volkwirtschaften. Geld, zunehmend auch in Papierform, nahm einen immer wichtigeren Platz in der Markt-Tausch-Gesellschaft ein. Damit ging – zweitens – die Tendenz zu einer Bildung größerer Währungsräume einher. Die Ausweitung der wirtschaftlichen Arbeitsteilung übte auf die kleinräumigen Wirtschaftsgebiete einen immer größer werdenden Integrationsdruck aus. Auch Währungen folgten den Marktregeln, sie tendierten zur Monopolisierung, die Währungen kleiner Wirtschaftsräume schlossen sich denen der großen an. So entstanden, das ist der dritte Aspekt, ohne dass es zu einer Regulierung gekommen wäre, in der Zeit zwischen 1848 und 1870 drei große Währungsräume, jener des britischen Pfunds auf der Basis der Goldwährung, einer in Zentraleuropa mit dem preußischen Taler als Zentrum einer Silberwährung und eben jener von Frankreich geleitete (kontinental-) westeuropäische Block auf der Basis des Bimetallismus.[70] Die De-facto-Währungsunion zwischen Frankreich, Belgien, Italien und der Schweiz war also das Ergebnis einer politisch nicht gesteuerten Transformation des internationalen Währungssystems, die als Folge der Internationalisierung von Wirtschaft in der Mitte des 19. Jahrhunderts stattfand.

Doch geriet die eben entstandene De-facto-Währungsunion schon bald in Schwierigkeiten. Deren Ursache war die Entdeckung großer Goldminen in Kalifornien (1847) und Australien (1851). Die Goldproduktion der Welt vervierfachte sich und als Reaktion auf das drohende Überangebot sank der Preis des gelben Metalls gegenüber dem Silber auf dem Londoner Markt. Das für den französischen Franc und seine Satellitenwährungen festgelegte Verhältnis von 15,5:1 zwischen Silber und Gold betrug auf dem Londoner Geldmarkt nur noch 15:1. Die Folgen für die Länder mit bimetallistischen Währungssystemen waren signifikant: Geldhändler versuchten, ihr Gold bei den französischen Banken zum festgesetzten Kurs zu verkaufen, transportierten das erworbene Silber nach London, um es dort gegen eine größere Menge Gold einzutauschen. Das im Wert gestiegene Silber wurde gehortet, Gold hingegen versuchte man schnell wieder loszuwerden, das Greshamsche Gesetz der Doppelwährung bestätigte sich also. Bald schon bemerkte man eine Silber-Knappheit; zwischen 1855 und 1860 verlor Frankreich fast 10% seiner Silberbestände.[71] Hiervon waren vor allem die kleineren Münzen betroffen, was den alltäglichen Handel sehr behinderte. Die französische Regierung reagierte am 25. Mai 1864, indem sie 50 und 20 Centimes-

nalausgabe von 1944), S. 17–55. Empirische Belege bei: G. Haberler, Integration and Growth of the World Economy in Historical Perspective, in: The American Economic Review, Vol. 65 (1964), S. 1–22. S. Kuznets, Modern Economic Growth, New Haven 1966, S. 306ff.

69 Hierzu Theresia Theurl, Erfolgs- und Mißerfolgsfaktoren von Währungsunionen: Historische Erfahrungen, in: Zeitschrift für bayerische Sparkassengeschichte, Bd. 13 (1999), S. 129–156, hier S. 132f.

70 Dieser Prozess kann hier nur grob zusammengefasst werden. Für eine detaillierte und überzeugende Argumentation: Marc Flandreau, L'or du monde. La France et la stabilité du système monétaire international, 1848–1873, Paris 1995, S. 13–21.

71 Norbert Olszak, Histoire des Unions monétaires, S. 37.

Münzen im Werte von 30 Mio. Francs prägen ließ, deren Feingehalt an Silber von 900 auf 835 abgesenkt wurde.[72] Dies war eine sehr vorsichtige Reaktion, die Geldmengenausweitung betrug weniger als ein Franc pro Kopf der französischen Bevölkerung, aber der französische Finanzminister wagte nicht, die Geldmenge darüber hinaus zu vermehren.

Die Schweizer Regierung hatte schon am 31. Januar 1861 reagiert und den Feingehalt ihrer Silbermünzen von 900 auf 800 reduziert.[73] Das französische Finanzministerium verbot darauf am 14. April 1864 allen öffentlichen Kassen die bis dahin übliche Annahme der schweizerischen Münzen. Italien legte 1862 den Feingehalt der silbernen Lire-Stücke auf 835 fest. Dem schloss sich die französische Regierung am 24. Mai 1864 an. Lediglich Belgien zögerte lange, den ursprünglichen, nun nicht mehr dem Marktpreis zwischen Gold und Silber entsprechenden Feingehalt der Münzen zu verändern.

2. Die Gründungskonferenz zwischen Belgien, Frankreich, Italien und der Schweiz im November/Dezember 1865

Diese Maßnahmen behoben zwar zunächst die geschilderten Probleme, hatten aber einen gravierenden Nachteil, den der französische Finanzminister Achille Fould seinem für die auswärtigen Beziehungen zuständigen Kollegen so schilderte:

> „Ces modifications, effectuées sans concert préalable, ont eu l'inconvénient de donner carrière à un commerce illicite très préjudiciable aux intérêts des gouvernements. (...) Ces mesures restrictives sont de nature à jeter du trouble dans les relations internationales et il serait de l'intérêt de tous les gouvernements de les faire disparaître. J'ai pensé qu'il serait possible d'assister à ce résultat par la voie diplomatique et en réglant d'une manière uniforme par une Convention spéciale la fabrication et la circulation des monnaies fractionnaires dans chacun des pays intéressés."[74]

Die lediglich an den nationalen Bedürfnissen orientierten, ohne vorherige Abstimmung mit den Partnern der De-facto-Währungsunion vorgenommenen währungspolitischen Schritte der vier Staaten hatten die für alle vorteilhaften fixen Relationen zwischen den Währungen zerstört.

Vor allem im exportorientierten Belgien wurden die Vorteile der Währungsunion schmerzlich vermisst. Hier hatte die Regierung zunächst keine Maßnah-

[72] Report adressed to his Majesty the Emperor by his Excellency the Minister of Finance, 14.4.1866, in: International Monetary Conference held in Paris in August 1878, Washington 1879, S. 783.

[73] MAE, Vol. 602/3, Convention monétaire de 1865, 1865–1880, Dossier 2,2, Note Conférence monétaire, 22.11.1865. Vgl. auch Barry Eichengreen, Vom Goldstandard zum EURO. Die Geschichte des internationalen Währungssystems, Berlin 2000, S. 33. Mertens, La naissance de l'étalon-or, S. 263. Norbert Olszak, Histoire des Unions monétaires, Paris 1996, S. 37. Georges Valence, Histoire du Franc, S. 212f.

[74] MAE Convention Monétaire de 1865. 1865–1880, Vol. 602/3, Dossier 2, Nr. 2, Ministre des Finances à Ministre des Affaires Etrangères, 19.1.1865.

men ergriffen, um abzuwarten, wie man in Paris reagieren würde. Als Frankreich jedoch unabhängig von den anderen Ländern seine Währung abwertete, forderte der belgische Finanzminister, die währungspolitischen Schwierigkeiten auf diplomatischem Wege zu lösen, und das hieß: „Une communauté monétaire entre la France, la Suisse, la Belgique et probablement l'Italie elle-même."[75] Hubert Frère-Orban schickte eine offiziöse Bitte an die französische Regierung, die daraufhin Initiative für eine Währungskonferenz zwischen Frankreich, Italien, Belgien und der Schweiz ergriff.

Die Motive für die Wiederherstellung der Währungsunion scheinen also zunächst rein ökonomischer Art gewesen zu sein. Erst als die bestehende feste Parität zwischen den Valuten durch die oben geschilderten Entwicklungen zerstört wurde, erkannte man im französischen Finanzministerium die Bedeutung und den Wert dieser Union. Aus ökonomischen Gründen hatten Italien, die Schweiz und Belgien beschlossen, ihre Währung an die französische Valuta anzubinden, d.h. die nationalen Grenzen waren durch die grenzüberschreitenden Handelsbeziehungen in Frage gestellt worden. Die Goldkrise zwischen 1850 und 1865 und die jeweils nationale Reaktion hierauf hatten die Grenzen wieder errichtet. Unter diesen Bedingungen konnte nur eine auf diplomatischem Wege zu erreichende internationale Übereinkunft die vorherige Einheit wieder herstellen. Einen solchen Schritt konnte aber nur das Außenministerium unternehmen, die internationale Währungspolitik war damit Bestandteil der Außenpolitik geworden.

Schon am 11. Februar 1865 schlug der französische Außenminister den drei beteiligten Staaten eine Konferenz zur Regelung der Währungsprobleme vor.[76] Keine der beteiligten Regierungen erhob prinzipielle Einwände, und am 20. November 1865 trafen sich die Delegierten der vier Staaten unter der Leitung des Vizepräsidenten des französischen Conseil d'Etat, Félix de Parieu, in Paris, um sich auf eine gemeinsame Geldpolitik zu verständigen.

Im Zentrum der Diskussion in der ersten Sitzung stand die Frage des Metallstandards, obwohl der Vorsitzende der Konferenz, de Parieu, dieses Problem offenkundig gar nicht diskutieren wollte.[77] In der Eröffnungsrede erwähnte er diese für eine Währungsunion zentrale und umstrittene Frage gar nicht. Es waren die Delegationen der kleineren Staaten, die dieses Problem in den Vordergrund stellten. Der belgische Delegierte Kreglinger betonte in seiner ersten Stellung-

75 Frère-Orban hatte dies schon 1861 in einer Rede vor der Kammer gefordert. Zit. nach Georges Valence, Histoire du Franc, S. 214. Vgl. hierzu auch den Bericht des französischen Finanzministers an Napoleon III.: Report adressed to his Majesty the Emperor by his excellency the Minister of Finance, 14.4.1866, in: International Monetary Conference held in Paris in August 1878, Washington 1879, S. 785. Zudem: P. Kauch, La Banque nationale de Belgique 1850–1918, Bruxelles 1950, S. 141.

76 MAE Convention Monétaire de 1865. 1865–1880, Boite 602/3, Dossier 3, Nr. 21 Marmora à Baron de Valaret, 17.4.1865.

77 Conférence Monétaire Internationale entre la Belgique, la France, l'Italie, et la Suisse, Procès Verbaux, 1865, Séance 1, S. 3ff. Vgl. auch Henry Parker Willis, A History of the Latin Monetary Union. A Study of international monetary Action, Chicago 1901 (unveränderter Nachdruck New York 1971), S. 42–54.

nahme, dass seine Regierung den reinen Goldstandard bevorzuge, und wurde darin direkt von den Schweizer Vertretern unterstützt. In der zweiten Sitzung schloss sich auch die italienische Delegation dieser Position an. Kreglinger führte zur Unterstützung seiner Forderung drei Argumente an, die zu den Klassikern der Diskussion zwischen Bi- und Monometallisten zählen: Zum einen gebe es keinen reinen Bimetallismus, weil gemäß dem Greshamschen Gesetz immer das jeweils wertvollere Metall aus dem Umlauf verschwinde, es daher also einen „wechselnden Monometallismus" gebe. Zweitens habe der Bimetallismus in Belgien zu einer zunehmenden Entwertung des Geldes geführt und sei deswegen unpopulär.[78] Drittens, so Kreglinger, hinderten zwei Währungsmetalle die Zentralbank an einer stringenten Geldpolitik, weil sie ständig die Verschiebung der Wertrelation zwischen beiden Metallen ausgleichen müsse. Der französische Delegationsleiter de Parieu ging auf diese Ebene der Diskussion gar nicht ein, sondern erklärte, dass die Entscheidung für den Monometallismus ein Hindernis für den Abschluss einer Währungskonvention insgesamt sein werde. Der Bimetallismus wurde damit zur Conditio sine qua non für die Währungsunion erhoben, die französische Delegation setzte ihre Position vollständig durch.

Die Diskussion wandte sich dann einer weiteren höchst umstrittenen Frage zu, jener nach dem Feingehalt der Münzen. Unterschiedliche Auffassungen zu diesem Problem waren die Ursache für die Zerstörung der De-facto-Währungsunion gewesen und daher erstaunt es nicht, dass es auch jetzt zu einer intensiven Debatte zwischen den Delegierten kam. Hinzu kam, dass eine Einigung in dieser Frage zumindest in einigen Staaten eine Änderung der Münzgesetzgebung voraussetzte. In Belgien betrug der Feingehalt der Silbermünzen 900‰, italienische und französische Silbermünzen hatten einen Feingehalt von 835‰, die schweizerischen von 800‰.[79] Unter diesen Voraussetzungen versuchte jede Delegation den jeweils im eigenen Land gültigen Standard als für die Währungsunion verbindlichen durchzusetzen.

Es stellt sich die Frage, warum die französische Delegation gegen den Willen ihrer Verhandlungspartner jede Diskussion über den Metallstandard verweigerte und damit den Bimetallismus als Basis für die Lateinische Münzunion durchsetzte. „This question is difficult to answer in any satisfactory way. From the very nature of things, it could not be expected that there would be much information available upon the subject," resümierte Willis das Problem.[80] In der Tat gibt es in den französischen Archiven kein Dokument, das eindeutig klärt, warum die französische Delegation der Diskussion auswich. Bezieht man jedoch andere Dokumente in die Analyse ein, so wird deutlich, dass de Parieu keine offizielle französische Position beziehen konnte, weil es diese nicht gab. Die politische Elite des Kaiserreiches war in dieser Frage uneins, so dass sich zwei etwa gleichstarke Gruppen unversöhnlich gegenüberstanden und wechselseitig blockierten. Dies wurde beispielsweise in der Kommission deutlich, die 1867 zusammengeru-

[78] Conférence monétaire 1865, Procès Verbaux, S. 22.
[79] Henry Parker Willis, Latin Monetary Union, S. 47.
[80] Ebd., S. 57.

fen wurde, um die Währungsfrage zu diskutieren und der Regierung Vorschläge zu ihrer Lösung zu liefern.[81] Eben dies misslang. Weil man sich nicht auf eine gemeinsame Position einigen konnte, wurde der Abschlussbericht zweigeteilt, so dass zunächst die Befürworter des Monometallismus, dann die des doppelten Währungsstandards ihre Argumente entwickelten. Die Wissenschaft konnte der Politik nicht weiterhelfen, und das war nicht erstaunlich, war doch die Währungsfrage, das heißt, die Entscheidung für den Mono- oder den Bimetallismus, kein Problem, das allein unter wissenschaftlichen Gesichtspunkten hätte diskutiert werden können, sondern eine politische Frage. Das bedeutet, dass hinter beiden Systemen Interessen standen, Gruppierungen, die wirtschaftliche oder politische Vorteile aus dem einen oder anderen System zogen und sich deswegen politisch für das jeweilige System engagierten. Die Konfliktlinie verlief in der zweiten Hälfte der sechziger Jahre zwischen den außenpolitisch orientierten Vertretern der Regierung und den Repräsentanten der Banque de France und der sog. „Haute Finance" um Finanzminister Achille Fould.[82] Für die an den internationalen Beziehungen interessierten Währungspolitiker, die vor allem in de Parieu ihren Sprecher fanden, hatte der Goldstandard den Vorzug, dass über dieses System der Anschluss an die global dominierende britische Wirtschaftsmacht geschaffen wurde.

„Du côté de l'Angleterre, la distance ne semble pas grande à franchir. 20 cent retranchés de la livre sterling et du souverain, qui en est l'expression matérielle, produiraient un parfait accord entre l'étalon d'or du système britannique et celui de la France", schrieb de Parieu in der Revue Contemporaine. „(...) La nation britannique est, en effet, l'aînée des autres dans l'adoption de la monnaie d'or, et elle l'a repandue dans une grande parti du monde. C'est avec une coquetterie particulière, une sorte de délicatesse aristocratique, qu'elle prétend maintenir sa monnaie d'or comme ses billets de banque, toujours nette, propre, et droite de poids, digne enfin de l'adjectif sterling, qu'elle porte légitimement."[83]

Die britische Währungspolitik, das spricht deutlich aus diesen Zeilen, hatte Vorbildcharakter für die französischen Monometallisten, weil es London gelungen war, das eigene Währungssystem in große Teile der Welt zu exportieren. Wenn die französische Währung eine ähnliche Bedeutung erlangen wollte, so die Konsequenz dessen, dann müsse sie hinsichtlich der Metallbasis kompatibel sein mit der britischen Währung. Die für den Bimetallismus eintretende „Hochfinanz" und die Vertreter der Banque de France hingegen betrachteten das Problem aus anderer Perspektive. G. Rouland, Gouverneur der Banque de France, erläuterte diese Position so:

„The real question then reduces itself to ascertaining whether these two kinds of money are still necessary. Those who reply no, err seriously. Gold is not as abundant as it is thought to be when one comes to study the circulation of it in the entire world, and when one reflects on crises past

81 Für das Folgende: BdF, Débat sur les questions monétaires. Monométallisme – Bimétallisme. Ministère des Finances. Rapport de la Commission chargée d'étudier la question de l'Etalon Monétaire 1867, 15.3.1867.

82 Economiste Français. Numéro du 6 Décembre 1873. Les Origines de la Question Monétaire.

83 E. de Parieu, L'Union monétaire de la France, de l'Italie, de la Belgique et de la Suisse. Le Münzverein Latin, in: Revue Contemporaine, Tome 15, 15.10.1866, S. 617–636, hier S. 622.

and future (...). To demonetize (silver) exactly at the time when the legal ratio of the law of the year XI exists between gold and silver, that is to say, when they are in perfect equilibrium, to affirm that gold is almost superabundant when its production is diminishing, to appeal to the future when the present is hardly assured, this is to content oneself with pure hypotheses and to expose oneself to error.“[84]

Der Hinweis auf die knappen Goldreserven, die nicht ausreichten, um das wachsende Handelsvolumen der europäischen Staaten zu decken, zählte zu den wichtigsten Argumenten der Bimetallisten insgesamt. Wichtiger aber war ein anderer Aspekt: Gerade für die international operierenden Bankiers ergab sich aus der Doppelwährung die Möglichkeit, durch die alltäglichen Verschiebungen im Wert zwischen Gold und Silber das jeweils im Wert gesunkene Metall in Geld einzutauschen, um dann das aufgewertete Metall zu kaufen. Dies war ein weitgehend risikoloses und einträgliches Geschäft, weil der Marktpreis zwischen Gold und Silber bei festgesetztem Kurs immer um diesen schwankte, Marktbewegungen somit berechenbar blieben. Aus diesen Gründen waren die Pariser Rothschilds ebenso wie etwa Gerson Bleichröder in Berlin Anhänger der Doppelwährung, und beide nutzten auch ihren zum Teil erheblichen Einfluss, um die jeweiligen Regierungen in dieser Frage in ihrem Sinne zu beeinflussen.[85] Die „Haute Finance“ unterstützte die bimetallistischen Bewegungen ihrer Länder.[86] Hierbei spielte in Paris die Abhängigkeit Napoleons III. von der Banque de France bei der Finanzierung vieler Regierungsprojekte eine wichtige Rolle; die Interessen der Bank, die dank immer wieder erneuerter Verträge mit der Regierung eine Sonderrolle unter den Kreditinstituten des Kaiserreichs spielte, konnten vom Kaiser nicht einfach übergangen werden.[87] Nur mit Hilfe des in den fünfziger Jahren errichteten modernen Kreditsystems war die Modernisierung des Landes gelungen, die Banken stellten günstige Kredite für den Ausbau der Infrastruktur, die Erschließung neuer Industriebranchen und nicht zuletzt den Ausbau der Kapitale Paris zur Verfügung. Aus dieser Stellung erwuchs zumal James de Rothschild, der das Pariser „Haus“ dieser Bankiersfamilie leitete, eine wichtige Stellung im inoffiziellen Beraterkreis um den Kaiser, zu dem er über die Kaiserin Eugénie privaten

84 Enquête sur la question monétaire (Conseil superieur de Commerce, de l'Agriculture et de l'Industrie), 1872, Vol II, S. 68. Zit. nach Willis, Latin Monetary Union, S. 59, Anm. 1.

85 Hierzu: Karl Helfferich, Die Geschichte der deutschen Geldreform, Bd. 1, S. 94. The New Palgrave Dictionary of Money and Finance, Bd. 2, London 1997, S. 263. Benedikt Koehler, Ludwig Bamberger. Revolutionär und Bankier, Stuttgart 1999, S. 191.

86 Die Rothschilds waren in dieser Frage keineswegs einer Meinung. Das Haus in London befürwortete den Goldstandard für England, das Pariser Haus trat für den Bimetallismus in Frankreich ein. Vgl. Marc Flandreau, The French Crime of 1873: An Essay on the Emergence of the International Gold Standard 1870–1880, in: The Journal of Economic History (1996), S. 862–897, hier S. 877. Weiterhin Niall Ferguson, The World's Banker, S. 875.

87 François Caron, Frankreich im Zeitalter des Imperialismus 1851–1918, Stuttgart 1991, S. 58–63. Der enge Zusammenhang zwischen Regierung und „Hochfinanz“ im französischen Kaiserreich war auch den Zeitgenossen wohlbewusst. Vgl. Karl Helfferich, Ludwig Bamberger als Währungspolitiker, in: Ders. (Hrsg.), Ludwig Bamberger, Ausgewählte Reden und Aufsätze über Geld- und Bankwesen, Berlin 1900, S. 1–158, hier S. 21.

Zugang hatte.[88] Ein anderer Zugang zum Kaiser eröffnete sich Rothschild über den Graf von Morny, einen illegitimen Sohn Napoleons, der im für das Bankhaus wichtigen Eisenbahngeschäft eine zentrale Rolle spielte.[89] Als österreichischer General-Konsul in Paris hatte Rothschild zudem auch offiziellen Zugang zu den wichtigen Schaltstellen der Macht im Kaiserreich. Dies wurde nicht zuletzt beim Besuch Napoleons III. in Ferrières, dem Rothschildschen Schloss, am 16. Dezember 1862 deutlich.[90] 1855 war zudem einer der Söhne von James de Rothschild, Alphonse, in das Direktorium der Banque de France gewählt worden, auch auf diesem Wege konnte das führende Finanzhaus dieser Zeit Einfluss auf die Geschäfte dieses Instituts nehmen.[91] Hinzu kam, dass die Banque de France zunehmend in die Rolle eines Beraters des Finanzministeriums geriet. Gerade Achille Fould holte vor allen wichtigen Entscheidungen die Meinung der Währungsexperten der Banque ein, in einer so entscheidenden Frage wie der des Metallstandards konnte man die Experten nicht übergehen. Zudem hatte auch der Finanzminister familiäre Bindungen in die Hochfinanz:[92] Er selbst war in den vierziger Jahren dort tätig gewesen, hatte 1852 maßgeblich zur Gründung des Crédit Mobilier beigetragen und war mit den Pereires verschwägert. Gerade Fould war es auch, der im Dezember 1865 wohl unter dem Einfluss der Banque de France für die Beibehaltung des Status quo plädierte.[93] Diese unübersichtlichen und kaum zu rekonstruierenden offiziellen, halboffiziellen und privaten Verflechtungen innerhalb der politischen und ökonomischen Elite sind schon als ein Charakteristikum des Bonapartismus bezeichnet worden.[94] Erschwert wurde die Situation zudem dadurch, dass auch in Handelskreisen keineswegs Einigkeit in der Frage des Metallstandards bestand. In einer 1868 durchgeführten Umfrage unter den französischen Handelskammern und Generalsteuereinnehmern erklärten 44 der Handelskammern, sie würden die Einführung der Goldwährung begrüßen, 20 plädierten für den Erhalt der Doppelwährung, zwei Kammern enthielten sich einer Stellungnahme. Von 91 Steuereinnehmern sprachen sich 69

[88] Niall Ferguson, The World's Banker, S. 562–564.

[89] Ebd., S. 567.

[90] Mit weiteren Belegen für den Einfluss Rothschilds auf den Kaiser: Robert Carlisle, Rothschild, James, Baron de, in: William Echard (Hrsg.), Historical Dictionary of the French Second Empire 1852–1870, Westport 1985, S. 564–568.

[91] Ebd., S. 875. Das Oberhaupt des Pariser Hauses, James de Rothschild, übernahm diese Aufgabe nicht selbst, weil er kein französischer Staatsbürger war. Alphonse vertrat ihn dort gewissermaßen. Vgl. Adrien Dansette, Naissance de la France Moderne. Le Second Empire, Paris 1976, S. 273.

[92] Barrie M. Radcliffe, William Echard, Fould, Achille, in: Wiliam Echard (Hrsg.), Historical Dictionary of the French Second Empire 1852–1870, Westport 1985, S. 242–245.

[93] Enquête sur la question monétaire. Conseil supérieur de Commerce de l'Agriculture et de l'industrie, 1872, Vol. II, S. 14.

[94] Elisabeth Fehrenbach, Preußen-Deutschland als Faktor der französischen Außenpolitik in der Reichsgründungszeit, in: Eberhard Kolb (Hrsg.), Europa und die Reichsgründung. Preußen-Deutschland in der Sicht der großen europäischen Mächte 1860–1880, HZ Beiheft 6 (NF), München 1980, S. 109–137, hier S. 114.

für die Goldwährung aus.[95] Gleichwohl ergaben sich einige wichtige Erkenntnisse: Die im Norden des Landes gelegenen Handelsregionen votierten mehrheitlich für die Einführung des Goldstandards, weil sie stark am englischen Markt orientiert waren. Der Westen und vor allem Südwesten des Landes hingegen plädierte mehrheitlich dafür den Doppelstandard beizubehalten, weil die wichtigsten Handelspartner dieser Region die deutschen Länder (Silberwährung), die Schweiz und Italien waren. Es gab also ein höchst kompliziertes System von offiziellen und inoffiziellen Abhängigkeiten zwischen den Vertretern der Hochfinanz und den politischen Entscheidungsträgern des Kaiserreiches, das eine allein von Regierungsinteressen geleitete Politik verhinderte.

Damit wird deutlich, warum die französische Delegation auf der Währungskonferenz im November/Dezember 1865 einer Diskussion über den von allen anderen Regierungen gewünschten Goldstandard auswich. Die Regierung konnte den Status quo in Frankreich nicht in Frage stellen, ohne dass es über die Frage des Metallstandards einen von der politischen und wirtschaftlichen Elite des Landes akzeptierten Beschluss gab.[96] Damit zwang das in dieser Frage unentschlossene Frankreich den kleineren Staaten der Lateinischen Währungsunion ein System auf, das die Zukunft der Währungsunion in entscheidender Weise beeinflussen sollte. Paris warf ganz offenkundig sein in dieser Gruppe überragendes politisches und wirtschaftliches Gewicht in die Waagschale, so dass die kleinen Staaten die französische Position schnell akzeptierten. Dies scheint auch deswegen keine besonderen Schwierigkeiten bereitet zu haben, weil sich die geldpolitischen Systeme der vier Staaten so sehr ähnelten, dass grundsätzliche Änderungen der nationalen Gesetzgebung nicht notwendig waren. Die Währungsunion basierte im Kern auf der seit 1803 bestehenden französischen Geldverfassung, rekonstruierte also bis auf wenige Details hinsichtlich des Feingehalts der Silbermünzen den Status quo der vier Länder vor 1861.[97]

Der Vertrag[98] legte fest, dass goldene Kurantmünzen mit einem Feingehalt von 9/10 in Stücken von 100, 50, 20, 10 und fünf Franken geprägt werden dürfen. Parallel zu den Goldmünzen erlaubte der Vertrag silberne Fünffrankenstücke im Gewicht von 25gr mit gleichem Feingehalt. Hieraus ergab sich die schon durch den „Franc Germinal" bekannte, fixe Relation zwischen Gold und Silber

[95] Les Origines de la question monétaire, in: Economiste français. Numéro du 6 Décembre 1873. Vgl. auch Marc Flandreau, The French Crime of 1873, S. 880–881.

[96] Dieses Problem für die französische Außenpolitik zeigte sich nicht nur hinsichtlich der Währungspolitik, sondern auch in anderen Bereichen. F. Valsecchi schrieb hierzu: „Die Politik Napoleons III. ist den Historikern nicht weniger als den Zeitgenossen rätselhaft und widerspruchsvoll erschienen: eine verwirrende Mischung von Phantasie und Berechnung, von Idealismus und Macchiavellismus, von zähem Festhalten und Unentschlossenheit, die jedes Urteil verwirrte und die allgemeine Meinung mit dem Ausdruck ‚Sphinx' gekennzeichnet hat." in: Das Zeitalter Napoleons III. und Bismarcks 1854–1870, in: Historia Mundi, Bd. X, Bern 1961, S. 59.

[97] Paul Hagenbach, Die Entwicklung zur Goldwährung in der Schweiz, Weinfelden 1929, S. 19.

[98] Text der Münzkonvention in: Das System der Vereinten Nationen und seine Vorläufer. Bd. II: Vorläufer der Vereinten Nationen. 19. Jahrhundert und Völkerbundzeit, hrsg. von Franz Knipping, Bern München 1996, Dok. Nr. 15, S. 291–301.

von 1: 15,5. Zudem durften Silbermünzen im Wert von zwei, einem, einem Halben und einem Fünftel Franken mit einem Feingehalt von 835/1000 geprägt werden. Die goldenen Münzen und das silberne Fünffrankenstück sollten unabhängig von ihrer Herkunft von den öffentlichen Kassen aller vier Staaten akzeptiert werden, die restlichen Silbermünzen nur bis zu einer Höhe von jeweils 100 Franken. Die Ausgabe der Silberscheidemünzen wurde begrenzt und zwar bis zu einem Höchstbetrag von sechs Franken pro Kopf der Bevölkerung. Das entsprach den zeitgenössischen Vorstellungen, dass die Anzahl der umlaufenden Scheidemünzen in fester Relation zur Bevölkerung des Währungsraumes stehen müsse.

Der Vertrag über die Lateinische Münzunion hat aber noch weitere, für die Verfassung des europäischen Staatensystems zu diesem Zeitpunkt charakteristische Konsequenzen. 1868 entstand in Berlin das Gerücht, die Währungsunion sei nur eine Vorstufe für eine politische Union zwischen Frankreich, Belgien und den Niederlanden.[99] Diese Union, so befürchtete man in Preußen, werde zudem durch Österreich unterstützt. Zwar stellte sich dies schnell als falsch heraus, die Gemüter beruhigten sich ebenso schnell, wie sie sich zuvor erregt hatten, aber es wird deutlich, dass die Währungsunion von den führenden Diplomaten der Zeit nicht allein als währungspolitisches Problem gesehen wurde, sondern als Bestandteil französischer Außenpolitik. Die französische Regierung stellte den Vertrag in eine Linie mit dem deutschen Währungsvertrag von 1857 und die wirtschaftsgeschichtliche Forschung ist ihr hierin gefolgt.[100] Diese Interpretation übersieht indes, dass der Wiener Münzvertrag vom 24.1.1857, der die währungstechnische Integration Österreichs in den Zollverein kodifizierte,[101] nur im Kontext der Genese des deutschen Nationalstaates zu verstehen ist. Wie der Zollverein insgesamt, so wurde auch die durch den Wiener Vertrag eingeleitete Währungsunion als politischer Schritt auf dem Weg zum deutschen Nationalstaat gesehen.[102] Ähnliches gilt für die italienische Währungsunion von 1861. Dagegen ist der Währungsvertrag vom 23.12.1865 die erste völkerrechtlich vereinbarte Währungsunion der Moderne zwischen souveränen Nationalstaaten, die geschlossen wurde, ohne dass das Fernziel der Gründung eines Einheitsstaates eine Rolle spielte. Aus dieser Perspektive war die Lateinische Münzunion ein völkerrechtliches Novum, das eine Währungsunion zwischen Nationalstaaten herstellte.

99 PAAA (Berlin), R 6176, passim.

100 Theresia Theurl, Eine Währung für Europa. Zwölf Lehren aus der Geschichte, S. 175.

101 Friedrich Zellfelder, Wiener Münzvertrag, in: Michael North (Hrsg.), Von Aktie bis Zoll, S. 428.

102 Frank Otto, Die Währungsvereinheitlichung in Deutschland im 19. Jahrhundert – Modell für die Europäische Währungsunion 1999?, in: Historische Mitteilungen, Bd. 12 (1999), S. 69–89.

3. Französische Planungen für die Ausweitung der Lateinischen Münzunion und ihr Hintergrund

Besondere Bedeutung hatte der Art. 12 des Vertrages über die Lateinische Münzunion: „Das Recht zum Beitritt zum gegenwärtigen Vertrage ist jedem Staate vorbehalten, der die Verbindlichkeiten desselben übernehmen und das Vereinsmünzsystem in betreff der Gold- und Silbermünzen einführen will.“[103] Dieser Artikel verdeutlicht, dass es der französischen Regierung nicht allein darum ging, die seit 1861 bestehende De-facto-Währungsunion wiederherzustellen. Schon vor Abschluss der Verhandlungen hatte Finanzminister Fould überlegt, dass eine gemeinsame Währung nicht nur für die vier Länder von Vorteil sei, sondern für Europa insgesamt:

> „Il est évident qu'il y aurait d'incontestable avantages à créer en Europe une vaste circulation monétaire, se rattachant à un même système, et identique dans la valeur réelle et nominale. Cette circulation ne tarderait pas à s'assimiler celle des autres pays, et l'on pourrait entrevoir l'époque où, sous influence d'un même régime monétaire, les paiements en numéraire seraient soustraits aux conditions essentiellement variables du change.“[104]

Mit diesem Vorschlag hatte das Projekt eine neue Dimension angenommen. Nicht mehr die aktuelle Währungskrise und ihre Überwindung standen auf dem Programm, sondern ein weitgespanntes politisches Projekt, eine europäische Währungsunion. Dieser Gedanke, so berichtete der französische Außenminister ein Jahr später in einem Rundschreiben an alle europäischen diplomatischen Vertretungen, sei während der Konferenz zwischen den vier Mächten entstanden: „Cette clause (gemeint war Art. 12, d.V.) peut être considérée comme la manifestation d'un voeu qui s'est produit au sein de la conférence internationale (...)“[105]. Das stimmte jedoch nicht: Schon ein halbes Jahr vor der Konferenz über die Gründung der Währungsunion war im französischen Finanzministerium über eine mögliche Integration weiterer europäischer Staaten nachgedacht worden.[106] Zudem hatte Außenminister Drouyn de Lhuys schon im November 1865 in einem Gespräch mit den preußischen Ministerpräsidenten Otto von Bismarck versucht, auch Preußen als Mitglied in der projektierten Währungsunion zu gewinnen.[107] Die jetzt mit Frankreich in der Währungsunion vereinigten Staaten hätten ein geringes Gewicht, so der französische Außenminister. Sollte sich aber Preußen entschließen, diesem Bund beizutreten, dann würde eine Einigung zwi-

[103] Das System der Vereinten Nationen und seine Vorläufer. Bd. II: Vorläufer der Vereinten Nationen. 19. Jahrhundert und Völkerbundzeit, hrsg. von Franz Knipping, Bern München 1996, Dok. Nr. 15, S. 291–301 hier S. 299.

[104] MAE Convention Monétaire de 1865. 1865–1880, Boite 602/3, Dossier 2, Nr. 6, Le Ministre des Finances à Ministre des Affaires Etrangères, 18.5.1865.

[105] MAE Vol. 603 Nr 31–37, Convention monétaire du 23 Décembre 1865 M. le Ministre aux MM. les Agens diplomatiques de l'Empereur, 5.12.1866.

[106] MAE Convention Monétaire de 1865. 1865–1880, Boite 602/3, Dossier 2, Nr. 6, Le Ministre des Finances à Ministre des Affaires Etrangères, 18.5.1865.

[107] GStA, HAIII, Abt. 2, Nr. 1877, Bl. 2, Goltz (Paris) an Bismarck, 9.11.1865.

schen diesen beiden Mächten „die der übrigen allmählig von selbst nach sich ziehen". Die Ausweitung der Währungsunion war ein französischer Wunsch, der also schon vor der Konferenz im Dezember 1865 formuliert worden war. Die Hintergründe erläuterte Finanzminister Fould in seinem Bericht an Napoleon III. vom 14. April 1866:

„(...) an international enactment which may bring important advantages in the commercial communications of more than 66 millions souls, which, in spite of the diversity of language and of nationality, are united under a monetary system whose name and origin remain french (...)".[108]

Etwas pathetischer formulierte de Parieu im Oktober 1866 in der Revue Contemporaine: „Le franc peut donc avoir de grande chance d'être un jour tout au moins une des syllabes fondamentales dans une langue universelle des valeurs".[109] Es waren demnach zwei Motive, die die französische Regierung veranlassten die Währungsunion auszuweiten: Zum einen existierte der Wunsch den Handel zwischen den europäischen Staaten durch eine gemeinsame Währung zu erleichtern. Diese gemeinsame Währung sollte aber nicht irgendeine sein, sondern, und das ist der zweite wesentliche Aspekt, die französische. Frankreich, die französische Wirtschaft, würde damit ähnlich wie in der Lateinischen Münzunion zweifellos eine Hegemonie erlangen, die Maßstäbe französischer Währungspolitik würden in die „zivilisierte Welt" exportiert. Die Gründung der Lateinischen Münzunion war daher ein politischer Schritt mit dem Ziel, dem französischen Kaiserreich eine Suprematie in Europa auf währungspolitischem Gebiet zu sichern.

Die Ausweitung der Währungsunion war auch aus innenpolitischen Gründen geboten, wie aus dem Rundschreiben des französischen Außenministeriums vom 5. Dezember 1866 an die diplomatischen Vertreter des Landes in den europäischen Hauptstädten und in Washington hervorgeht. Die Diplomaten wurden über den Inhalt der Währungskonvention unterrichtet und ausdrücklich auf die Beitrittsmöglichkeit für weitere Länder nach Art. 12 hingewiesen.[110] Die kaiserliche Regierung sei sich zwar der Schwierigkeiten einer europäischen Währungsvereinheitlichung bewusst, gleichwohl erweise sich ein solcher Schritt mehr und mehr als Notwendigkeit.

„A mesure que la solidarité qui existe entre les intérêts économiques devient de plus en plus étroite, chaque peuple, en présence des avantages déjà réalisés, comprend mieux l'importance de supprimer les entraves que rencontrent encore les relations internationales; l'une des plus onéreuses et des plus gênantes résulte assurément de la diversité des monnaies qui multiplie les variations du change."[111]

[108] Report adressed to his Majesty the Emperor by his Excellency the Minister of Finance, 14.4.1866, in: International Monetary Conference held in Paris in August 1878, Washington 1879, S. 786.

[109] E. de Parieu, L'Union monétaire de la France, de l'Italie, de la Belgique et de la Suisse, le Münzverein latin, in: Revue Contemporaine, 15è année, 2è série, t. XV, 15 octobre 1866, S. 636.

[110] MAE Vol. 603 Nr 31–37, Convention monétaire du 23 Décembre 1865 M. le Ministre aux MM. les Agens diplomatiques de l'Empereur, 5.12.1866.

[111] Ebd.

Daher strebe Frankreich eine „circulation monétaire uniforme entre tous les Etats civilisés" an.[112] Diese Argumentation stellte also die sich intensivierenden Wirtschaftsbeziehungen der „zivilisierten" Staaten Europas und der USA in den Mittelpunkt. Der zunehmend grenzüberschreitende Handel wurde zum Charakteristikum einer zivilisierten Welt erklärt. Den ideologischen Hintergrund lieferte eine der populärsten und einflussreichsten politischen Denkschulen des Kaiserreiches, die damals unter dem Schlagwort des „Saint-Simonisme" Intellektuelle und Politiker faszinierte. Konkretes Resultat war eine für Napoleon III. charakteristische, eigentümliche Mischung aus Sozialpolitik und liberalem Laisser-Faire.[113] Der Staat agierte in diesem Konzept nicht als Unternehmer, „vielmehr fällt ihm die Aufgabe zu, die allgemeinen Rahmenbedingungen zu schaffen und Impulse zu geben, indem er Vertrauen vermittelt, d.h. Risiken einschränkt durch Garantie, durch die Übernahme von ‚unproduktiven' Kosten (etwa für den Aufbau der Infrastruktur), vor allem aber durch die Organisation des Kredits."[114] In diesem Sinne lässt sich auch die Lateinische Münzunion verstehen: Die Regierung griff nicht direkt in den Wirtschaftsprozess ein, versuchte aber, der Privatinitiative einen Rahmen zu bieten. Das für den grenzüberschreitenden Handel hinderliche Wechselkursrisiko sollte durch eine europaweit einheitliche Währung abgeschafft werden, oder, ökonomisch gesprochen: Die Transaktionskosten der Unternehmen und Händler wurden gesenkt.[115]

Unter diesen Voraussetzungen ging das französische Außenministerium nach dem Ende des deutschen Krieges in die Offensive. In dem Rundschreiben vom 5. Dezember 1866 wurden die französischen Gesandten in allen größeren europäischen Staaten aufgefordert, den Vertragstext der Währungsunion vom Dezember 1865 bei ihren jeweiligen Regierungen zu hinterlegen und diese besonders auf die Beitrittsmöglichkeit nach Art. 12 hinzuweisen.[116] Die Reaktionen auf die Vorschläge jedoch waren enttäuschend, auch wenn die sehr verschiedenen Argumentationen aus französischer Sicht nachvollziehbar waren. Die russische Regierung ließ über ihren Pariser Botschafter mitteilen, dass ein Beitritt zur Währungsunion für sie nicht in Frage käme. Der Beitritt würde in Russland eine tiefgreifende Währungsreform erfordern, die Vorteile hingegen blieben für das russische Reich beschränkt, weil es nicht, wie die Schweiz, Italien oder Belgien, an Frankreich angrenze.

[112] Ebd.

[113] Über den Begriff hat die Forschung heftig gestritten: Vgl. Barrie M. Radcliffe, Saint Simonism, in: William E. Echard, Historical Dictionary of the French Second Empire, 1852–1870, Westport 1985, S. 595–598. Für die Wirtschaftspolitischen Vorstellungen Napoleons III.: William H.C. Smith, Napoleon III, Paris 1982, S. 248–265. Wolfgang Schieder, Sozialismus, in: Geschichtliche Grundbegriffe, Bd. 5, Stuttgart 1984, hier S. 941–944.

[114] Gilbert Ziebura, Frankreich von der großen Revolution bis zum Sturz Napoleons III. 1789–1870, in: Handbuch der europäischen Geschichte, hrsg. von Theodor Schieder, Bd. 6, Stuttgart 1981, S. 269–718, hier S. 275.

[115] Diesen Aspekt betont auch Theresia Theurl, Eine Währung für Europa, S. 177.

[116] MAE Convention monétaire de 1865, 1865–1880, Vol. 602/603, Dossier 2, Nr. 4. Le Ministre des Affaires étrangères à Berne, Turin, Bruxelles, 1.2.1867.

„Par sa position géographique, la Russie recueillerait le moins d'avantages d'une mesure qui, en nécessitant des dépenses considérables amènerait pour des longues années la circulation dans tout l'étendue de l'Empire d'espèces nationales à titres différentes.“[117]

Die russische Regierung lehnte also einen Beitritt zur Lateinischen Münzunion wegen der geographischen Randlage ab.

Ganz anders war die vehemente Kritik, die der belgische Finanzminister Frère-Orban an den französischen Vorschlägen übte.[118] Die Währungsunion vom Dezember 1865, so Frère-Orban, beruhe auf dem Prinzip des Bimetallismus. Wie sollten Länder wie Preußen und der Norddeutsche Bund, deren Währung auf dem Silberstandard beruhe, oder England mit seiner Goldwährung einem solchen Währungsvertrag beitreten? Die Währungsunion vom 23.12.1865 konnte nach Meinung der belgischen Regierung nur gegründet werden, weil die Mitgliedstaaten schon zuvor ein einheitliches Währungssystem hatten, das durch äußere Einflüsse in Probleme geraten sei. Für Länder mit vollständig anders konstruierten Währungssystemen sei der Beitritt unmöglich. Hinzu kam noch ein weiteres Argument: Die französische Regierung habe eine Diskussion über die Einführung des Monometallismus abgelehnt, weil in Frankreich eine Kommission zur Untersuchung der Währungsfrage eingesetzt worden sei, deren Ergebnisse man abwarten wolle. Diese aber lägen immer noch nicht vor. „Cette considération ne portera-t-elle pas le cabinet des Tuileries à penser avec moi qu'il y a là une question préalable à résoudre, avant de recommander aux autres états l'accession à la convention?“ Die Einwände der belgischen Regierung zeigten in der Tat die eklatanten Schwächen der französischen Politik und warfen zugleich ein Licht auf die Gründungsbedingungen der Währungsunion von 1865. Diese war aus belgischer Sicht eben nur eine Maßnahme, die die durch externe Faktoren gestörten zuvor bestehenden Währungsschwierigkeiten beheben sollte. Weitreichende politische Ziele, wie sie die französische Regierung mit ihr verknüpfte, lagen den Brüsseler Verantwortlichen fern, weil man sie hier für unrealistisch hielt. Warum sollten Länder wie Preußen und der Norddeutsche Bund oder England das französische Währungssystem übernehmen? Hierfür gab es tatsächlich keinen Anreiz außer der Begeisterung für eine Universalwährung, und selbst wenn man dieser Idee anhing, warum sollte es dann ausgerechnet das französische Währungssystem sein, das in den vergangenen Jahren durch die Schwankungen des Verhältnisses zwischen Gold und Silber in Schwierigkeiten geraten war?

117 MAE Direction Commerciale. Question monétaire, Vol 600, Nr. 60ff. Le Ministre impérial des affaires étrangères à M. Baron de Talleyrand-Périgord, 12.2.1867.

118 MAE Convention Monétaire de 1865. 1865–1880, Vol. 602/603, Dossier 2, Nr. 47, Frère-Orban à Ministère des Affaires étrangères, 23.12.1866.

4. Verhandlungen mit Preußen

Die preußische Regierung hingegen zeigte sich zunächst interessiert an der französischen Initiative.[119] In dem bereits erwähnten Gespräch mit Drouyn de Lhuys hatte sich Bismarck zurückhaltend, aber interessiert gezeigt. Gleichwohl ließ sich der preußische Ministerpräsident zunächst einmal von Finanzminister von der Heydt die währungspolitischen Konsequenzen eines solchen Schrittes erklären.[120] Der Finanzminister riet, ähnlich wie Frère-Orban, von einem solchen Schritt ab: zum einen sei der französische Münzfuß nicht mit dem in Preußen gebräuchlichen zu vereinbaren, man müsste also eine umfassende Währungsreform vornehmen. Zweitens plane Frankreich zur Goldwährung überzugehen. Was solle also jetzt eine Währungsunion auf bimetallistischer Basis, wenn der Initiator bald darauf den Goldstandard einführen wolle? Ähnlich argumentierten die süddeutschen Staaten. Gleichwohl insistierte die französische Regierung auf einer Währungskonvention mit Preußen und ließ ihren Botschafter in Berlin, Benedetti, noch einmal persönlich bei Bismarck in dieser Sache vorsprechen. Man habe in Paris bereits einen Bevollmächtigten im Range eines Ministers ernannt, der die Verhandlungen mit Preußen führen werde, erläuterte Benedetti. Wenn die preußische Regierung der Währungsunion nicht beitreten wolle, dann könne man doch zumindest eine Präliminarübereinkunft anstreben. Am 17. März überreichte de Parieu dem preußischen Botschafter in Paris eine Note, in der er nochmals auf die Bedeutung einer Währungsunion zwischen beiden Ländern hinwies und schon ein System von Wechselkursen vorschlug.[121] Bismarck war offenkundig beeindruckt von der Bedeutung, die man in Paris dieser Frage beimaß:

> „Unter diesen Umständen", schrieb er an Finanzminister von der Heydt, „können wir uns einer eingehenden Prüfung der Sache nicht entziehen. Ich verkenne die großen Schwierigkeiten, welche einer Münzänderung entgegenstehen, nicht. Andererseits bin ich aber von der Überzeugung erfüllt, dass bei dem sich fortsteigend in großem Maßstabe steigenden Verkehr bald der Zeitpunkt herannahen wird, wo die Verschiedenheit der Münzsysteme fallen muß. Je früher Schritte dazu gethan werden, desto rascher werden die (...) Wunden heilen und es werden sich desto eher die segensreichen Wirkungen fühlbar machen. Von besonderem Gewichte ist bei der Beurtheilung dieser Frage das Verhältnis, in welchem sich das Münzwesen der Monarchie in Folge der Erwerbungen des vergangenen Jahres befindet. (...) Nach meinem Dafürhalten ist daher der jetzige Augenblick, wo wir vor der Nothwendigkeit einer großen organisatorischen Umänderung des Münzwesens im eigenen Lande stehen, vor allem günstig, um in Betracht zu ziehen, ob nicht ein Anschluß an dasjenige Münzsystem ausführbar ist, welchem, allein in Europa, mehr als 70 Millionen Seelen zugethan sind."[122]

Der preußische Ministerpräsident teilte also die grundsätzlich ablehnende Haltung seines Finanzministers nicht. Er sah die Notwendigkeit einer Währungsver-

119 Dieses Unterkapitel wurde publiziert: Guido Thiemeyer, Napoleon III, Otto von Bismarck und die Lateinische Münzunion 1865–1867, in: Bankhistorisches Archiv Bd. 28 (2002), S. 1–20.

120 GStA, HAIII, Abt. 2, Nr. 1877, Bl. 6, von der Heydt an Bismarck, 12.12.65.

121 GStA, HAIII, Abt. 2, Nr. 1877, Bl. 34, Preußische Botschaft in Frankreich (Goltz) an Bismarck, 17.3.1867.

122 GStA, HAIII, Abt. 2, Nr. 1877, Bl. 24, Bismarck an von der Heydt, 24.1.1867.

einheitlichung angesichts des wachsenden Handels, und erwog den Anschluss an die von Frankreich geführte Währungsunion.[123] Doch wurden Gedanken dieser Art zunächst nur intern ausgesprochen, offiziell ließ Bismarck den französischen Botschafter in Berlin wissen, dass Preußen gegenwärtig Verhandlungen über Währungsfragen nicht zustimmen könne, weil diese Gegenstand von Beratungen mit den Staaten des norddeutschen Bundes seien. Diese aber wolle er aus politischen Gründen nicht behindern.[124] Die Frage blieb in Preußen also zunächst ungeklärt, es scheint, als wollte sich Bismarck zumindest die Option offenhalten.

Warum hatte sich die französische Regierung so sehr um die Integration Preußens in die von Frankreich geführte Währungsunion bemüht? Einen Grund nannte der französische Botschafter schon in seinem ersten Schreiben an die preußische Regierung, es ging darum, in Europa einen Währungsblock zu errichten, dem sich die übrigen Kontinentalmächte kaum würden entziehen können. Wäre Preußen tatsächlich dieser Währungsunion beigetreten, so wäre die gemeinsame Währung unter Leitung des französischen Franc allein aufgrund der Wirtschaftskraft zur dominierenden Valuta aufgestiegen. Dies wäre der für die französischen Bestrebungen nach einer Universalwährung entscheidende Schritt gewesen. Nimmt man aber die Gesamtheit der deutsch-französischen Beziehungen um die Jahreswende 1866/67 in die Perspektive, so ergeben sich auch andere Zusammenhänge: Der Sieg über Österreich hatte Preußen gleichsam über Nacht zur überragenden Macht in Deutschland gemacht und Napoleon III., der für Frankreich eine hegemoniale Stellung in Westeuropa beanspruchte, sah sich nun unmittelbarer Konkurrenz ausgesetzt. Für ihn ergaben sich grosso modo zwei Handlungsoptionen.[125] Zum einen konnte er versuchen, weitere preußische, dann nationaldeutsche Expansionsabsichten schon im Keime zu ersticken, und den östlichen Nachbarn mit Hilfe der anderen europäischen Großmächte zu kontrollieren, würde damit aber auch auf eigene Erwerbungen, beispielsweise in Luxemburg oder Belgien, verzichten. Oder aber er versuchte, Preußen gleichsam als Juniorpartner in die französische Politik einzubinden, um dann gemeinsam als „Erwerbsgemeinschaft" aufzutreten. Dabei schwebte dem französischen Kaiser vor, dass Preußen die süddeutschen Staaten, Frankreich Belgien annektieren könnte. Die französische Regierung entschied sich zunächst für die zweite Option. Im August 1866 vereinbarte Bismarck mit Benedetti ein gemeinsames Vorgehen auf Kompensationsbasis: Preußen könne über die Mainlinie vorstoßen, Frankreich erhielte als Gegenleistung Belgien und Luxemburg. Unter diesen Vor-

123 Diese Idee ließ Bismarck auch durch die Presse sondieren: MAE Direction Commerciale. Question Monétaire, Vol. 600, Bl. 31, Consulat Général de Francfort à M. le Ministre des Affaires Etrangères, 2.2.1867.

124 MAE Direction Commerciale. Question monétaire, Vol. 600, Bl. 44, Ambassade de France en Prusse à M. le Ministre des Affaires Etrangères, 3.2.1867.

125 Thomas Nipperdey, Deutsche Geschichte 1866–1918, Bd. II, Machtstaat vor der Demokratie, München 1992, S. 16. Lothar Gall, Bismarck. Der Weiße Revolutionär, Frankfurt u.a. 1980, S. 405. Andreas Hillgruber, Bismarcks Außenpolitik, 3. Auflage Freiburg 1993, S. 79f. Eberhard Kolb (Hrsg.) Europa und die Reichsgründung. Preußen-Deutschland in der Sicht der großen europäischen Mächte 1860–1880, München 1980.

aussetzungen, so räsonierte de Parieu im Oktober 1866 in der Revue Contemporaine, könne Deutschland insgesamt, d.h. Preußen und die süddeutschen Staaten der Lateinischen Münzunion beitreten:

„Le mieux serait, sans doute, que la Prusse prît la direction du mouvement d'union monétaire en Allemagne, et se montrât supérieure à l'esprit d'isolement germanique en se ralliant, au moins pour les pièces d'argent, au système de notre Münzverein. Aucun prince et aucun Etat ne résisteraient à cette impulsion, ni au nord ni au sud du Main."[126]

Auch in Deutschland waren wesentliche Kreise einer Einführung des französischen Währungssystems gar nicht abgeneigt. Die Handelskammer in Frankfurt plädierte in ihrer Versammlung am 20.10.1868 für den währungspolitischen Anschluss des Norddeutschen Bundes an Frankreich.[127] Auch die offiziöse Kölnische Zeitung schrieb in ihrer Ausgabe vom 22.11.1868, vielleicht auf eine Initiative Bismarcks, dass bei einer bevorstehenden Währungsreform die Vorzüge des durch die Lateinischen Münzunion geschaffenen internationalen Systems im Auge behalten werden müssten.[128] Währungspolitik diente zu diesem Zeitpunkt auf beiden Seiten des Rheins als Instrument zur Unterstützung außenpolitischer Ziele. Noch im Dezember 1866 sprach der preußische Ministerpräsident von einer preußisch-französischen Allianz als dem „natürlichen Ausdruck der dauernden Übereinstimmung der Interessen beider Länder".[129]

Vor diesem Hintergrund erhalten die französischen Bemühungen, Preußen in die Währungsunion vom Dezember 1865 zu integrieren, noch eine andere Dimension. Es war der Versuch, im Rahmen der oben skizzierten zweiten Option Preußen für eine Partnerschaft mit Frankreich zu gewinnen, um auf dieser Basis nicht nur die Grundlage für eine Universalwährung unter französischer Patronage zu schaffen, sondern auch die auch aus innenpolitischen Gründen dringend erwünschten außenpolitischen Ziele gemeinsam mit den östlichen Nachbarn zu erreichen. Währungspolitik diente in diesem Kontext als flankierende Maßnahme einer diplomatischen Aktion. In ähnlicher Weise lässt sich auch die Äußerung Bismarcks gegenüber dem preußischen Finanzminister von der Heydt interpretieren. So wie für den französischen Kaiser stellte sich auch für den preußischen Ministerpräsidenten die Frage, ob er seine deutschlandpolitischen Ziele mit oder gegen Frankreich erreichen sollte. Zwischen Herbst 1866 und Frühjahr 1867, das hat die Forschung herausgearbeitet[130], hielt sich Bismarck beide Optionen offen. Diese Interpretation wird durch die erstmals unter diesem Aspekt untersuchten preußischen Quellen zur internationalen Währungspolitik gestützt. Intern, d.h. gegenüber von der Heydt, trat der preußische Ministerpräsident als Befürworter

126 Félix E. de Parieu, L'Union monétaire de la France, de l'Italie, de la Belgique et de la Suisse, le Münzverein latin, in: Revue Contemporaine, 15è année, 2è série, t. XV, 15 octobre 1866, S. 617–636, hier S. 630.

127 MAE Direction Commerciale. Questions monétaires. Convention de 1865 et de 1867. 1868, sept.–déc., Vol. 604, Nr. 89, Consulat de France à Cologne à MAE, 22.10.1868.

128 MAE Direction Commerciale. Questions monétaires. Convention de 1865 et de 1867. 1868, sept.–déc., Vol. 604, Nr. 180ff. Consulat de France à Cologne à MAE, 22.10.1868.

129 Zit. nach Hillgruber, Bismarcks Außenpolitik, S. 80.

130 Hillgruber, Bismarcks Außenpolitik, S. 80. Gall, Bismarck, S. 407.

eines Währungs-Bündnisses mit Frankreich ein, nach außen, gegenüber Benedetti, erteilte er eine vorläufige Absage an eine Währungsunion. Ob Bismarck tatsächlich mit dem Gedanken gespielt hat, der Lateinischen Münzunion beizutreten, ist fraglich, entscheidend war, dass er diese Möglichkeit nicht grundsätzlich ausschloss.

5. Die internationale Währungskonferenz im Sommer 1867

Das französische Werben um einen Beitritt europäischer Staaten, speziell Preußens, zur Währungsunion war also zunächst gescheitert. Gleichwohl gab die französische Regierung nicht auf, im Gegenteil, offiziell war man sogar zufrieden mit der Resonanz der währungspolitischen Initiative:

„Depuis le date de la communication le 10 du mois dernier, relativement à la Convention monétaire du 23 décembre 1865, j'ai reçu les réponses de plusieurs Gouvernements au sujet de la proposition que les agents diplomatiques de l'empereur avaient été chargés de leur soumettre afin d'obtenir soit leur accession à cet acte international soit leur participation à une conférence générale dans laquelle serait étudié et resolu, s'il était possible, le problème de l'uniformité des monnaies," schrieb Außenminister Moustier am 16.2.1867 an seinen Kollegen aus dem Finanzministerium und an den Präsidenten des Senats.[131]

Der Zeitpunkt für die geplante internationale Währungskonferenz sei daher ideal. „La conférence proposée n'a d'ailleurs qu'autre but immédiat que de provoquer un échange d'idées et une discussion de principe."[132] Das war gegenüber der ersten unmittelbaren Beitrittsaufforderung an die europäischen Staaten eine zurückhaltende Position. Einer allgemeinen Diskussion um eine währungspolitische Harmonisierung in Europa, zumal im Zusammenhang mit der Weltausstellung,[133] konnte und wollte sich niemand entziehen. Gleichwohl wurden schon im Vorfeld sehr unterschiedliche Erwartungen an die Konferenz deutlich. Die Regierung der Vereinigten Staaten von Amerika teilte dem französischen Außenministerium am 13.2.1867 mit, dass die Frage einer internationalen Währungseinheit in den USA schon lange diskutiert werde und man daher gerne einen Delegierten zu der Pariser Konferenz schicke.[134] Die portugiesische Regierung erklärte, dass sie an der Konferenz teilnehmen werde, allerdings sei man nicht an einem Beitritt zur Lateinischen Münzunion interessiert, sondern werde am Goldstandard festhalten, weil dies das britische System und England der wichtigste Handelspartner Portu-

131 MAE Direction Commerciale. Vol. 601 Questions Monètaires et Financières, Convention Monétaire de 1865, 1865–1877, Rundschreiben des Außenministeriums an Sénat, Finanzminister, Nr. 36, 16.2.1867

132 MAE Direction Commerciale. Convention monétaire de 1865 et de 1867, Vol. 600, Bl. 182.

133 Edouard Secrétan, Un Sommet économique et social du Second Empire: L'Exposition Universelle de 1867, in: Souvenir Napoléonien, Vol 48 (1985), S. 34–40. Bela Menczer, Exposition 1867, in: History Today, Vol. 17.7, July 1967, S. 429–436.

134 Mr. Seward to Mr. Berthemy, 13.2.1867, in: International Monetary Conference held in Paris in August 1878, Washington 1878, S. 798.

gals sei.[135] Der britische Außenminister Lord Stanley wies darauf hin, dass sich das englische Währungssystem in wesentlichen Punkten von dem der Staaten der Lateinischen Münzunion unterscheide und zudem vom Parlament akzeptiert worden sei. Jede Änderung müsse von der Volksvertretung genehmigt werden, dort aber gebe es zur Zeit keine Mehrheit für ein bimetallistisches System. Gleichwohl werde die englische Regierung den Director of the Royal Mint, Mr. Thomas Graham, nach Paris entsenden.[136] Insgesamt entsandten 19 Regierungen ihre Währungsexperten zu der im Rahmen der Weltausstellung stattfindenden Konferenz, die am 17. Juni von Außenminister Moustier eröffnet wurde.

In seiner Eröffnungsrede betonte dieser die Bedeutung einer gemeinsamen internationalen Währung für die Verbesserung der internationalen Handelsbeziehungen.[137] Ursprung dieser Überlegungen sei der internationale Währungsvertrag vom Dezember 1865 gewesen, es liege in der Logik dieses Abkommens, dass es nicht auf die vier Länder beschränkt bleibe, sondern auf alle zivilisierten Staaten ausgedehnt werde. Die aktuelle Weltausstellung biete einen hervorragenden Anlass für diese Konferenz und die Tatsache, dass so viele Regierungen ihre Delegierten entsandt hätten, zeige die weltweite Bedeutung des Problems. Damit wurde deutlich, dass die französische Regierung die Währungskonferenz als Fortsetzung der mit dem Abschluss des Währungsvertrages vom 23.12.1865 begonnenen Internationalisierungsstrategie betrachtete.[138] Anschließend verteilte die französische Präsidentschaft einen Fragebogen („Questionnaire“), der der Konferenz als Verhandlungsgrundlage diente und die zentralen Fragen der Währungspolitik zusammenfasste.

Zunächst beschäftigten sich die Delegierten mit der Frage, ob die neue internationale Währung im Rahmen eines völlig neuen Systems eingeführt werden sollte, oder ob nicht eines der bestehenden Währungssysteme als Vorbild genommen werden könne. Der Präsident der niederländischen Bank, Mees, brachte die Problematik auf den Punkt: Vom politischen Standpunkt aus sei ein neues System die beste Lösung, weil damit alle Staaten gezwungen wären, ihre Währungspolitik zu reformieren und auf diese Weise niemand bevorzugt oder benachteiligt werde. Aus der Perspektive des Praktikers allerdings sei es besser, ein bereits bestehendes System zu übernehmen. Aus diesem Grund plädierten abgesehen von Belgien alle Delegationen für die Übernahme des durch die Wäh-

[135] MAE Direction Commerciale. Question Monétaire, Vol. 600, Bl. 36, Légation de France en Portugal à M. le Ministre des Affaires Etrangères, 15.2.1867.

[136] MAE Direction Commerciale. Conventions monétaires de 1865 et 1867, Vol. 600, Bl. 123, Ambassade de France en Angleterre à M. le Ministre des Affaires Etrangères, 12.4.1867.

[137] Proceedings of the international monetary conference of 1867. Translation, in: International Monetary Conference held in Paris in August 1878, Washington 1879, S. 805–878, hier S. 807. Dies ist eine Übersetzung der französischen Protokolle: Conférence monétaire internationale de 1867. Procès Verbaux, Paris 1868, Première Séance, 17 juin 1867, S. 6f. Vgl. auch Giulio Gallarotti, Anatomy, S. 59–72.

[138] Dieser Zusammenhang zwischen den beiden Konferenzen wurde von der bisherigen Forschung nicht wahrgenommen.

rungsunion vom 23. Dezember 1865 geschaffenen Systems, ohne allerdings eines seiner Kernelemente, den Bimetallismus, zu akzeptieren.

„The close union of this system, in its silver coins, with the metrical weights, whether the coins be considered as a distinct standard or as small change, and the 72.000.000 of people that use it and are attached to it, have made you regard it as a centre of assimilation around which the efforts or other nations might cluster with probabilities of success.“[139]

Hinzu komme, dass der französische Franc ein glatter Bruchteil so wichtiger Währungen wie des Thalers, des Rubels und des Dollars sei, sich daher auch als Basis für eine internationale Währung eigne. Ergänzend wies der portugiesische Delegierte Graf von Avila auf die Ähnlichkeit zwischen dem französischen 25-Francs-Stück und dem englischen Souvereign hin. Durch geringe Modifikation könne eine vollständige Parität hergestellt werden. Schon in der zweiten Sitzung sprach sich die Konferenz einstimmig (bei Enthaltung der preußischen und US-amerikanischen Delegation) für Gold als Metallbasis einer internationalen Währung aus, wobei allerdings den Regierungen offen stehen sollte, gleichzeitig auch Silber als Währungsmetall zirkulieren zu lassen. Damit zeichnete sich schon früh ein Erfolg der französischen Diplomatie ab. Zwar war es nicht gelungen, das französische Währungssystem im Rahmen der Währungsunion vom Dezember 1865 auf weitere Teile Europas auszudehnen, aber jetzt hatten die führenden Währungsexperten des Kontinents das französische System, wenn auch unter der Prämisse des Goldstandards, als Grundlage akzeptiert. Gleichwohl, es gab auch Widerspruch. Die britischen Delegierten erklärten während der fünften Sitzung, sie würden an dieser Konferenz nur teilnehmen, weil eine Absage der Einladung des Kaisers als diplomatische Unhöflichkeit empfunden worden wäre.[140] Allerdings sei die englische Nation in einer anderen Position als die Staaten des Kontinents, denn das britische Währungssystem habe sich in jeder Hinsicht bewährt, sei von der Bevölkerung akzeptiert, und es gebe aus der Sicht der Regierung keinen Anlass etwas zu ändern. Man werde daher die Vorschläge der Konferenz respektieren, eine Anbindung des britischen an das europäische System sei jedoch nicht zu erwarten, schon gar nicht in der Weise, dass man den englischen Souvereign dem französischen 25-Francs-Stück anpasse, wie es Graf von Avila vorgeschlagen hatte. Das war eine deutliche Absage an jede Art der Kooperation im Rahmen der internationalen Währungspolitik, die man französischerseits allerdings schon erwartet hatte. Die englische Delegation hatte damit die politische Dimension der Verhandlungen angesprochen, die man auf französischer Seite ausgeklammert wissen wollte. Die Aufgabe der Konferenz war, wie der zeitweilige Ehrenvorsitzende Prinz Napoleon mehrfach bemerkte, eine theoretische Grundlage zu legen für politische Verhandlungen über eine international anerkannte Währung. Es ging um eine theoretische Untersuchung der Frage, wie ein Weltwährungssystem in rein technischer Hinsicht beschaffen sein müsste. Politische Fragen, wie die Akzeptanz eines Währungssystems in der politischen und

[139] So fasste der Vorsitzende der Konferenz, de Parieu, das Votum der Delegierten zusammen, ebd., S. 874.

[140] Stellungnahme von Mr. Rivers Wilson für die britische Delegation, ebd., S. 844.

ökonomischen Elite oder im Parlament eines Landes, spielten in diesen Diskussionen keine Rolle. Unter Währungsexperten, die die politische Dimension dieser Frage nicht berücksichtigen mussten, war eine Einigung viel leichter zu erzielen als auf der politischen Ebene. Die britische Delegation verließ diese Verhandlungsebene, als sie einwandte, dass es für ein bimetallistisches System in der britischen Bevölkerung und im Parlament keine Mehrheit geben würde. Und noch ein Aspekt verdient Erwähnung, der auch in der Folgezeit immer wieder eine Rolle spielen wird: Das englische politische System mit der im Vergleich zu allen anderen Staaten starken Abhängigkeit der Regierung vom Parlament und der öffentlichen Meinung engte die außen- und wirtschaftspolitischen Handlungsspielräume Londons ein. Ein neues oder auch nur verändertes Währungssystem hätte in England der Zustimmung des Parlamentes bedurft, und diese, auch hierauf hatte die britische Delegation während der Konferenz mehrfach hingewiesen, würde es unter den gegenwärtigen Bedingungen nicht geben.

Trotz der britischen Bedenken hatte die Konferenz aber die französische Intention, eine theoretische Bestätigung für die Ausweitung des französischen Währungssystems auf Europa, wenn auch auf der Basis des Goldstandards, bestätigt und man konnte daher in Paris sehr zufrieden mit dem Ergebnis sein.

6. Der Beitritt Griechenlands zur Lateinischen Münzunion und die Verhandlungen mit Österreich-Ungarn und dem Heiligen Stuhl

Zu dieser Zufriedenheit dürften im Verlauf des Jahres 1867 noch andere Aspekte beigetragen haben. Zum einen beantragte Griechenland am 15. Juli 1867 den Beitritt zur Währungsunion vom Dezember 1865.[141] Dies stellte in technischer Hinsicht kein Problem dar, weil der Mittelmeerstaat seit 1833 die Drachme als bimetallistische Währung führte, die hinsichtlich des Feingehaltes ohnehin zu fast 90% dem französischen Franken entsprach. Auch das französische Dezimalsystem war kurz zuvor übernommen worden, das griechische Währungssystem war, wie so viele andere Münzsysteme Europas zu dieser Zeit, eine Kopie des französischen. Trotzdem dauerte es über ein Jahr, bis Griechenland der Münzunion als Vollmitglied beitreten konnte. Während die Schweizer Regierung dem Beitrittsantrag sofort zustimmte, erhoben Belgien und Italien Einsprüche: Die belgische Regierung forderte, dass die Ausprägung der griechischen Silberscheidemünzen sechs Drachmen pro Kopf der Bevölkerung nicht übersteigen dürfe.[142] Im fran-

[141] MAE Direction Commerciale. Convention de 1865. 1865–1877. Accession de la Grèce, Vol. 601, Bl. 2. Ministère des Affaires Etrangères à Rome, Berne, Bruxelles, 17.7.1867. Vgl. hierzu Dimitrios Delivanis, Holm Sundhausen, Griechenland 1830–1914, in: Handbuch der europäischen Wirtschafts- und Sozialgeschichte, Bd. 5, Stuttgart 1985, S. 662. D. Coussis, Die griechische Währung von 1828–1928, Athen 1932.

[142] MAE Direction Commerciale. Convention Monétaire de 1865. 1865–1877, Ministre des Affaires Etrangères à Ministre des Finances, 8.4.1868.

zösischen Außenministerium hielt man diese Forderung für zu hart und schlug vor, die von Belgien beantragte Klausel zu streichen. Der italienischen Einwand betraf ein technisches Detail; hinsichtlich der Toleranz bei der Prägung der Münzen erwies sich das griechische 20-Lepta-Stück als um neun Tausendstel größer als der durch das französische 20-Centimes-Stück festgelegte Referenzwert. Auch dies erachtete man in Paris als nicht so entscheidend, weil die griechischen Münzen in der Pariser Monnaie unter französischer Aufsicht geprägt werden sollten, was schließlich auch die belgische Regierung überzeugte. Lediglich Italien verweigerte nach wie vor seine Zustimmung, so dass das französische Außenministerium den Eindruck gewann, dass Florenz den Beitritt des östlichen Nachbarstaates durch immer neue technische Details zu verzögern versuchte.[143] Kaum aber waren die Bedenken der italienischen Regierung ausgeräumt, da präsentierte Griechenland neue Beitrittsbedingungen:[144] Erstens wollte man die griechischen Münzen nur so lange in Paris prägen lassen, bis in Griechenland selbst eine geeignete Prägestätte errichtet sei, und das hieß auch, man wollte sich hinsichtlich der Münzprägung französischer Kontrolle entziehen. Zweitens erbat das griechische Außenministerium eine Erhöhung des Prägevolumens von Silbermünzen um eine Million von acht auf neun Millionen Drachmen. Schließlich forderte Griechenland eine dreijährige Übergangsfrist zum Einzug der alten Münzen. Letzteres war die französische Regierung bereit zu konzedieren, die beiden anderen Forderungen wurden zurückgewiesen. Griechenland trat daraufhin unter diesen Bedingungen am 1.1.1869 der Lateinischen Münzunion bei.

Als noch schwieriger erwiesen sich die Verhandlungen mit dem Heiligen Stuhl, der im Mai 1867 die Mitgliedschaft in der Währungsunion beantragte.[145] Während Belgien dem Wunsch sofort zustimmte, erhob die italienischen Regierung erneut technische Einwände: Das Ziel der Währungsunion von 1865 sei eine vollständige Identität der Währungssysteme der Mitgliedsländer, hinsichtlich der Maße und des Wertes der Münzen seien präzise Übereinkünfte erzielt worden, denen die Münzen des Heiligen Stuhls nicht entsprächen.[146] In der Tat überstieg die Silbergeldmenge des Heiligen Stuhls den in der Konvention von 1865 festgelegten Höchstbetrag um das Sechsfache. Zweifellos jedoch waren die italienischen Einwände nicht nur währungstechnisch motiviert. Sie müssen vor dem Hintergrund des fundamentalen Konfliktes zwischen dem werdenden Nationalstaat und dem Kirchenstaat, der sog. „Questione Romana" gesehen werden. Die schweizerische Regierung forderte aus diesem Grund, dass der Heilige Stuhl bei einem Beitritt zur Union die zur Zeit umlaufenden 2,5 Franken-Stücke und die

143 MAE Direction Commerciale. Convention Monétaire de 1865. 1865–1877, Vol. 601, Ministre des Affaires Etrangères à Ministre des Finances, 8.6.1968.

144 MAE Direction Commerciale. Convention monétaire de 1865. 1865–1877, Vol. 601, Nr. 67, Ministère des Affaires Etrangères de Grèce à M. Phocion Roque, Chargé d'Affaires de Grèce à Paris, 20.6.1868.

145 MAE Direction Commerciale. Convention monétaire de 1865. 1865–1877, Vol. 601, Dossier 3, Nr. 61, Ministre des Affaires Etrangères à Berne, Bruxelles, Florence, 29.5.1867.

146 MAE Direction Commerciale. Convention monétaire de 1865. 1865–1877, Vol. 601, Dossier 3, Nr. 64, Légation de France en Italie à Ministère des Affaires Etrangères, 22.6.1867.

25-Centimes-Stücke einziehen solle. Jedenfalls könnten diese nicht in den Mitgliedstaaten als gesetzliche Zahlungsmittel gelten. Dabei blieb es zunächst. Erst im Dezember 1868 kam das französische Außenministerium auf die Angelegenheit zurück: „J'insisterai en même temps, sur l'urgence d'une solution qui mettait un terme aux embarras (monétaires)", schrieb der französische Außenminister an den Geschäftsträger in Rom, Bonneville.[147] Das führte aber auch zu keiner Lösung, und im April 1869 stellte das französische Finanzministerium fest, dass die Aufnahme des Heiligen Stuhls in die Währungsunion von 1865 unmöglich sei.[148]

Wichtiger aber war aus französischer Sicht, dass mit Österreich-Ungarn auch eine europäische Großmacht Interesse an der von Frankreich dominierten Währungsunion zeigte. Im Juli 1867 schlug Wien vor, Sondierungsgespräche zwischen einer österreichischen und einer französischen Delegation zu eröffnen, um die Möglichkeiten für einen Beitritt der Doppelmonarchie auszuloten. Noch im Januar hatte die Wiener Regierung die französische Offerte zurückgewiesen, mit dem Argument, dass Österreich, ähnlich wie die süddeutschen Staaten, an die Bestimmungen der Wiener Konvention vom 24. Januar 1857 gebunden sei.[149] Diese hatte Österreich-Ungarn währungstechnisch an den deutschen Zollverein angebunden, wobei die Doppelmonarchie jedoch gewaltige Zugeständnisse machen musste und de facto die von Preußen diktierten Modalitäten übernahm. Das geschah vor allem vor dem Hintergrund der deutschen Einigungsbestrebungen, die zu diesem Zeitpunkt noch Österreich und Preußen einschlossen. Nach dem Krieg von 1866 jedoch erschien dieser Währungsvertrag den Verantwortlichen in Wien und Berlin zunehmend als anachronistisch. Schon im Prager Friedensvertrag vom 23. August 1866 hatten beide Großmächte vereinbart, Verhandlungen über die Auflösung der Währungsunion aufzunehmen.[150] Am 13. Juni 1867 wurde der Vertrag dann aufgehoben, Liechtenstein und Österreich schieden formal aus.[151] Zugleich war im Wiener Finanzministerium eine Kommission eingesetzt worden mit der Aufgabe, Vorschläge für eine Neuordnung des österreichischen Münzwesens zu machen. Einstimmig hatte man hier für den Goldstandard plädiert, nicht zuletzt, weil auch die französische Regierung diese Option zu favorisieren schien. In dieser Situation kam der französische Vorschlag, der Währungsunion von 1865 beizutreten, aus österreichischer Sicht gerade recht. Schon während der internationalen Konferenz vom Juni/Juli 1867 hatte der österreichische Delegierte von Hock entschieden für die Übernahme

[147] MAE Direction Commerciale. Convention monétaire de 1865. 1865–1877, Vol. 601, Nr. 142, Ministère des Affaires Etrangères à Bonneville, Rome, 3.12.1868.

[148] MAE Direction Commerciale. Convention monétaire de 1865. 1865–1877, Vol. 601, Dossier 3, Nr. 189, Ministère des Finances à Ministère des Affaires Etrangères, 16.4.1869.

[149] MAE Direction Commerciale. Question monétaire, Vol. 600, Bl. 22, Ambassade de France à Vienne à M. le Marquis de Moustir, Ministre des Affaires Etrangères, 31.1.1867.

[150] Wiener Zeitung, 7.4.1867.

[151] MAE Direction Commerciale. Conventions Monétaires de 1865 et 1867, Vol 600, Bl. 187. Ambassade de France en Prusse (Benedetti) à Ministère des Affaires Etrangères, 13.5.1867. Zur Auflösung des Vertrages Herbert Rittmann, Deutsche Geldgeschichte 1484–1914, München 1975, S. 744.

des französischen Währungssystems als internationales System plädiert, allerdings mit der Einschränkung, dass dieses auf Gold basieren müsse und damit die österreichischen Ziele deutlich gemacht.

Am 23. Juli, gut zwei Wochen nach Ende der internationalen Konferenz, begannen in Paris die Verhandlungen zwischen beiden Delegationen, die von Baron von Hock und de Parieu geleitet wurden.[152] Die österreichische Delegation präsentierte sich gut vorbereitet. Schon am ersten Verhandlungstag legte von Hock einen Entwurf für eine Konvention vor, um damit eine Verhandlungsgrundlage zu schaffen. Sie sah die Aufnahme Österreich-Ungarns in die Währungsunion vom 23.12.1865 zum 1. Januar 1870 vor; die Staaten verpflichteten sich, die Münzen des jeweils anderen in staatlichen Kassen zu akzeptieren und die Prägungen hinsichtlich des Gewichts und des Feingehalts genau zu überwachen. Die österreichische Währung sollte weiterhin Gulden heißen, zudem schlug die Delegation vor, dass ein Gulden 2,5 französischen Francs entsprechen sollte. Über die Details dieses Entwurfes wurde am ersten Tag noch nicht debattiert, dafür aber warf de Parieu die Frage nach der Metallbasis (Etalon) der beiden Währungen auf. In Österreich plane man den Übergang zur reinen Goldwährung, Frankreich hingegen habe nach wie vor ein bimetallistisches System, auch wenn es starke Bestrebungen gäbe, die Goldwährung einzuführen. „Le système de la Loi de Germinal an XI (...) rencontre encore de nombreux défenseurs dans le pays, comme dans les grands Corps de l'Etat devant lesquels toute modification de la législation existante devra être portée, la prépondérance de l'or n'y est pas admise sans réserves (...)." Die Frage sei daher keineswegs entschieden, zudem, sollte sich die französische Regierung entschließen, den Goldstandard einzuführen, dann wisse man immer noch nicht, wann das geschehen könnte. Wieder einmal musste die französische Delegation eine wichtige Debatte über die Metallbasis einer internationalen Währung wegen der ungelösten Probleme in der Innenpolitik absagen.

In der zweiten Sitzung eröffnete Parieu dem österreichischen Verhandlungspartnern, dass die französische Delegation in ihrer gestrigen Sitzung zu dem Schluss gekommen sei, dass es keinen Sinn habe, ohne Instruktionen weiterzuverhandeln, zumal konkrete Weisungen so bald nicht zu erwarten seien.[153] Baron von Hock war offenkundig erstaunt. Er lege großen Wert darauf, zu einer Übereinkunft, wenn auch vorläufiger Art, mit Frankreich zu kommen, dies erwarte auch seine Regierung in Wien. Zudem: „Les votes de la France dans la Conférence générale avaient donné lieu de penser, en effet, que ce pays était prêt à s'engager conventionnellement dans le sens des résolutions qu'elle avait elle-même adoptées."[154] Es sei mehrfach über die Frage der Metallbasis gesprochen worden, die französische Delegation habe sich immer als Anhängerin einer reinen Goldwährung gezeigt. De Parieu verwies hingegen darauf, dass die französi-

152 MAE Direction Commerciale. Convention monétaire de 1865 et de 1867, Vol. 603. Négociations monétaires entre la France et l'Autriche, 23.7.1867.

153 Ebd., 2è conférence, Vendredi, 26 Juillet 1867, S.30.

154 Ebd., S. 33.

sche Delegation während der Konferenz das Ergebnis der Kommission zur Untersuchung der Währungsfrage vorgelegt habe, die sich nicht auf eine Währungsbasis einigen konnte, und deshalb mit fünf gegen drei Stimmen für den Erhalt des bimetallistischen Systems von 1803 votiert habe. Damit sei klar, dass das französische Währungssystem seine bimetallistische Basis zunächst beibehalten werde. Am Morgen habe man aber mit dem Staatsminister Rouher gesprochen, der sich ebenso wie Finanzminister Pierre Magne für den Übergang zum Goldstandard ausgesprochen habe, „mais qu'à ses yeux, les mêmes motifs, qui viennent précisément d'être indiqués par M. de Parieu et par M. Herbet, rendaient nécessaire d'en délibérer devant l'Empereur en Conseil."[155] Auf jeden Fall aber werde man in Paris den österreichischen Vorschlag wohlwollend zur Kenntnis nehmen. Die Diskussion wandte sich nun Details zu, erst in der dritten Sitzung kam der österreichische Delegationsleiter auf das Kernproblem zurück: Er wolle auf jeden Fall eine Konvention abschließen. Eventuell könne man sich darauf einigen, eine Präliminarübereinkunft zu schließen, die dann, nach der offiziellen Einführung der Goldwährung in Frankreich, in eine reguläre Konvention übergehen würde. Hierauf ging die französische Regierung ein, Finanzminister Magne legte aber Wert auf die Feststellung, dass die französische Entscheidungsfreiheit, für Mono- oder Bimetallismus, durch eine Präliminarkonvention keinesfalls eingeschränkt werden dürfe. Auch von Hock meldete einen Vorbehalt an:

„M. le Baron de Hock doit, de son côté, faire une déclaration analogue relativement à la question de l'étalon qui n'a pas reçu, dans cette arrangement provisoire, une solution de nature à donner entièrement satisfaction aux vues du Gouvernement autrichien. Il a néanmoins la conviction que, lors de la convention définitive, le double étalon sera remplacé en France par l'étalon d'or exclusif. Sa confiance à cet égard se fond sur les résolutions mêmes qui ont été votées avec une si remarquable unanimité par la Conférence Internationale de Paris, sur l'opinion bien connue des trois Etats qui ont signé avec la France la Convention de 1865 et qui, dès cette époque, étaient prêts à stipuler l'adoption de l'étalon d'or unique, enfin sur l'appui que le Prince Napoléon a bien voulu promettre d'accorder à l'œuvre de progrès dont les bases ont été posées sous sa haute présidence."[156]

Damit werden zwei für das Verständnis der Präliminarkonvention entscheidende Voraussetzungen deutlich, die von der Forschung bislang nicht beachtet wurden, weil zwar der Text der Konvention, nicht aber die Verhandlungsprotokolle ausgewertet wurden.[157] Die österreichische Regierung knüpfte ihren Beitritt zur Währungskonvention von 1865 an die Voraussetzung, dass Frankreich das bimetallistische System zugunsten des Goldstandards aufgab. Andererseits bestand Frankreich darauf, dass eben diese Frage durch den Vorvertrag nicht entschieden werden dürfe, das hieß, die für internationale Währungsvereinbarungen zentrale Frage des Metallstandards musste offen bleiben. Noch deutlicher als zuvor wurde hier die Schwäche der französischen Diplomatie auf dem Währungssektor und es bleibt die Frage, warum sich das Kaiserreich auf internationaler Ebene

[155] Ebd., S. 35.
[156] Ebd., S. 79.
[157] Vgl. Theresia Theurl, Eine Währung für Europa, S. 183.

für ein Währungssystem engagierte, wenn die Basis dieses Systems aus innenpolitischen Gründen völlig unklar bleiben musste.

Ein weiterer, von der Forschung bislang nicht berücksichtigter Aspekt dieser Verhandlungen betrifft die Rolle Österreich-Ungarns. Ähnlich wie in Frankreich verknüpften sich auch bei der Donaumonarchie innen- und außenpolitische Faktoren mit denen der internationalen Währungsbeziehungen. Nach der Niederlage von 1866 und der damit entschiedenen Frage der Vorherrschaft in Deutschland leitete die Wiener Regierung einen tiefgreifenden Wandlungsprozess ein, der ihrer europäischen Stellung insgesamt zugute kam.[158] Die schon mit dem Übergang zum Verfassungsstaat 1860/61 begonnene Liberalisierung führte auch zu einem „Durchbruch liberaler Wirtschaftsgesinnung“[159] und leitete einen Aufschwung ein, der erst mit der Depression 1873 sein Ende fand. Der „Ausgleich“ von 1867 beschleunigte diesen Prozess, in Ungarn errang die Gentry eine bedeutsame Stellung im politischen Entscheidungsprozess und im westlichen Teil des Landes erlangten die liberalen und zentralistisch eingestellten Deutschliberalen, die „Verfassungspartei“, entscheidenden Einfluss. Die politische und wirtschaftliche Liberalisierung ging einher mit einer außenpolitischen Neuorientierung, die sich, nachdem Preußen eine Kooperation auf gleichberechtigter Basis abgelehnt hatte, nach Süddeutschland und vor allem nach Frankreich richtete. Dort stieß die österreichische Suche nach Partnern auf lebhaftes Interesse, und im Sommer 1868 ergriff Napoleon III. die Initiative zu einer französisch-italienisch-österreichischen Allianz mit anti-preußischer Spitze.[160] Zwar trat der Vertragsentwurf vom 20. Mai 1869 nie in Kraft, weil König Viktor Emanuel diesem zunächst nicht zustimmte und der deutsch-französische Krieg der Übereinkunft dann den Boden entzog. Nimmt man jedoch diese geheimen Verhandlungen zwischen den drei Mächten als Hintergrund, so ergibt sich für die Verhandlungen über einen österreichischen Beitritt zur Lateinischen Münzunion ein nochmals verändertes Bild: Ähnlich wie schon bei den preußisch-französischen Verhandlungen über das gleiche Thema flankierten internationale Währungsabkommen die Schritte der Regierungen auf außenpolitischem Terrain. Österreich-Ungarn sollte in die Lateinische Münzunion aufgenommen werden, gleichzeitig verhandelte man über ein politisch-militärisches Bündnis zwischen Frankreich, Italien und der Donaumonarchie. Hier zeigt sich, dass internationale Währungsvereinbarungen nicht ausschließlich nach ökonomischen Kriterien geschlossen wurden, wie dies die wirtschaftsgeschichtliche Forschung implizit unterstellt, sondern dass Währungspolitik ein Bestandteil von Außenpolitik insgesamt geworden war. Währungspolitik konnte von der allgemeinen Außenpolitik nicht mehr getrennt betrachtet werden.

158 Für das Folgende: Heinrich Lutz, Außenpolitische Tendenzen der Habsburger Monarchie von 1866 bis 1870: „Wiedereintritt in Deutschland“ und Konsolidierung als europäische Macht im Bündnis mit Frankreich, in: Eberhard Kolb (Hrsg.), Europa vor dem Krieg von 1870. Mächtekonstellationen – Konfliktfelder – Kriegsausbruch, München 1987, S. 1–16, hier S. 4.

159 Ebd.

160 Hierzu: Hermann Oncken, Die Rheinpolitik Kaiser Napoleons III. von 1863 bis 1870 und der Ursprung des Krieges von 1870/71, 3 Bde., Berlin Leipzig 1926.

Auch nach diesem außenpolitischen Desaster bemühte sich die französische Regierung weiterhin, die Währungsfrage intern zu klären, wenngleich erfolglos. Pierre Magne, der bimetallistisch orientierte Nachfolger Foulds als Finanzminister, berief am 9. Dezember 1869 noch einmal eine Expertenkommission ein, das „Conseil Supérieur de l'Agriculture Du Commerce et de l'Industrie", in welchem man sich tatsächlich mehrheitlich für den Goldstandard aussprach. Doch waren die Beratungen erst 1872 abgeschlossen, zu einem Zeitpunkt also, als die politischen Ereignisse allen französischen Bemühungen um eine Währungsreform den Boden entzogen hatten.[161]

7. Der Franc als Ankerwährung unter Vorbehalt: Die skandinavische Währungspolitik

Trotz dieser außenpolitischen Unsicherheit der französischen Regierung gewann der Franc durch die wirtschaftlichen Strukturen Westeuropas an Bedeutung. Neben den Staaten der Konvention von 1865 und dem Kirchenstaat interessierten sich auch andere europäische Regierungen für das französische Währungssystem. Im Januar 1868 plädierte die Handelskammer Frankfurt für die Einführung des französischen Systems in Deutschland, weil man sich davon, so berichtete das französische Generalkonsulat von dort, eine Aufwertung dieses Finanzplatzes gegenüber Paris und engere Verbindungen nach Italien und zur Schweiz versprach.[162] Im Januar 1871 übernahm auch Kolumbien das französische Währungssystem und beantragte gleichzeitig die Mitgliedschaft in der Lateinischen Münzunion. Dem stimmte man in Paris angesichts der prekären innen- und außenpolitischen Situation zu diesem Zeitpunkt nicht zu.[163] Auch Spanien bereitete eine Reform seines Münzwesens im französischen Sinne vor. Gleichwohl wollte sich Madrid noch nicht formal an die Bestimmungen der Währungsunion von 1865 binden, das war angesichts der bürgerkriegsähnlichen Wirren Ende der sechziger Jahre auch gar nicht möglich. Wichtig aus französischer Perspektive aber war, dass sich ein weiteres romanisches Land an der „Lateinischen Münzunion" orientierte, auch wenn ein Beitritt noch nicht möglich war. Fast gleichzeitig legte auch in Schweden der Vertreter des Landes bei der internationalen

[161] Willis, Latin Monetary Union, S. 105–107. Die französische Regierung lud sogar noch einmal zu einer Konferenz der Lateinischen Münzunion ein, um die Frage des Metallstandard zu diskutieren und die Verhandlungen mit Österreich-Ungarn doch noch zu einem positiven Abschluss zu bringen, aber auch diese Konferenz fand nicht mehr statt. MAE Direction Commerciale. Convention Monétaire de 1865, 1865–1877, Bd. 601, Nr. 194, Légation de France en Belgique à MAE, 27.4.1869. Vgl. auch: Conférence Monétaire entre la Belgique, la France, l'Italie et la Suisse. Procès Verbaux, Paris 1874, S. 5.

[162] MAE, Direction Commerciale. Questions monètaires. Convention de 1865 et de 1867, Vol. 604, Nr. 78. Consulat général de France à Francfort à MAE, 2.2.1868.

[163] MAE Direction Commerciale. Convention monétaire de 1865. 1865–1880, Vol. 602/3, Dossier 4, Consulat Général de France à Bogotà à MAE, 26.1.1871.

Währungskonferenz, Wallenberg, einen Bericht vor, der der Regierung empfahl, von der reinen Silberwährung abzugehen und ein bimetallistisches, auf dem Dezimalprinzip beruhendes Währungssystem nach französischem Vorbild einzuführen. Norwegen, so meinte der schwedische Währungsexperte, werde diesem Schritt aus politischen Gründen folgen.[164] In der Tat bereitete die schwedische Regierung daraufhin einen Gesetzentwurf vor, der die Ausprägung einer Goldmünze vorsah, die in Feingehalt, Gewicht und Umfang exakt dem französischen Zehn-Francs-Stück entsprach. Es sei zu erwarten, so meldete die französische Gesandtschaft in Stockholm, dass dieses Gesetz dem schwedischen und norwegischen Parlament so bald als möglich vorgelegt werden würde. Anschließend wolle man mit der französischen Regierung in Kontakt treten, um über die Akzeptanz dieser Münze auch im französischen Währungsraum, d.h. dem der „Lateinischen Münzunion" zu verhandeln.[165] Dänemark schloss sich den Bestrebungen seiner skandinavischen Nachbarn an. Auch in Kopenhagen publizierte die Regierung im Journal Officiel den Vorschlag einer schon 1863 eingesetzten Kommission, in Dänemark das französische System der Maße und Gewicht sowie das dortige Währungssystem einzuführen.[166] Dennoch war die skandinavische Begeisterung für das französische Währungssystem nicht uneingeschränkt. Der schwedische Außenminister Wachtmeister betonte gegenüber dem französischen Gesandten in Stockholm, dass sich seine Regierung in der Währungsfrage sehr an Deutschland orientieren müsse: „Nos relations commerciales avec l'Allemagne sont de telle nature que nous devons prendre en grande considération ce qu'elle décidera elle même pour son système monétaire".[167]

Damit rückte erneut die deutsche Frage, diesmal unter währungspolitischem Aspekt, in den Mittelpunkt französischer Politik, zumal nicht nur die skandinavischen Staaten, sondern auch die Niederlande ihre währungspolitischen Entscheidungen an denen in Deutschland orientierten.[168] Problematisch aber war, dass es zu diesem Zeitpunkt, Ende der sechziger Jahre, kein einheitliches deutsches Währungssystem gab, an dem sich die Handelspartner orientieren konnten. Im Gebiet des zukünftigen Deutschen Reiches existierten zu diesem Zeitpunkt nicht weniger als sechs verschiedene Münzsysteme, was nicht nur innerhalb Deutschlands zu erheblichen Schwierigkeiten führte[169], sondern auch das Ausland verun-

164 MAE, Direction Commerciale. Questions monétaires. Convention de 1865 et de 1867, Vol. 604, Nr. 32, Légation de France à Copenhague à MAE, 13.1.1868.

165 MAE, Direction Commerciale. Questions monétaires. Convention de 1865 et de 1867, Vol. 604, Nr. 205 Légation de France en Suède à MAE, 29.8.1968.

166 MAE, Direction Commerciale. Questions monétaires. Convention de 1865 et de 1867, Vol. 604, Nr. 209, Légation de France en Danemark à MAE, 14.9.1968.

167 MAE, Direction Commerciale. Questions monétaires. Convention de 1865 et de 1867, Vol. 604, Nr. 169, Légation de France en Suède à MAE, 15.11.1868.

168 MAE, Direction Commerciale. Questions monétaires. Convention de 1865 et de 1867, Vol. 600bis, Nr. 181, Légation de France à La Haye à MAE, 8.10.1867.

169 Ein Beispiel hierfür erläuterte Ludwig Bamberger in seiner Rede vor dem Zollparlament am 5. Mai 1870: Ders., Rede über die deutsche Münzeinheit, in: Karl Helfferich (Hrsg.), Ausgewählte Reden und Aufsätze über Geld- und Bankwesen von Ludwig Bamberger, Berlin 1900, S. 184–192, hier S. 188f.

sicherte, weil die Länder in der Mitte des europäischen Kontinents bedeutende Handelspartner waren.[170] Zwar hatte sich seit Ende der fünfziger Jahre, schon lange vor der politisch-militärischen Entscheidung über die Vorherrschaft in Deutschland 1866, die währungspolitische Hegemonie des auf Silber basierenden preußischen Talers durchgesetzt. Diese de facto herausragende Bedeutung der preußischen Währung hatte aber keine rechtliche Verbindlichkeit in dem Sinne, dass der preußische Taler das gesetzliche Zahlungsmittel in Deutschland insgesamt werden könnte. Andererseits deutete sich schon zu Ende der sechziger Jahre an, dass der auch für die deutschen Länder aus politischen und ökonomischen Gründen unbefriedigende Zustand nicht aufrecht erhalten werden würde, eine Reform des deutschen Währungswesens, in welcher Form auch immer, stand unmittelbar bevor.[171] Für die kleineren europäischen Staaten bedeutete dies, dass man die währungspolitischen Entscheidungen in Deutschland abwarten musste, um dann das eigene System gegebenenfalls hierauf einstellen zu können. Preußen war also zu diesem Zeitpunkt in währungspolitischer Hinsicht die kontinentaleuropäische Hegemonialmacht in Wartestellung. Weil dies so war, orientierten sich die meisten kleineren Staaten an der anderen kontinentaleuropäischen Großmacht, nämlich Frankreich, dessen Währungssystem unbestreitbare praktische Vorteile bot (Dezimalsystem), das zudem auch mit politischen Mitteln versuchte, sein System als das für Europa verbindliche auch übernational zu positionieren.

8. Systematisierung: Die Lateinische Münzunion zwischen Ökonomie und Politik

Welche waren die Motive für die Gründung der sog. Lateinischen Münzunion, warum scheiterte der französische Versuch, sie zum verbindlichen europäischen Währungskonzept auszuweiten und welche Bedeutung hatten diese währungspolitischen Vorgänge für das europäische Staatensystem insgesamt? Ausgangspunkt für die Gründung der Währungsunion waren die umfangreichen Goldfunde in Australien und Kalifornien, die das auf dem europäischen Kontinent seit den 1830er Jahren entstandene internationale Währungssystem in der Mitte des Jahrhunderts erschütterten. Von diesem „externen Schock" waren die von Frankreich beeinflussten Staaten mit bimetallistischen Währungssystemen besonders betrof-

[170] Diese Problematik wird geschildert bei Bernd Sprenger, Das Geld der Deutschen, Paderborn 2002, S. 169–171.

[171] Frank Otto, Die Währungsvereinheitlichung in Deutschland im 19. Jahrhundert – Modell für die europäische Währungsunion 1999? in: Historische Mitteilungen, 12. Jahrgang (1999), Bd. 1, S. 69–89. Carl Ludwig Holtfrerich, The Monetary Unification Process in Nineteenth Century Germany: Relevance and Lessons for Europe today, in: Marcello de Cecco, Alberto Giovannini (Hrsg.), A European Central Bank? Perspectives on Monetary Unification after ten Years of the EMS, Cambridge 1989, S. 216–241.

fen, weil sich das für den Bimetallismus entscheidende, fixe Verhältnis zwischen Gold und Silber angesichts der Goldinflation nicht aufrechterhalten ließ. Die Regierungen reagierten mit unkoordinierten Einzelmaßnahmen, die jedoch das zuvor schrittweise entstandene Währungssystem mit fixen Wechselkursen zerstörten. Die Währungsunion vom 23.12.1865 war der Versuch, den von allen als vorteilhaft empfundenen Zustand fixer Austauschrelationen zwischen den Währungen nunmehr mit Hilfe eines internationalen Vertrages wiederherzustellen.

Dies jedoch ist nur ein Aspekt dieser Währungsunion. Zeitgleich entstand in Frankreich, aber nicht nur dort, der Wunsch, dieses nun wiederhergestellte System französischer Provenienz auf ganz Europa auszuweiten. Es ging also nicht mehr nur um die Rekonstruktion des Status quo ante, sondern darum, auf globaler Ebene ein einheitliches Währungssystem zu etablieren. Die französische Regierung griff damit ein von Handelskreisen schon zuvor gefordertes Projekt einer Weltwährung auf und verknüpfte dieses mit dem machtpolitischen Wunsch nach französischer Hegemonie über Kontinentaleuropa. Sie bediente sich damit eines Instruments, dessen Wirksamkeit die zu dieser Zeit führende Weltmacht Großbritannien bereits seit einigen Jahrzehnten erfolgreich praktizierte: Es ging darum, auch auf zunächst unpolitischen Gebieten, der Wirtschaft, der Währung und den Gewichten und Maßen insgesamt, international die Maßstäbe zu setzen, um damit das jeweils nationale System international verbindlich zu machen.[172] Dabei spielten sozialökonomische Strukturen und politische Entscheidungen in charakteristischer Weise zusammen: Schon vor 1865 war das französische Währungssystem so attraktiv, dass es, wie gezeigt, für westeuropäische Staaten lukrativ war, dieses zu übernehmen. In der Tat tendierte der Markt für Währungen zur Monopolisierung, das heißt, auf Grund der Marktlogik zog die Internationalisierung der Wirtschaftsbeziehungen eine Internationalisierung der wichtigsten Währung auf Kosten aller anderen nach sich, weil alle Marktteilnehmer dazu neigten ihre Transaktionskosten zu senken. Dieser ökonomische Prozess konnte durch politische Maßnahmen beschleunigt werden. Unter diesem Aspekt lässt sich auch der Vertrag über die Lateinische Münzunion verstehen. Frankreich bemühte sich, das eigene Währungssystem nach Kontinentaleuropa zu exportieren, nun nicht mehr informell, wie das seit den 1830er Jahren geschehen war, sondern durch einen internationalen Vertrag, der die Mitgliedstaaten der Währungsunion auch rechtlich band. Damit wird ein weiterer wichtiger Aspekt benannt: Die Gründung der Lateinischen Münzunion und ihre versuchte Ausweitung auf Europa – das hat die bisherige vor allem wirtschaftshistorisch orientierte Forschung zu diesem Problem nicht gesehen – sollten auch in völkerrechtlicher Hinsicht den Kontinent neu strukturieren: Das mit den Wiener Verträgen 1815 konstituierte Ius Publicum Europaeum sollte durch ein neues, auch durch ökonomische

[172] Für Großbritannien hat Gabriele Metzler diese Politik untersucht: Dies., Gesellschaftlicher Wandel und internationale Politik. Zum Verhältnis von Politik- und Sozialgeschichte am Beispiel der britischen Europapolitik 1856–1871, in: ZfG, Bd. 46 (1998), S. 776–797. Gabriele Metzler, Großbritannien – Weltmacht in Europa. Handelspolitik im Wandel des europäischen Staatensystems 1856–1871, Berlin 1997.

Maßstäbe definiertes, doch letztlich politisches Völkerrecht ergänzt werden. Die Gründung der Lateinischen Münzunion war aus dieser Sicht ein weiterer Schritt zu einer geplanten wirtschaftlichen und politischen Neuordnung des Kontinents nach dem Muster des Cobden-Chevalier-Freihandelsvertrags von 1860, der sich ebenfalls in diesem Sinne deuten lässt.[173] Dieses Ziel fügt sich vollständig in die von der diplomatiegeschichtlichen Forschung schon lange herausgearbeitete außenpolitische Zielsetzung Napoleons III. ein; eine Neuordnung Europas durch einen europäischen Kongress unter französischer Führung.[174] Entscheidend aber ist, dass nun nicht mehr wie noch in Wien die Ideologien konservativ (im Sinne von monarchistisch-restaurativ) und liberal (im Sinne von freiheitlich-konstitutionell) gegenüberstanden, sondern es ging darum, in einem prinzipiell freihändlerisch orientierten Europa die ordnungspolitischen Grundentscheidungen zu beeinflussen. Hier wird deutlich, wie sehr sich das europäische Staatensystem seit 1815 gewandelt hatte. Die Kategorien politischer Herrschaft (konservativ vs. liberal) waren nicht obsolet geworden, wurden aber ergänzt durch Kategorien ökonomischer Provenienz. Anders formuliert: Es war – neben anderen – ein weiteres „Teilgleichgewichtssystem"[175] parallel zum „Europäischen Konzerts der Mächte" entstanden, das nach eigenen, ökonomischen Gesetzen funktionierte, mit dem diplomatischen „Konzert der Mächte" gleichwohl eng verbunden war, wie die Entstehung der Lateinischen Münzunion zeigt. Die Dynamik wirtschaftlicher Strukturen, die Internationalisierung des Handels und damit der Währungen, hatten Prozesse in Gang gesetzt, die nun von der Politik aufgenommen und in von ihr gewünschte Bahnen gelenkt wurden. Die Strukturierung und Lenkung internationaler Wirtschaftsprozesse war zu einer Aufgabe der Außenpolitik und damit zum Inhalt diplomatischer Verträge geworden. Zugleich musste das unter diesen Voraussetzungen mehr und mehr antiquiert erscheinende europäische Völkerrecht auf der Basis der Verträge von 1815 durch ein neues ersetzt werden, das den veränderten ökonomisch-gesellschaftlichen Bedingungen Rechnung trug. Diese Zusammenhänge wurden von Napoleon III.

[173] Bernd Jürgen Wendt, Freihandel und Friedenssicherung. Zur Bedeutung des Cobden-Vertrages von 1860 zwischen England und Frankreich, in: VSWG, Bd. 61 (1974), S. 29–64. Wendt interpretiert den Vertrag vor allem unter dem Aspekt des „economic appeasement" und geht auf die hier interessierenden Perspektiven nicht ein.

[174] Für den Gesamtzusammenhang stellvertretend für viele Einzelstudien: A.J.P. Taylor, The Struggle for Mastery in Europe, Oxford 1954, S. 166ff. Jost Dülffer, Martin Kröger, Rolf Harald Wippich, Vermiedene Kriege. Deeskalation von Konflikten der Großmächte zwischen Krimkrieg und Erstem Weltkrieg (1856–1914), München 1997, S. 151–166. Vgl. Winfried Baumgart, Internationale Beziehungen, 204–214. William Echard, Napoleon III and the Concert of Europe, London Baton Rouge 1983. Prinzipienlosigkeit und Opportunismus wurden schon von Zeitgenossen als außenpolitische Konstanten Napoleons III. angesehen: Vgl. Kaiser Napoleon III. und seine Herrschaft. Pariser Betrachtungen von einem Nicht-Diplomaten, Dresden ohne Jahr (1864), S. 110–146.

[175] Der Begriff stammt von Winfried Baumgart, Europäisches Konzert und nationale Bewegung. Internationale Beziehungen 1830–1878, Handbuch der Geschichte der Internationalen Beziehungen, Bd. 6, Paderborn 1999, S. 150. Baumgart gibt allerdings dem ökonomischen System nicht den Status eines politischen Teilsystems.

und seinen politischen Beratern erkannt, und die Lateinische Münzunion kann als ein Schritt zu einer politisch-ökonomischen Umgestaltung Europas unter französischer Führung gewertet werden.

Damit ist auch die einleitend erläuterte systemische Differenzierung angesprochen. Die Währungsunion zwischen Frankreich, Italien, Belgien und der Schweiz war bis 1865 allein Bestandteil des ökonomischen Systems, dieses hatte diese Konstruktion hervorgebracht. Mit dem Währungsvertrag von 1865 wurde diese eindeutige Systemzugehörigkeit jedoch durchbrochen: Für das ökonomische System war der Vertrag Wiederherstellung des Status quo ante nach dem externen Schock der Goldfunde. Gleichzeitig bekam die Union nun aber auch eine Bedeutung für das politische System, die sie zuvor nicht hatte. Währungspolitik wurde auch ein Instrument zur Durchsetzung und Festigung der französischen Hegemonie auf dem Kontinent, erhielt also neben der ökonomischen auch eine politische Begründung. Damit hatte der Währungsvertrag genau jenen Status, den Luhmann als „doppelte Systemveränderung" bezeichnete. Im Kommunikationscode der Wirtschaft war die Währungsunion ein Instrument zur Senkung der Transaktionskosten, im Code der Politik ein Mittel zur Durchsetzung von Machtinteressen. Besonders deutlich wurde dies in den Überlegungen der preußischen Regierung. Ministerpräsident Otto von Bismarck hielt sich die Option eines Beitritts zur Währungsunion aus politischen Gründen offen, Finanzminister von der Heydt war aus ökonomischen Motiven dagegen. Beide argumentierten jeweils systemimmanent, d.h. gemäß der Kommunikationsstruktur ihres Systems.

Gerade diese „doppelte Bedeutung" dieses Währungsvertrages zeigt exemplarisch die Veränderung in der internationalen Politik seit der Entstehung eines internationalen Währungssystems seit der Mitte des 19. Jahrhunderts. Bismarck hat die Neuerungen in den internationalen Beziehungen ebenso wie Napoleon III. erkannt und aufgenommen und diese auf moderne Weise in politische Taktik umgewandelt.[176] Ähnlich agierte die österreichische Regierung, als sie parallel zu den politischen Bündnisverhandlungen mit Frankreich und Italien auch über einen Beitritt zur Lateinischen Münzunion verhandelte. Es war also eine neue Generation von Politikern angetreten, die nicht nur den „Unheilige(n) Bund" mit Nationalismus und Demokratie suchte[177], sondern auch mit den Kräften der Ökonomie.

Doch stieß dieses neue, erweiterte außenpolitische Konzept auf Schwierigkeiten, die ihre Ursachen im Herrschaftssystem des Kaiserreichs haben. Frankreich war das unbestrittene politische und wirtschaftliche Zentrum der Lateinischen Münzunion. Als Hegemonialmacht dieses Währungsraumes hätte es diesen führen müssen, d.h. die französische Regierung hätte die Grundlinien der Währungspolitik bestimmen und umsetzen müssen, denen die kleineren Staaten gefolgt wären. Dem war jedoch von Beginn an nicht so. Während Belgien, Italien

[176] In anderem Kontext beschreibt dies auch Lothar Gall, allerdings für einen späteren Zeitpunkt (1889): Ders., Bismarck. Der weiße Revolutionär, Frankfurt, Berlin, Wien 1980, S. 641.

[177] So Baumgart, Europäisches Konzert und Nationale Bewegung, S. 157. Der Hinweis auf die ökonomische Dimension fehlt hier allerdings.

und die Schweiz für die Goldwährung als Basis der Währungsunion plädierten, wich die französische Delegation einer Diskussion über diesen entscheidenden Punkt aus und erklärte schließlich auf Weisung des Finanzministers Achille Fould die Beibehaltung des bimetallistischen Status quo zur Bedingung für den Abschluss eines Währungsvertrages. Diese Entscheidung, das wurde gezeigt, war jedoch innerhalb der politischen Elite des Kaiserreiches höchst umstritten. Die Währungsfrage blieb bis 1870 auf der Tagesordnung, ohne dass es zu einer einheitlichen Meinung oder gar zu einem definitiven Beschluss für das eine oder andere System gekommen wäre. Auf der internationalen Währungskonferenz 1867 schloss sich der französische Delegationsleiter de Parieu, seiner eigenen Überzeugung folgend, den Befürwortern einer internationalen Goldwährung an, in den unmittelbar darauf folgenden Verhandlungen mit Österreich-Ungarn über einen Beitritt der Doppelmonarchie zur Lateinischen Münzunion musste er eingestehen, dass er in seiner Eigenschaft als französischer Delegationsleiter keine definitive Aussage zum Metallstandard geben konnte, weil diese in den entscheidenden Gremien des Kaiserreiches nach wie vor umstritten war. Die Verhandlungen mussten deswegen vertagt werden. Es ist von entscheidender Bedeutung für die Geschichte der Lateinischen Münzunion, dass die Hegemonialmacht dieser Währungsunion diese in der entscheidenden Frage des Metallstandards nicht führen konnte. Verantwortlich hierfür war eine chaotische innenpolitische Situation[178], in der wesentliche Entscheidungen durch ein ineffizientes Regierungssystem, Korruption und klientelistische Abhängigkeitsverhältnisse wichtiger Entscheidungsträger verzögert, bzw. unmöglich gemacht wurden. Noch bedeutsamer erscheint allerdings ein weiterer Aspekt: Die Repräsentanten der „Haute Finance“, die Banque de France, und die Großbanken hatten durch die Abhängigkeit der Regierung von ihren Dienstleistungen eine starke Position innerhalb des politischen Apparates bekommen, die sie nun, als es um die für sie entscheidenden Währungsfragen ging, auch nutzten. Das verweist auf einen weiteren für den Transformationsprozess des europäischen Staatensystems dieser Epoche entscheidenden Aspekt: Außenpolitik war nicht mehr allein Kabinettspolitik im Stile Metternichs und des 18. Jahrhunderts. Oben wurde gezeigt, dass sich die Außenpolitiker neuer – auch ökonomischer – Methoden zur Durchsetzung ihrer Ziele bedienten. Dies aber hatte zwei wesentliche Konsequenzen: Hierdurch gerieten die außenpolitischen Entscheidungsträger, und das ist die andere Seite der Medaille, auch in Abhängigkeit von den Akteuren, die bislang außerhalb des außenpolitischen Sektors agierten. Es entstand eine wechselseitige Abhängigkeit, die für die Zeitgenossen schwer zu verstehen war, weil die neuen Akteure hinsichtlich der französischen Währungspolitik keineswegs eine einheitliche Meinung vertraten. Diese Abhängigkeit auf zunächst innenpolitischem Gebiet schränkte die außenpolitische Handlungsfähigkeit der französischen Regierung ein.

Doch wirkte dieser Prozess auch international. Entscheidend war hier, dass Märkte keinen zentralen Souverän kennen, mit dem verhandelt werden könnte;

[178] Vgl. François Caron, Frankreich im Zeitalter des Imperialismus, S. 31–36.

der Marktprozess dehnte sich unabhängig von den Nationalstaaten über deren Grenzen hinweg aus und war gerade deswegen kaum zu kontrollieren. Die Intensivierung der Kommunikations- und Wirtschaftsbeziehungen in der Zeit der Liberalisierung des Außenhandels der sechziger Jahre führte dazu, dass die Beschränkung einer Währung auf die Grenzen des Nationalstaates nicht mehr angemessen erschien:

„Le libre échange et la facilité des communications", schrieb de Parieu 1867 in Hinblick auf die Gründung der Lateinischen Münzunion, „ont multiplié les rapports des peuples entre eux; et dès lors on a dû songer aux avantages de cette monnaie une et universelle que proposait Mirabeau à l'Assemblée Constituante."[179]

Der Wiener Münzvertrag von 1857 zwischen Preußen und Österreich-Ungarn könne als Vorbild für diese Entwicklung gesehen werden. Die Währungsunion von 1865 habe die durch den Goldpreisverfall ausgelösten Schwierigkeiten beseitigt; „en même temps elle supprime les difficultés qui gênaient les transactions réciproques des 4 nations et entravaient les relations de leurs voyageurs." Die Politik reagierte damit auf eine zunehmende Entgrenzung von Wirtschaft und Handel als Begleiterscheinung der industriellen Revolution und der allgemeinen Liberalisierung der sechziger Jahre des 19. Jahrhunderts.[180] Gerade dieses Jahrzehnt wurde als die Epoche der Expansion des europäischen Handels betrachtet, der durch die schrittweise Liberalisierung des Außenhandels nach dem Signal des Cobden-Chevalier-Vertrages von 1860 von 59,5 auf 65 % ausgeweitet wurde. Der klassische europäische Nationalstaat aber hatte sich vom 16. bis zum 19. Jahrhundert auf der Basis von vier Entwicklungsmustern entfaltet: Territorialer Vorherrschaft, administrativer Kontrolle, durch die Konsolidierung einer kollektiven kulturellen Identität und – nicht zuletzt – durch die Herstellung einer politischen Legitimation.[181] Vor allem hinsichtlich der Wirtschaftsorganisation erwies sich die territoriale Begrenzung als nicht mehr zu rechtfertigen, und die französische Regierung versuchte die ökonomische Entgrenzung durch einen politischen Schritt wieder einzuholen. Auch hierhinter steckte die Erkenntnis, dass sich eine zunehmend ökonomisch und technisch vernetzte Welt nicht mehr

[179] Archives de la Banque de France (BdF), Débats sur les questions monétaires. Monométallisme/Bimétallisme. Rapport de la Commission chargée d'étudier la question de l'Etalon Monétaire 1867.

[180] Der innereuropäische Handel stieg in den Jahren von 1860 bis 1870 von 59,5 auf 65 Prozent. Diese Zahlen bezeichnen den Anteil des Außenhandels der europäischen Staaten, der mit anderen europäischen Staaten abgewickelt wurde. Vgl. Marc Flandreau, The French Crime of 1873. An Essay on the Emergence of the International Gold-Standard, 1870–1880, in: The Journal of Economic History (1996), S. 862–897, hier S. 879. Paul Bairoch, The Geographical Structure and Trade Balance of European Foreign Trade from 1800 to 1974, in: The Journal of European Economic History 3 Nr. 3 (1973), S. 557–608.

[181] Vgl. David Held, Democracy and the global order. From the modern State to Cosmopolitan Governance, Cambridge 2002, der diese Entwicklung in für die politikwissenschaftliche Forschung charakteristischer Weise allerdings erst in die zweite Hälfte des zwanzigsten Jahrhunderts transferiert. Ähnlich: Beate Kohler-Koch, Cornelia Ulbert, Internationalisierung, Globalisierung und Entstaatlichung, in: Rolf H. Hasse (Hrsg.), Nationalstaat im Spagat: Zwischen Suprastaatlichkeit und Subsidiarität, Stuttgart 1997, S. 53–88.

mit den Instrumenten der klassischen Diplomatie beherrschen ließ.[182] Die internationale Währungspolitik wurde daher zu einer staatlichen Aufgabe. Während sich Frankreich, Belgien, die Schweiz und Italien bis 1864 ohne diplomatische Übereinkünfte auf ein gemeinsames Währungssystem einigten, wurde diese Vereinheitlichung mit der Lateinischen Münzunion zu einer Aufgabe der Diplomatie und damit der Regierungen.

[182] Vgl. Madeleine Herren, Hintertüren zur Macht, S. 9.

III. „Une Révolution Monétaire Générale"[183] in Europa: Die deutsche Währungsreform 1871–73 und ihre Konsequenzen

1. Die Entstehung des internationalen Goldstandards: Interpretationsmuster

Die siebziger Jahre des 19. Jahrhunderts waren eine Epoche des dramatischen Wandels im internationalen Staatensystem, nicht nur in politischer Hinsicht. In diesen zehn Jahren entwickelte sich auch der internationale Goldstandard als maßgebliches Währungssystem mit festen, aber flexiblen Wechselkursen.[184] In den sechziger Jahren, das wurde im vorangehenden Kapitel beschrieben, existierten weltweit drei Währungsblöcke, gekennzeichnet durch unterschiedliche Metallstandards:[185] Ein erster, von Großbritannien dominierter Block definierte seine Währung durch einen bestimmten Gegenwert in Gold. Hierzu gehörten Brasilien, Portugal, die Türkei und auch Australien. Ein zweiter Währungsblock, basierend auf der Silberwährung, dominierte Mittel- und Osteuropa mit den deutschen Staaten als wirtschaftlichem Bezugspunkt. Zu ihm zählten aber auch Österreich, die Niederlande, die skandinavischen Staaten, Mexiko, Indien und weite Teile Asiens. Schließlich führte Frankreich die bimetallistische Lateinische Münzunion an, in der beide Währungsmetalle in einem festen Austauschverhältnis als gesetzliche Zahlungsmittel galten. Schon 1880 hatte sich das Bild vollständig gewandelt. Jetzt hatten alle großen Handelsnationen der Welt den Goldstandard eingeführt, das gelbe Metall war zur unumstrittenen Weltwährung aufgestiegen. Schon die Zeitgenossen haben die Bedeutung dieser Entwicklung

[183] So bezeichnete der französische Botschafter in Wien Bezug nehmend auf einen Artikel in der Wiener „Neuen Freien Presse" die währungspolitischen Ereignisse nach der Reichsgründung. MAE. Direction Commerciale. Question Monétaires. Correspondance relative à la question de l'unification des monnaies 1869–1874, Boite 616, Nr. 20, Dossier 4, 22.1.1874.

[184] Ein neuerer Forschungsüberblick, der allerdings ausschließlich die englischsprachige Literatur berücksichtigt: Angela Redish, Recent Contributions to the History of Monetary and International Financial Systems: A Review Essay, in: European Review of Economic History, Vol. 10 (2006) S. 231–248.

[185] Hierfür und für das Folgende: Barry Eichengreen, Marc Flandreau, The Geography of the Gold-Standard, in: Barry Eichengreen, Jaime Reis, Jorge Braga De Macedo (Hrsg.), Currency Convertibility, London 1996, S. 113–143.

für die Weltwirtschaft erkannt und nach ihren Ursachen geforscht, die wirtschaftsgeschichtliche Forschung hat diese Bemühungen mit immer feineren Analyseinstrumenten fortgesetzt und verschiedene Thesen aufgestellt, um den „Goldrausch" der siebziger Jahre zu erklären. Vereinfachend lassen sich diese Erklärungsansätze in vier Argumentationsmustern zusammenfassen, die immer wieder variiert und ergänzt werden:

Die erste, schon von Zeitgenossen verfochtene These sieht den durch den Übergang des Deutschen Reiches zum Goldstandard ausgelösten Angebotsschock auf dem Silbermarkt als Auslöser für die Abwertung dieses Währungsmetalls gegenüber dem Gold.[186] Vor 1871 basierten in der Tat fast alle deutschen Währungssysteme auf dem Silber, das nach der Währungsreform demonetisiert wurde, d.h. es verlor seine Funktion als gesetzliches Zahlungsmittel. Gleichwohl lagerten noch gewaltige Mengen Silber, man schätzte diese auf 15 Millionen Pfund Sterling, in den Beständen der Reichsbank, die diese nun auf den internationalen Märkten gegen Gold einzutauschen versuchte. Dieses plötzliche Überangebot habe dazu geführt, dass der Silberpreis auf den Märkten für Währungsmetall sank, und daher immer mehr Staaten Gold anstelle von Silber als Währungsmetall einführten. Der Prozess wurde zudem durch eine erhöhte Silberproduktion vor allem in den US-amerikanischen Minen verstärkt.

„The silver coin", erklärte der britische Vertreter auf der Währungskonferenz von 1878, Henry Hucks Gibbs, „withdrawn from circulation by Germany, has become merchandise, and as, by virtue of an economic law which nobody contests, the price of any product, of any merchandise, of whatever kind it may be, is governed by the abundance of that merchandise, rising or falling according as the commodity exists in smaller or larger quantity, the price of Silver must have fallen by the mere fact of German Silver being suddenly transferred from current coin into merchandise in the warehouse."[187]

In der Tat erklärt diese Argumentation die Entwertung des Silbers gegenüber dem Gold, und deswegen ist sie auch noch heute relevant. Sie erklärt jedoch nicht, und deswegen ist sie ergänzungsbedürftig, warum das Deutsche Reich 1871 die Silberwährung aufgab und zum Goldstandard überging.

Ein anderer Forschungsansatz interpretiert die Auseinandersetzung zwischen Bi- und Monometallisten in der zweiten Hälfte des 19. Jahrhunderts im neomarxistischen Sinne als eine Auseinandersetzung zwischen gesellschaftlichen Gruppen.[188]

[186] Diese These wird vertreten von A.G. Kenwood, A.L. Lougheed, The Growth of the international economy 1820–1960. An introductory text, London 1971. 1878 wurde eine internationale Währungskonferenz zur Diskussion dieser Frage einberufen: International Monetary Conference held in Paris in August 1878 under the Auspices of the Ministry of Foreign Affairs of the Republic of France, Washington, Government Printing Office, 1879.

[187] International Monetary Conference held in Paris in August 1878, Fourth Session, S. 71.

[188] Dieser Ansatz wird vor allem von Giulio Gallarotti vertreten: Giulio Gallarotti, The Scramble for Gold. Monetary Regimes Transformation in the 1870s, in: Michael Bordo, Forrest Capie (Hrsg.), Monetary Regimes in Transition, Cambridge 1993, S. 85–104. Ders, The Anatomy of the international monetary Regime: The Classical Gold-Standard, Oxford 1995. Jeffry Frieden, The Dynamics of international monetary systems. International and domestic factors in the Rise, Reign, and Demise of the Classical Gold Standard, in: Robert Jervis, Jack Snyder (Hrsg.),

„Those tied to international trade and investment", so erläutert Jeffry Frieden die These am britischen Beispiel, „such as Dutch Portuguese Jewish merchant and financier David Ricardo, were favorable to early resumption of specie convertibility at the preexisting rate. Those producing tradable manufactures, especially in and around Birmingham, were opposed. They wanted a depreciated currency, not the appreciated one resumption implied, even if this required staying on paper money. City of London (financial and commercial) interests prevailed (...)"[189]

Aus dieser Perspektive war die Kontroverse um den Metallstandard der Währung eine Debatte zwischen den binnenmarkt- und den exportorientierten Produzenten. Entscheidend an diesem Ansatz ist, dass nicht mehr Regierungen und Staaten als Akteure analysiert werden, sondern die gesellschaftlichen Kräfte und ihr politisches Engagement als konstitutiv für währungspolitische Entscheidungen angesehen werden.[190] Dieses Argument ist, wie das vorangegangene Kapitel über die Entstehung der Lateinischen Münzunion gezeigt hat, nicht von der Hand zu weisen. Gesellschaftliche Gruppen beeinflussten die Entscheidungsfreiheit insbesondere der französischen Regierung erheblich und auch die folgenden Untersuchungen werden immer wieder auf diesen Aspekt zurückkommen. Gleichwohl ist es zu einfach, diese Einflussnahme unter der Kategorie des Klassenkonfliktes zu interpretieren.[191] Zudem müsste detailliert gezeigt werden, wie gesellschaftliche Gruppen die Entscheidungen der Regierung hinsichtlich des Metallstandards im 19. Jahrhundert beeinflussten.

Auch die Wirtschaftsgeschichtsschreibung hat sich schon früh für den internationalen Goldstandard als Währungssystem interessiert. Insbesondere auch die Volkswirtschaftslehre kann hier auf eine lange Tradition zurückblicken: Schon der britische Philosoph David Hume (1711–1776) hat das zugrunde liegende Verhältnis zwischen Gold und Geld beschrieben, von David Ricardo (1772–1823) stammt die Theorie des Goldautomatismus, der die Wechselkurse zwischen den Währungen stabilisierte. Voraussetzung hierfür war, dass die wichtigsten Handelsmächte des 19. Jahrhunderts schrittweise dazu übergingen, den Wert ihrer Währung durch Gold zu definieren. Diese Entwicklung begann mit der Bank of England 1821; das Prinzip setzte sich bis 1880 weltweit durch. Quasi automatisch, so die These, entstand das erste internationale Währungssystem, in dem die Valuten der Goldwährungsländer durch die Goldparitäten miteinander verbunden waren. Noch heute gilt der Goldstandard unter Ökonomen als ideales internationales Währungssystem, weil mit der Golddeckung staatliche Interventionen in die Geldpolitik auf ein Minimum reduziert wurden und der freie Kapi-

Coping with complexity in the international System, Boulder 1993, S. 137–162.

189 Jeffry Frieden, The Dynamics of international monetary systems, S. 147f.

190 In der Politikwissenschaft wird dieser Ansatz als der „neo-gramscianische" bezeichnet. Vgl. Robert W. Cox, Weltordnung und Hegemonie. Grundlagen der Internationalen Politischen Ökonomie, Marburg 1998.

191 Vgl. zum Beispiel Richard Sayers, The Question of the Standard in the 1850s, in: Economic History. Economic Journal Supplement 2, Nr. 8 (1933), S. 575–601. Gerade das vorangehende Kapitel über die Gründung der Lateinischen Münzunion zeigt, dass selbst die „Hochfinanz" im französischen zweiten Kaiserreich keine einheitliche Meinung hinsichtlich des Metallstandards hatte, die Filialen einzelner Bankhäuser, wie z.B. die Rothschilds, waren in dieser Frage uneins. Es ist daher falsch in dieser Frage „Klasseninteressen" zu konstruieren.

talverkehr weltweit für einen automatischen Zahlungsbilanzausgleich zwischen den Handelsmächten sorgte.[192] Dieses im Kern auf Ricardo zurückgehende Bild des internationalen Goldstandards wurde in den siebziger Jahren des 20. Jahrhunderts von wirtschaftshistorischer Seite wesentlich korrigiert. Vor allem Marcello de Cecco argumentierte, dass der Goldstandard, so wie ihn Ricardo beschrieben hatte, ein Mythos sei, die internationale Währungspolitik des 19. Jahrhunderts habe nie nach diesen Regeln funktioniert.[193] A. L. Bloomfield wies nach, dass die Notenbanken sich vor 1914 gar nicht an die von Ricardo beschriebenen „Spielregeln" des Systems hielten, der internationale Goldstandard mithin nicht automatisch funktionierte, wie die Geldtheorie bis heute suggeriert.[194] Einerseits griffen die Zentralbanken in verschiedener Weise immer wieder entgegen den „Regeln" des Goldstandards in die internationale Währungspolitik ein, andererseits konnte Bloomfield die Bedeutung der kurzfristigen internationalen Kapitalbewegungen für den Zahlungsbilanzausgleich zeigen. Auch Ursula Fechter wies am deutschen Beispiel nach, dass die Reichsbank die „Spielregeln" des Goldstandards zum Teil massiv verletzte.[195] Zu Beginn der achtziger Jahre organisierten Michael Bordo und Anna Schwartz eine Konferenz über den klassischen Goldstandard zwischen 1821 und 1931.[196] Hier wurden unter Ökonomen und Wirtschaftshistorikern verschiedene Aspekte dieses Währungssystems diskutiert, die Ergebnisse haben die Kenntnisse über die Währungspolitik des 19. Jahrhunderts jenseits der Theorie beträchtlich erweitert und zugleich weitere Fragen aufgeworfen. Nach wie vor besteht keineswegs Einigkeit über die Bedeutung der Stabilisierungsmechanismen im internationalen Goldstandard. Funktionierte der Zahlungsbilanzausgleich primär über die Egalisierung der Kaufkraft-Paritäten, der Zinsparitäten oder über Goldflüsse zwischen den Zentralbanken?[197] In Fallstudien über Großbritannien, Deutschland, Italien und Kanada im internationalen Goldstandard wurde deutlich, dass sich die Zentralbanken der ersten drei keineswegs an die „Regeln" des Goldstandards hielten, vielmehr darauf bedacht waren, Goldabflüsse nach Möglichkeit zu verhindern.[198] Warum aber, so muss gefragt werden, funktionierte das internationale Wäh-

[192] Vgl. beispielsweise H.J. Jarchow, P. Rühmann, Monetäre Außenwirtschaft Bd. II: Internationale Währungspolitik, Göttingen 1997, S. 32–107.

[193] Marcello de Cecco, Money and Empire. The international Goldstandard, 1890–1914, Oxford 1974, S. 1–22.

[194] A.L. Bloomfield, Monetary Policy under the international Gold-Standard, 1880–1914, New York 1959. Ders., Short-term capital movements under the pre-1914 Gold Standard, Princeton 1963. Peter Lindert, Key-Currencies and Gold, Princeton 1969.

[195] Ursula Fechter, Schutzzoll und Goldstandard im Deutschen Reich 1879–1914, Köln Wien 1972.

[196] Michael Bordo, Anna Schwartz (Hrsg.), A Retrospective on the Classical Gold Standard 1821–1931, Chicago London 1984.

[197] Ebd., S.6.

[198] Rudiger Dornbusch, Jacob A. Frenkel, The Gold Standard and the Bank of England in the Crisis of 1847, in: Bordo, Schwartz, Retrospective, S. 233–264. Paul Mc Goulrick, Operation of the German Central Bank and the Rules of the Game 1873–1913, in: Ebd., S. 311–349. Lars Johnung, Swedish Experience under the Classical Gold-Standard, 1873–1914. Ebd., S. 361–399.

rungssystem, obwohl sich die Zentralbanken offensichtlich nicht an die Regeln hielten? Schwartz meint, dass es sich nur um begrenzte Regelverstöße handelte, die das System nicht in Frage stellten.[199] Trotzdem gelang es auch Ökonomen nicht empirisch genau zu ermitteln, wie das internationale System des Goldstandards funktionierte. Das liegt zum Teil daran, dass verlässliches Zahlenmaterial über die monetären und Gütertransaktionen in diesem Zeitraum fehlen; gravierender aber ist, dass es keine systematische Untersuchung über die Transmissionsmechanismen für Geld, Gold und Güter im internationalen Goldstandard gibt.[200]

Der letzte Interpretationsansatz stammt von einer französisch-amerikanischen Forschergruppe um Barry Eichengreen und Marc Flandreau. Sie deuten die Entstehung des globalen Goldstandards in den 1870er Jahren als „a blatant failure of international cooperation."[201] Flandreau interpretiert die Durchsetzung dieses Währungssystems als ein Zusammenspiel von Netzwerk-Externalitäten und Transaktionskosten. Er greift hierbei auf ein von Kevin Dowd und David Greenaway entwickeltes Modell zurück, demzufolge der internationale Erfolg einer Währung von der Anzahl der Transaktionen abhängt, die in dieser getätigt werden.[202] Die Markt-Dynamik führe daher unweigerlich zu einer Monopolisierung des Währungs-Marktes. Andererseits aber entstehen durch Währungswechsel Kosten für die Volkswirtschaften, die eine rasche Entwicklung zu einer einheitlichen Währung verhindern. Seit den sechziger Jahren, so Flandreau, waren alle Voraussetzungen für eine internationale Goldwährung gegeben, allein die Transformationskosten von Silber zu Gold waren vor allem für die deutschen Staaten hoch. Erst der Krieg 1870/71 und die danach fällige Reparationszahlung Frankreichs an das Reich hätten den Wechsel von der Silber- zur Goldwährung ermöglicht. Damit sei der entscheidende Schritt auf dem Weg zum internationalen Goldstandard getan worden, dieses Modell habe sich somit weltweit durchgesetzt. So charmant dieser Ansatz vor allem wegen seiner Einfachheit auch sein mag, auch er hat eine gravierende Schwäche: Er reduziert die internationalen Währungsbeziehungen auf einen Markt-Prozess, politische Akteure werden allein als Träger von Strukturen interpretiert, politische Interessen, Machtinteressen zumal, sind hierin nicht existent; das auch ohne die internationalen Währungsbeziehungen existierende internationale Staatensystem wird nicht beachtet.

[199] Bordo, Schwartz, Retrospective, S.9.

[200] Ebd., S.11.

[201] Marc Flandreau, The French Crime of 1873: An Essay of the Emergence of the International Gold-Standard, 1870–1880, in: Journal of Economic History (1996), S. 862–897, hier S. 864. Ders., L'Or du Monde. La France et la Stabilité du système monétaire international, Paris 1995.

[202] Kevin Dowd, David Greenaway, Currency Competition, Network-Exernalities and Switching Costs. Towards an alternative View of Optimum Currency Areas, in: The Economic Journal Vol. 103 (1993), S. 1180–1189.

2. Das Deutsche Reich als währungspolitisches Zentrum Europas

Im Folgenden soll ein neuer Ansatz zur Erklärung der Entstehung des internationalen Goldstandards in den siebziger Jahren entwickelt werden, der die Stärken der oben erläuterten Theorien aufnimmt, zugleich aber ihre Schwächen zu vermeiden sucht. Hierbei spielte, das ist die Ausgangshypothese, die Gründung des Deutschen Reiches 1871, die das europäische Staatensystem in politischer, wirtschaftlicher und auch währungspolitischer Hinsicht revolutionierte, die zentrale Rolle. Mit der Reichsgründung erhielt Europa ein neues Zentrum, das „Gleichgewicht der Macht (wurde) völlig zerstört", wie der britische Oppositionsführer Benjamin Disraeli in seiner vielzitierten Unterhausrede am 9. Februar 1871 erkannte.[203] Das galt zunächst für das internationale Staatensystem, das schon zuvor eine „Deutsche Frage" kannte, die nun aber auf andere Weise gestellt wurde: Wie soll das neue Machtzentrum in der Mitte des Kontinents in das europäische System eingeordnet werden? In der Tat hatte das Reich nach 1871 eine „halbhegemoniale Stellung" (Ludwig Dehio) eingenommen,[204] um dieses Problem sollten sich die internationalen Beziehungen in Europa auch im 20. Jahrhundert immer wieder drehen. Die Frage deutschen Hegemonie über Europa, das wurde erst später erkannt, galt aber auch für die wirtschaftliche Dimension, ja diese bedingte sogar bis zu einem gewissen Grade die politische Machtentfaltung des Reiches. Auch wenn die wirtschaftlichen Daten Deutschlands 1871 im Vergleich zu denen der Nachbarstaaten keineswegs beeindruckend waren, so beschleunigte die Zusammenfassung des zentraleuropäischen Wirtschaftsraumes doch jene rasante wirtschaftliche Entwicklung, die Deutschland innerhalb kürzester Zeit auf das gleiche Entwicklungsniveau wie Großbritannien brachte, und dieses schließlich zu überflügeln drohte. Die Reichsgründung war der Start zur „zweiten Welle" der industriellen Revolution, jetzt wurde der Grundstein für den Aufstieg der chemischen Industrie, der Elektroindustrie und der Serienfabrikation gelegt. Deutschland, so resümierte Thomas Nipperdey, entwickelte sich in wirtschaftlicher Hinsicht von einem „Nachfolgerland zu einem Pionierland."[205] Gewiss, diese Entwicklung hatte schon in den 1850er Jahren begonnen und sie war eingebettet in ein für die internationalen Währungsbeziehungen entscheidendes Phänomen, welches Hans Ulrich Wehler als das „eigentlich moderne" bezeichne-

[203] Hansard's Parliamentary Debates. Third Series, Vol. CCIV, Sp. 81f., Disraeli im Unterhaus am 9.2.1871.

[204] Dieser Ansatz wird dargestellt bei Andreas Hillgruber, Bismarcks Außenpolitik, S. 115ff. Vgl. als klassische Darstellung der deutschen Außenbeziehungen dieser Zeit auch Klaus Hildebrand, Das vergangene Reich. Deutsche Außenpolitik von Bismarck bis Hitler, Stuttgart 1995. Kritisch hierzu: Eberhard Kolb, Stabilisierung ohne Konsolidierung? Zur Konfiguration des europäischen Mächtesystems 1871–1914, in: Peter Krüger (Hrsg.), Das europäische Staatensystem im Wandel. Strukturelle Bedingungen und bewegende Kräfte seit der Frühen Neuzeit, München 1996, S. 189.

[205] Thomas Nipperdey, Deutsche Geschichte 1866–1918, Bd. 1: Arbeitswelt und Bürgergeist, 2. Auflage, München 1994, S. 268. Für das Folgende: Rainer Fremdling, German National Accounts for the 19th and Early 20th Century, in: VSWG Bd. 75 (1988), S. 339–357.

te: Die industrialisierten Staaten wuchsen zusammen zu „einem aufs engste verflochtene(n) globale(n) Interdependenzsystem (...). Seine Struktur mit ihren feinnervigen Transmittoren für alle Signale der Wirtschaft machte die konjunkturellen Aufschwungs-, aber auch die Depressionsperioden zu einem gemeinsamen internationalen Phänomen."[206] Damit ging aus deutscher Sicht eine gewaltige Ausweitung des Außenhandels einher, dieser wuchs zwischen 1860 und 1913 um das Vierfache, die durchschnittliche jährliche Wachstumsrate betrug vier Prozent.[207] Der größte Teil des Exportes (rund 75%) ging in europäische Staaten, die Quote blieb über längere Zeit konstant.

Diese Zahlen zeigen schon, dass eine Währungsreform der wirtschaftlichen und bald auch politischen Zentralmacht Europas nicht ohne Konsequenzen für den übrigen Kontinent bleiben konnte. Schon vor der Reichsgründung waren die Währungsverhältnisse in Deutschland aus diesem Grunde aufmerksam beobachtet worden. „Nos relations commerciales avec l'Allemagne sont de telle nature que nous devons prendre en grande considération ce qu'elle décidera elle même pour son système monétaire," erklärte der schwedische Außenminister Wachtmeister dem französischen Gesandten in Stockholm im November 1868.[208] In der Tat reagierten die skandinavischen Staaten, die noch 1868 die Einführung eines bimetallistischen Systems nach französischem Vorbild geplant hatten, sehr schnell auf die Veränderungen in Deutschland. Im Mai 1872 setzte die dänische Regierung eine Kommission zur Untersuchung der Währungsfrage ein, die am 15. Juli dieses Jahres ein Gutachten vorlegte, in dem drei Alternativen für eine dänische Währungsreform genannt wurden: Entweder, wie geplant, das französische System auf der Basis des Bimetallismus einzuführen, sich dem deutschen Goldstandard anzuschließen oder ein eigenes, metrisches System zu entwickeln.[209] Ähnlich war die Situation in Schweden und Norwegen, so dass die Regierungen der drei Länder am 19. August 1872 Verhandlungen über eine Währungsreform aufnahmen und schnell übereinkamen, eine gemeinsame Währung einzuführen, deren Basis der Goldstandard nach deutschem (und englischem) Vorbild war.[210] Am 19. Dezember 1872 unterzeichnete die dänische Regierung eine Währungskonvention mit Norwegen und Schweden, mit der zwi-

206 Hans Ulrich Wehler, Deutsche Gesellschaftsgeschichte 1849–1914, München 1995, S. 66. Vgl. auch Wolfgang Zorn, Wirtschaft und Gesellschaft in Deutschland in der Zeit der Reichsgründung, in: Reichsgründung 1870/71. Tatsachen, Kontroversen, Interpretationen, hrsg. von Theodor Schieder und Ernst Deuerlein, Stuttgart 1970, S. 197–225.

207 Thomas Nipperdey, Deutsche Geschichte 1866–1918, Bd. 1, S. 276. Zum deutschen Außenhandel vor der Reichsgründung: G. Bondi, Deutschlands Außenhandel 1815 bis 1870, Berlin 1958. W.G. Hoffmann, Strukurwandlungen im Außenhandel der deutschen Volkswirtschaft seit der Mitte des 19. Jahrhunderts, in: Kyklos Bd. 20 (1967), S. 287.

208 MAE Direction Commerciale. Questions monétaires. Convention de 1865 et de 1867, Vol. 604, Nr. 169, Légation de France en Suède à MAE, 15.11.1868.

209 MAE Direction Commerciale. Questions Monétaires. Correspondance relative à la question de l'unification monétaire 1869–1874, Vol. 616, Dossier 2, Nr. 28, 15.7.1872.

210 MAE Direction Commerciale. Questions Monétaires. Correspondance relative à la question de l'unification monétaire 1869–1874, Vol. 616, Dossier 2, Nr. 50, Légation de France au Danemark à MAE, 6.10.1872. Hierzu auch Rittberger, Deutsche Geldgeschichte 1484–1914, S. 753.

schen diesen Ländern eine Währungsunion auf der Basis des Goldstandards geschaffen wurde.[211] Der schwedische Minister Billé bedauerte gegenüber dem französischen diplomatischen Vertreter in Stockholm, „que notre (gemeint ist der französische, d.V.) double étalon mit un obstacle si absolu à l'adoption de notre monnaie par les Etats scandinaves (...)".[212] Gerne hätte sich offenbar die schwedische Regierung, wie geplant, dem französischen Währungsblock angeschlossen, doch war das nach dem Übergang des Deutschen Reiches zur Goldwährung nicht mehr möglich. Es sei denn, so erläuterte Billé seinem französischen Gesprächspartner, Frankreich werde ebenfalls die Einführung eines monometallistischen Systems vorantreiben. Unter diesen Bedingungen würden die Parlamente in Stockholm, Kristiania und Kopenhagen die Einführung des Goldstandards ablehnen und, zum gegebenen Zeitpunkt, der nunmehr monometallistischen Lateinischen Münzunion beitreten.[213] Die französische Regierung ging zu diesem Zeitpunkt nicht auf das Angebot ein. Gleichwohl empfand der französische Gesandte in Stockholm, Gobineau, die Entscheidung als bedrohlich für die Stellung seines Landes in dieser Region, die mehr und mehr, vor allem auf dem wirtschaftlichen Gebiet, von Deutschland beherrscht werde.

„J'ai, de la question monétaire dans les trois Royaumes du Nord, cette opinion que la façon dont elle sera résolue entrainera des conséquences politiques assez sérieuses et surtout des conséquences économiques fort graves. (...) je remarque que, dans une sorte d'ardeur générale à se porter en tous lieux, les capitaux allemands commencent, plus que par le passé à dériver vers cette région."

Die von der schwedischen Regierung aufgelegte Hypothekaranleihe sei bereits zum großen Teil in deutscher Hand, und auch die deutschen Eisenbahngesellschaften drängten in den nördlichen Teil Europas.

„Sans exagérer la portée de ce projet, il est possible d'y voir un début pouvant conduire, dans un temps donné, à placer l'Allemagne à l'égard des Royaumes Unis de Suède et de Norvège et par suite vis à vis du Danemark dans des rapports analogues à ceux ou elle se trouve à l'égard des territoires néerlandais."

Die Welt der Wirtschaft, so analysierte der französische Diplomat weiter, befinde sich in einer Umbruchphase.

„Le monde commercial se trouve désormais en présence de deux courants auxquels les pays le plus réfractaires et les plus portés à s'isoler vont se joindre, dans un temps donné, amenés à cette fusion par la compulsion, peu résistible des intérêts. D'une part, l'Union monétaire réunit la France, la Suisse, la Belgique, l'Italie dans l'adoption de ce système décimal qui, par sa valeur scientifique, devrait assurément s'imposer à tous les choix futurs. D'autre part, l'Allemagne vient de se mettre à la tête du mouvement d'adoption de l'or comme étalon unique et se trouve avoir avec elle

[211] MAE Direction Commerciale. Questions Monétaires. Correspondance relative à la question de l'unification monétaire 1869–1874, Vol. 616, Dossier 2, Nr. 119, Légation de France en Suède à MAE, 20.12.1872. Der norwegische Storting ratifizierte dieses Gesetz nicht gleich, daher trat die Währungsunion schon am 27. Mai 1872 zwischen Dänemark und Schweden in Kraft, Norwegen trat erst zum 1.1.1877 nach einer Zusatzkonvention (16.10.1876) formal bei.

[212] MAE Direction Commerciale. Questions Monétaires. Correspondance relative à la question de l'unification monétaire 1869–1874, Vol. 616, Dossier 2, Nr. 119, Légation de France en Suède à MAE, 20.12.1872.

[213] Ebd.

l'Angleterre, le Portugal, les Etats Unis, le Japon; l'Espagne tend visiblement à se laisser gagner et il faut convenir que la Suède, la Norvège et le Danemark sont déjà acquis (...). Il s'agit donc de voir péricliter ou se relever, ou plus exactement se maintenir, l'œuvre commencé par nous en 1865 et les avantageuses effets qui en dérivent pour notre commerce et notre situation politique."[214]

Besser konnte man die Situation aus französischer Sicht kaum schildern. Die vor dem Krieg von 1870/71 bestehende globale Währungsordnung, die aus drei einander ergänzenden Währungsräumen bestand, war durch den Übergang des Deutschen Reiches vom Silber- zum Goldstandard zerstört worden, wobei die von Frankreich angeführte bimetallistische Lateinische Münzunion nun einem bedeutend größeren Goldstandard-Block gegenüberstand. Damit drohte das mit der Gründung der Währungsunion vom 23.12.1865 begonnene Projekt einer Neuordnung der europäischen Währungen unter französischer Führung zu scheitern.

Ähnlich Besorgnis erregend waren aus französischer Sicht die Nachrichten aus Belgien. Dort hatte Hubert Frère-Orban in der Sitzung des Repräsentantenhauses am 22. Juli 1873 die Regierung aufgefordert, ebenfalls zum Goldstandard überzugehen und den Vertrag über die Lateinische Münzunion vom 23.12.1865 entweder ganz zu kündigen oder eine weitere Konferenz zu dessen Revision im Sinne des Monometallismus einzuberufen. Schon die Gründung der Lateinischen Münzunion und ihre versuchte Ausweitung auf Europa hatte Frère-Orban äußerst kritisch kommentiert. Jetzt, so meinte der liberale Abgeordnete, wo Frankreich und Italien den Zwangskurs eingeführt hätten, seien die Schweiz und Belgien die einzigen Staaten, in denen noch ein bimetallistisches System herrsche. „L'Allemagne ayant renoncé à l'étalon d'or, il y aurait encore péril de ce côté, péril auquel la Hollande se préoccupe de remédier."[215] Finanzminister Jules Malou aber lehnte eine so grundlegende Währungsreform zu diesem Zeitpunkt noch ab. Die Zwangskurse in Frankreich und Italien seien vorübergehender Natur. Auch werde Belgien nicht die Initiative zu einer Währungskonferenz der Lateinischen Münzunion ergreifen, weil er, Malou, gegenwärtig keine Möglichkeit sehe, die französische Regierung für den Übergang zum Goldstandard zu bewegen. Die Diskussion in Belgien jedoch hielt an. Am 27. Oktober 1873 lud das Finanzministerium die führenden belgischen Geldexperten zu einer Beratung nach Brüssel ein, um die Frage erneut zu beraten.[216] Hier wurde zunächst diskutiert, ob Belgien überhaupt noch an die Währungskonvention von 1865 gebunden sei. Die jetzt in Frankreich und Italien geltenden Zwangskurse, so die Argumentation, hätten zum Zeitpunkt der Unterzeichnung der Konvention, im Dezember 1865, nicht existiert. Frankreich und Italien hätten die Konvention

214 MAE Direction Commerciale. Questions Monétaires. Correspondance rélative à la question de l'unification monétaire 1869–1874, Vol. 616, Dossier 2, Nr. 101–105, Sur l'admission du Carolin d'or suédois dans les caisses publiques, 20.11.1872.

215 MAE Direction Commerciale. Questions Monétaires. Correspondance rélative à la question de l'unification monétaire 1869–1874, Vol. 616, Dossier 2, Nr. 89–92, Légation de France en Belgique à MAE, 24.7.1873.

216 Documents relatifs à la question monétaire recueillis par M.J. Malou, Bruxelles 1874, S. 246–247. Vgl. auch Willis, Latin Monetary Union, S. 123.

durch diese Schritte nicht formal, aber in ihrem Geiste verletzt, daher sei sie auch für Belgien nicht mehr bindend. Dem wurde entgegengehalten, dass Italien den Zwangskurs zwei Monate vor der Ratifikation der Konvention durch das belgische Parlament eingeführt habe; wenn man die veränderten Umstände hätte monieren wollen, dann damals, jetzt sei eine Anfechtung völkerrechtlich nicht mehr möglich. Nach längerer Diskussion kamen die Experten zu zwei Ergebnissen: Belgien allein könne nicht zum Goldstandard übergehen, es sei aber im belgischen Interesse, wenn die Lateinische Münzunion insgesamt den Monometallismus einführe.

Es war in Belgien keineswegs eine Diskussion allein unter Technokraten: Schon am 3. Dezember 1872 hatte die Handelskammer von Antwerpen einen offenen Brief an Finanzminister Malou geschickt, in dem dieser über die durch die internationale Währungspolitik ausgelösten Probleme der nordbelgischen Handelsmetropole informiert wurde. Es sei für die belgische Wirtschaft gefährlich, beim bimetallistischen System zu bleiben, wenn das Deutsche Reich, die skandinavischen Staaten und auch die Niederlande zum Goldstandard übergingen.[217] Dies habe auf dem Londoner Markt eine bedeutende Abwertung des Silbers gegenüber dem Gold zur Folge. Das wiederum sei ein Problem für den belgischen Außenhandel:

„En effet, si nos prévisions relativement à la dépréciation progressive de l'argent et à la variabilité de sa valeur, se réalisent; les cours du change sur la Belgique deviendront également très incertaines. La conséquence inévitable en sera, que l'on ne conservera plus en portefeuille à l'étranger, du papier à terme sur la Belgique, comme cela se pratique sur une grande échelle actuellement."[218]

Nicht nur in Antwerpen machte man sich Sorgen in dieser Hinsicht, auch die Handelskammer von Mons sandte dem Finanzministerium eine Petition, die allerdings in der Diktion vorsichtiger war und vor einer übereilten Entscheidung warnte.

„Cependant nous voyons que la question sans être urgente, mérite toute l'attention du Gouvernement. (...) A mesure que s'opèrera la démonétisation de l'argent allemand, on verra, si en effet, ce métal menace de baisser de valeur, ou si son emploi en monnaie divisionaire est suffisant pour en arrêter la dépréciation."[219]

Beide Handelskammern sprachen die aus der internationalen Entwicklung entstehenden währungspolitischen Kernprobleme für Belgien an: Während sich die Handelskammer von Antwerpen um den Außenwert der belgischen Währung und die durch den Bimetallismus entstehenden hohen Transaktionskosten beim Handel mit Goldstandard-Ländern sorgte, hatte die Handelskammer von Mons

[217] MAE Direction Commerciale. Questions monétaires. Conférence monétaire de 1874, juin 1873–1874, Vol. 606, Nr. 18 MAE à M. le Ministre des Finances, 30.6.1873.

[218] MAE Direction Commerciale. Questions Monétaires. Correspondance relative à la question de l'unification des monnaies 1869–1874, Vol. 616, Nr. 55–56, Chambre de Commerce et de Fabriques d'Anvers, à Monsieur le Ministre des Finances à Bruxelles, 3.12.1872.

[219] MAE Direction Commerciale. Question monétaire. Correspondance relative à la question de l'unification des monnaies 1869–1874, Vol. 616, Nr. 185/186, Considérations de la chambre de commerce de Mons sur la réforme monétaire, undatiert (November 1873).

den Binnenwert des belgischen Silbergeldes im Blick. Dieses würde nämlich bei einer Demonetisation dieses Metalls in Deutschland und in den Niederlanden in größeren Mengen auf dem Geldmarkt angeboten, der Preis des Silbers würde sinken und damit auch der Wert der belgischen Silbermünzen. Finanzminister Malou jedoch wies das Ansinnen der Handelskammern zurück: Belgien könne gar nicht alleine zum Goldstandard übergehen, weil es durch einen Vertrag an die Währungsunion vom 23.12.1865 an Frankreich, Italien und die Schweiz gebunden sei. Zum anderen sei ein solcher Schritt auch gar nicht notwendig:

„Il ne faut pas perdre de vue", schrieb Jules Malou am 26. März 1873 an die Handelskammer in Antwerpen, „que la Belgique fait partie d'une communauté monétaire qui ne compte pas moins de 66 million d'habitants. Si une partie de l'Europe adopte l'étalon d'or, une parti fort importante maintiendra la co-existance des deux métaux précieux comme moyen d'échange. Il y aura un contrepoids qui rétablira l'équilibre. Nous ne serons donc pas isolés (...)"[220]

Insgesamt bezweifelte der Minister also die Bedeutung der währungspolitischen Ereignisse der letzten zwei Jahre für die belgische Wirtschaft und blieb zuversichtlich, dass das bis 1870 existierende globale währungspolitische Gleichgewicht auch weiterhin Bestand haben werde. Gleichwohl entbrannte auch in der Wirtschaftspresse eine heftige Debatte um den Metallstandard der belgischen Währung. Tatsächlich stieg die Silbermünzenausprägung in Belgien im Sommer 1873 signifikant an, weil das Metall billiger wurde, die Münzen damit einen höheren Nennwert als Materialwert hatten. Die Regierung reagierte am 13.11.1873, als Finanzminister Jules Malou einen Gesetzentwurf im Parlament präsentierte, der die Regierung ermächtigte, die Silberausprägung bis Juli 1875 zu begrenzen oder ganz einzustellen.[221] Zwar betonte der Minister, dass damit kein Wechsel des Währungssystems eingeleitet werde, die Einstellung der Silberausprägung sei lediglich eine befristete Maßnahme, die durch außergewöhnliche Umstände notwendig geworden sei.[222] Gleichwohl übernahm Belgien damit zumindest temporär de facto den Goldstandard, weil dieses das einzige Metall war, welches zu Münzzwecken benutzt wurde.

In den Niederlanden war nach den Ereignissen der Jahre 1870/71 ebenfalls eine Kommission eingesetzt worden, um die Auswirkungen der zukünftigen Goldwährung in Deutschland für die eigene Wirtschaft zu untersuchen. Deren Ergebnisse waren ähnlich wie jene der Debatten in Belgien und Skandinavien. Man erwartete eine deutliche Abwertung des Silbers gegenüber dem Gold, was

[220] MAE Direction Commerciale. Questions Monétaires. Correspondance relative à la question de l'unification des monnaies 1869–1874, Vol. 616, Nr. 57, Ministère des Finances à la Chambre de Commerce d'Anvers, 26.3.1873.

[221] Tatsächlich wurde die Ausprägung von Silbermünzen in Belgien am 18.12.1873 eingestellt. Vgl. Conférence Monétaire entre la Belgique, la France, l'Italie et la Suisse. Procès Verbaux, Paris 1874, S. 3. Jacques Mertens, La Naissance, S. 267ff.

[222] MAE Direction Commerciale. Questions Monétaires. Correspondance relative à la question de l'unification des monnaies 1869–1874, Vol. 616, Nr. 169, Légation de France en Belgique à MAE, 14.11.1873. Vgl. auch Interdiction temporaire du monnayage d'argent. Exposé des Motifs du Projet de Loi du Gouvernement, in: Jules Malou (Hrsg.), Documents relatifs à la question monétaire, Bruxelles 1874, S. 186f.

für die bestehende Silberwährung in den Niederlanden von größter Bedeutung sein musste. Die Wertverschiebungen zwischen den beiden Edelmetallen würden daher auch erhebliche Auswirkungen auf den niederländischen Außenhandel, zumal mit Goldstandard-Ländern wie England oder Deutschland haben. Hierdurch entstehe, das war das Fazit der Untersuchung, eine gefährliche Isolation der Niederlande in Europa.[223] Die niederländische Regierung reagierte zunächst ebenso wie die belgische; sie ließ sich Anfang 1873 durch ein Gesetz ermächtigen, die freie Silberausprägung zeitweilig einstellen zu dürfen und machte davon auch ein Jahr später Gebrauch. Im März 1874 legte sie dem Parlament ein Gesetz zum Übergang zur Goldwährung vor, das jedoch zunächst scheiterte, weil die Abgeordneten eine monetäre Abkoppelung der Kolonien, in denen weiterhin der Silberstandard gelten sollte, vom Mutterland befürchteten. Mit dem Münzgesetz vom 6. Juni 1875 gingen die Niederlande dann doch zum Goldstandard über.

In Italien war die wirtschaftliche Situation zu dieser Zeit völlig anders, wenn auch kaum weniger besorgniserregend. Schon von Beginn an hatte der neue Nationalstaat mit seinen Staatsfinanzen zu kämpfen; die Einigungskriege, der Umzug der Regierung nach Florenz, der Ausbau der Infrastruktur, alle diese Maßnahmen waren aus politischen Gründen notwendig, verschlangen aber riesige Geldsummen.[224] 1861 betrug die öffentliche Verschuldung 2,450 Millionen Lire, vier Jahre später hatte sie sich bereits verdoppelt. Hinzu kam ein in den sechziger Jahren wachsendes Zahlungsbilanzdefizit, das zunächst noch durch die von der französischen Regierung vermittelten Kredite gedeckt werden konnte, die jedoch mit dem Krieg von 1866 ausblieben, als ausländische Investoren und Kreditgeber ihr Vertrauen in die italienische Politik verloren. Am 1. Mai 1866 musste der Zwangskurs dekretiert werden, d.h. die italienischen Banken lösten das umlaufende Papiergeld nicht mehr in Edelmetall ein.[225] Die Folge war, dass die italienischen Münzen aus dem inländischen Zahlungsverkehr verschwanden, und die Nachbarländer der Lateinischen Münzunion von italienischen Silbermünzen überschwemmt wurden.[226] Als dann der Wert des Silbers fiel, waren diese Münzen auch dort unbeliebt, sie mussten aber noch von den öffentlichen Kassen angenommen werden. So beschwerte sich die Handelskammer von Lyon in einem offenen Brief an den französischen Finanzminister Pierre Magne, dass die örtliche Dependance der Banque de France die Annahme italienischer Mün-

[223] Hierzu: Rittberger, Deutsche Geldgeschichte 1484–1914, S. 708f. Jacques Mertens, La Naissance et le Developpement de l'étalon-or, S. 278–280. A. Vrolick, Moet Nederland voor zijn muntwezen den gouden standaard aannemen of den zilveren behouden, Overzicht van het verhandelde over de muntwetten in den Staten-Generaal 1874–1878, in: De Economist Amsterdam 1874. MAE Direction Commerciale. Questions Monétaires. Correspondance relative à la question de l'unification monétaire 1869–1874, Vol. 616, Dossier 2, Nr. 44–50, Légation de France aux Pays-Bas à MAE, Question monétaire, 4.3.1872.

[224] Hierfür und für das Folgende: Willis, Latin Monetary Union, S. 55–70. Dennis Mack Smith, Modern Italy. A Political History, 3. Auflage, New Haven London 1997 (1. Auflage 1957), S. 78–83. Alfredo Capone, Destra et Sinistra da Cavour a Crispi, S. 151–159.

[225] Vera Zamagni, The Economic History of Italy, 1860–1990, Oxford 1993, S. 178ff. Gianni Toniolo, Storia economica dell'Italia liberale 1850–1918, Bologna 1988, S. 63–81.

[226] Stefano Battilossi, Storia economica d'Italia, Vol. II, Roma Bari 1999, S. 106f.

zen mit verschiedenen Tricks zu verhindern versuchte.[227] Die italienische Krise griff damit auf die Partnerländer der Lateinischen Münzunion über. Italien war also in der paradoxen Situation, dass die dortige Finanzkrise und der wegen dieser eingeführte Zwangskurs das Land vor den negativen Konsequenzen der Silberentwertung schützte und das Problem in die anderen Staaten der Währungsunion exportierte.[228] Aus diesem Grund hatte man in Rom auch gar kein Interesse an der von Belgien vorgeschlagenen Einführung des Goldstandards in der Währungsunion, auch eine mögliche Auflösung der Union wurde abgelehnt, im Gegenteil, es gelte, den Status quo zu erhalten.[229] Auch eine Begrenzung der Ausprägung wollte die italienische Regierung nicht akzeptieren, es sei denn, die Vertragspartner würden ihr einige spezielle Ausnahmeregelungen hinsichtlich der Ausprägung von Silbermünzen zugestehen.

In der Schweiz sorgte man sich vor allem über die wachsende Spekulation nach dem Verfall des Silberpreises. In der zweiten Jahreshälfte 1873 wurden erhebliche Mengen goldener 20-Frankenstücke exportiert, hiervon wurde vor allem in London Silber gekauft, was man wiederum in Fünf-Francs-Stücke schlagen ließ. Hieraus ließ sich wegen der Differenz zwischen Material- und Nennwert ein sicherer Arbitragegewinn erzielen.[230] Wie in den anderen Ländern der Lateinischem Münzunion, so wurden daher auch in der Schweiz die Goldmünzen durch das Silbergeld verdrängt.

„La spéculation s'est immédiatement emparée de ce fait: elle a réalisé aux dépens du public, de fort beaux bénéfices, en faisant transformer des monnaies allemandes en écus de 5 francs. Certaines grandes banques auraient également converti leurs réserves d'argent en pièces de 5 francs. On a ainsi drainé l'or des Etats de l'Union pour le remplacer par une circulation d'argent aussi lourde qu' incommode; en Suisse, du moins, les pièces de 20 francs ne peuvent être obtenus que moyennant une prime et en quantités minimes."[231]

[227] Economiste Français, 21. November 1873, S. 913.

[228] Luca Einaudi, Monetary Unions and Free Riders: The Case of the Latin Monetary Union (1865–78), in: Rivista di Storia Economica (1997), S. 327–361, hier S. 330ff.

[229] MAE Direction Commerciale. Question Monétaires. Conférence Monétaire de 1874, juin 1873–1874, Vol. 606, Nr. 98–102, Instructions pour les Délégués du Gouvernement italien chargé d'assister à la Conférence Monétaire de Paris, Traduction, Janvier 1874.

[230] Feer-Herzog, der schweizerische Delegierte bei der Pariser Währungskonferenz im Januar 1874 erläuterte die Gewinnmargen: „En prenant pour base de cette opération le prix du lingot d'argent à Londres, en Novembre (1873, d.V.), soit 58 pence par l'once, qui est de 5% audessous de celui répondant à notre rapport légal, le bénéfice brut est de 500.000 francs sur 10 millions de francs; de ce chiffre de 500.000 francs il faut retrancher, il est vrai, pour frais de monnayage, 75000 francs, pour frais de transport, d'assurance et pertes d'intèrets, 75.000 francs, pour la prime des pièces d'or, environ 20.000 francs; au total, 170.000 francs, ce qui laisse encore un bénéfice net de 330.000 francs." Vgl. Conférence Monétaire entre la Belgique, la France, l'Italie et la Suisse. Procès Verbaux, Paris 1874, S. 29. Diese Rechnung wurde vom französischen Vertreter, einem Anhänger des Bimetallismus, angezweifelt. Zur Debatte: Conférence Monétaire entre la Belgique, la France, l'Italie et la Suisse. Procès Verbaux, Paris 1874, S. 79–85.

[231] Conférence Monétaire entre la Belgique, la France, l'Italie et la Suisse. Procès Verbaux, Paris 1874, S. 5f. Vgl. auch Willis, Latin Monetary Union, S. 118–120.

Die Interessenvertreter von Industrie und Handel, zusammengefasst in der „Association Industrielle et Commerciale Suisse", drängten daher ähnlich wie in Belgien die Regierung, geeignete Maßnahmen zur Neuordnung der Währung zu ergreifen. Auch in der Schweiz sah man die Ursache dieser Entwicklung in der deutschen Währungsreform, die diejenige der skandinavischen Staaten und der Niederlande nach sich gezogen habe. „Tous ces faits, joints à l'introduction du cours forcé en France et en Italie, ont préoccupé à un haut degré l'opinion publique en Suisse et dans d'autres Etats liés par la Convention de 1865."[232] Eine Reform der Währungsverhältnisse sei daher notwendig, diese aber war nur im Rahmen der Lateinischen Münzunion möglich. Daher forderte die schweizerische Regierung die Einberufung einer Währungskonferenz der Signatarstaaten der Lateinischen Münzunion, auf der die gegenwärtigen Probleme besprochen werden sollten. Natürlich wolle man dem Ergebnis nicht vorgreifen, aber „la question de savoir si le double étalon, sur lequel repose la convention de 1865, répond aux besoins actuels, ou s'il ne conviendrait pas de prendre des mesures de transition pour arriver à l'étalon d'or unique, semble devoir être abordée en premier ligne (...)".[233] Die schweizerische Regierung hatte bekanntermaßen seit 1865 für die Einführung des Goldstandards in der Lateinischen Münzunion plädiert, nun sah man sich durch die Ereignisse auf der internationalen Ebene bestätigt und versuchte noch einmal, die währungspolitischen Weichen im eigenen Sinne zu stellen.

Wurden schon alle diese Nachrichten in Paris mit großer Sorge aufgenommen, so merkte die nunmehr republikanische französische Regierung den währungspolitischen Umschwung, den die Entscheidungen in Berlin nach sich zogen, auch im eigenen Währungssystem. Mit der Niederlage im deutsch-französischen Krieg, der horrend hohen Reparationszahlung von fünf Milliarden Francs und den sich überschlagenden innenpolitischen Ereignissen war die Ende der sechziger Jahre geplante Währungsreform in Frankreich gescheitert. Mit Kriegsbeginn hatte auch Frankreich den Zwangskurs dekretieren müssen, und die Ausgabe von Papiergeld war auf 1 800 Millionen Francs begrenzt worden. Dies erwies sich als unzureichend, wenig später wurden 2 400 Millionen Francs konzediert, bei Ende des Krieges im Mai 1871 waren es 3 200 Millionen Francs; Frankreich hatte de facto eine Papierwährung eingeführt. Hinzu kam auch für die französische Regierung das Problem der Silberentwertung:[234] Das Fünf-Francs Silberstück hatte bis November 1873 1,2 Prozent seines Materialwertes verloren. Dies nutzten die französischen Steuerzahler, indem sie ihre Abgaben an den Staat vorzugsweise in dieser Münze zahlten, deren Nennwert über dem Materialwert lag. Die Banque de France musste das Geldstück annehmen, und so sammelten sich in ihren Kellern große Mengen silberner Fünf-Francs-Stücke, die sie selbst kaum loswerden konnte, es sei denn durch Verkauf mit beträchtlichem Verlust.

[232] MAE, Direction Commerciale. Questions Monétaires. Conférence Monétaire de 1874, juin 1873–1874, Vol. 606, Nr. 44ff., Légation Suisse à Paris à MAE, 6.11.1873.
[233] Ebd.
[234] Vgl. Willis, Latin Monetary Union, S. 121f.

Angesichts der eigenen Probleme und jener in den Mitgliedstaaten der Lateinischen Münzunion, die Frankreich direkt betrafen, machte man sich im französischen Außenministerium Gedanken über eine Reform der Währungsunion. Die währungspolitischen Ereignisse der letzten Jahre, so schrieb Außenminister de Broglie im Juni 1873 in einem Brief an Finanzminister Magne, seien Bestandteil einer Entwicklung, die mit der internationalen Währungskonferenz von 1867 begonnen habe, die eine internationale Währung auf der Basis des Goldstandard empfohlen habe. Immer mehr Länder gingen daraufhin zu diesem System über. „Dans cette situation (...) je me suis demandé s'il n'y aurait pour nous un intérêt sérieux à prendre le plutôt possible les mesures nécessaires pour ne pas rester en arrière d'un mouvement dont l'importance n'est plus aujourd'hui contestable."[235] Aus der Sicht des Außenministeriums sei die Ursache dieser Entwicklung klar. Immer wieder hätten die französischen Diplomaten darauf hingewiesen, dass sich die europäischen Staaten nicht mehr am französischen Währungssystem orientierten, weil dieses nach wie vor auf dem Bimetallismus beruhe. „Cet état des choses est d'autant plus regrettable que la nouvelle législation monétaire d'Allemagne peut attirer de ce coté des Etats qui ont cependant pour notre système de monnaies d'or une préférence marquée."[236] Er schlug daher vor, die Lateinische Münzunion zu reformieren. Aus diesem Grunde wurde der schweizerische Vorschlag zu einer Konferenz der Lateinischen Münzunion gerne aufgegriffen. Im Pariser Außenministerium hatte man also erkannt, dass Frankreich nicht nur den Krieg gegen das Deutsche Reich, sondern damit auch die währungspolitische Leitfunktion in Europa verloren hatte. Diese Position hatte nun Deutschland eingenommen, dessen Währungssystem mehr und mehr Staaten, so schien es, übernahmen, während die auf der Basis des Bimetallismus operierenden Länder der Lateinischen Münzunion in große Schwierigkeiten gerieten. In der Argumentation des Außenministers wird einmal mehr deutlich, dass Währungspolitik keineswegs nur nach ökonomischen Kriterien gestaltet wurde, wie die wirtschaftshistorische Forschung suggerierte, sondern dass gerade für Frankreich (und das Deutsche Reich) Währungspolitik zu dieser Zeit auch ein machtpolitisches Instrument war. Bedeutsam für die politischen Entscheidungen waren allerdings die ökonomischen Realitäten: Wie alle Staaten der Lateinischen Münzunion wurde auch Frankreich bald von Silbermünzen überschwemmt, so dass die Banque des France entschied, keine fremden Silbermünzen mehr zu akzeptieren. Das war ein eindeutiger Verstoß gegen den Vertrag von 1865, offensichtlich sah man aber keine Alternative.[237]

Der Vorschlag einer Konferenz der Lateinischen Münzunion wurde von Finanzminister Magne sofort unterstützt. Doch hatte man im Finanzministerium

[235] MAE Direction Commerciale. Questions monétaires. Conférence Monétaire de 1874, juin 1873–1874, Vol. 606, Nr. 18, MAE à Ministère des Finances, 30.6.1873.

[236] Ebd.

[237] Jacques Mertens, La Naissance, S. 268. MAE Direction Commerciale. Question Monétaires. Conférence de 1874, juin 1873–1874, Vol. 606, Nr. 56, Conseil de la Banque de France, Copie, 27.11.1873.

ganz andere Ziele hinsichtlich dieser Konferenz: Den Vorschlag des Außenministers, den Metallstandard zu ändern und auch in Frankreich ein monometallistisches System einzuführen, hielt Magne für falsch. Die Silberentwertung habe ihre Ursache in der deutschen Währungsreform, sei also vorübergehender Natur, es komme daher darauf an, kurzfristig wirksame Mittel zu ergreifen, um die Krise zu überwinden. So wie Belgien und Frankreich sollte auch Italien vorläufig auf eine weitere Ausprägung von silbernen Fünf-Francs-Stücken verzichten.

„Telle est cependant la solidarité établie par la Convention de 1865 entre les Contractants qu'aucun d'entr'eux ne pourrait isoler son action sans que les trois autres en fussent plus ou moins affectés. C'est ce qui arrive en ce moment du fait de l'invasion tout à fait anormale des pièces Italiennes en France."[238]

Magne empfahl daher, die Konferenz zu nutzen, um auch in Italien eine temporäre Aussetzung der Prägung von silbernen Fünf-Franc-Stücken zu erreichen. Wie schon im Kaiserreich, so gab es auch in der III. Republik erhebliche Interessenkonflikte zwischen Finanz- und Außenministerium. Während Außenminister de Broglie aus außenpolitischen Motiven eine grundlegende Reform der Währungsunion, letztlich den Übergang zum Goldstandard, anstrebte, plädierte Pierre Magne für die Beibehaltung des bimetallistischen Systems, innerhalb dessen nur kurzfristig die Silberausprägung eingestellt werden sollte.[239]

Magne setzte sich in den entscheidenden Fragen durch. Das Außenministerium lud die Signatarstaaten der Lateinischen Münzunion für den 10. Dezember nach Paris ein, damit dort über die Veränderungen im europäischen Währungssystem und deren Konsequenzen für die Währungsunion gesprochen werden könnte. Wie von Magne vorgeschlagen, ging er auf die schweizerische Forderung nach einem Übergang zum Goldstandard gar nicht ein, sondern wies darauf hin, dass die durch die Silberentwertung entstandenen Turbulenzen vorübergehender Natur seien.[240] In den Instruktionen für die französische Delegation auf der bevorstehenden Konferenz der Lateinischen Münzunion wurde dann auch ausdrücklich festgehalten, dass das Währungssystem selbst keineswegs zur Diskussion stünde, es ging lediglich darum es angesichts der zufälligen Ereignisse auf internationale Ebene kurzfristig zu schützen und zu erhalten.[241] Die Debatte in der Nationalversammlung vom 23.12.1873 habe diese Position der Regierung bestätigt.[242] Zudem:

[238] MAE Direction Commerciale. Questions monétaires. Conférence Monétaire de 1874, juin 1873– 874, Vol. 606, Nr. 51, Ministère des Finances à MAE, 19.11.1873.

[239] Der Konflikt zwischen den Ministerien wird deutlich in: MAE Direction Commerciale. Questions monétaires. Conférence de 1874, juin 1873–1874, Vol. 606, Nr. 89, MAE à Ministère des Finances, 19.12.1873.

[240] MAE Direction Commerciale. Question Monétaires. Conférence Monétaire de 1874, juin 1873–1874, Vol. 606, Nr. 53, MAE à Berne, Bruxelles, Rome, 24.11.1873.

[241] MAE Direction Commerciale. Question Monétaires. Conférence Monétaire de 1874, juin 1873–1874, Vol. 606, Nr. 116, Ministère des Finances, Conférence monétaire internationale. Instructions aux délégués du Gouvernement français, Janvier 1874.

[242] Henry Parker Willis, Latin Monetary Union, S. 128.

„(...) il y aurait à décliner le débat sur ce terrain, la question devant rester absolument intacte; il n'est pas admissible d'ailleurs qu'elle puisse être résolu pour chacun des pays intéressés, si ce n'est par lui même; et cela est d'autant plus vrai que les intérêts engagés sont plus dissemblables et plus disproportionnés, comme ils le sont effectivement entre les pays unis par la convention de 1865."[243]

Die französische Regierung wollte also die von belgischer und schweizerischer Seite angestrebte Debatte über einen eventuellen Übergang zum monometallistischen Goldstandard gar nicht auf die Tagesordnung setzen. Dieses Problem sei aber auch gar nicht das entscheidende. Die französische Regierung gedachte vielmehr, endlich das durch den italienischen Zwangskurs entstandene Problem der Überschwemmung Frankreichs durch italienische Münzen zu lösen.

In der durch die Silberentwertung ausgelösten Währungskrise des Herbstes 1873 kristallisierten sich in der Lateinischen Münzunion zwei Alternativen heraus: Die Regierungen Italiens und Frankreichs wollten jede ordnungspolitische Änderung am System der Währungsunion verhindern und in jedem Fall am Bimetallismus festhalten. In Paris wie in Rom wurde die dramatische Silberentwertung als ein vorübergehendes Phänomen interpretiert und daher der politische Schluss gezogen, dass es das Klügste sei, den Status quo zu erhalten, bis sich die währungspolitische Aufregung gelegt habe. Allenfalls könne man darüber nachdenken die Ausprägung von Silber vorübergehend zu beschränken, um den unmittelbaren Auswirkungen der Krise zu entgehen. Dieser Position stand die der Schweiz und Belgiens gegenüber, die eine grundlegende Reform der Währungsunion und einen Übergang zum Goldstandard anstrebten. Hierhinter stand die Ansicht, dass die Krise des Bimetallismus keineswegs vorübergehender, sondern grundsätzlicher Natur sei, sie mithin nur durch einen prinzipiellen währungspolitischen Kurswechsel gelöst werden könnte. Dies war keineswegs eine rein akademische Debatte, hinter den Position standen politische Ziele: Frankreich und Italien hatten den Zwangskurs dekretiert, und daher kein Interesse an einer Änderung des Status quo. Das große und ständig wachsende Staatsdefizit war unter den Bedingungen des Zwangskurses sehr viel einfacher zu bewältigen als unter dem strengen Regime eines Metallstandards, weil die Regierung so leichter auf Kredite der Banken zurückgreifen konnte, deren Emissionen jetzt ja nicht mehr an die Metallbasis gebunden waren. Zudem nutzte die Regierung den Zwangskurs zu einträglichen Geschäften auf eigene Rechnung, wie Ludwig Bamberger schrieb:

„Auf ihren letzten Ausdruck zurückgeführt, bestand also die italienische Operation darin, daß die Regierung mit irgend einem Geschäftsmanne ein Übereinkommen traf, dem gemäß derselbe gegen eine Vergütung, welche dem am Silber zu erzielenden Gewinn entsprach, ihr Quote von 40 Millionen ausmünzte. Diese wanderten dann in dasjenige Land der Konvention, wo sie am besten zu rentieren verhießen. Die Masse der italienischen Stücke strömte daher vorzugsweise nach Frankreich, der Rest nach Belgien und der Schweiz. Vorerst trug das französische Verkehrsgebiet die

[243] MAE Direction Commerciale. Question Monétaires. Conférence Monétaire de 1874, juin 1873–1874, Vol. 606, Nr. 116, Ministère des Finances, Conférence monétaire internationale. Instructions aux délégués du Gouvernement français, Janvier 1874.

Unkosten einer Falschmünzoperation, deren Profit zwischen dem italienischen Fiskus und irgend einem Bankhaus geteilt wurden."[244]

Premierminister Marco Minghetti lehnte daher in seinem Brief an Luigi Luzzatti vom 7. August 1873 eine Änderung des Status quo ab:

„Sono perfettamente d'accordo e se vi fosse una conferenza alla quale noi assistessimo, certo non mancherei di sostenere la stessa idea. Ma noi che ci troviamo sotto il regime del corso forzoso pei quali l'oro e l'argento sono divenuti un mito, sebbene anch'essi esercitino un influsso sulla nostra circolazione, non pare che possiamo prendere alcuna iniziativa."[245]

Umgekehrt waren auch die belgischen und schweizerischen Bestrebungen den Goldstandard einzuführen an konkrete, hier, wie geschildert, vor allem von den Handelskammern formulierte Interessen gekoppelt. Entscheidend für das Verständnis der Situation ist erneut die Kombination von innen- und außenpolitischen Interessen, von politischen und ökonomischen Motiven.

3. Der Übergang der Lateinischen Münzunion zum Goldstandard

Die Delegierten der Konferenz versammelten sich am 8. Januar 1874 in Paris. Im Mittelpunkt der Diskussionen stand nach der Eröffnung die Frage nach den Ursachen der Silberentwertung. Wie schon im Herbst 1873 standen sich auch jetzt wieder zwei Interpretationen der Währungskrise gegenüber; vor allem hinsichtlich der Ursachen der Silberentwertung gab es verschiedene Theorien. Félix de Parieu, erneut Mitglied der französischen Delegation, vertrat einen legalistischen Standpunkt. Entscheidend für die gegenwärtige Dominanz des Goldstandards, so de Parieu, sei, dass immer mehr Staaten ihre Rechtsordnung zugunsten dieses Währungssystems änderten.[246] Diese Entwicklung habe mit der internationalen Währungskonferenz von 1867 begonnen, sei durch die deutsche Währungsreform fortgesetzt worden und habe ihren vorläufigen Abschluss in der Einführung der Goldwährung in den skandinavischen Staaten, den Niederlanden, den USA und Japan gefunden. Seit der Konferenz von 1867 lasse sich auf dem Londoner Markt der Verfall des Silberpreises gegenüber dem Gold beobachten. „Ce parallelisme continu, pendant les dernières années entre les tendances vers l'or et la baisse de valeur des lingots d'argent apportées sur le marché régulateur des prix de ces métal, indique les véritables causes de cette dépréciation," schloss de Parieu.[247] Hinter dieser Argumentation stand eine geldtheoretische Auffassung,

[244] Ludwig Bamberger, Die Entthronung eines Weltherrschers, in: Ausgewählte Reden und Aufsätze über Geld- und Bankwesen, Berlin 1900, S. 367.

[245] Marco Minghetti an Luigi Luzzatti, 7.8.1973, in: Marco Minghetti, Copialettere 1873–1876, Vol. 1, Roma 1978, S. 16.

[246] Ministère des Affaires Etrangères (Hrsg.), Conférence Monétaire entre la Belgique, la France, l'Italie et la Suisse. Procès Verbaux, Paris 1874, S. 13f. Vgl. zur Konferenz zusammenfassend auch Willis, Latin Monetary Union, S. 132–142.

[247] Conférence Monétaire 1874, S. 14.

die davon ausging, dass Geld durch seine rechtliche Definition durch den Staat entsteht. Diese Rechtssetzung, so die Argumentation de Parieus, sei das Entscheidende, wirtschaftliche Aspekte spielten keine oder nur eine untergeordnete Rolle. Aus dieser Argumentation folgte auch, dass die Silberentwertung, das eigentliche Problem der Lateinischen Münzunion zu diesem Zeitpunkt, ein grundlegendes und nicht etwa vorübergehendes Phänomen sei. Der Franzose sprach den Gedanken nicht aus, seine Argumentation jedoch legte nahe, dass es aus seiner Sicht für die Konferenz nur eine wirkliche Lösung gab: Den Übergang zum Goldstandard. In diesem Punkt traf er sich mit dem schweizerischen Vertreter Feer-Herzog. Auch dieser erklärte, dass die Silberentwertung ein prinzipielles Problem sei, wenn auch aus anderen Gründen. Zum einen sei die Silberproduktion in den Minen vor allem Nordamerikas („Un pays qui se trouve en possession d'une race beaucoup plus active et entreprenante que la race hispano-américaine")[248] in den vergangenen Jahren erheblich gestiegen, nämlich von 225 Mio. Francs im Jahre 1850 auf 375 Mio. Francs im Jahre 1870. Gleichzeitig sei die Nachfrage nach Silber gesunken, vor allem aus zwei Gründen: Erstens hätten mehrere Länder den Goldstandard eingeführt, Silber werde hier als Währungsmetall nicht mehr nachgefragt, zum anderen aber sei der Handel Europas mit fernöstlichen Ländern, die traditionell große Mengen Silber importierten, zurückgegangen. Zwischen 1860 und 1865 habe man Silber im Wert von 1637 Millionen Francs dorthin exportiert, zwischen 1865 und 1870 seien es nur noch 540 Millionen gewesen, zwischen 1870 und 1872 gar nur noch 317 Millionen, die Nachfrage nach Silber gehe also auch hier zurück. Die Konsequenz der ökonomischen Argumentation von Feer-Herzog war die gleiche wie bei de Parieu: Der Silberpreisverfall sei kein vorübergehendes, sondern ein grundsätzliches Problem, am besten löse man es durch die Einführung des Goldstandards in der Lateinischen Münzunion.

Diesen Argumenten wurde heftig widersprochen. Der italienische Delegierte Magliani verwies auf den in Italien, Frankreich, Russland und Österreich gegenwärtig bestehenden Zwangskurs. Auch dieser führe zu einer Entwertung des Silbers, die aber nach der Normalisierung der genannten Währungssysteme wieder rückgängig gemacht werde, der Wert des weißen Metalls würde also wieder steigen. Auch der französische Vertreter de Soubeyran, Deputierter der Nationalversammlung, verwies auf die durch die außergewöhnlichen französischen Reparationszahlungen an das Deutsche Reich entstandenen währungspolitischen Probleme, die sich nicht nur in Frankreich, sondern auf dem gesamten Kontinent bemerkbar machten. Sobald dieses zufällige Zusammentreffen ungünstiger Umstände überwunden sei, werde der Silberpreis wieder steigen.

Die Diskussion verdeutlicht, wie unsicher die Zeitgenossen in der Interpretation währungspolitischer Phänomene waren. Das ist verständlich: Es gab keine allgemein anerkannte Währungstheorie, die sie zur Erklärung hätten heranziehen können.[249] Hinzu kam, dass sich das internationale Währungssystem in einer

[248] Ebd., S. 17.
[249] Zur zeitgenössischen bimetallistischen Theorie Mertens, Naissance, S. 162–171.

tiefgreifenden Umbruchsituation befand; das bis Ende der sechziger Jahre bestehende globale Gleichgewicht zwischen dem von Großbritannien geführten Gold-Standard, dem französischen Bimetallismus und dem in den deutschen Staaten dominierenden Silber-Standard, welches über Jahrzehnte funktioniert hatte, war durch die währungspolitischen Ereignisse im Deutschen Reich zerbrochen worden. Der währungspolitische Umbruch hatte noch einen weiteren Aspekt: Der in Italien und Frankreich dekretierte Zwangskurs wurde von den Zeitgenossen als Zeichen einer gravierenden Wirtschaftskrise beider Länder gewertet, was auf den ersten Blick zweifellos zutreffend war. Zugleich aber, hierauf haben Wirtschaftshistoriker mehrfach hingewiesen, leitete der Zwangskurs eine Modernisierung des Wirtschafts- und Währungssystems ein, die sich allerdings erst fünfzig Jahre später, nach dem Ersten Weltkrieg, wirklich durchsetzen sollte. Der Zwangskurs erhöhte den Gebrauch von Banknoten, beschränkte die Verwendung des Währungsmetalls auf internationale Finanztransaktionen und führte insgesamt zur Entwicklung des modernen Bankensystems.[250] 1866 wurden noch 78,3 Prozent der Transaktionen in Italien in Metallwährung getätigt, nach sieben Jahren Zwangskurs waren es nur noch 44,9 Prozent.[251] Das internationale Währungssystem befand sich also in einem tiefgreifenden Wandel, dessen Symptome und Konsequenzen für die Delegierten der Währungskonferenz nicht zu erkennen oder abzusehen waren. Hinzu kommt, dass hinter den Analysen der Ursachen der Silberentwertung, wie geschildert, auch politische Interessen standen. Die Vertreter Italiens und Frankreichs waren von ihren Regierungen angewiesen worden, den Bimetallismus in der Lateinischen Münzunion zu verteidigen und suchten daher (abgesehen von de Parieu) nach Argumenten, die zeigten, dass die Silberentwertung ein akzidentielles Problem war. Die Delegierten der Schweiz und Belgiens hingegen waren angewiesen, eine grundlegende Reform des Währungssystems, am besten die Einführung des Goldstandards, einzuleiten, sie versuchten daher zu belegen, dass der Silberpreisverfall systembedingt war.

Die Diskussion wandte sich dann der entscheidenden Frage zu, wie die Währungskrise gelöst werden könnte. Der Vertreter der Schweiz, Feer-Herzog, sprach sich für die Einführung eines monometallistischen Systems aus, nur auf diese Weise könnten Währungskrisen in Zukunft verhindert werden. Dem widersprach der belgische Vertreter Jacobs: Anstelle solcher Radikallösungen bevorzuge die belgische Regierung eine zeitlich begrenzte Maßnahme wie zum Beispiel die Limitierung der jährlichen Ausprägungen in Silber.[252] Damit war die Kompromisslösung angedeutet. Die Delegierten einigten sich auf eine Zusatzkonvention zum

[250] Luca Einaudi, Monetary Unions, S. 332.

[251] Zahlen bei: R. de Mattia, Moneta, credito e finanza, in: 1861–1887. Il Processo di unificazione nella realtà del paese. Atti del L Congresso di Storia del Risorgimento Italiano, Roma 1982, S. 189. Allgemein zur Modernisierung der italienischen Wirtschaft durch den Zwangskurs: R. Romanelli, L'Italia Liberale (1861–1900) Bologna 1979, S. 80f., G. Sabbatucci, V. Vidotto, Storia d'Italia, Vol. 2, Bari 1995, S. 268. Vgl. auch Kindleberger, Financial History of Western Europe, S. 141.

[252] Ministère des Affaires Etrangères (Hrsg.), Conférence Monétaire entre la Belgique, la France, l'Italie et la Suisse. Procès Verbaux, Paris 1874, S. 31.

Währungsvertrag vom 23.12.1865, der für alle beteiligten Staaten eine Höchstmenge für die Ausprägung silberner Fünffrancstücke festlegte. Ebenfalls auf belgische Initiative wurde festgelegt, dass man sich ein Jahr später erneut in Paris treffen werde, um Erfahrungen mit den getroffenen Maßnahmen auszutauschen und gegebenenfalls Veränderungen vorzunehmen.[253] Mit der Vertragsänderung vom Januar 1874, das wissen wir heute, löste sich die Lateinische Münzunion endgültig vom Prinzip des Bimetallismus. Silber war nun nur noch in eingeschränktem Maße Währungsmetall, diese Funktion hatte nun allein das Gold übernommen, man sprach vom „hinkenden Goldstandard". Die Ausprägung von Silbermünzen wurde von nun an jährlich limitiert, damit hatten sich die Länder der Währungsunion dem Goldstandard angeschlossen.

Jacques Mertens und Henry Parker Willis haben gefragt, warum die Lateinische Münzunion im Januar 1874 nicht aufgelöst wurde, hatte sie doch ihre ökonomische und politische Raison d'être verloren.[254] Das politische Ziel, die währungspolitische Hegemonie Frankreichs über Kontinentaleuropa, war seit dem verlorenen Krieg gegen Preußen-Deutschland eine Illusion, nicht nur durch die hieraus entstandene französische Schwäche, sondern vor allem durch die wirtschaftliche und politische Dominanz des neuen Deutschen Reiches auf dem Kontinent. Auch der Bimetallismus als ideologische Grundlage der Lateinischen Münzunion war seit dem Januar 1874, wie geschildert, aufgegeben worden. Diese Analyse ist aus heutiger Perspektive richtig, allerdings übersehen beide Autoren, dass der Handlungshorizont der politischen und wirtschaftlichen Akteure ein anderer war. Der Bimetallismus als Währungskonzept war aus der Perspektive meisten Teilnehmer der Währungskonferenz keineswegs gescheitert, sondern durch kurzfristige widrige Umstände in Schwierigkeiten geraten, die jedoch überwunden werden würden, wenn sich die durch den Krieg ausgelösten währungspolitischen Turbulenzen beruhigt hätten. Die aus der modernen Währungstheorie stammende Erkenntnis, dass ein bimetallistisches Währungssystem aus strukturellen Gründen nicht funktionieren kann, war 1874 schlicht unbekannt. Insofern ist es falsch, das Handeln der Zeitgenossen nach Maßstäben der modernen Wirtschaftstheorie zu beurteilen. Nimmt man also den Handlungshorizont der Zeitgenossen zum Maßstab, dann wird deutlich, warum die Lateinische Münzunion nicht aufgelöst wurde: Der größte und wichtigste Akteur innerhalb der Währungsunion, die französische Regierung, konnte zu diesem Zeitpunkt kein Interesse an einer Auflösung haben. Hierdurch hätte sie ihre wirtschaftliche und politische Hegemonialstellung innerhalb des Währungsverbundes verloren und das in einer Situation, in der die Großmacht Frankreich ohnehin erheblich geschwächt war. Auch der (formale) Übergang zum Goldstandard kam aus französischer Sicht nicht in Frage: Finanzminister Magne wies in seinem Schreiben an das Außenministerium vom 6. Dezember 1873 darauf hin, dass „ce sera tou-

[253] Projet (adopté) Convention additionelle à la convention monétaire conclue à Paris, le 23 décembre 1865 entre la Belgique, la France, l'Italie et la Suisse, in: ebd., S. 94f.

[254] Vgl. Willis, Latin Monetary Unions, S. 140–142. Mertens, Naissance, S. 275f. Ähnlich argumentiert Theresia Theurl, Eine Währung für Europa, S. 202–213.

jours un fait d'une importance capitale et d'une réalisation extrèmement difficile; j'ajoute, d'une réalisation dont je n'assumerais pas la responsabilité dans les conditions présentes et dans les circonstances actuelles (...).“[255] Magne spielte einerseits auf die französische Wirtschaftskrise der Jahre nach 1870 an, die einen so tiefen Einschnitt in das Währungssystem des Landes nicht zuließ. Andererseits aber hielt der schon aus den sechziger Jahren bekannte Widerstand der Hochfinanz und der Banque der France gegen den Monometallismus an. Auch die italienische Regierung hatte ein reges Interesse am Fortbestand der Währungsunion. Dort waren die Probleme der Papierwährung durch die Währungsunion gleichsam nach Frankreich exportiert worden, das von italienischen Scheidemünzen überschwemmt wurde. Die Regierung in Rom konnte so ihr beständiges Haushaltsdefizit über die Kredite der Banca Nazionale decken, die ja nicht an eine Silberdeckung gebunden war. Das aber wiederum funktionierte nur, weil die unterwertigen Silbermünzen im Rahmen der Währungsunion auf dem französischen „Markt“ abgesetzt werden konnten.[256]

Nimmt man alle diese Faktoren zusammen, dann gab es für die Regierungen der Währungsunion gar nicht die Option einer Auflösung, weil innerhalb der acht Jahre des Bestehens der Währungsunion die gegenseitigen Abhängigkeiten zwischen den Teilnehmerstaaten so groß geworden waren, dass eine Auflösung für alle Beteiligten mit hohen Kosten, nicht nur im ökonomischen Sinne, verbunden waren.

4. Die Entscheidung für den Goldstandard im Deutschen Reich

Mit dem Zusatzvertrag vom 30. Januar 1874 hatten die Regierungen der Lateinischen Münzunion den ersten Schritt hin zum Goldstandard unternommen, auch wenn den Beteiligten dies, wie gezeigt, noch nicht deutlich war. Nachdem, auch das wurde besprochen, auch die Niederlande, die skandinavischen Staaten, Japan und auch die USA den Goldstandard übernommen hatten, war das Gold innerhalb weniger Jahre zur Weltwährung geworden, der internationale Goldstandard war entstanden. Wesentlich für diesen Prozess war die Entscheidung der deutschen Reichsregierung, den Goldstandard als Basis für die erste gemeinsame deutsche Währung, die Reichsmark, einzuführen. Will man die Entstehung und Entwicklung des internationalen Goldstandards verstehen, muss man also fragen, warum die deutsche Regierung dieses System 1871/73 einführte. Hätte sich das

[255] MAE Direction Commerciale. Question Monétaires. Conférence Monétaire de 1874, juin 1873–1874, Vol. 606, Nr. 74/75, Magne à MAE, 6.12.1873.

[256] Hierzu Luca Einaudi, Monetary Unions, S. 332. Die italienische Regierung respektierte bei ihrer Politik zwar formal den Vertrag von 1865, verstieß aber gleichwohl gegen dessen Geist. Hier wurde das Scheidegeld auf höchstens sechs Francs pro Kopf der Bevölkerung begrenzt, keine Rede jedoch war vom Papiergeld, welches in Italien in deutlich über diesem Betrag liegendem Umfang produziert wurde.

Reich für den Silberstandard oder gar den Bimetallismus entschieden, wären die politische und die wirtschaftliche Geschichte Europas anders verlaufen.

Deutschland war vor 1871 nicht nur in politischer, sondern auch in monetärer Hinsicht ein zerrissenes Land. Gewiss bedingte beides einander, und parallel zu den politischen Einigungsbestrebungen liefen die Bemühungen um die monetäre Einheit; die wirtschaftliche Vereinigung des Landes ging mit dem Zollverein geradezu der politischen voraus.[257] In der ersten Hälfte des 19. Jahrhunderts gab es auf dem Gebiet des späteren Deutschen Reiches 12 unterschiedliche Münzsysteme, deren wichtigstes das auf dem Silbertaler beruhende Preußische war. Es beruhte auf dem 14-Talerfuß, d.h. aus dem durch die Kölnische Mark festgelegten Münzgrundgewicht von 233,85 Gramm feinen Silbers wurden 14 Taler geschlagen. Sachsen bediente sich ebenfalls der Talerwährung, diese jedoch beruhte auf dem 13,5 Talerfuß, die Herzogtümer Schleswig und Holstein hatten den 18,5 Talerfuß eingeführt. Diese Beispiele alleine zeigen die Problematik: Es gab zwar die einheitliche Bezeichnung Taler in allen drei Staaten, die Wertigkeit dieser Taler jedoch war unterschiedlich. In Süddeutschland dominierte der Gulden, hier war Österreich die dominierende Großmacht, an deren Währung sich die kleineren Staaten orientierten. Nach der Gründung des Deutschen Zollvereins am 1.1.1834 begannen mit den Verträgen von Dresden (30.7.1838) und Wien 1857 auch die Bestrebungen einer Vereinheitlichung der Währung in diesem Gebiet.[258] Der Dresdener Münzvertrag sollte mit Hilfe einer gemeinsamen Münze, dem sog. „Vereinstaler" eine Verbindung zwischen dem süddeutschen Gulden- und dem norddeutschen Talersystem herstellen. Der Wiener Münzvertrag von 1857 nahm in gewisser Weise die politisch-militärischen Entscheidungen von 1866 vorweg, indem er die währungspolitische Hegemonie Preußens in Deutschland dokumentierte.[259] Die österreichische Regierung hatte hier, wie auch 1867 in den

[257] Es gibt noch keine modernen geschichtswissenschaftlichen Ansprüchen genügende Darstellung der deutschen Währungsvereinheitlichung im 19. Jahrhundert. Nützlich immer noch Karl Helfferich, Die Reform des deutschen Geldwesens, Leipzig 1898. Wirtschaftsgeschichtlich: Bernd Sprenger, Das Geld der Deutschen, 3. Auflage, Paderborn 2001, S.163–180. Ders., Währungswesen und Geldpolitik in Deutschland von 1834 bis 1875. Kölner Vorträge und Abhandlungen zur Sozial- und Wirtschaftsgeschichte, Heft 33, Köln 1981. Frank Otto, Die Währungsvereinheitlichung in Deutschland im 19. Jahrhundert – Modell für die Europäische Währungsunion 1999? in: Historische Mitteilungen, Bd. 12 (1999), S. 69–89. Carl Ludwig Holtfrerich, The Monetary Unification Process in nineteenth century Germany: Relevance and lesson for Europe today, in: Marcello de Cecco, Alberto Giovannini (Hrsg.), A European Central Bank? Perspectives on monetary unification after ten years of the EMS, Cambridge 1989, S. 216–241. Die politischen Zusammenhänge finden sich zumindest ansatzweise berücksichtigt bei Mertens, La Naissance, S. 112–151; hierzu auch, wenn auch in den Details ungenau, Benedikt Koehler, Ludwig Bamberger. Revolutionär und Bankier, Stuttgart 1999, S. 173–212.

[258] Über den technischen Aspekt der Münzverträge von Dresden und Wien, Sprenger, Das Geld der Deutschen, S. 163–171. Norbert Olszak, Histoire des Unions Monétaires, S. 26–28. Rittmann, Deutsche Geldgeschichte 1484–1914, S. 538f. Vertragstext von Dresden in: Walter Grasser, Deutsche Münzgesetze 1871–1971, München 1971, S. 396–403.

[259] Text in Grasser, Deutsche Münzgesetze, S. 403–415. Vgl. auch Karl Helfferich, Die Folgen des deutsch-österreichischen Münzvereins von 1857. Abhandlungen aus dem staatswissenschaftlichen Seminar zu Straßburg Heft XII, Straßburg 1894, S. 8f.

Verhandlungen über einen Beitritt zur Lateinischen Münzunion, auf die Einführung des Goldstandards in Deutschland gedrängt, konnte sich aber gegen den preußischen Wunsch nach einer Silberwährung nicht durchsetzen.[260] Insgesamt einigte man sich auf das Ein-Taler-Stück als Vereinsmünze, womit die preußische Basismünze ihre Gültigkeit auch in Süddeutschland und Österreich erhielt. Von einer Vereinheitlichung der deutschen Währungen, so wie sie von den Liberalen angestrebt wurde, war man jedoch auch jetzt noch weit entfernt. Nach dem preußisch-österreichischen Krieg von 1866 wurde die Wiener Konvention zwischen Preußen und Österreich am 13. Juni 1867 formal aufgelöst, beide Regierungen verfolgten nun unabhängig von einander eigene währungspolitische Ziele.

So bedeutend diese Entwicklung der Währungsfrage auf Regierungsebene war, wichtiger für die währungspolitischen Entscheidungen von 1870/71 wurden die Diskussionen, welche seit Anfang der sechziger Jahre in einem anderen, neuen Umfeld geführt wurden, jenem des Deutschen Handelstages.[261] Dieser war 1861 aus dem Zusammenschluss der regionalen Handelskammern entstanden. Diese existierten schon länger als Körperschaften öffentlichen Rechts mit obligatorischer Mitgliedschaft für die Unternehmer einer Region. Der Hintergrund war die Erkenntnis, dass sich auch regionale Wirtschafts- und Handelsinteressen nicht mehr nur regional vertreten ließen, dass es für eine effiziente Interessenpolitik notwendig war, auch die übergeordnete politische Ebene zu berücksichtigen. Auch das war ein Ergebnis der industriellen Revolution, der Entgrenzung der Wirtschaft durch Eisenbahnbau und Liberalisierung. Der Deutsche Handelstag (DHT) war nicht nur ein Ergebnis dieses Prozesses, er selbst beschleunigte diese Entwicklung auch durch Verhandlungen mit den Regierungen und durch gezielte Öffentlichkeitsarbeit. In diesem Umfeld interessierte man sich selbstverständlich für die Währungsfrage, war die Vielfalt der deutschen Währungssysteme doch mit hohen Transaktionskosten für den innerdeutschen Handel verbunden. Aus dem Umkreis der Handelskammern stammte auch einer der eifrigsten Verfechter einer deutschen Einheitswährung auf der Basis des Goldstandards, Adolf Soetbeer.[262] Als Referent der Hamburger Handelskammer hatte sich Soetbeer schon

[260] „Dieser Vertrag sticht als ein eindrucksvolles Symbol des preußischen Sieges über Österreich auf wirtschaftspolitischem Felde schon vor Königsgrätz hervor, indem er die preußische Grundmünze, das 1-Talerstück, als Vereinstaler zur Währungseinheit des Deutschen Bundes erklärte", schreibt Frank Otto, Währungsvereinheitlichung, S. 74. Ähnlich deutet Holtfrerich, Monetary Unification Process, S. 224, den Vertrag.

[261] Wolfgang Ullmann, Interessenverbände in Deutschland, Frankfurt 1988, S. 13–67. Hans Ulrich Wehler, Deutsche Gesellschaftsgeschichte, 1849–1914, S. 353. Mertens, La Naissance de l'étalon-or, S. 116–123.

[262] Die Anzahl der Publikationen von Soetbeer ist kaum zu überschauen: Adolf Soetbeer, Andeutungen in Bezug auf die vermehrte Goldproduktion und ihren Einfluß, 1852. Ders., Beiträge zur Erörterung der Goldfrage, 1854. Ders., Das Gold, in: Gegenwart (1856). Ders., Denkschrift betreffend die Einführung der Goldwährung in Deutschland, 1856. Ders., Die Silberfrage, 1857. Ders., Goldwährung und deutsche Münzverhältnisse, in: Vierteljahresblätter für Volkswirtschaft Vol. 1 (1863). Ders., Denkschrift betreffend die deutsche Münzeinigung (1869). Ders., Bedenken gegen die sog. Doppelwährung. Der Übergang zur Goldwährung in Deutschland, 1869. Ders., Zur deutschen Münzfrage, 1869. Ders., Übersicht der Litteratur über die

bald einen Namen als Währungsexperte gemacht, indem er die These formulierte, dass die umfangreichen Goldfunde der fünfziger Jahre nur kurzfristig zu einem Verfall des Goldpreises führen würden und sich dieses Metall eben wegen der nun ausreichend vorhandenen Mengen am besten zum internationalen Währungsmetall eigne. Soetbeer wurde bald einer der einflussreichsten theoretischen Vertreter der Goldwährung, dessen Werke auch international Beachtung fanden.[263]

1861 fand der erste deutsche Handelstag in Heidelberg statt, auf dem unter anderem auch die Währungsfrage als eines derjenigen Probleme benannt wurde, deren Lösung am dringlichsten sei.[264] In den Handelskreisen gab es jedoch keineswegs Einigkeit hinsichtlich des einzuführenden Metallstandards, wie eine vom DHT lancierte Umfrage unter 35 Handelskammern zeigte. Immerhin sprach sich auf dem Handelstag von Frankfurt 1865 der Großteil der Delegierten für die Einführung einer gemeinsamen (klein-) deutschen Goldmünze aus, die dem Wert des französischen 20-Francs-Stück entsprechen sollte.[265] Drei Jahre später, beim Handelstag von Berlin, ging man noch einen Schritt weiter. Hier nahm das Thema eine prominente Stellung ein, nicht zuletzt durch Adolf Soetbeer, der als „Berichterstatter" in seinem Einführungsreferat ein ferventes Plädoyer für die Goldwährung hielt. Die seit 1865 veränderte internationale Währungssituation, so Soetbeer, erfordere eine schnelle Entscheidung. Vor allem die internationale Währungskonferenz in Paris, die 1867 einstimmig für eine internationale Goldwährung eingetreten sei, habe die Ausgangsposition für Deutschland verändert.

„Es ist aber von selbst einleuchtend", so Soetbeer, „welchen Einfluß dieser Vorgang auf die Beurtheilung der deutschen Münzfrage jetzt (haben) muß. Mit einer auffallenden Hast, wie man wohl sagen darf, haben Österreich und Frankreich unmittelbar nach diesen Münz-Conferenzen eine darauf begründete Übereinkunft geschlossen (die allerdings noch nicht ratificiert ist), worin Österreich sich in allen Punkten den Beschlüssen dieser Pariser Münzconferenz angeschlossen hat."[266]

Auch in anderen europäischen Staaten bereite man Währungsreformen in diesem Sinne vor. Der Norddeutsche Bund, so schloss der Hamburger Delegierte hieraus, habe keine Zeit zu verlieren, ebenfalls in diesem Sinne aktiv zu werden. Er zeigte sich überzeugt, dass „wenn Deutschland ein Münzsystem in Übereinstimmung mit den Grundsätzen der Pariser Münzconferenz annimmt, dies ein gewal-

deutsche Münzfrage in den Jahren 1869–1871, in: Holtzendorff's Jahrbuch Vol. II (1873).

263 Der schweizerische Vertreter auf der Konferenz der Lateinischen Münzunion im Januar 1874, Feer-Herzog, argumentierte für den Goldstandard und berief sich hierbei auf die Untersuchungen Soetbeers. Vgl. Conférence Monétaire entre la Belgique, la France, l'Italie et la Suisse, Procès Verbaux, Paris 1874, S.17.

264 Verhandlungen des ersten deutschen Handelstages zu Heidelberg 1861. Vgl. auch Mertens, Naissance de l'étalon-or, S. 118f.

265 Verhandlungen des dritten deutschen Handelstages zu Frankfurt am Main. Herstellung deutscher Münzeinheit. Neue Vereinsgoldmünze zur Anbahnung der Goldwährung, 1865.

266 Verhandlungen des vierten deutschen Handelstages zu Berlin. Herstellung der deutschen Münzeinheit auf Grund der Goldwährung. Stenographischer Bericht, Berlin 1868, S. 27–51, hier S. 27.

tiges Moment für die Vereinigten Staaten, für Rußland und andere Staaten, namentlich zunächst in Nordeuropa, sein wird, sich dann ebenfalls dem so erweiterten gemeinsamen Münzsystem anzuschließen."[267] Damit war das politische Ziel Soetbeers klar: Es ging nicht allein um die deutsche Währungseinheit, sondern die deutsche Währung sollte das Zentrum eines neuen, internationalen Währungssystems auf Goldbasis werden. Die Rivalität zu Frankreich, in die ein solches währungspolitisches Programm Deutschland unweigerlich führen musste, wurde vom deutschen Handelstag durchaus erkannt, ja sogar erwünscht. Dem Vorschlag südwestdeutscher Delegierter, eine zum französischen goldenen Fünffrankenstück kompatible deutsche Goldmünze zu schaffen, um damit den Anschluss an das Währungsgebiet der Lateinischen Münzunion zu erhalten, trat der Geheimrat Riedel massiv entgegen:

„Ich denke, der Bequemung der französischen Ansichten und Einrichtungen sind wir endlich satt und haben französischen Einrichtungen hinreichend schon nachgeäfft, um nicht auch noch das fast ungreifbare goldene Fünffrankenstück auf zu nehmen und überhaupt das keineswegs untadelhafte Frankensystem zu dem unsrigen zu machen."[268]

Gleichwohl forderte die anschließend mehrheitlich verabschiedete Resolution des Berliner Handelstages die Einführung einer gemeinsamen deutschen Goldwährung auf der Basis der 1867 von der internationalen Konferenz in Paris verabschiedeten Grundlage.[269] Schon ein Jahr zuvor hatte der „Kongress deutscher Volkswirte" in Hamburg eine Resolution angenommen, die für eine deutsche Einheitswährung auf der Goldbasis mit der dezimal zu teilenden Mark als Recheneinheit plädierte.[270]

Die Initiativen der Interessenvertretungen wurden auf der politischen Ebene aufgenommen. Das Parlament des Norddeutschen Bundes verabschiedete 1868 ein Votum, das sich inhaltlich mit den vom Deutschen Handelstag formulierten Forderungen deckte.[271] Überhaupt bemächtigten sich die in Deutschland neu entstandenen parlamentarischen Gremien der Währungsfrage, was vor allem daran lag, dass neben Soetbeer noch zwei weitere Liberale sich in dieser Frage profilierten, deren Einfluss auf die deutsche Währungsgesetzgebung der Reichsgründungszeit kaum überschätzt werden kann, Rudolph von Delbrück

[267] Ebd., S. 31.

[268] Ebd., S. 37.

[269] Der Deutsche Handelstag bemühte sich, seine Beschlüsse umgehend dem Bundeskanzleramt mitzuteilen. Vgl. zum Beispiel BA R1401 (Reichskanzleramt) Bd. 1155, Vorschläge zur Münzreform Bd. 1 (Jan. 1868–Dez. 1869), Deutscher Handelstag (Mosle) an Bismarck, 2.6.1869.

[270] Die Resolution in: Vierteljahresschrift für Volkswirtschaft und Kulturgeschichte Bd. III (1867), S. 183ff. Hierzu Volker Hentschel, Die deutschen Freihändler und der volkswirtschaftliche Kongreß 1858–1885, Stuttgart 1975, S. 164. M. Erdmann, Die verfassungspolitische Funktion der Wirtschaftsverbände in Deutschland 1815–1871, Berlin 1968. Allgemein zu den Verbänden: Hans-Peter Ullmann, Interessenverbände in Deutschland, S. 13–67. Wolfram Siemann, Gesellschaft im Aufbruch. Deutschland 1849–1871, Frankfurt 1990, S. 261–264.

[271] Mertens, Naissance de l'étalon-or, S. 121. Insgesamt: Karl-Erich Pollmann, Parlamentarismus im Norddeutschen Bund 1867–1870, Düsseldorf 1985, S. 464f.

und Ludwig Bamberger.[272] Delbrück war seit 1862 Ministerialdirektor im preußischen Handelsministerium und auf dieser Position schnell zum „eigentlichen Leiter der Zollvereinspolitik“[273] geworden. Nach der Gründung des Norddeutschen Bundes wurde Delbrück am 12. August 1867 Präsident des Bundeskanzleramtes, eine Schaltstelle der Macht, an der er sich vor allem um die wirtschaftsliberale Ausgestaltung des entstehenden Staates kümmerte. Da sich Reichskanzler Bismarck wenig für die Probleme der Wirtschaftspolitik interessierte, ließ er von Delbrück auf diesem Gebiet weitgehend freie Hand. Die Einführung des metrischen Maß- und Gewichtssystems, die Gewerbe- und Koalitionsfreiheit gingen auf Delbrück und seinen engen Mitarbeiter in diesen Fragen, den Liberalen Otto Michaelis, zurück.[274] Auch wenn sich beide keineswegs in allen politischen Fragen einig waren, der engste Verbündete Delbrücks hinsichtlich der Währungsfragen war im Zollparlament Ludwig Bamberger. Am 5. Mai 1870 hielt Bamberger dort eine Rede, in der er prononciert für eine deutsche Regelung der Währungsfrage eintrat und allen Versuchen das Problem analog zu den Bemühungen der Pariser Konferenz von 1867 auf internationaler Ebene zu lösen scharf entgegentrat.

„Meine Herren“, so rief er den Abgeordneten zu, „wer zu viel umfassen will, der packt gar nichts. Aus diesem Grunde würden wir heute unsere Aufgabe ad calendas graecas vorschieben, wenn wir unseren Beschluß auf eine Weltmünze richten wollten. (...) Die internationale Lösung hat im Verlauf von drei Jahren, seitdem die Münzkonferenz im Jahre 1867 stattgefunden hat, entschieden an Boden verloren.“[275]

Zwar betonte der Nationalliberale, dass er eine internationale Währungsübereinkunft durchaus gutheißen würde, doch habe es keinen Zweck weiter darauf zu hoffen, solange England und die Vereinigten Staaten in diesen Fragen kein Entgegenkommen zeigten. Daher erklärte er: „machen wir ein einiges deutsches Münzsystem, welches in seinen Hauptgrundlagen so geordnet ist, dass es sich mit anderen internationalen Münzsystemen verständigen kann, dann haben wir das gethan, was vorerst zu tun ist (...).“[276] Bamberger stellte also die Währungsvereinheitlichung in Deutschland in ihrer Bedeutung über eine internationale Währungskonvention, und das war aus pragmatischen Gründen durchaus nachzuvollziehen: Wie sollte eine internationale Währungsvereinbarung erreicht werden, wenn es noch nicht einmal gelang, die Interessen der deutschen Länder auszugleichen? Gerade die kleineren Staaten verteidigten ihre Münzprivilegien eifersüchtig gegen alle Versuche des Norddeutschen Bundes eine rasche deutsche Währungsvereinheitlichung durchzusetzen. Der deutsche Partikularismus war aber nur ein Problem: Mindestens ebenso schwer wog die Frage nach dem Me-

272 Heinrich Heffter, Martin Friedrich Rudolph von (seit 1896) Delbrück, in: NDB Bd. 3, S. 579f. Vgl. auch Rudolph von Delbrück, Lebenserinnerungen, 2 Bde., Leipzig 1905. S. 579f.

273 Ebd., S. 579.

274 Rudolph von Delbrück, Lebenserinnerungen 1817–1867, Bd. 2, Leipzig 1905, S. 382–401.

275 Ludwig Bamberger, Rede über die Deutsche Münzeinheit gehalten im Zollparlament am 5. Mai 1870, in: Karl Helfferich (Hrsg.), Ludwig Bamberger, Ausgewählte Reden und Aufsätze über Geld- und Bankwesen, Berlin 1900, S. 184–192, hier S. 185.

276 Ebd., S. 185f.

tallstandard. Zwar herrschte nach dem eindeutigen Votum des Handelstages auch unter den Abgeordneten des Zollparlamentes mehrheitlich die Meinung, dass die Goldwährung für Deutschland erstrebenswert sei, doch plante man eine längere bimetallistische Übergangsphase bis zur endgültigen Einführung des Goldstandards.[277] Auf Initiative Bambergers setzte das Zollparlament im Frühjahr 1870 eine Währungsenquete ein mit dem Ziel eine Untersuchung darüber anzufertigen, welches Währungssystem den Bedürfnissen des Zollvereins am besten entspräche und vor allem, welches die Aussicht habe von allen Mitgliedstaaten akzeptiert zu werden.[278] Diese Enquete war als erster Schritt zu einer deutschen Währungsvereinheitlichung geplant. Auch der Norddeutsche Bund bereitete die Währungsvereinheitlichung vor. Am 1. Juli 1870 verabschiedete der Reichstag das Banknoten-Sperrgesetz, das die Gründung neuer Notenbanken in den Gliedstaaten von der Zustimmung des Bundes abhängig machte, ein erster Schritt also zur Zentralisierung der Notenbanken.[279]

Der deutsch-französische Krieg und sein Ausgang veränderten die Situation jedoch schlagartig.

„Das merkwürdige Ineinandergreifen elementarer Lebensbedingungen, auf dem die Möglichkeit großer historischer Schicksalswendungen beruht," so schilderte Bamberger die Situation später, „hat gewollt, dass der glücklich geführte Krieg uns neben so vielem andern auch alles zugleich verschaffte, was nöthig war zur heilbringenden Umgestaltung unseres ganzen Geld- und Creditwesens."[280]

Der Ausgang des deutsch-französischen Krieges schuf die Voraussetzung für die deutsche Währungsunion in dreierlei Hinsicht. Erstens war er die Basis für die notwendige politische Einheit, ohne die es aus seiner Sicht eine währungspolitische Einheit nie gegeben hätte. Damit war – zweitens – die Übertragung der währungspolitischen Souveränität von den Teilstaaten auf das Reich verbunden, d.h. die Währungsvereinheitlichung konnte zentral, auch hier gleichsam von oben, geplant und durchgeführt werden.[281] Zum Dritten erlaubte die für die Zeitgenossen ungeheuer große Kriegsentschädigung von fünf Milliarden Francs den raschen Übergang von der Silber- zur Goldwährung. Unmittelbar nach der entscheidenden Schlacht bei Sedan war daher im deutschen Hauptquartier zum ersten Mal darüber gesprochen worden, die politische Einigung mit der

[277] Vgl. hierzu die Position des Abgeordneten Meier (Bremen) aus der Sitzung des Reichstags vom 19.3.1870 in: Verhandlungen des Reichstags des Norddeutschen Bundes 1870. 1. Leg. Per. 1. Bd. 24. Sitzung. Gesetzentwurf über die Ausgabe von Banknoten, I. Beratung, S. 395.

[278] Anlagen zu den Stenographischen Berichten über die Verhandlungen des Deutschen Zoll-Parlaments während der Session vom 21. April bis 7. Mai 1870, Berlin 1870, Nr. 7, S. 60. Benedikt Koehler, Ludwig Bamberger, S. 180.

[279] Ebd.

[280] Ludwig Bamberger, Reichsgold, Leipzig 1876, S. 96.

[281] Bereits die Verfassung des Norddeutschen Bundes bestimmte in Art. IV, dass die Währungsordnung der Gesetzgebung des Bundes unterstehen sollte. Dieser Artikel wurde in die Reichsverfassung mit übernommen. Vgl. Karl Helfferich, Ludwig Bamberger als Währungspolitiker, in: Ludwig Bamberger, Ausgewählte Reden und Aufsätze über Geld- und Bankwesen, hrsg. von Karl Helfferich, Berlin 1900, S. 1–158, hier S. 15.

Währungsvereinheitlichung zu verbinden.[282] Bamberger war von Bismarck ins Hauptquartier gerufen worden, um von dort die Presse- und Öffentlichkeitsarbeit im Sinne des Kanzlers zu leiten. Er redigierte die „Amtlichen Anzeigen für das Gouvernement Elsaß" und schrieb für die großen deutschen Zeitungen über die Politik der deutschen Kriegführung, soweit dies für Bismarck günstig war.[283] In Hagenau traf er mit Rudolph von Delbrück zusammen und beide waren entschlossen, die Siegeseuphorie zu einer raschen und grundlegenden Reform des deutschen Währungswesens zu nutzen. „Nun machen wir auch die Goldwährung!" soll Bamberger zu Delbrück gesagt haben, der ihm zustimmte.

> „Nicht als hätten wir damals an die Mittel gedacht, welche die zu jener Zeit noch ungeahnte Höhe der Kriegsentschädigung zur Erleichterung dieser Massregel gewähren sollte, sondern einfach darum, weil wir uns bewusst waren, dass es jetzt an ein großes Schaffen gehen werde, und dass dies vor allem eine rationelle Ordnung des deutschen Geldwesens herzustellen habe."[284]

So waren es in den nächsten Jahren vor allem Delbrück im Kanzleramt und Bamberger als Währungsexperte der Nationalliberalen Fraktion im Reichstag, die die Währungsreform vorantrieben. Am 3. Juni 1871 stellte die Berliner Münzprägeanstalt den Ankauf von Silber ein, und am 10. Oktober brachte die preußische Regierung vor dem Bundesrat einen Gesetzentwurf betreffend die Ausprägung von Reichsgoldmünzen ein. Der Entwurf stammte im Kern aus der Feder Rudolph von Delbrücks, der jedoch die Interessen des preußischen Finanzministers Camphausen berücksichtigen musste, weil eben nur die preußische Regierung einen Gesetzentwurf im Bundesrat einbringen konnte. Im Reichsrat versuchten die Länder, ihren Einfluss auf die Währungsgesetzgebung zu wahren, die zwar gemäß der Verfassung Reichsangelegenheit war, jedoch von den Ländern so interpretiert wurde, als sei das „Münzregal", d.h. das Recht zur Ausprägung von Münzen, nach wie vor Ländersache.[285] Der Bundesrat beschloss daher, dass die Ausprägung der Reichsgoldmünzen nicht vom Reich, sondern von den Münzstätten der Einzelstaaten vorgenommen werden sollte. Der Reichskanzler jedoch bestimmte nach Zustimmung des Bundesrates über die in Gold auszumünzenden Beträge. Die Münzen würden auf der einen Seite den Reichsadler, auf der anderen aber das Bildnis des Landesherren bzw. das Hoheitszeichen der Freien Städte tragen.[286]

282 „Wenige Tage nach der Schlacht bei Sedan ward in einer Begegnung auf elsässischem Boden zuerst dem Gedanken Ausdruck gegeben, dass ein günstiger Friede auch rasch benutzt werden müsse, die deutsche Münzverfassung auf den rationellen Boden zu stellen." Ebd.

283 Ludwig Bamberger, Bismarcks großes Spiel. Die geheimen Tagebücher Ludwig Bambergers. Eingeleitet und herausgegeben von Ernst Feder, Frankfurt 1932, S. 149–247.

284 Zit. nach Helfferich, Ludwig Bamberger als Währungspolitiker, S. 31.

285 Helfferich, Ludwig Bamberger als Währungspolitiker, S. 39.

286 Helfferich, Geschichte der Geldreform, S. 167f.

Anfang November stand die Reichstagsdebatte über den Gesetzentwurf an.[287] Ein wesentlicher Punkt der Debatte war die Frage, ob das neue deutsche Währungssystem an ein anderes System angeschlossen werden, ob man insgesamt auf eine internationale Währung, wie auf der Währungskonferenz von 1867 angestrebt, hinarbeiten, oder ob das deutsche Währungssystem unabhängig von dem anderer Staaten konstruiert werden sollte. Rudolph von Delbrück und Ludwig Bamberger eröffneten die Debatte und stellten in ihren Reden die Notwendigkeit einer nationalen Währungsreform unabhängig von den internationalen Bestrebungen zur Vereinheitlichung der Währungen in den Vordergrund.

„Man kann", so erläuterte Delbrück, „ein gemeinschaftliches System von Maß und Gewicht mit der ganzen Welt haben und sicher sein, keinen Schaden dabei zu haben. Etwas anderes ist es mit den Münzen, und hier war allein schon der Gesichtspunkt (...), nämlich die Verpflichtung der Regierung, für die Aufrechterhaltung einer vollgewichtigen Circulation zu sorgen, dieser Gesichtspunkt allein, sage ich, mußte entscheidend dafür sein, ein nationales System zu erwählen, denn da andere Staaten den gleichen Gesichtspunkt nicht befolgen, so würde der Anschluß an irgend ein anderes System nur zu erkaufen gewesen sein durch das Aufgeben dieser Fundamentalgrundlage der bestehenden deutschen Systeme für die Erhaltung des Geldumlaufes für die großen damit verbundenen Interessen."[288]

Der Präsident des Reichkanzleramtes wandte sich also grundsätzlich gegen einen Anschluss der deutschen Währung an ein internationales System, weil dies die nationale Freiheit durch die Abhängigkeit von den Entscheidungen anderer Regierungen oder Notenbanken in der Geldpolitik einschränken würde. Erst dadurch wurde die „Fundamentalgrundlage" der deutschen Währungspolitik gesichert, die Garantie der Währungsstabilität durch ihre Konvertibilität in ein Edelmetall, die Ablehnung der „Papiergeldwirtschaft" also. Die Wirtschaftsordnung konnte mithin nur durch die nationale Unabhängigkeit gesichert werden, nationale Souveränität in der Währungsfrage war die Voraussetzung für die wirtschaftliche Stabilität. Delbrück betonte daher auch: „Die Gründe, die sie (gemeint ist die Reichsregierung, d.V.) hierbei (i.e. die Währungsreform, d.V.) leiten, sind keineswegs politischer Natur, sie sind wirtschaftliche."[289] Ganz ähnlich argumentierte Bamberger, der auch einen Anschluss des Reiches an eines der bestehenden Währungssysteme ablehnte: „Meine Herren," so erklärte er, „wie Ihnen bereits bemerkt worden ist, ist ein solches internationales System nicht denkbar ohne gegenseitig bindende Konventionen. Wer garantiert aber, meine Herren, wenn wir heute Konventionen gemacht haben, dass sie auch immer gel-

[287] Die Debatte über das Gesetz zur Ausprägung von Reichsgoldmünzen wurde vollständig im Plenum geführt und nicht an einen Ausschuss überwiesen. Es bildete sich allerdings eine „freie Kommission", an der sich jeder Abgeordnete beteiligen konnte. An ihren Sitzungen nahmen vor allem Mitglieder der nationalliberalen Fraktion teil, die dort beschlossenen Abänderungsanträge wurden dann unter dem Namen Bambergers ins Plenum gebracht. Vgl. Helfferich, Geschichte der Geldreform, S. 177.

[288] Stenographische Berichte über die Verhandlungen des Reichstags des Deutschen Reiches 1871, 19. Sitzung, 11.11.1871. Erste Beratung über den Gesetzentwurf betreffend die Ausprägung von Reichs-Gold-Münzen, Berlin 1871, S. 226f.

[289] Ebd., S. 226.

ten werden?"[290] Der Währungsvertrag von 1857 sei am Krieg von 1866 zerbrochen, auch die Lateinische Münzunion habe mit erheblichen Problemen zu kämpfen. Ein Anschluss an das Frankensystem, wie er von einigen süddeutschen Abgeordneten vorgeschlagen worden war, kam für Bamberger daher nicht in Frage. Dieses Argument wurde vom Abgeordneten Dr. Braun aus Gera bestätigt: „Denn hätten wir den österreichischen Gulden und Kreuzer adoptiert, so wären wir ohne Zweifel mit in die Verwicklungen und Verwirrungen hineingezogen worden, die aus der österreichischen Papierwirtschaft und Valutazerstörung hervorgegangen sind."[291] Hielten Bamberger und Braun internationale Währungsverträge für gefährlich, so lehnten sie folgerichtig auch alle Bemühungen um eine internationale Zahlungseinheit, die „Weltmünze" ab:

„Wir werden zu einer ‚Weltmünze' nur dann kommen, wenn erst völkerrechtlich folgende Grundsätze als allgemein anerkannt feststehen werden: erstens, kein zivilisierter Staat darf mehr Zwangskurs einführen für ein in Metallgeld nicht mehr einlösbares Papier; zweitens alle Staaten müssen vollwichtig prägen; drittens alle Staaten müssen die abgenutzten Münzen sofort baar einlösen oder durch vollwichtige ersetzen; viertens muß eine Relation zwischen Scheidemünze und Währungsmünze feststehen, die von keinem Staate zu Gunsten seiner Scheidemünze überschritten wird."[292]

Eine solch prinzipielle Ablehnung internationaler Verträge durch die Liberalen überrascht zunächst. Verträge zwischen Staaten waren konstitutiver Bestandteil des internationalen Staatensystems, eine Ablehnung dieses Instruments der Außenpolitik würde praktisch auf ihren Verzicht hinauslaufen. Von dieser Konsequenz waren Bamberger und auch Braun jedoch weit entfernt. Letzterer brachte seine Argumentation auf den Punkt: Jede Krise, sei sie nun ökonomischer oder politischer Natur, führe zu einem Druck auf die Regierung, seine Währung abzuwerten, sei es durch die extensive Ausgabe von Scheidemünzen, den Verzicht auf den Einzug abgenutzter Währungsmünzen oder, im Extremfall, die Verhängung des Zwangskurses. Immer werde eine Regierung versuchen sich durch monetäre Maßnahmen zu retten. Daher schloss Braun: „Andere Verträge werden gehalten, Münzverträge nicht."[293] Bemerkenswert ist die scharfe Trennlinie, die diese Auffassung von internationalen Beziehungen zwischen dem ökonomisch-monetären und dem politischen Bereich zieht. Die internationale Wirtschaft, im Sprachgebrauch der Zeitgenossen „der Verkehr", galt offenkundig als autonomer Sektor, für den folglich andere Gesetze galten als für den Bereich der internationalen Politik. Hieraus wurde geschlossen, dass das Deutsche Reich ein autonomes Währungssystem einführen müsse, und zwar, das war der zweite wichtige Aspekt der Debatte, auf der Basis des Goldstandards. „Das neue Gesetz", so erklärte Bamberger, „betitelt sich in bescheidener Weise nur als ein Gesetz zur Einführung von Goldmünzen; in Wesenheit soll es aber wohl etwas anderes sein.

290 Ludwig Bamberger, Rede über das Gesetz betr. die Ausprägung von Reichsgoldmünzen (November 1871), in: Helfferich (Hrsg.), Ausgewählte Reden über Geld- und Bankwesen, S. 195–218, hier S. 200.
291 Stenographische Berichte über die Verhandlungen des Reichstags, 1871, S. 257.
292 Ebd., S. 260.
293 Ebd.

Es soll sein, die unvermeidliche Vorbereitung zur gänzlichen Regenerierung unseres deutschen Münzsystems (...)".[294] Das Ziel dieser Politik war, daran ließ Bamberger keinen Zweifel, die alleinige Goldwährung im Deutschen Reich. Dies war im Reichstag zu diesem Zeitpunkt kaum umstritten. Zweifellos spielte die Auffassung eine Rolle, dass mit der Gründung des neuen Reiches auch ein einheitliches Währungssystem in Deutschland notwendig sei, der Reformeifer sprang hier vom politischen auf den ökonomischen Sektor über.

Die Annahme des reinen Goldstandards war in Deutschland zu diesem Zeitpunkt kaum umstritten. Bambergers „Überzeugung, dass das Gold immer mehr bestimmt ist, den Umlauf der civilisierten Nationen zu versehen", entsprach dem Geist der Zeit, wurde von ihm auch nicht weiter begründet.[295] Der württembergische Abgeordnete Moritz Mohl argumentierte als ein Sprecher der Minorität im Reichstag gegen diese Entscheidung:

> „Es ist nicht zum ersten Male, dass auf einmal irgend ein Drang nach irgend etwas ganze Nationen, ja ganz Europa ergreift. Wir haben dies gesehen bei den Kreuzzügen (Heiterkeit), wir haben es bei anderen Veranlassungen gesehen; es ist nicht zum ersten Male, dass wenigstens ganze Klassen von einem Irrthume angesteckt werden."[296]

Zweifellos wurde die Entscheidung für die Goldwährung von einem Zeitgeist getragen, den die Interessenverbände, wie geschildert, in den sechziger Jahren erzeugt und verstärkt hatten. Den für den deutschen Parlamentarismus neuartigen Pressure-Groups, der Kongress Deutscher Volkswirte ebenso wie der Deutsche Handelstag, gelang es ihre Ziele über die liberalen Politiker im Reichstag durchzusetzen.[297] Sie fanden Unterstützung in der Wissenschaft, der bereits erwähnte Adolf Soetbeer, Bergius, Lorenz von Stein und schließlich auch Albert Schäffle waren alle Anhänger der Goldwährung.

> „Die Silberwährung", so fasste Helfferich die Lehrmeinung zusammen, „hatte erhebliche Mißstände gezeitigt. Sie duldete nur einen ungenügenden und verkrüppelten Goldumlauf und förderte dadurch außerordentlich den Umlauf von Papiergeld und Banknoten in kleineren Abschnitten, welche die Solidität des deutschen Geldwesens beeinträchtigten, aber nicht verboten werden konnten, ohne dass man dem Umlauf einen Ersatz in einem genügenden Goldumlauf bot."[298]

Mohl allerdings plädierte für den Anschluss an das französische Frankensystem, dem sich, so seine Erwartung, auch Österreich anschließen werde. Selbst John Prince-Smith, engagierter Freihändler und eigentlich Anhänger des Bimetallismus, unterstützte nun den Übergang zum reinen Goldstandard mit der Begrün-

[294] Ludwig Bamberger, Rede über das Gesetz betr. die Ausprägung von Reichsgoldmünzen (November 1871), in: Helfferich (Hrsg.), Ausgewählte Reden über Geld- und Bankwesen, S. 195–218, hier S. 201.

[295] Ebd., S. 204. Einige Forscher haben daraus den Schluss gezogen, dass es keine rationale Begründung für die Einführung des Goldstandards in Deutschland gab. Vgl. auch Mertens, La Naissance de l'étalon-or, S. 129. Ähnlich argumentiert A. Sartorius von Waltershausen, Deutsche Wirtschaftsgeschichte 1815–1914, Jena 1923, S. 27–30.

[296] Stenographische Berichte über die Verhandlungen des Reichstags, 1871, S. 245.

[297] Hierzu Christian Jansen, Bismarck und die Linksliberalen, in: Lothar Gall (Hrsg.), Otto von Bismarck und die Parteien, Paderborn u.a. 2001, S. 91–110, hier S. 93.

[298] Karl Helfferich, Zur Geschichte der Goldwährung, Berlin 1896, S. 23.

dung, dass dies das britische System sei: „Es entsteht also die Frage, ob wir bei dem großen Anteil, den Deutschland an dem Welthandel hat, dabei beharren können, uns des Goldstandards nicht zu bedienen, nachdem das Gold zum herrschenden Zahlungsmittel in einem so großen Gebiete geworden ist."[299] Die Goldwährung, so ließe sich dieses Argument zusammenfassen, führe zwar zu einer monetären Abschottung gegen das System der Lateinischen Münzunion, es integrierte das Reich aber in den vom englischen Goldstandard dominierten Weltmarkt. „Wollte Deutschland (...) bei der Silberwährung bleiben, so wäre es in der größten Gefahr gewesen, sich im Welthandel zu isolieren", fasste Karl Helfferich diese Auffassung später zusammen.[300] Das englische Beispiel hatte aus dieser Sicht bewiesen, welche Vorteile die Einführung einer Goldwährung haben musste. „Wir haben das Gold gewählt, nicht weil Gold Gold ist, sondern weil England England ist," so brachte Bamberger die Überlegung auf den Punkt.[301] Ein wichtiger Faktor war also die Bewunderung vieler Liberaler für England, seine nationale Einheit und Größe, vor allem aber für seine freihandelsorientierte Wirtschaftspolitik.

Das Gesetz zur Ausprägung von Reichsgoldmünzen wurde am 4. Dezember 1871 vom Reichstag angenommen.[302] Es führte parallel zu den umlaufenden Silbermünzen auch Goldmünzen ein, und zwar Reichsgoldmünzen, d.h. der Herausgeber der Münzen war das Reich, auch wenn die Fürsten der Länder auf der Rückseite abgebildet waren. In staatsrechtlicher Hinsicht hatte sich der Bund damit gegen die Länder im Wesentlichen durchgesetzt, Währungspolitik war Reichssache. Wichtiger für die hier interessierende Frage nach der Entstehung des Goldstandards war aber, dass das Deutsche Reich mit diesem Gesetz den ersten Schritt auf dem Weg zum reinen Goldstandard unternommen hatte. De facto herrschte im Reich nun der Bimetallismus, dieser aber nur noch in eingeschränkter Weise, weil Silbermünzen ja nicht mehr ausgeprägt wurden. Der zweite Schritt beim Übergang zum reinen Goldstandard wurde mit dem Gesetz vom 12. Juli 1873 unternommen. Mit ihm wurde der mit dem ersten Münzgesetz eingeleitete währungspolitische Schwebezustand des Reiches beendet.[303] „An die Stelle der in Deutschland geltenden Landeswährungen tritt die Reichsgoldwährung. Ihre Recheneinheit bildet die Mark, wie solche durch § 2 des Gesetzes vom 4. Dezember 1871, betreffend die Ausprägung von Reichsgoldmünzen, festgestellt worden ist", lautete der entscheidende erste Paragraph.[304] Noch konnten

299 Stenographische Berichte über die Verhandlungen des Reichstags, 1871, S. 252.

300 Helfferich, Geschichte der Goldwährung, S. 23.

301 Zit. nach Gert von Eynern, Die Reichsbank. Probleme des deutschen Zentralnoteninstitutes in geschichtlicher Darstellung, Jena 1928, S. 3. Vgl. auch Frank Otto, Währungsvereinheitlichung in Deutschland, S. 80.

302 Text in Mertens, La Naissance de l'étalon-or, S. 374.

303 Präsidialentwurf, Bundesratsvorlage und Gesetz sind dokumentiert bei Helfferich, Beiträge zur Geschichte der deutschen Geldreform, Berlin 1898, S. 194–216. Vgl. hierzu die Begründung des Gesetzentwurfes in: Exposé des Motifs de la loi monétaire allemande de 1873, in: Jules Malou, Documents relatifs à la question monétaire, 1e série, S. 66.

304 Helfferich, Geschichte der Geldreform, S. 207.

aus praktischen Gründen nicht alle Silbermünzen durch goldene ersetzt werden, aber das Gesetz sah den schrittweisen Einzug des Währungssilbers und seinen Verkauf gegen Gold durch das Reich vor. Damit hatte das Reich zwar zunächst nur einen „hinkenden Goldstandard" eingeführt, aber es schien klar zu sein, dass dieser bald in die reine Goldwährung übergehen würde. Die später in dieser Frage auftretenden Schwierigkeiten konnte noch niemand erahnen.

5. Systematisierung: Eine neue These zur Entstehung des internationalen Goldstandards

Welche waren die entscheidenden Faktoren beim Übergang des Deutschen Reiches zur Goldwährung? Eine Schlüsselrolle, das wurde gezeigt, spielten die erst zu Beginn der sechziger Jahre entstandenen handelspolitischen Interessenvertretungen, der Deutsche Handelstag und der Kongress Deutscher Volkswirte. Vor allem im Deutschen Handelstag setzten sich die norddeutschen Anhänger der reinen Goldwährung unter der engagierten Leitung Adolf Soetbeers gegenüber den Unterstützern der Silberwährung durch. Dabei war der Deutsche Handelstag gar nicht unbedingt für die Goldwährung, was den Vertretern der regionalen Handelskammern wichtig war, war eine *einheitliche* deutsche Währung, von der sie sich zu Recht eine bedeutende Verringerung der Transaktionskosten versprachen. Sie wirkten durch Resolutionen und Petitionen direkt auf das Entscheidungszentrum im Reichskanzleramt.[305] Hierbei kam der Verwandtschaft zwischen Adelbert Delbrück, der ab 1870 den Deutschen Handelstag präsidierte, und dem Leiter des Reichkanzleramtes, Rudolph von Delbrück, eine besondere Bedeutung zu.[306] Auch der Deutsche Handelstag war, wie auch der Kongress Deutscher Volkswirte, ein Symptom des tiefgreifenden wirtschaftlich-gesellschaftlichen Wandels, der auf die bereits mehrfach beschriebene Entgrenzung der Wirtschaft durch die technisch-industrielle Revolution ausgelöst wurde. In den Handelskammern artikulierten sich die Interessen einer durch diese Entwicklung im rasanten Aufschwung begriffenen gesellschaftlichen Gruppe, dem Wirtschaftsbürgertum, das sich zu den Leistungsträgern des entstehenden Nationalstaates zählte, und aus diesem Wissen das Selbstbewusstsein schöpfte, mit dem es politische Forderungen formulierte.[307] Sie waren aber selbst Bestandteil

305 In den Akten der Reichskanzlei zur Währungsfrage vor 1871 finden sich zahlreiche Briefe und Broschüren des Deutschen Handelstages, vgl. BA R 1401/1156 Vorschläge zur Münzreform Dez. 1869–Aug. 1871.

306 Hans Henning Zabel, Gottlieb Adelbert Delbrück, in: NDB Bd. III, S. 576f. Bamberger und Adelbert Delbrück kannten sich aus dem Aufsichtsrat der Deutschen Bank. Vgl. auch Benedikt Koehler, Ludwig Bamberger, S. 180f.

307 Ralf Zerback, Die wirtschaftliche Position als Konstituierungsfaktor des Bürgertums, in: Lothar Gall (Hrsg.), Stadt und Bürgertum im Übergang von der traditionalen zur modernen Gesellschaft, HZ Beihefte (NF) Bd. 16, München 1993, S. 202–222, hier S. 203.

eines sich ebenso rasant entwickelnden allgemeinen Vereinswesens, dem Wunsch immer weiterer Bevölkerungsteile, sich in freiwilligen, durch Satzung geregelten Zweckzusammenschlüssen zu vereinigen.[308] Hierhinter stand die Vorstellung von der Legitimation politischer Macht durch wirtschaftliche Leistungsfähigkeit, zugleich auch eine durch die Industrialisierung und ihre gesellschaftlichen Folgen beschleunigte Demokratisierung des Landes, wobei sich die Artikulation zunächst im vorpolitischen Raum der Interessenverbände konzentrierte, von dort aber schnell in die parlamentarischen Gremien übersprang.

Denn selbstverständlich konnte der Deutsche Handelstag als Interessenvertretung solch weitreichende politische Entscheidungen, wie sie Ende der sechziger Jahre und dann im Zusammenhang mit der Reichgründung anstanden, nicht treffen. Hierzu bedurfte es eines weiteren wichtigen Elementes in der Politik, und das war der Reichstag. Es ist in der Forschung völlig zu Recht auf seine verfassungspolitische Schwäche hingewiesen worden, vor allem wenn man die parlamentarische Demokratie als Maßstab der Beurteilung anlegt.[309] Demgegenüber wurde lange übersehen, dass das Parlament wesentliche Entscheidungen nicht nur beeinflusste, sondern auch fällte, vor allem im Bereich der Wirtschaftspolitik. Die bedeutende Rolle spielte hierbei die nationalliberale Fraktion im Reichstag, weil sie mit 32,7% der Sitze (1870) mit Abstand die größte war, und weil Bismarck bei seiner Politik auf sie angewiesen war.[310] Das Bündnis Bismarcks mit den Nationalliberalen ist schon oft diskutiert worden; vor allem die ältere Forschung hat von der „Kapitulation der Nationalliberalen vor Bismarck" gesprochen.[311] Inzwischen hat sich das Bild gewandelt, den Nationalliberalen wird jetzt eine „imponierende Reformpolitik im Reichstag" zugebilligt, sie hätten als Juniorpartner Bismarcks „viel Großes und Bedeutendes" erreicht.[312] Die ökonomische und rechtliche Ordnung der deutschen Staaten wurde unter ihrer Führung modernisiert und liberalisiert, auch sie waren in manchem das Produkt eines gesellschaftlichen Wandels, den sie nun selbst noch beschleunigten. Entscheidend war, dass diese Reformen jetzt nicht von den staatlichen Institutionen ausgingen, sie waren gerade keine „Reformen von oben", sondern dass sie aus der Gesellschaft heraus über das Parlament in die Politik getragen wurden; der Reichstag war der Ort, an dem die Reformen eingeleitet wurden.[313] In diese Interpretation fügt sich auch die Geschichte der deutschen Währungsreform von

[308] Wolfram Siemann, Gesellschaft im Aufbruch, S. 261.

[309] Wilfried Loth, Das Kaiserreich. Obrigkeitsstaat und politische Mobilisierung, München 1996, S. 35–43. Thomas Nipperdey, Deutsche Geschichte 1866–1918, Bd. II, Machtstaat vor der Demokratie, München 1992, S. 85–109.

[310] Hierfür und für das Folgende: Ansgar Lauterbach, Im Vorhof der Macht. Die nationalliberale Reichstagsfraktion in der Reichsgründungszeit (1866–1880), Frankfurt a.M. 2000. Dieter Langewiesche, Bismarck und die Nationalliberalen, in: Lothar Gall (Hrsg.), Otto von Bismarck und die Parteien, Paderborn u.a. 2001, S. 73–89.

[311] Friedrich C. Sell, Die Tragödie des deutschen Liberalismus, Stuttgart 1953, S. 227.

[312] Zitate bei Hans Ulrich Wehler, Deutsche Gesellschaftsgeschichte, Bd. 3, S. 873; Thomas Nipperdey, Deutsche Geschichte, Bd. II, S. 318.

[313] Langewiesche, Bismarck und die Parteien, S. 80.

1871–1873 ein, die, wie gezeigt, in wesentlichen Teilen vom Reichstag und der dort dominierenden nationalliberalen Fraktion unter der Leitung Ludwig Bambergers geprägt wurde. Allerdings: Erst durch das Bündnis mit dem Reichskanzler aber erhielten Bamberger und die Liberalen die Möglichkeit, die Währungsfrage in ihrem Sinne zu gestalten. Ludwig Bamberger, die Nationalliberalen im Reichstag und ihr spezifisches Verhältnis zu Bismarck wurden daher zu einem der wesentlichen Faktoren für die deutsche Währungsreform und den Übergang des Reiches zum Goldstandard.

Und noch ein weiterer politischer Faktor war entscheidend für die deutsche Währungsreform: Die französische Regierung plante, das wurde im vorangegangenen Kapitel behandelt, den Übergang zur reinen Goldwährung, sie konnte aber angesichts der konfusen Entscheidungsstrukturen im Kaiserreich und der in dieser Frage uneinigen Elite des Landes keine schnellen Entscheidungen treffen. Die Niederlage im Krieg gegen Preußen-Deutschland beendete die Diskussion in Frankreich, ein Übergang zur Goldwährung war nun nicht mehr möglich, zumal angesichts der Reparationszahlungen in Höhe von 5 Mrd. Francs. Umgekehrt erleichterten diese dem Deutschen Reich die dann durchgeführte Währungsreform. Insofern war die innenpolitische Situation in Deutschland, das spezifische Verhältnis zwischen Reichskanzler und Nationalliberalen, zwar die notwendige Voraussetzung dafür, dass sich die Anhänger der Goldwährung durchsetzen konnten, den Anstoß hierfür aber lieferte der Ausgang des deutsch-französischen Krieges und die nachfolgende Reichsgründung.

Die Frage ist nun, warum die entscheidenden Akteure der Währungsreform, Ludwig Bamberger auf Seiten der Nationalliberalen und Rudolph von Delbrück im Reichskanzleramt, für den Goldstandard eintraten, und welche Konsequenzen sie von dieser Entscheidung auf internationaler Ebene erwarteten. Es gab zu diesem Zeitpunkt nur wenige Stimmen gegen die reine Goldwährung, Bamberger, der Deutsche Handelstag und auch Delbrück mussten ihre Position in dieser Frage vor dem Reichstag kaum verteidigen. Das lag auch daran, dass der Bimetallismus wegen der Schwierigkeiten der Lateinischen Münzunion als unpraktikabel galt. Die wichtigsten Argumente für die reine Goldwährung wurden von ihren Anhängern allerdings erst nach den Entscheidungen von 1871/73 formuliert, als in Deutschland eine starke Bewegung für ein bimetallistisches Währungssystem entstand, die die Ergebnisse der Währungsreform in Frage stellte. Welche waren nun die Argumente für das Gold in der Gründungsphase 1871/73? Zunächst einmal spielten praktische Gründe eine Rolle: Gold war wegen seines pro Gewichtseinheit höheren Wertes einfacher zu handhaben als Silber, weil man mit geringeren Mengen höhere Werte transferieren konnte. Aus diesem Grunde förderte die Silberwährung die Entstehung von Papiergeld, dessen Gebrauch mit den zeitgenössischen Vorstellungen von Währungsstabilität nicht zu vereinbaren war.[314] Dies war ein wesentlicher Grund, warum sich die internationale Münzkonferenz von 1867 für die Goldwährung ausgesprochen hatte. Ein weiterer Grund für die Goldwährung war aus Sicht Bambergers, dass mit England die

[314] Helfferich, Geschichte der Goldwährung, S. 23.

führende Wirtschaftsnation der damaligen Welt so hartnäckig am Goldstandard festhielt. Hier spielte die Begeisterung der deutschen Liberalen für das englische Regierungs- und Wirtschaftssystem eine Rolle. „Wir haben das Gold gewählt, nicht weil Gold Gold ist, sondern weil England England ist“, spitzte Bamberger zu.[315] Hinzu kam die Angst vor einer währungspolitischen Selbstisolierung durch die Silberwährung angesichts der globalen Dominanz des Goldes. Zudem, und das war ein irrationales Argument, war die Mehrheit der europäischen Währungsexperten der Meinung, dass Gold die Währung der reichen und zivilisierten Staaten, Silber die der ärmeren Länder sei. Für das Deutsche Reich kam daher vom Selbstverständnis her nur Gold als Währungsgrundlage in Frage. Diese Argumente waren, wie gesagt, kaum umstritten, und sie waren der Grund, warum das Deutsche Reich den Goldstandard einführte.

Besondere Bedeutung hat für die hier zu behandelnde Frage die internationale Dimension der Währungsproblematik. Warum lehnten Delbrück und Bamberger eine internationale Währungsvereinheitlichung ab, wie sie auf der Pariser Konferenz 1867 angestrebt worden war? Hier spielte der Gedanke der nationalen Unabhängigkeit die Schlüsselrolle. Die Stabilität der Währung, so argumentierte Delbrück in der Reichstagsdebatte, könne nur dann garantiert werden, wenn die Regierung ihre Geldpolitik unabhängig von der anderer Regierungen betreiben könne. Bamberger wendet diese Argumentation später ins Grundsätzliche. Münzkonventionen, so schrieb er, seien gegen die Natur des Völkerrechts, so wie die Sklaverei gegen das Menschenrecht sei.[316]

„Wenn aber unbezweifelbar Münze im internationalen Sinn nur als vollwichtiges und vollwerthiges Geld verstanden werden soll, so heißt mit einem Staate eine Münzconvention abschließen nichts anderes als ihn verpflichten, dass er weder einen Krieg noch eine Revolution noch vielleicht eine Missernte erleben soll – ein Versprechen, so töricht von Seiten des Gebers wie des Nehmers (...).“[317]

Aus diesem Grund lehnten Bamberger und Delbrück eine internationale Währungskonvention ab und forderten eine nationale, autonome Währung für das Deutsche Reich.

Diese Argumentation war aus verschiedenen Gründen bemerkenswert. Zum einen wurde die Währungsstabilität damit zu einem politischen Interesse des neuen Nationalstaates erklärt, das heißt Währungspolitik wurde nicht mehr alleine in ökonomisch-technischen Kategorien behandelt, sondern in politischen. Damit griff die Politik in ökonomische Prozesse ein und instrumentalisierte sie zu ihren Zwecken. In diesem Punkt wussten sich Bamberger und Delbrück einig mit Bismarck, der sich an der Währungsdebatte nur am Rande beteiligt hatte, dies aber nur, weil er zweifellos mit deren Ergebnis zufrieden war. Auch dem

[315] Zit. nach Gert von Eynern, Die Reichsbank. Probleme des deutschen Zentralnoteninstitutes in geschichtlicher Darstellung, Jena 1928, S. 3. Vgl. auch Frank Otto, Währungsvereinheitlichung in Deutschland, S. 80.

[316] Ludwig Bamberger, Reichsgold. Studien über Währung und Wechsel, 3. Auflage, Leipzig 1876, S. 36.

[317] Ebd., S. 45.

Reichskanzler konnte gemäß seinem außenpolitischen Konzept die Unabhängigkeit des Reiches in währungstechnischer Hinsicht nur Recht sein, Frankreich wurde nicht nur politisch, sondern auch währungstechnisch in Europa isoliert, während das Reich durch die Einführung des Goldstandards weitgehende Handlungsfreiheiten erhielt. Auch hier zeigte sich wieder, ähnlich wie beim Angebot Benedettis zum Beitritt in die Lateinische Münzunion aus dem Frühjahr 1867, dass Bismarck in der Lage war, diese neuen Entwicklungen in den internationalen Beziehungen nicht nur zu erkennen, sondern auch in Politik umzusetzen. Auch eine Interpretation dieser Ereignisse im Sinne der eingangs erläuterten systemtheoretischen Annahmen verdeutlicht nochmals die Problematik: Bamberger und Delbrück argumentierten auf der Ebene des ökonomischen Teilsystems, sie interessierte die wirtschaftliche Vereinigung Deutschlands, die Senkung der Transaktionskosten, die Funktionsfähigkeit des Marktes. Aus ökonomischen Gründen wählten sie die Goldwährung, die den Anschluss an das von Großbritannien dominierte Welthandelssystem garantierte. Bismarck hingegen argumentierte in den Kategorien des politischen Systems, ihn interessierten die Isolierung Frankreichs und die Vormachtstellung des Reiches auf dem Kontinent, die durch die währungspolitischen Entscheidungen Bambergers und Delbrücks unterstützt wurden. Erneut wird deutlich, dass dasselbe Ereignis, die deutsche Währungsreform, relevant war für beide Systeme, jenes der Wirtschaft und das der Politik, dass es für beide verschiedene Bedeutung hatte.

Noch ein weiterer Aspekt verdient Beachtung: Die Diskussion um die Währungsfrage verdeutlicht eine Nationalisierung der deutschen Politik zunächst unter wirtschaftlichen Vorzeichen, die internationale Solidarität, die zur Einigung und Erhaltung einer internationalen Währung notwendig gewesen wäre, hielten Bamberger und Delbrück für eine Chimäre. Beide reagierten auf die beschleunigte Entgrenzung der Währungspolitik mit einem Rückzug auf die nationale Unabhängigkeit. Auch hier wird wieder deutlich, dass das internationale Wirtschaftssystem durch andere Regeln geprägt war, als jenes der Diplomatie.

Dies kann als Indiz für den Wandel des gesamten europäischen Staatensystems angesehen werden: Die vor dem Hintergrund der napoleonischen Kriege gewonnene Solidarität der europäischen Kabinette und die Trennung zwischen politischen und ökonomischen Problemen spielten hier keine Rolle mehr. Gerade die deutsche Währungsreform, wie auch die Lateinische Münzunion verdeutlichen zudem, dass die neuen Akteure in der Außenpolitik durch ihre „doppelte Systemzugehörigkeit“ deren Maßstäbe und Handlungsoptionen veränderten.[318]

In diesem Kontext spielte auch die – wenngleich zögernde – Parlamentarisierung der Innenpolitik in den sechziger Jahren eine Rolle. Diese war kein rein deutsches Phänomen, sie lässt sich auch in anderen europäischen Ländern (Italien schon seit den 50er Jahren und Ungarn) beobachten. Die neuen Akteure aber waren abhängig von einem entstehenden „politischen Massenmarkt“

[318] Dieser Aspekt ist bisher von der Forschung kaum behandelt worden. Vgl. Michael Stürmer, Die Geburt eines Dilemmas. Nationalstaat und Massendemokratie im Mächtesystem 1848, in: Merkur Bd. 36 (1982), S. 1–12.

(H. Rosenberg), „die Zeit der Honoratiorenpolitik lief aus, Parteien und Interessenverbände traten an ihre Stelle."[319] Die grundlegend veränderte innenpolitische Situation, in der die neuen politischen und gesellschaftlichen Gruppen ein Mitspracherecht über Interessenverbände und Parlament erhielten, wirkte nun auch auf die Außenpolitik und damit auf das europäische Staatensystem insgesamt. Fügt man nämlich die Ergebnisse der ersten Abschnitte dieses Kapitels ein, die hegemoniale Stellung des neugegründeten Reiches in der Mitte des Kontinents, seine wirtschaftliche Dominanz, und die durch die deutsche Entscheidung ausgelöste Entstehung des internationalen Goldstandards, dann waren es die deutschen Liberalen, die diese „Revolution monétaire générale" in Europa provozierten. Die machtpolitische und wirtschaftliche Struktur des europäischen Kontinents hatte dem Deutschen Reich die zentrale Rolle zugewiesen, und damit hatte das Reich die für Europa entscheidende Frage nach dem Währungsstandard zu entscheiden. Hier aber waren es, wie gezeigt, die Nationalliberalen, die die wesentlichen Weichen zum Goldstandard stellten und damit ein internationales Währungssystem schufen, das bis weit ins 20. Jahrhundert hinein eine wichtige Rolle in der Debatte um die internationale Währungspolitik spielen sollte.

[319] Dieter Langewiesche, Deutscher Liberalismus im europäischen Vergleich. Konzeptionen und Ergebnisse, in: Ders. (Hrsg.), Liberalismus im 19. Jahrhundert, Göttingen 1988, S. 11–19, hier S. 14.

IV. Die Währungsfrage in den Vereinigten Staaten und die internationale Währungskonferenz von 1878

Die Mitte der sechziger Jahre begonnenen, zunächst von Frankreich, dann vom Deutschen Reich ausgehenden revolutionären Umwälzungen des internationalen Währungssystems setzten sich auch nach 1875, dem De-facto-Übergang der Lateinischen Münzunion zum Goldstandard, fort. In entscheidender Weise wurden nun die Vereinigten Staaten in den rasanten Wandel einbezogen, und auch hier wirkten wieder wie schon in Frankreich und dem Deutschen Reich wirtschaftliche Strukturen und politische Entscheidungen in charakteristischer Weise zusammen. Wesentlich stärker noch als die europäischen Staaten dominierte die Währungsfrage in den USA allerdings die innenpolitischen Diskussionen vor allem seit Mitte der sechziger Jahre. „In the decade and a half following Appomattox", so schreibt Irwin Unger, „national finance absorbed more of the country's intellectual and political energy than any other public question except Reconstruction."[320] Die in diesem Kapitel im Mittelpunkt stehende internationale Währungskonferenz vom August 1878, die sog. „Conférence Américaine", war daher auch die direkte Folge des im Februar dieses Jahres vom Kongress verabschiedeten „Bland-Allison-Act", der in den USA parallel zum bestehenden Gold-Dollar einen Silber-Dollar und damit de facto ein bimetallistisches Währungssystem einführte, und das zu einem Zeitpunkt, als die meisten europäischen Staaten den Übergang zur Goldwährung beschlossen. Wie ist dieser Anachronismus zu erklären? Wie hängen die europäische und die US-amerikanische Entwicklung zusammen? Das sollen die leitenden Fragen dieses Kapitels sein.

Während die monetäre Entwicklung der europäischen Staaten erst in Ansätzen erforscht ist, hat sich die US-amerikanische Forschung schon sehr viel intensiver mit der eigenen Währungsgeschichte beschäftigt, so dass hier auf wichtige Vorarbeiten zurückgegriffen werden kann. Die klassische wirtschaftshistorische Interpretation der Währungsfrage in den USA wird zusammengefasst von Milton Friedman und Anna Jacobsen Schwartz, die jedoch den gesellschafts- und außenpolitischen Hintergrund der währungspolitischen Diskussion ausklammern.[321]

320 Irwin Unger, The Greenback Era. A Social and Political History of American Finance, 1865–1879, Princeton 1964, S. 3.

321 Milton Friedman, Anna Jacobsen Schwartz, A Monetary History of the United States, 1867–

Ebenfalls als Klassiker gelten die Werke von Charles A. Beard.[322] Er näherte sich dem Problem aus der Perspektive der „Political Economy“ und zeigte, dass es in der Währungsfrage nicht um die aus ökonomischer Sicht richtige oder falsche Währungspolitik ging, sondern dass hinter den langen öffentlichen Debatten politische und wirtschaftliche Interessen standen, nämlich jene der Landwirtschaft in den westlichen Landesteilen und der Industrie in denen des Nordostens. Während die Farmer zur Erschließung des neuen Landes Kredite aufgenommen hatten, die bald zurückgezahlt werden mussten, waren die jungen Industriellen am Anschluss des amerikanischen Marktes an den von Großbritannien dominierten Weltmarkt interessiert. Sie plädierten daher für einen harten US-Dollar auf der Basis des Goldstandards, die Landwirte hingegen seien für eine weiche Währung eingetreten. Dieser Ansatz wurde in den sechziger Jahren von Forschern wie Irwin Unger, Walter K. Nugent und Allen Weinstein in wesentlichen Punkten ergänzt.[323] Ohne die Ergebnisse von Beard völlig zu verwerfen, wiesen sie darauf hin, dass eine solche monokausale Interpretation der US-Innenpolitik in der Ära des „Gilded Age“ nicht gerecht werde. Sie konnten zeigen, dass sich die Grenzen zwischen den Anhängern des „Soft Money“ keineswegs auf die Agrarier beschränken ließen, dass es umgekehrt auch auf Seiten der Landwirtschaft Leute gab, die für „Hard Money“ eintraten. Insgesamt entstand so in den sechziger Jahren ein sehr viel differenzierteres Bild dieser für die USA gegen Ende des 19. Jahrhunderts grundlegenden Auseinandersetzung, das im folgenden vor allem hinsichtlich seiner Bedeutung für die internationalen Währungsbeziehungen nachgezeichnet werden soll.

1. Die Anfänge US-amerikanischer Währungspolitik bis zum „Crime of 1873“

Das erste Währungsgesetz der USA stammte vom 2. April 1792 und ging zurück auf den damaligen Finanzstaatssekretär Alexander Hamilton. Es war das erste Mal, dass die USA eine eigene Währung erhielten, und deswegen bemühte sich Hamilton eine Währung zu finden, die sich nicht zu stark von den bis dahin umlaufenden, vor allem dem spanischen Dollar, unterschied. In seinem „Report to the establishment of a mint“[324] vom April 1791 empfahl er ein bimetallistisches

1960, Princeton 1963, S. 15–88.

[322] Charles A. Beard, Mary R. Beard, The Rise of American Civilization, New York 1944.

[323] Walter K. Nugent, Money and American Society, 1865–1880, New York 1968. Allen Weinstein, Prelude to Populism. The Origins of the Silver Issue, 1867–1878, New Haven 1970. Wichtig immer noch: Laurence Laughlin, The History of Bimetallism in the United States, New York 1893. Davis Dewey, Financial History of the United States, New York 1934. Margaret G. Myers, A Financial History of the United States, New York London 1970.

[324] Report of Alexander Hamilton on the Establishment of a Mint, April 28, 1791, in: International Monetary Conference in Paris August 1878, Washington 1879, Appendix, S. 454–486.

System mit einem Verhältnis zwischen Gold und Silber von 1:15, das mit dem Gesetz vom 2. April 1792 dann auch eingeführt wurde.[325] Schon bald traten auch in den USA jene Probleme auf, mit denen alle bimetallistischen Systeme in den folgenden Jahrzehnten zu kämpfen hatten: Der Preis des Goldes fiel, der Marktpreis betrug 1:15,75 und die Folge war, dass das Silbergeld aus dem Umlauf verschwand und zunehmend nach Indien exportiert wurde. 1806 suspendierte Präsident Jefferson die Ausprägung von Silberdollars.[326] Für knapp dreißig Jahre blieben die Währungsverhältnisse der Vereinigten Staaten unsicher, bis nach langen öffentlichen Diskussionen 1834 ein neues Währungsgesetz in Kraft trat, das das Prinzip des Bimetallismus beibehielt, das gesetzlich festgelegte Verhältnis von Silber zu Gold jedoch neu definierte. 1:16 betrug das neue Verhältnis, anstelle einer Unterbewertung des Goldes gegenüber dem Marktpreis gab es nun eine leichte Überbewertung, denn der Markt bewertete das Verhältnis von Silber zu Gold in einem Verhältnis von 1:15,625. Damit hoffte man, eine stabile Basis für ein bimetallistisches System geschaffen zu haben, und zumindest bis 1848 war dem auch so. Dann jedoch zerstörten die Goldfunde in Kalifornien erneut die gesetzlich festgelegte Parität, der relative Wert des Goldes sank, und wie zuvor verschwand das Silbergeld aus dem Umlauf, so dass die USA de facto bald eine reine Goldwährung hatten. Ein allgemeiner Mangel an kleinen Zahlungsmitteln machte sich unangenehm bemerkbar, und um den Wirtschaftskreislauf nicht zu behindern, führte man mit dem Gesetz vom 21. Februar 1853 nach erneuter langer Diskussion Silberscheidemünzen ein.[327] Das im Prinzip bimetallistische System wurde also beibehalten, auch wenn reine Silbermünzen völlig aus dem Umlauf verschwunden waren, und Silber nur noch als Scheidemünze umlief.

Bis 1860 funktionierte das US-amerikanische Währungssystem zufriedenstellend, doch dann kam der Bürgerkrieg. Um den Krieg zu finanzieren, emittierten die Nordstaaten Papiergeld, den sog. „Greenback“, das nicht mehr durch ein Edelmetall gedeckt und einlösbar war; die USA führten damit am 25.2.1862 den Zwangskurs ein.[328] Edelmetalle verschwanden vollständig aus dem Umlauf, kleinere Zahlungen wurden mit Nickel oder Kupfermünzen getätigt, für größere benutzte man Papiergeld. Die Geldmenge stieg gewaltig an, 1860 zirkulierten 250 Millionen Dollar in Edelmetall, 1865, gegen Ende des Bürgerkrieges, betrug die Papiergeldmenge 433 Millionen Dollar. Die Folge war eine starke Inflation,

[325] Vgl. Mertens, La Naissance de l'étalon-or, S. 181ff. Die Gründe, warum sich Hamilton für den Bimetallismus entschied sind umstritten. Hierzu: Laughlin, History of Bimetallism, S. 13f. und Neil Carothers, Fractional Money. A History of Small Coins and Fractional Paper Currency of the United States, New York 1930, S. 60f.

[326] Mertens, La Naissance de l'étalon-or, S. 184. Carothers, Fractional Money, S. 70f.

[327] Diese Frage ist umstritten. Laughlin, History of Bimetallism, S. 79f., meint, dass die Währung der USA auf dem Goldstandard beruhte, A. Roden, The Dollar of our Daddies, in: Sound Currency, Vol. IV (1897), S. 12, dagegen, dass es nach wie vor ein bimetallistisches System gewesen sei. Martens, La Naissance de l'étalon-or, S. 193, nimmt eine vermittelnde Stellung ein. Die Frage ist für das hier interessierende Problem nicht entscheidend und soll daher nicht weiter verfolgt werden.

[328] Margaret Myers, Financial History, S. 148–173. Mertens, La Naissance de l'étalon-or, S. 197–201.

das durchschnittliche Preisniveau war gegenüber 1860 um 250% gestiegen.[329] Ein weiteres zentrales Problem war die Staatsverschuldung. Nur ein Fünftel der Kriegskosten war durch Einnahmen des Staates gedeckt worden, den Rest hatte die Regierung als Schulden aufgenommen. Hinzu kam schließlich ein ineffizientes Bankensystem, das noch aus der Zeit vor dem Krieg stammte.

Vor diesem Hintergrund begann nach dem Ende des Bürgerkrieges die Diskussion über die Zukunft der amerikanischen Geldpolitik, die in unterschiedlichen Phasen bis zum Ersten Weltkrieg andauern sollte. Musste der Zwangskurs beibehalten werden, oder sollte die Regierung die Einlösung der Papiergeldnoten in Edelmetalle anstreben? Letzteres wäre mit einer gewaltigen Verknappung des Geldangebotes einhergegangen. Damit wiederum waren politische und wirtschaftliche Interessen verbunden: Debitoren drängten darauf den Zwangskurs und die Papierwährung beizubehalten, weil sie sonst gezwungen gewesen wären das als Kredit erhaltene Papiergeld in knappem Edelmetall zurückzuzahlen.[330] Umgekehrt waren die Kreditoren für die „Resumption", diese hätte ihnen die Rückzahlung der Kredite in Metallwährung gesichert, obwohl sie Papiergeld verliehen hatten. Auch die Regierung als größter Schuldner des Landes war in diesen Konflikt eingebunden.

Wichtig war, dass diese Konflikte nicht unmittelbar wirksam wurden. Zunächst erlebten die USA nach dem Krieg einen wirtschaftlichen Boom in nahezu allen Bereichen. „The only manufactors who lost money during the War were those who gambled on an early peace", schreibt Irwin Unger.[331] Auch die Farmer vor allem im Norden profitierten von den steigenden Preisen für Getreide, Fleisch und andere Nahrungsmittel. Doch nicht alle gehörten zu den Gewinnern des Nachkriegs-Booms: Vor allem jene, die feste Einkommen bezogen, Angestellte, Arbeiter, sie mussten wegen der hohen Inflation Reallohneinbußen hinnehmen.

Die Silberfrage wurde unter diesen Bedingungen kaum erörtert, auch wenn das Problem virulent blieb. Formal basierte die Währung der USA ja noch auf dem Bimetallismus, auch wenn unter den Bedingungen der Nachkriegszeit kaum Silber oder Gold zirkulierte.[332] 1866 schlug man eine Revision der Münzgesetzgebung vor, um diese den realen Gegebenheiten besser anzupassen. 1870 wurde ein vom Kongress angeforderter Bericht veröffentlicht, dessen Autoren (unter ihnen waren der Director of the Mint, Linderman, und der Comptroller of the Currency, Knox) dafür plädierten, den Goldstandard abzuschaffen: „The present

[329] Irwin Unger, The Greenback Era, S. 16. Weiterhin Wesley Clair Mitchell, A History of the Greenbacks. With special Reference to their Issue, 1862–1865, Chicago 1903. Don C. Barrett, The Greenbacks and Resumption of Specie Payments, 1862–1879, Cambridge 1931. Bray Hammond, The North's empty Purse, 1861–1862, in: American Historical Review Vol. LXVII, Nr. 1 (October 1961). Steven P. Reti, Silver and Gold. The Political Economy of International Monetary Conferences, 1867–1892, Westport 1998, S. 68ff.

[330] Mertens, La Naissance de l'étalon-or, S. 198f. Davis Richard Dewey, Financial History of the United States, New York 1968, S. 360f.

[331] Irwin Unger, The Greenback Era, S. 20.

[332] Davis Rich Dewey, Financial History, S. 403.

gold dollar piece is made the dollar unit in the proposed bill, and the silver dollar piece is discontinued. If however, such a coin is authorized, it should be issued only as a commercial dollar, not as a standard of account (...).“[333]

Im April 1870 wurde dann auf der Basis des Reports ein Gesetz im Kongress eingebracht, das zwar die Ausprägung eines Silber-Dollars vorsah, allerdings mit einer auf höchstens fünf Dollar begrenzten Funktion als gesetzliches Zahlungsmittel. Im Senat wurde der Entwurf angenommen, im Repräsentantenhaus aber nicht mehr behandelt. Es folgte eine lange kontroverse Diskussion in Ausschüssen mit zahlreichen Änderungen, bis dann zwei Jahre später, im zweiten Anlauf am 27. Mai 1872, das Gesetz mit 113 zu 110 Stimmen angenommen wurde. Den Senat passierte es am 12. Februar 1873 einstimmig. Mit diesem Gesetz wurde in den USA zum ersten Mal ein monometallistischer Goldstandard eingeführt. Es war ein „hinkender Goldstandard“, weil Silbermünzen bis zur Höhe von fünf Dollar gesetzliches Zahlungsmittel blieben, zudem war es ein theoretisches Gesetz ohne direkte praktische Auswirkungen, weil die USA nach wie vor den Papiergeld-Zwangskurs eingeführt hatten.[334]

Das Währungsgesetz vom Februar 1873 wurde, und deswegen ist es hier interessant, drei Jahre später zum Gegenstand einer heftigen Kontroverse. Die Anhänger der Silberwährung warfen ihren Gegnern, den Befürwortern der Goldwährung, vor, das Parlament über die tatsächliche Tragweite des Gesetzes getäuscht zu haben. Niemand habe gewusst, dass mit diesem Gesetz tatsächlich die Goldwährung in den USA eingeführt worden sei. Man habe die Ignoranz und Gutmütigkeit der Abgeordneten und Senatoren ausgenutzt, um heimlich die Goldwährung einzuführen, für die es unter normalen Umständen keine Mehrheit gegeben hätte. Bald sprach man daher vom „Crime of 1873“.

In der Tat ist das Gesetz vom 12. Februar 1873 ein Wendepunkt in der Währungsgeschichte der USA, weil mit ihm zum ersten Mal bestätigt wurde, was schon seit Beginn des Jahrhunderts de facto galt: Die USA hatten nur ein Währungsmetall und das war das Gold. Silber war zwar de jure Währungsmetall, aber seit Jahrzehnten nicht mehr in Gebrauch. Den meisten Zeitgenossen, die mit den Details der Währungsgesetze nicht vertraut waren, war daher gar nicht bewusst, dass die USA eigentlich ein bimetallistisches Währungssystem hatten. Eben das war auch die Sichtweise der Abgeordneten und Senatoren, die dem Gesetz zustimmten.[335] Selbst der US-Gesandte auf der internationalen Währungskonferenz von Paris im Sommer 1867, Samuel B. Ruggles, beschrieb das US-System als reinen Goldstandard. Von einer Täuschung oder gar von einem Verbrechen 1873 kann also gar keine Rede sein. Hinzu kommt, dass das Gesetz das normale Gesetzgebungsverfahren ohne Beanstandungen durchlief, Verfahrensfehler wurden nicht geltend gemacht.

[333] Zit. nach ebd., S. 403.

[334] Text in: Herman E. Kroos (Hrsg.), Documentary History of Banking and Currency in the United States, Vol. III, New York Toronto London Sydney 1977, S. 1754ff.

[335] Jacques Mertens, La Naissance de l’étalon-or, S. 201–215.

2. Die Währungsfrage im Wahlkampf 1876

Seit 1865 war die Währungsfrage, Rückkehr zur Goldparität oder Fortdauer des Zwangskurses, ein beständiges Thema in der innenpolitischen Auseinandersetzung gewesen. In der Präsidentschaftskampagne des Jahres 1876 gewann sie noch einmal zusätzlich an Bedeutung.[336] Dabei waren die Fronten in der Währungsfrage höchst verwirrend, sie entsprachen in keiner Weise den Parteigrenzen, auch wenn die Republikaner in ihrer Mehrheit Anhänger des Hartwährungskonzeptes waren, die Demokraten waren gespalten. Auch lassen sich keine eindeutigen regionalen Konflikte ausmachen, es war keineswegs so, dass die Kaufleute und Industriellen des Ostens geschlossen für die Goldwährung eintraten, die Farmer des Westens und des Südens dagegen für die Papiergeldwährung. Ende 1875/Anfang 1876 beispielsweise befürworteten nacheinander die New York Chamber of Commerce, das New York Grocer's Board of Trade, das Boston Board of Trade ebenso wie das Newark Board of Trade die Resumption,[337] zugleich lehnte aber die Interessenvereinigung des produzierenden Gewerbes in New England einen zu schnellen Übergang zu einer harten Währungspolitik ab. Etwa gleichzeitig fand eine erneute heftige Debatte im House of Representatives statt. Hier hatten zu diesem Zeitpunkt die Demokraten die Mehrheit. Das blieb wegen ihrer Zerstrittenheit in dieser Frage jedoch irrelevant, so dass sich nun in Bezug auf die Währungsfrage neue Koalitionen ergaben. Entscheidend wurde, dass es den Anhängern der Hartwährung gelang mit Michael Kerr aus Indiana einen der ihren als Speaker zu etablieren, der erheblichen Einfluss auf die wichtige Zusammensetzung der Committees hatte, in denen auch über die Währungsfrage entschieden werden würde. Diese wurden dann auch überwiegend mit Parteigängern der Hard-Money-Interests besetzt und daher konnten alle Versuche der Weichwährungsanhänger, eine Reform in ihrem Sinne einzuleiten, abgewehrt werden.[338]

Die Niederlage im Kongress und die Tatsache, dass keine der beiden großen Parteien sich vorbehaltlos hinter die Forderungen nach einer Ausweitung der Papiergeldmenge stellen wollte, führten dazu, dass sich sehr schnell eine Partei unter dem Namen „Independent National Party" gründete, die sich die Forderungen der „Soft-Money-Interest" zu eigen machte.[339] Am 17. Mai 1876 versammelten sich 230 Delegierte aus 18 Staaten in Indianapolis zu einem Kongress

336 Für das Folgende: Irwin Unger, Greenback Era, S. 286–321.

337 New York Chamber of Commerce. Eighteenth Annual Report for 1875–1876, S. 86–91. New York Produce Exchange, Annual Report for 1875–1876, S. 16. Boston Board of Trade, Twenty-third Annual Report for 1876, S. 20f. Newark Board of Trade Eighteenth Annual Report for 1875, S. 31. Vgl. Irwin Unger, Greenback Era, S. 287.

338 Congressional Record, 44 Congress, 1 Session, S. 207, 318.

339 Fred E. Haynes, Third Party Movements Since the Civil War, with special Reference to Iowa. A Study in Social Politics, Iowa City 1916.

der Partei. Hier zeigte sich erneut die äußerst heterogene soziale und gesellschaftliche Herkunft der Mitglieder. Vertreter der klassischen Arbeiterbewegung waren ebenso anzutreffen wie Farmer, Rechtsanwälte oder Geschäftsleute. Sie alle hielt eine Idee zusammen, das war die Vorstellung, dass sowohl ihre individuellen als auch die allgemeinen wirtschaftlichen Probleme der USA durch die Fortsetzung des Zwangskurses und der Papierwährung gelöst werden könnten. „From the beginning", so schreibt Irwin Unger, „greenbackism had the quality of transfiguring faith, but its quasi-religious nature had never emerged so clearly as it did in Indianapolis."[340] In den Wahlen von 1876 konnten sich die Independents gleichwohl nicht behaupten. Ihr Präsidentschaftskandidat Cooper hatte gegen die Kandidaten der beiden großen Parteien keine Chance, er war mit über achtzig Jahren zu alt, und es gelang der neuen Partei nicht, die Arbeiterklasse für einen Millionär als Präsidentschaftskandidaten zu gewinnen. Die Wahlen gewann der Kandidat der Republikaner, Rutherford Hayes,[341] ein Anhänger der Hartwährung. Zum Finanzminister berief er John Sherman, ebenfalls ein Anhänger der harten Währung, allerdings auch ein Pragmatiker. In ihre Amtszeit fiel die entscheidende Auseinandersetzung um die Silberfrage und sie hing eng mit der Debatte um die harte oder weiche Währung, Resumption oder nicht, zusammen.

Auslöser der Debatte im März 1877 war der erneut starke Silberpreisverfall. 1874 war der Materialwert des Silberdollar unter den Parikurs gefallen, 1875 war er nur noch 96 Cents wert, ein Jahr später sank er auf unter 90 Cents.[342] Es war der frühere Republikaner George M. Weston aus Maine, der am 2. März 1876 einen Brief in der Zeitschrift „Boston Globe" veröffentlichte, und damit die Öffentlichkeit auf den Verfall des Silberpreises und seine Konsequenzen für das amerikanische Währungssystem aufmerksam machte.[343] Der Bimetallismus, so argumentierte Weston, habe seit jeher die Währungsgrundlage der Vereinigten Staaten gebildet, erst durch das „verbrecherische" Gesetz von 1873, mit dem die Ausprägung von Silbermünzen eingestellt worden sei, sei man zum Goldstandard übergegangen. Zudem schreibe auch die amerikanische Verfassung vor, dass Gold und Silber die Währungsbasis des Landes bilden. Jetzt, anlässlich der niedrigen Silberpreise, könne man die Silberwährung wieder einführen und würde der Wirtschaft damit wieder eine ausreichende Geldmenge zur Verfügung stellen. Auch wenn die Behauptungen Westons nicht zutrafen, sein Artikel fand weite Beachtung in den USA, zumal als am 23. März eine polemische Replik auf diese Behauptungen von Horace White in der Wochenzeitung „The Public" erschien.[344] In der schon lange schwelenden Diskussion zwischen den Befürwortern der Inflationspolitik und jenen der Hartwährungspolitik traten erstere zunehmend für die Silberwährung ein. Silber war bislang, ähnlich wie Gold, als

[340] Irwin Unger, Greenback Era, S. 306.

[341] Jürgen Heideking (Hrsg.), Die amerikanischen Präsidenten. 41 historische Portraits von George Washington bis Bill Clinton, München 1995.

[342] US Bureau of the Census. Statistical Abstract of the United States, 1907, S. 564.

[343] George M. Weston, The Silver Question, New York 1878. Der Brief findet sich auf S. 105–109.

[344] The Public 23.3.1876, S. 198f.

Garantie für eine antiinflationistische Politik wahrgenommen worden. Allein ein Zwangskurs und die daraus resultierende Papierwährung schienen den Inflationisten zur Erreichung ihrer Ziele geeignet. Eben das änderte sich, Silber war nun als Währungsmetall in so großen Mengen verfügbar, dass es ebenfalls eine inflationistische Politik erlaubte, wenn man – ähnlich wie beim Gold – seine Ausprägung frei gab. Eben dies forderte Weston in seinem Artikel.

In den nächsten Monaten ging eine Welle der Begeisterung für die Remonetisierung des Silbers durch das Land. „In practice, the silver dollar, as the greenback earlier, became an emotionally charged symbol which engendered noisy polemics rather than precise and temperate discussion."[345] Wie schon bei der Greenback-Bewegung zuvor, waren auch die Motive der Anhänger der Silberwährung sehr heterogen. Manche sahen die Einführung der Silberwährung als ersten Schritt, um den Mangel der Wirtschaft an Geld zu überwinden ohne die Forderung nach der Fortführung des Zwangskurses aufzugeben. Im Gegensatz zur Greenback-Bewegung wurde aber die Initiative für die Wiedereinführung des Silberdollars in hohem Maße auch von Kaufleuten und Industriellen getragen. Im Westen unterstützten die Handelskammern von Cincinatti und St. Paul die Silberwährung, auch aus Chicago, Toledo und St. Louis kam Unterstützung.[346] Dagegen fanden die Anhänger der Silberwährung in den großen, exportorientierten Städten der Ostküste weniger Unterstützung. Sie hatten kein Interesse an einer inflationären Währung, die ihre Wettbewerbssituation auf dem Weltmarkt, der sich unter britischem Einfluss am Gold orientierte, verschlechtert hätte.

Eine besondere Rolle spielten in dieser Diskussion die Silberminen Besitzer.[347] Für die „Bonanza-Kings", wie sie abschätzig genannt wurden, war die Silberfrage von existentieller Bedeutung, ein Silber-Dollar mit der Funktion als gesetzliches Zahlungsmittel hätte ihnen nach den Einbußen durch den Silberpreisverfall einen neuen sicheren Absatzmarkt eröffnet. Vor allem der Senator Jones aus Nevada, ein Multimillionär und Silberminenbesitzer, wandelte sich in dieser Diskussion vom Gegner der Papierwährung zum Anhänger der freien Silberausprägung.

Wichtig für die Silber-Bewegung war auch die Unterstützung zweier großer Tageszeitungen, der Chicago Tribune und des Cincinatti Commercial.[348] Diese gehörten zu den einflussreichsten Zeitungen des Landes und waren deswegen von besonderer Bedeutung. Ihre Herausgeber, Joseph Medill und Murat Halstead, waren keineswegs Inflationisten, sie hatten die Greenback-Bewegung bekämpft, sahen aber im Silber-Dollar die Rückkehr Amerikas zu seiner alten Währungstradition. Zudem traten sie auch weiterhin für die Resumption, d.h. die baldige Einlösung des Papiergeldes in Gold ein, die aber unmöglich war, weil sie mit einer Verknappung des Geldangebotes verbunden war. Silber erschien ihnen

345 Irwin Unger, Greenback Era, S. 332.

346 Ebd., S. 334.

347 Laughlin, History of Bimetallism, S. 195. Die Einschätzung der Rolle der Silberminenbesitzer ist in der Forschung uneinheitlich. Während Laughlin sie unter Verweis auf ihre starke Position im Kongress als bedeutsam einschätzt, ist Unger skeptisch. Vgl. ders., Greenback Era, S. 335.

348 Unger, Greenback Era, S. 342.

hier eine gute Alternative: Das Papiergeld würde wieder an Metall gebunden, zugleich aber die nachteilige Verknappung des Geldangebotes vermieden.

Insgesamt setzte also die Silber-Bewegung ab 1876 fort, was schon seit 1865 von den Anhängern des Zwangskurses gefordert wurde: Eine langfristige Ausweitung der Geldmenge, von der man sich eine Belebung der Wirtschaft insgesamt erhoffte. Bemerkenswert allerdings ist, dass die wenigsten Anhänger des Silberdollars die ökonomische Tragweite ihrer Position durchschauten, zumal selbst die Wissenschaftler in dieser Frage gespalten waren. Die Silber-Bewegung, wie auch die Greenback-Bewegung waren daher in manchem soziale Protest-Bewegungen, in denen sich jene artikulierten, die mit ihrer persönlichen ebenso wie der allgemeinen wirtschaftlichen und politischen Lage unzufrieden waren. Nur unter diesen Bedingungen konnte die Silber-Bewegung jene soziale und politische Dynamik gewinnen, die sie zu einem innenpolitischen – und dann auch außenpolitischen – Faktor machte.

3. Der „Bland-Allison Act" von 1878 und sein innenpolitischer Hintergrund

Die Auseinandersetzungen um die Währungspolitik fanden ihren Niederschlag auch im Kongress. Seit 1875 war der Resumption Act maßgebend für die US-amerikanische Geldpolitik, der den Finanzminister ermächtigte, Bundeswertpapiere auszugeben, um hieraus eine Gold-Reserve aufbauen zu können und einen Teil der „Greenbacks" einzuziehen. Das Ziel war die Parität zwischen dem Papiergeld-Dollar und jenem aus Gold, die Wiedererrichtung des Goldstandards also. Diese Politik stieß unter den geschilderten Umständen auf wachsenden Widerstand: Im Sommer 1876 wurde insgesamt ein halbes Dutzend verschiedene Gesetzentwürfe eingebracht, die alle das Ziel verfolgten, Silber wieder zu einem gesetzlichen Zahlungsmittel zu erheben.[349] Am 18. Juli 1876 brachte W.D. Kelley einen Gesetzentwurf im Repräsentantenhaus ein, der in der Folgezeit als Diskussionsgrundlage galt.[350] Ein ähnlicher Entwurf wurde vom Abgeordneten Bland vorgelegt.[351] Im Dezember erläuterte Bland seinen Vorschlag, wie er im Committee of Mines and Mining diskutiert worden war: Dieser sah vor, dass 50 $-Banknoten im Wert von zunächst insgesamt 10 000 $ ausgegeben werden sollten, gedeckt durch Gold oder Silber, das bei den verschiedenen Münzbüros eingezahlt werden könne. Diese Noten sollten jederzeit wieder in Gold bzw. Silber eintauschbar sein und als gesetzliches Zahlungsmittel gelten. Der Vorschlag Kelleys sah einfach vor, dass eine Silbermünze mit einem Feingehalt von 412,5 aus-

[349] Unger, Greenback Era, S. 344.

[350] Laughlin, History of Bimetallism, S. 181f. Vgl. auch Congressional Record, 44th Congress, S. 4704.

[351] Congressional Record, 44th Congress, S. 5186.

geprägt werden sollte, die ebenfalls, das war entscheidend, als gesetzliches Zahlungsmittel fungieren sollte.

„Be it enacted", so lautete der Entwurf, „that there shall be from time to time coined at the Mints of the United States silver dollars of the weight of 412,5 grains standard silver to the dollar, as provided for in the act of January 18, 1837, and that said dollar shall be a legal tender for all debts, public and private, except where payment of gold coin is required by law."[352]

Dieser Vorschlag wurde am 13. Dezember 1876 vom Repräsentantenhaus mit einer Mehrheit von 167 zu 53 Stimmen gebilligt. Mit ihm wäre die freie Ausprägung von Silber genehmigt, und damit der Bimetallismus eingeführt worden. Doch wurde er in dieser Legislaturperiode nicht mehr im Senat behandelt; die Angelegenheit musste deswegen in die nächste Periode übertragen werden. Im folgenden Herbst brachte Bland den Kelley-Entwurf erneut ins Repräsentantenhaus ein, das ihn diesmal ohne Debatte am 5. November 1877 gleich an den Senat weiterleitete. Hier war die Unterstützung für die Silberwährung jedoch zurückhaltender als im Repräsentantenhaus.[353] Zum einen wurde die Silberausprägung nicht, wie im Entwurf des Repräsentantenhauses vorgesehen, völlig liberalisiert, sondern engen Restriktionen unterworfen. Der Finanzminister wurde ermächtigt, für monatlich mindestens zwei Millionen Dollar, jedoch höchstens vier Millionen Dollar, Silber zum Marktpreis aufzukaufen und als Münzen auszuprägen. Auf Initiative von Senator William B. Allison aus Iowa wurde der Entwurf der ersten Kammer mit Amendments versehen, die den Charakter des Gesetzes wesentlich veränderten. Die Seignorage sollte dem Treasury Department zustehen. Noch bedeutsamer für das hier zu behandelnde Thema der internationalen Währungspolitik war, dass das Financial Committee des Senates unter der Leitung von Allison ein Amendment einbrachte, das die Regierung beauftragte, eine internationale Münzkonferenz einzuberufen, mit dem Ziel, Silber auch international wieder als Währungsmetall einzuführen.[354] Eine ähnliche Forderung hatte schon zu Beginn der Silberdebatte 1876 der Senator von Nevada, Jones, erhoben. Der Präsident sollte im Rahmen dieses Gesetzes verpflichtet werden, die Länder der Lateinischen Münzunion und andere europäische Staaten, die ihm als geeignet erschienen, zu einer Konferenz einzuladen, „for the purpose of establishing, internationally, the use of bimetallic money and securing fixity of relative value between those metals."[355] Innerhalb von sechs Monaten nach Inkrafttreten des Gesetzes sollte die Konferenz in den USA oder in Europa stattfinden.

[352] Zit. nach Laughlin, History of Bimetallism, S. 182. Vgl. auch A. Barton Hepburn, A History of Currency in the United States, New York 1915, S. 282f.

[353] Hierzu Richard Franklin Bensel, The Political Economy of American Industrialization, 1877–1900, Cambridge 2000, S. 372f.

[354] Laughlin, History of Bimetallism, S. 184f. Unger, Greenback Era, S. 362., Vgl. auch Charles F. Dunbar (Hrsg.), Laws of the United States Relating to Currency, Finance and Banking from 1789–1891, New York 1968, S. 246–248.

[355] Congressional Record. Forty-Fifth Congress, Second Session, Vol. VII, Washington 1878, S. 1087. Vgl. auch Margaret F. Myers, A Financial History of the United States, S. 206.

Mit diesem Amendment wurde die Silberfrage, die bislang ein innenpolitisches Problem der Vereinigten Staaten gewesen war, in die internationale Politik getragen. Senator Allison begründete sein Amendment damit, dass das vorgesehene Gesetz eine Relation zwischen Gold und Silber von 1:16 vorsehe. Da aber die Länder der Lateinischen Münzunion eine (zu diesem Zeitpunkt theoretische) Relation von 1:15,5 zugrunde legten, das Silber also um 3,5 Prozent höher bewerteten, wäre die US-amerikanische Geldpolitik bald in Schwierigkeiten geraten.

„Then", so fuhr Allison fort, „what will be the result if we persist in this monetary unit? The result will be either that the bimetallic nations of Europe will keep their mints closed; or when they open their mints for free coinage of silver, every silver dollar that is in the United States will flee again to Europe (...)."[356]

Das Problem lag also im unterschiedlichen Marktpreis für Silber in den USA und Europa. Die europäischen Staaten bewerteten Silber höher als die USA, und deswegen würden Geldhändler versuchen, das in den USA zu niedrigem Preis erworbene Silber in Europa wieder zu verkaufen. Das wäre für Arbitrageure angesichts der gesetzlich fixierten Preise ein sicheres Geschäft geworden. Die Folgen für die USA aber waren gefährlich: Wie schon nach dem Gesetz von 1834 würden bald alle Silbermünzen aus dem Geldumlauf der USA verschwinden und das Land befände sich wieder auf einem De-facto-Goldstandard, eben jener Situation, die mit Hilfe des Gesetzes überwunden werden sollte. Aus diesem Grund, so die Überlegung von Senator Allison, müsste die US-Regierung eine Übereinkunft mit den europäischen Staaten, vor allem jenen der Lateinischen Münzunion, über ein gemeinsam fixiertes Verhältnis von Gold und Silber festlegen.[357] Es waren also wirtschaftliche Notwendigkeiten, die den Finanzausschuss des Senates bewogen, das bislang ausschließlich innenpolitisch diskutierte Problem der Silberwährung zum Thema einer internationalen Konferenz zu machen. Nur durch eine internationale Übereinkunft ließ sich der Erfolg des Gesetzes langfristig garantieren, das war der Sinn des Amendments.

Das Amendment stieß in der Sitzung des Senates vom 15. Februar 1878 auf heftige Kritik. Selbst Anhänger der Silberwährung waren überrascht, dass der Bimetallismus in den USA nach der Argumentation des Finanzausschusses langfristig nur mittels eines internationalen Übereinkommens durchgesetzt werden konnte. „I confess that I was a little surprised at the admission of the Senator from Iowa that its stability does substancially depend on such cooperation", erklärte der Senator von Michigan, Ferry (Republikaner).[358] Pointierter noch argumentierte sein Kollege Augustus Merrimon (Demokrat, North Carolina) gegen

[356] Congressional Record. Forty-Fifth Congress, Second Session, Vol. VII, Washington 1878, S. 1085.

[357] Dabei hatte es auch in der amerikanischen Diskussion durchaus Stimmen gegeben, die dafür plädierten, die traditionelle US-Relation zwischen Gold und Silber von 1:16 aufzugeben zugunsten der von der Lateinischen Münzunion bevorzugten Relation von 1:15,5. Vgl. hierzu Steven P. Reti, Silver and Gold, S. 71.

[358] Congressional Record. Forty-Fifth Congress, Second Session, Vol. VII, Washington 1878, S. 1085.

das Amendment: „I wish to say that I am opposed to all foreign alliances and entanglements. Let other nations fix their money standard as they will; let us fix ours as suits to our convenience.“[359] Zweifellos basierte die Auseinandersetzung zum Teil auf der Unkenntnis eines Großteils der Senatoren über die Zusammenhänge internationaler Währungsbeziehungen. Sachlich hatte Senator Allison völlig Recht, wenn er argumentierte, dass eine Doppelwährung nur dann langfristig erfolgreich sein würde, wenn das Verhältnis zwischen Gold und Silber international fixiert würde. Damit allerdings müsste sich die US-Regierung hinsichtlich der Währungsfrage langfristig an andere Regierungen binden, d.h. die nationale Souveränität würde in diesem entscheidenden Punkt eingeschränkt. Eben dies wollte Merrimon nicht akzeptieren. Die Entscheidungsfreiheit der US-Regierung durfte nach seiner Ansicht nicht in Frage gestellt werden. Damit war im Washingtoner Parlament eine ähnliche Situation entstanden wie sechs Jahre zuvor im Berliner Reichstag. Dort hatten Ludwig Bamberger und Rudolph von Delbrück die gleiche Position bezogen wie jetzt Merrimon; in der Währungsfrage dürfe sich keine Regierung an eine andere binden. Doch es gab ebenso vehementen Zuspruch: „Free Silver“, so warnte Senator Joseph Ropes aus Boston, „would be a great disaster to the country, an irremediable calamity, but an international treaty to put gold and silver on a substantial equlibrium was by no means impossible.“[360] Anders als die deutschen Anhänger der Goldwährung konnten sich die amerikanischen in der entscheidenden Abstimmung nicht durchsetzen. Das Amendment, welches die Einberufung einer internationalen Währungskonferenz zur Fixierung des Verhältnisses zwischen Gold und Silber vorsah, wurde mit vierzig gegen dreißig Stimmen bei sechs Enthaltungen angenommen.[361]

Die Anhänger der Silberwährung im Repräsentantenhaus waren mit diesen Änderungen gleichwohl nicht zufrieden. Dem Gesetz, welches ursprünglich die freie Ausprägung von Silbermünzen in den USA und damit ein bimetallistisches System anstelle des Goldstandards einführen wollte, war mit den Amendments des Senates die Spitze genommen. Zwar konnten auch jetzt Silbermünzen parallel zu Gold ausgeprägt werden, dies jedoch nur in begrenzter Form. Der Goldstandard wurde durch diese Maßnahmen nicht gefährdet, zumal die Regierung die im Rahmen des Gesetzes ausgeprägten Silbermünzen nicht in Umlauf brachte, sondern zurückhielt.[362] Gleichwohl akzeptierte das Repräsentantenhaus die Vorlage des Senates nach kurzer Diskussion, auch wenn die Anhänger der freien Silberausprägung nicht zufriedengestellt werden konnten. Präsident Rutherford B. Hayes, wie alle Präsidenten ein Anhänger der Goldwährung, legte jedoch gegen den Gesetzentwurf ein Veto ein.[363] Dies hatte sich schon angedeutet, als der

359 Ebd.

360 Walter K. Nugent, Money and American Society 1865–1880, New York London 1968, S. 245.

361 Congressional Record. Forty-Fifth Congress, Second Session, Vol. VII, Washington 1878, S. 1091.

362 Commercial and Financial Cronicle, January 1879, „Retrospect of 1878“. Vgl auch Walter Nugent, Money and American Society, S. 250.

363 Für das Folgende: Message by President Rutherford B. Hayes vetoing the Bland-Allison Act,

Präsident in seiner „Annual Message" vom 3. Dezember 1877 den Gesetzentwurf scharf kritisiert hatte.[364] Jetzt argumentierte Hayes vor allem damit, dass das Land und seine Regierung ihr Vertrauen verspielen würden, wenn sie Anleihen, welche in Gold ausgegeben worden waren, nun auch in unterwertigen Silberdollar zurücknehmen könnte. „In view of these facts it will be justly regarded as a grave breach of the public faith to undertake to pay these bonds, principal or interest, in silver coin worth in the market less than the coin received for them."[365] Das betreffe, so Hayes weiter, nicht nur die US-Wirtschaft, sondern auch die internationalen Finanzmärkte, auf denen die USA ihre Glaubwürdigkeit verlieren würden. „National promises should be kept with unflinching fidelity. There is no power to compel a nation to pay its just debts. Its credit depends on his honor."[366] In der Tat fielen die US-Anleihen auf dem Londoner Markt mit dem Beginn der Diskussion um den Bland-Allison Act im Repräsentantenhaus, was die heftige Opposition der großen US-Bankhäuser gegen den Gesetzentwurf bewirkte, die den Präsidenten in seiner Hartwährungspolitik unterstützten.[367] Am 28. Februar 1878 schickte Hayes das Gesetz zurück an das Repräsentantenhaus, das es noch am gleichen Tag ebenso wie der Senat mit der erforderlichen Zwei-Drittel-Mehrheit verabschiedete.

Der sog. Bland-Allison Act war also ähnlich wie die deutsche Währungsgesetzgebung das Resultat einer spezifisch amerikanischen innenpolitischen Situation, in der die Konsequenzen der Industrialisierung Gesellschaft und Politik veränderten. In den Vereinigten Staaten wurde die Situation allerdings durch die seit 1873 vorherrschende wirtschaftliche Depression und die mit dieser einhergehenden Deflation verschärft.[368] Das Gesetz stand im Zusammenhang mit der Frage der Resumption, der Auseinandersetzung um eine inflationistische oder stabilitätsorientierte Währungspolitik. Dieser Konflikt wurde durch ein sozioökonomisches „Cleavage" bestimmt, das auch für die Entstehung des Bland-Allison Act bedeutsam war, das unterschiedliche ökonomische Entwicklungsniveau der zum US-Bundesstaat gehörenden Teilstaaten. So stimmten bei der entscheidenden Abstimmung im Kongress vor allem Abgeordnete und Senatoren aus Staaten mit hohem und mittlerem Entwicklungsniveau für die Goldwährung, d.h. gegen das Gesetz. Der Bland-Allison Act wurde also vor allem von Abgeordneten und Senatoren aus Regionen mit niedrigerem Entwicklungsniveau un-

Febuary 28, 1878, in: Congressional Record 45th Congress, 2nd session, VII, S. 1410–1412. Vgl. auch Herman E. Kroos (Hrsg.), Documentary History of Banking and Currency in the United States, New York u.a. 1977, S. 1920–1922.

[364] Franklin Bensel, Political Economy, S. 376.

[365] Herman Kroos, Documentary History, S. 1921.

[366] Ebd, S. 1222.

[367] Unger, Greenback Era, S. 360. Charles Richard Williams, Diary and Letters of Rutherford B. Hayes. Nineteenth President of the United States, Vol. 3: 1865–1881, Columbus 1924, S. 459–462.

[368] Steven P. Reti, Silver and Gold, S. 63. Zur Deflation und ihren Folgen: Milton Friedman, Anna Jacobsen-Schwartz (Hrsg.), A Monetary History of the United States, S. 486–500. Phillip Cagan, Determinants and Effects of Changes in the Stock of Money, 1875–1960, New York 1965, S. 259.

terstützt.[369] Ebenso waren die wohlhabenden Banker und Versicherungsanbieter gegen den Bland-Allison Act. Dieser innenpolitische Konflikt wurde durch den Art. 2 des Gesetzes, durch die Forderung nach einer internationalen Währungskonferenz, nach außen getragen und auf diese Weise ein Bestandteil von Außenpolitik, auch wenn sich der für die Außenbeziehungen zuständige Präsident gegen das Gesetz ausgesprochen hatte. Erneut wird damit am Beispiel des Bland-Allison Acts deutlich, wie sehr die durch die Industrialisierung bewirkten Wandlungsprozesse der Gesellschaften die außenpolitischen Entscheidungsträger beeinflussten, in ihrer Entscheidungsfreiheit einengten, ja sie sogar zwangen, gegen ihren Willen eine internationale Währungskonferenz einzuberufen.[370] Zudem ist bedeutsam, dass der in seinem Kern sozio-ökonomisch bedingte innenpolitische Konflikt, ähnlich wie zuvor im Deutschen Reich, über das Parlament in die internationale Politik getragen wurde. Auch in diesem Beispiel wurde das Parlament zu einem Akteur in den internationalen Beziehungen auf dem Währungssektor.

4. Die Reaktionen auf die US-amerikanische Währungsinitiative

Das Gesetz forderte von der US-Regierung die Einberufung einer internationalen Währungskonferenz innerhalb von sechs Monaten nach dem Inkrafttreten. Schon im März lud die US-Botschaft in Paris die französische Regierung ein, auf internationaler Ebene über die Fixierung des Preises zwischen Gold und Silber zu diskutieren. Die USA hätten hieran ein besonderes Interesse: Zum einen nähme das Land durch seine geographische Lage eine Mittlerrolle zwischen Ost und West ein, es müsste also sowohl die in Asien dominierende Silberwährung als auch die in westlichen Hemisphäre vorwiegend verwendete Goldwährung bedienen. „And, besides, as a principal producer of silver, it has a just disposition to promote one of the important uses of that precious metal as a constituent part of the money (...)“.[371] Es wurden also die wirtschaftlichen Interessen der USA in den Vordergrund geschoben, offen blieb, welche Interessen Frankreich an einer solchen Konferenz haben könnte. Offenbar ging man in Washington davon aus, dass Frankreich und die Lateinische Münzunion eine bimetallistische Initiative auf jeden Fall unterstützen würden. Die Konferenz, so erläuterte US-Botschafter Noyes weiter, könne in Europa oder in den USA stattfinden. Der

[369] Für das Folgende: Franklin Bensel, Political Economy, S. 378.

[370] Hayes konnte nur insoweit Interesse an der Konferenz haben, als mit ihrer Hilfe die Silberbewegung in den USA ruhiggestellt werden konnte. Vgl. Henry B. Russell, International Monetary Conferences, New York London 1898.

[371] MAE Direction Commerciale. Conference monétaire de 1878, Vol. 608, Nr. 10, Legation of the United States, Paris to Ministère des Affaires Etrangères, 29.3.1878. Zur französischen Perzeption vgl. auch: Victor Bonnet, La Reprise de l'Etalon d'Argent aux Etats Unis et le Projet de Conférence internationale, in: Revue des deux Mondes XXVII, 1 juin 1878, S. 679f. Henri Cernuschi, The Bland Bill: Its Grounds, its Alleged Dishonesty, its Imperfections, Paris 1878.

innenpolitische Hintergrund, die Debatten im Kongress und die Bedeutung des Amendments, wurden in dieser Note nicht erwähnt.

Auch wenn in der Initiative der US-Regierung nicht berücksichtigt wurde, welche Interessen die europäischen Länder an einer solchen Konferenz haben könnten, war die erste Reaktion in Paris positiv. Schon aus einem Gespräch mit dem französischen Außenminister Waddington hatte Botschafter Noyes erfahren, dass dieser die Idee einer Währungskonferenz unterstützen würde. „Mr. Waddington did not, however, desire that his government should be considered as definitely and finally committed until such time as he could consult the other powers composing the Latin Union, and which were equally interested.“[372] In der Tat erwies es sich als für die US-Initiative vorteilhaft, dass für den Sommer 1878 auch eine Konferenz der Lateinischen Münzunion angesetzt war, auf der über den im Oktober des Jahres auslaufenden Vertrag von 1874 verhandelt werden sollte. Frankreich und die Länder der Lateinischen Münzunion mussten sich also schon aus diesem Grund untereinander verständigen. Gleichwohl, bemerkenswert ist, dass die französische Regierung sich bemühte, ihre Währungspolitik mit jener der Länder der Lateinischen Münzunion abzustimmen.

Intern war man sich in Paris jedoch der begrenzten Erfolgsmöglichkeiten der amerikanischen Initiative bewusst.

„Je ne crois pas, M. et cher Collègue“, schrieb Waddington an Finanzminister Say, „qu'il y ait lieu de chercher à préjuger les résultats d'une conférence réunie pour examiner une question de cette nature, mais, quelles que puissent être les difficultés que présentera sans doute la solution d'une semblable question, vous jugerez peut-être, comme moi, que nous ne saurions décliner l'invitation qui nous est faite et qui aura toujours pour avantage de provoquer une utile échange d'idées entre quelques Gouvernements sur un sujet d'une aussi grande importance.“[373]

Auf jeden Fall, so betonte der Außenminister auch hier wieder, müsse die französische Regierung zunächst Kontakt mit den Partnern der Lateinischen Münzunion aufnehmen. Finanzminister Say stimmte ihm vollständig bei.[374] Auch wenn sich die Verantwortlichen keine konkreten Ergebnisse versprachen, begrüßten sie doch die Konferenz als eine Gelegenheit, die währungspolitischen Fragen, die in der französischen Außenpolitik seit 1865 eine wichtige Rolle spielten, erneut auf die Tagesordnung zu setzen, um hierdurch die außenpolitische Isolation aufzubrechen, in die Paris seit 1871 geraten war. Hatten währungspolitische Initiativen in den sechziger Jahren dazu gedient, die französische Hegemonialpolitik in Europa währungspolitisch zu flankieren, so diente sie nun als Instrument, um überhaupt wieder in die Außenpolitik hineinzukommen. Umso befriedigender war für die französische Regierung, dass sich die Länder der Lateinischen Münzunion

[372] FRUS 1878, Washington 1878, Nr. 115, Mr. Noyes to Mr. Evards, Paris, 5.4.1878. Zur französischen Position vgl. auch Steven P. Reti, Silver and Gold, S. 83–85.

[373] MAE Direction Commerciale. Conférence monétaire de 1878, Vol. 608, Waddington à Léon Say, Ministre des Finances, 2.4.1878.

[374] Ebd., Léon Say à Waddington, 6.4.1878. Vgl. zur französischen Diskussion auch Félix de Parieu, L'Unification monétaire devant l'Exposition Universelle de 1878, in: Journal des Economistes I (Février 1878), S. 179. Ders., La question de l'uniformité monétaire en 1878, in: Correspondant LXXV (nouvelle série), Mai 25, 1878, S. 720–726.

schnell bereit erklärten an dieser Konferenz teilzunehmen. Die schweizerische Regierung signalisierte ihre Zustimmung ebenso wie die griechische sehr schnell.[375] Dagegen war die Reaktion der italienischen Regierung zunächst irritierend. Außenminister Graf Corti erklärte gegenüber den US-Botschafter in Rom, Marsh, am 20. April, dass zwar noch keine Entscheidung gefallen sei, Italien aber wahrscheinlich nicht an der Konferenz teilnehmen werde.

„Italy he thinks, is disposed to adhere to a gold coinage as the single standard of monetary value, and of course has little motive for participating in a conference the object of which is to fix the relation between gold and a metal, which, though recognized as suitable for coinage by other nations, is so considered only to an insignificant extent by herself."[376]

Erstaunlich war diese Aussage, weil Italien zu diesem Zeitpunkt de jure ein bimetallistisches Währungssystem hatte, de facto aber immer noch eine Papierwährung unter dem Corso Forzoso. Offenkundig kannte sich der Außenminister in den Grundzügen der Währungspolitik nicht aus. Das Problem wurde dann auch am 7. Mai einem informellen Ausschuss übertragen, der dann beschloss, dass die Frage zunächst im Kreise der Lateinischen Münzunion geklärt werden müsse. In diesem Rahmen stimmte die Regierung einer Teilnahme am 24. Juni schließlich zu.[377]

Bemerkenswert war auch die Antwort der belgischen Regierung. Hier stimmte man der französischen Einschätzung zu, dass die Konferenz kaum zu konkreten Ergebnissen führen würde. Finanzminister Jules Malou legte ebenso wie sein Pariser Kollege Wert darauf, dass die Lateinische Münzunion eine gemeinsame Position einnehme.

„Comme nous aussi", so berichtete der französische Botschafter aus Brüssel nach Paris, „il (gemeint ist Malou, d.V.) part du principe que l'union de 1865 constitue un faisceau qu'il ne faut pas laisser désoudre, et que chaqun des Etats pourrait accepter l'invitation à la conférence lorsque tous se seraient prononcés dans ce sens."[378]

Zudem schlug Malou Paris als Konferenzort vor, „bien central et intermédiaire naturel entre les Etats Unis et les autres Etats."[379] Bemerkenswert ist, dass alle Staaten der Lateinischen Münzunion der Überzeugung waren, dass die Währungsunion erhalten bleiben müsse, und das, obwohl die Union in großen Schwierigkeiten war: In Frankreich und Italien galt nach wie vor der Zwangskurs,

375 MAE Direction Commerciale. Conférence monétaire de 1878, Vol 608, Nr. 37/38, Delyannis à MAE, 14.4.1878; Ambassade de France en Suisse à MAE, 20.5.1978.

376 NARA Record Group 59 (Department of State) M90, Roll 18, Despatches from US-Ministers to the italian states 1832–1906, Marsh an Evarts, 20.4.1878.

377 Auch die italienische Regierung strebte eine Vor-Konferenz der Lateinischen Münzunion im Oktober 1878 an, dies wurde jedoch von Außenminister Waddington zurückgewiesen mit der Begründung, dass die von den USA initiierte Konferenz bis August 1878 stattfinden müsse. Vgl. MAE Direction Commerciale. Conférence de 1878, Vol 608, Waddington à Léon Say, 8.6.1878. Die Zusage ging an die US-Regierung: NARA, Record Group 59, M17, Diplomatic Register – to the Department, 24.6.1878.

378 MAE Direction Commerciale. Conférence monétaire de 1878, Vol. 608, Légation de France en Belgique à MAE, 18.4.1878. Hervorhebung im Original.

379 Ebd.

ein De-facto-Verstoß gegen den Vertrag, und die belgische Regierung plädierte ebenso wie die der Schweiz seit 1874 für den Übergang zum monometallistischen Goldstandard. Entscheidend war offenbar, dass Frankreich von allen beteiligten Staaten immer noch als die währungspolitische Führungsmacht wahrgenommen wurde. Frankreich war nach wie vor das Kernland der Währungsunion, dies zeigte sich auch darin, dass der belgische Finanzminister von Paris als „intermédiaire naturel" zwischen der Vereinigten Staaten und der Lateinischen Münzunion sprach. Trotz des unbestreitbaren Bedeutungsverlustes, den die Pariser Regierung seit dem Krieg gegen das Deutsche Reich hinnehmen musste, galt das Land immer noch als währungs- und außenpolitischer Anker für die romanisch beeinflusste Welt.

Neben den Ländern der Lateinischen Münzunion entschlossen sich auch die Niederlande, die seit 1875 den monometallistischen Goldstandard als Währungssystem hatten, an der Konferenz teilzunehmen. Eine Änderung des Währungssystems, so erfuhr die französische Delegation in Den Haag, käme nicht in Betracht, vor allem wegen der geographischen Lage des Landes zwischen dem Deutschen Reich und Großbritannien, beides Länder mit Goldstandard-Systemen.[380]

Eben dort stieß die amerikanische Initiative nämlich nicht nur auf Zustimmung. Der deutsche Staatssekretär im Auswärtigen Amt, von Bülow, teilte dem amerikanischen Geschäftsträger in Berlin im Mai mit, dass noch keine Entscheidung vorliege, die Angelegenheit sei an das Finanzministerium weitergeleitet worden. Am 21. Juni 1878 dann erklärte das Außenministerium offiziell, dass sich das Deutsche Reich nicht an der Konferenz beteiligen werde. Die Gründe hierfür, so von Bülow,

> „lassen sich im wesentlichen dahin zusammenfassen, dass Deutschland, gestützt auf die bereits gemachten Erfahrungen, des Entschlusses ist, an der seit dem Jahre 1871 aufgenommenen reinen Goldwährung festzuhalten, dass hierbei die Thatsache, einer Theilnahme der Kaiserlichen Regierung an Berathungen zur Feststellung des bimetallistischen Geldes im Publikum sofort Zweifel an der Bestimmtheit des Entschlusses hervorrufen würde, Zweifel, welche nachtheilig und sogar gefährlich wirken würden, weil erfahrungsmäßig eine jede Unsicherheit in der Münzpolitik von dem schädlichsten Einflusse auf Handel und Verkehr ist."[381]

Damit hielt die Reichsregierung konsequent an dem mit der Währungsreform von 1870/73 eingeschlagenen Kurs fest. Schon damals hatten Bamberger und Delbrück betont, dass das Reich in seinen geldpolitischen Entscheidungen autonom bleiben müsse, und dies ausschließlich durch die Goldwährung garantiert würde. Aus dieser Perspektive war es nur konsequent, die Teilnahme an der Konferenz abzusagen, zumal eine solche Teilnahme, wie Bülow zu Recht schrieb, die Märkte verunsichern musste.

[380] MAE Direction Commerciale. Conférence Monétaire de 1878, Vol 608, Légation de France aux Pays Bas à MAE, 15.7.1878.

[381] NARA Record Group 59 (State Department), M44, Roll 41, Bayard Taylor (Berlin) to the Department, 21.6.1878.

Ganz ähnlich waren die Überlegungen der britischen Regierung. Schon im März 1876 hatte das britische Parlament eine Kommission beauftragt die Ursachen für den andauernden Silberpreisverfall zu ermitteln.[382] Unter dem Vorsitz von Notenbankpräsident George Joachim Goschen[383] kam die Expertenrunde zu dem Ergebnis, dass der Silberpreisverfall vor allem auf die Verkäufe durch das Deutsche Reich und die Silberentdeckungen in Nevada zurückzuführen war. Ein Wechsel des Währungssystems kam für London trotzdem zu keinem Zeitpunkt in Frage. Gleichwohl zeigte die britische Regierung Interesse an einer internationalen Konferenz über die Wertrelation zwischen Gold und Silber:

„I have now to state", so schrieb das Foreign Office in seiner Antwortnote an die US-Regierung, „that while Her Majesty's Government are unable to hold out the slightest prospect that England will depart from her policy in respect to currency questions which she has pursued for sixty years, nevertheless in other parts of Her Majesty's dominions other systems prevail."[384]

Die britische Regierung spielte hier auf ein zentrales Problem an, dass nämlich Indien als wichtigste Kolonie eine monometallistische Silberwährung hatte. Weil im Mutterland der Goldstandard galt, hatte das britische Weltreich de facto eine bimetallistische Währung, wenn auch nicht im eigentlichen Sinne, weil Silber in England kein gesetzliches Zahlungsmittel war (ebenso wenig wie Gold in Indien). Die Wirtschaftsbeziehungen zwischen beiden Teilen des Reiches waren aber so intensiv, dass beide, England und Indien, an einem möglichst stabilen Verhältnis zwischen beiden Währungen interessiert waren. Wenn es also eine Möglichkeit gab, den Silberpreisverfall der vergangenen Jahre durch eine internationale Einkunft zu stoppen, dann musste die britische Regierung hieran großes Interesse haben. Die Handelskammer von Liverpool beklagte die negativen Auswirkungen des Silberpreisverfalls für die Exporte nach Indien.[385] Andererseits durfte der Goldstandard in England nicht in Frage gestellt werden. Aus diesem Grunde erbat sich die britische Regierung die Zusicherung Washingtons, dass ihre Teilnahme an der Konferenz nicht als prinzipielle Zustimmung zum internationalen Bimetallismus interpretiert werde. Zudem sollten die britischen Delegierten lediglich als Beobachter an der Konferenz teilnehmen, sie würden sich der Diskussion und der Stimme enthalten.[386] Die gleiche Forderung erhoben auch die skandinavischen Staaten zur Bedingung für ihre Teilnahme.[387]

Auch wenn die deutsche Reichsregierung gar nicht und die britische nur unter Vorbehalt teilnahmen, konnten die Initiatoren mit der Resonanz in Europa zu-

[382] Hansard 3s, 227:1403,4. Vgl. auch PRO FO Confidential Papers. Correspondence respecting the Monetary Conference held at Paris in 1881. Nr. 108 Mr. Fremantle to Earl Granville, 2.12.1881.

[383] Thomas F. Spinner, George Joachim Goschen. The Transformation of a Victorian Liberal, London 1973.

[384] NARA Record Group 59 (State Department), M 30, Roll 130, Note Foreign Office to Welsh, Copy, 11.6.1878.

[385] Liverpool blieb aber trotz der gravierenden Probleme zu diesem Zeitpunkt noch eine Ausnahme. Hierzu: Steven P. Reti, Silver and Gold, S. 79.

[386] NARA Record Group 59 (State Department), M 30, Roll 130. Welsh to Department, 1.7.1878.

[387] Vgl. Russell, Monetary Conferences, S. 203.

frieden sein. Schon allein die Tatsache, dass die Konferenz überhaupt stattfand, mochte aus der Sicht der Bimetallisten ein Erfolg sein, auch wenn die Aussichten tatsächlich zu einer internationalen Übereinkunft zu kommen, sehr gering waren.

5. Die „Amerikanische Münzkonferenz" im August 1878

Insgesamt hatten elf Staaten die Einladung der US-Regierung akzeptiert und Delegierte nach Paris entsandt, wo die Konferenz am 10. August 1878 in den Räumen des Außenministeriums am Quai d'Orsay eröffnet wurde.[388] Neben den Ländern der Lateinischen Münzunion nahmen Großbritannien, die Niederlande, Russland, Norwegen, Schweden und Österreich-Ungarn teil. Zum Präsidenten wählte man den Verhandlungsführer des Gastgeberlandes, Léon Say, den Enkel des berühmten französischen Wirtschaftswissenschaftlers Jean Baptiste Say. Léon Say war Finanzminister unter Thiers und MacMahon gewesen, hatte selbst wesentliche Arbeiten über internationale Wirtschaftstheorie veröffentlicht und für einige Zeit das Journal des Débats herausgegeben.[389] Die Vize-Präsidentschaft übernahm der US-Senator Fenton als Vertreter jenes Landes, welches die Konferenz initiiert hatte. Als Präsident ergriff Say als Erster das Wort und erläuterte noch einmal die Motive für die Einberufung der Konferenz: Zum einen gelte es, die Gründe für die Silberentwertung der vergangenen Jahre herauszufinden, ob der Silberpreisverfall durch die Einführung des Goldstandards in Deutschland und die nachfolgende Demonetisierung des Silbergeldes entstanden sei, oder ob die Ursachen in der verstärkten Silberproduktion in den Vereinigten Staaten liege. Zweitens sollte die amerikanische Entscheidung diskutiert werden, die Doppelwährung mit einem der amerikanischen Tradition entsprechenden Verhältnis zwischen Gold und Silber von 1:16 einzuführen und damit eine andere Relation zu wählen als dies die Länder der Lateinischen Münzunion getan hätten.[390] Dann erläuterte der Leiter der US-Delegation, Senator Fenton, noch einmal die amerikanische Initiative:

„It marks the beneficiant advance of civilization that the commercial relations of different countries grow nearer and firmer year by year. Thus we come to see more clearly the community of interests among nations, and are wisely prompted to cultivate more and more friendly intercourse.

[388] Vgl. zu dieser Konferenz auch die vereinfachende Darstellung bei Kindleberger, Financial History of Western Europe, S. 67f. Ebenso Walter Nugent, Money and American Society, S. 251–259.

[389] Zudem war Say ein enger Vertrauter James von Rothschilds, ein Rothschild-Mann, wie man in Paris sagte. Hierzu: Niall Fergusson, The World's Banker, S. 677.

[390] International Monetary Conference, Paris August 1878, Proceedings and Exhibits followed by the Report of the American Commission. Senate Executive Document Nr. 58, Forty-Fifth Congress, Third Session, Washington 1878, S. 2f. Die Konferenzsprache war eigentlich Französisch, es existiert aber nur dieses englischsprachige Protokoll.

Among the measures to this end we cannot be insensible to the benefits which would flow from a uniform basis as to international coin-metal exchanges."[391]

Die Vereinheitlichung der Währungen war also ein willkommenes Resultat der immer enger werdenden internationalen Verknüpfungen insbesondere im Bereich der internationalen Handelsbeziehungen, das von Fenton, ebenso wie zehn Jahre zuvor von Napoleon III., als Prozess der Zivilisation beschrieben wurde. Ähnlich wie das französische Kaiserreich beanspruchte auch die US-Regierung, in Bezug auf die Zivilisierung der Welt eine Vorreiterrolle übernehmen zu können, auch wenn der Hegemonialanspruch Washingtons realistischerweise weitaus geringer ausgeprägt war als der des französischen Kaisers zehn Jahre zuvor.

Noch wurde dieser Anspruch aber von den europäischen Staaten nicht vorbehaltlos akzeptiert. Léon Say, der französische Finanzminister, brachte die Einwände auf den Punkt, als er den US-Delegierten erklärte, das Gesetz vom Februar 1878 sei das Produkt einer innenpolitischen Auseinandersetzung in den USA, die Konferenz nur durch ein Amendment zustande gekommen, das nicht die Absicht verfolgte, tatsächlich eine internationale Lösung für die Währungsprobleme zu finden, sondern „this amendment was a mode of agreement, a compromise by means of which a majority could be obtained."[392] Aus diesem Grunde, so Say, korrespondiere das US-System auch nicht mit dem der Lateinischen Münzunion:

„The influence of the Latin Union seemed to have counted for so little in the resolutions adopted by Congress on this occasion, that it does not appear that there was, even for a moment, any question of conforming the American system to that of the Latin Union, by the adoption of the relation of 1 to 15,5."[393]

Der französische Finanzminister legte die Schwächen der US-Initiative ähnlich wie zuvor Präsident Hayes schonungslos offen, indem er verdeutlichte, dass sie tatsächlich nicht in ein außenpolitisches Gesamtkonzept eingebettet, sondern nur das Resultat eines innenpolitischen Kompromisses war, der die Interessen und Probleme der auswärtigen Verhandlungspartner nicht berücksichtigte.

Noch fundamentaler war die Kritik, die der britische Delegierte und international geachtete Währungsexperte Goschen in der dritten Sitzung vorbrachte. Die USA schlügen der Konferenz, so Goschen, ein international fixiertes Verhältnis von Gold und Silber vor. Nun sei es aber doch so, dass einige der Delegierten keiner Regelung zustimmen könnten, die den Goldstandard, in welcher Weise auch immer, in Frage stelle. Norwegen könne dies nicht, England ebenfalls nicht, selbst die Länder der Lateinischen Münzunion seien unter den gegenwärtigen Bedingungen nicht bereit, einer solchen Übereinkunft zuzustimmen. „The position was therefore this: The United States invited the Delegates to adopt a proposition which some of them were precluded by their instructions from entertaining."[394] Dies sei um so nachteiliger, fuhr Goschen fort, als die Bedeutung

[391] Ebd., S. 4.
[392] Ebd., S. 25.
[393] Ebd., S. 26.
[394] Ebd., S. 50.

einer Ablehnung der US-Vorschläge in der Öffentlichkeit als Votum gegen die Silberwährung interpretiert werden würden, was er entschieden ablehne. Das Problem sei, dass die US-Vorschläge nicht klar genug seien. Zudem sei der Gegenwärtige ein äußerst ungünstiger Zeitpunkt für eine solche Konferenz, da kaum ein Land bereit sei, einer solchen Konvention zuzustimmen: England, Norwegen und Deutschland hätten klar signalisiert, dass sie nicht vom Goldstandard abweichen würden, die Lateinische Münzunion sei gegenwärtig nicht bereit, die freie Silberausprägung einzuräumen oder von dem 1:15,5-Verhältnis zwischen Gold und Silber abzurücken. Österreich, Italien und Russland schließlich könnten vielleicht theoretisch für eine internationale Übereinkunft im amerikanischen Sinne gewonnen werden, alle drei jedoch hätten zur Zeit den Zwangskurs eingeführt, sie könnten sie also noch nicht einmal umsetzen. „The American proposal for a universal Double Standard seemed impossible of realization, a veritable Utopia; but the theory of a universal gold standard was equally Utopian", fasste Goschen seine Ausführungen zusammen.[395] Das war in der Tat eine harte Kritik an der amerikanischen Initiative, nicht hinsichtlich des Inhaltes, den Goschen, obwohl Vertreter eines Goldwährungs-Landes, teilte, sondern vor allem an der Vorgehensweise. Den entscheidenden Punkt hatte Léon Say verdeutlicht. Die US-Initiative war das Produkt eines innenpolitischen Kompromisses gewesen, bei dem es allein darum ging, eine Mehrheit für den Bland-Allison Act im Kongress zu finden. Über die außenpolitische Dimension dieser Entscheidung hatte sich keiner der Initiatoren Gedanken gemacht, obwohl der Präsident in der Begründung seines Vetos auf diesen Aspekt hingewiesen hatte. Niemand hatte die Interessen der Verhandlungspartner in Betracht gezogen, niemand hatte untersucht, ob der Zeitpunkt im Sommer 1878 günstig war für eine solche Initiative, mit anderen Worten, grundlegende Prinzipien des diplomatischen Handwerks waren missachtet worden. Die Senatsabgeordneten hatten eine außenpolitische Initiative gestartet, ohne mit den Grundregeln der Außenpolitik vertraut zu sein.

Wie ungünstig der Zeitpunkt für die Konferenz tatsächlich war, wurde auch in den Ausführungen des französischen Finanzminister Léon Say in der dritten Sitzung der Konferenz deutlich. Auch wenn es formal richtig sei, so Say, dass Frankreich und die Lateinische Münzunion eine Doppelwährung hätten, so sei diese doch gegenwärtig suspendiert. Die französische Regierung aber strebe keineswegs den Goldstandard an, sie befinde sich vielmehr in „a condition of expectancy, from which we shall not move except for good reasons when they shall show themselves, and then probably enter into the system of the Double-Standard."[396] Frankreich als Zentrum der Lateinischen Münzunion habe ca. 900 Millionen Francs in Silbermünzen in den Beständen der Banque de France, noch einmal 1,5 Milliarden Francs befänden sich im Umlauf. Diese gewaltige Menge Silbergeld könne nicht eingezogen und durch Gold ersetzt werden, ohne gravierende wirtschaftliche Nachteile in Kauf zu nehmen. Es komme für die

[395] Ebd., S. 52.
[396] Ebd., S. 55.

französische Regierung darauf an, zu warten, bis der Silberpreis sich wieder stabilisiere, dann könne man überlegen, die freie Ausprägung in Frankreich und in den Ländern der Lateinischen Münzunion wieder zuzulassen. Dieser Zeitpunkt sei gekommen, wenn Deutschland seine Silberbestände in Höhe von etwa 17 Millionen Pfund Sterling vollständig verkauft habe. Allein die Erwartung der Märkte, dass eine solche gewaltige Menge an Silber demnächst verkauft würde, führe dazu, dass der Preis falle, und er werde sich nicht stabilisieren, bis das deutsche Silber nicht vollständig verkauft sei. Dies sei, so schätzte Say, in zwei oder drei Jahren der Fall. „The proposition of the United States (...) has therefore appeared to us as premature; we do not perceive what we can do at the present time in the way of an acceptance (...).“ [397] Andererseits wolle die französische Regierung kein grundsätzliches Urteil gegen den Bimetallismus als System abgeben,

„the better result to be obtained from this reunion would be that the various States represented in it should agree upon the expression of a common idea as to the employment of Silver as Money, and should invite each other reciprocally not to take any measures in their domestic legislation which should be of a nature to contribute to the depreciation of Silver. (...) We believe that Silver is a monetary metal which ought to serve concurrently with Gold in the general movement of exchanges (...) and we shall never believe in the suppression of a Money with which a commerce such as that of the Indian Empire and all of the farther East regulates itself.“[398]

Grundsätzlich wollte die französische Regierung also am bimetallistischen System festhalten und unterstützte daher alle Maßnahmen, die dazu dienten, Silber als Währungsmetall zu erhalten. Zum gegenwärtigen Zeitpunkt allerdings blieb Paris in der Währungsfrage gebunden, solange das Deutsche Reich den Silbermarkt mit seinen Silberbeständen zu überschwemmen drohte. Der französischen Stellungnahme schloss sich auch der griechische Delegierte an.

Der italienische Delegierte Baralis erklärte, wenn es schon unmöglich sei, eine Übereinkunft im Sinne der USA zu erzielen, dann sollte die Konferenz zumindest ein Abkommen erreichen, das diesen Vorschlägen sehr ähnlich wäre, eine Konvention über eine weltweit gültige Münze.[399] Prinzipiell sprach sich die italienische Delegation für ein bimetallistisches System aus, die Fixierung eines Kurses zwischen den beiden Metallen betrachtete Graf Rusconi nicht als Problem: „He did not believe for his part, that the establishment of this ratio was like the squaring of the circle, a problem impossible of solution. A metal is one thing, he said, but money is another. Nature makes the metal; law alone makes the money.“[400] Das war ein rein legalistischer Standpunkt, der davon ausging, dass Geld seine Funktionen als Zahlungsmittel nur durch das Gesetz erhielte, und er war typisch italienisch insofern, als Italien seit 1866 den Corso Forzoso eingeführt hatte, der im Kern auf eben jener Annahme beruhte, indem er die Metalldeckung des umlaufenden Geldes aufhob und den Wert des Geldes nur aus dessen

[397] Ebd., S. 56.
[398] Ebd.
[399] Ebd., S. 54.
[400] Ebd., S. 61.

Funktion als gesetzliches Zahlungsmittel ableitete. Der Bimetallismus entsprach zudem italienischem Interesse, weil eine Rückkehr zum Metallstandard realistischerweise nur in diesem System möglich war, eine reine Goldwährung konnte sich der hochverschuldete Mittelmeerstaat nicht leisten.[401]

Ganz anders hingegen waren die Interessen der beiden anderen Mitglieder der Lateinischen Münzunion, Belgiens und der Schweiz. Für die Letztere erklärte der Delegierte Feer-Herzog, „that the Delegates of Switzerland had received from their Government no authority to participate in any agreement on the adoption, in common, of the ratio of 1 to 16, or any other relation; it was indeed, expressly forbidden to them to give the United States any advice upon their monetary agreements."[402] Im Gegenteil, ebenso wie Belgien strebe auch die Schweiz den Goldstandard an. „It is necessary", behauptete Feer-Herzog, „to divide the world between the two metals – to choose Gold for the advanced nations and leave Silver to countries whose civilization is backward or stationary."[403] Dies war allerdings eine kühne These, die theoretisch kaum zu untermauern war, und zudem ein Affront gegen Italien und Frankreich, die Partner in der Lateinischen Münzunion. „But this theoretical view which divides us, does not prevent us from coming to an understanding in action upon the basis of the Treaty of 1865."[404] Wenngleich also die schweizerische Regierung eine völlig andere Position als die Frankreichs vertrat, wollte man in Bern die Lateinische Münzunion nicht in Frage stellen. Die schweizerische Haltung war daher nicht ganz widerspruchsfrei: Warum wollte man die Währungsunion auf bimetallistischer Basis mit Frankreich erhalten, wenn zugleich der Goldstandard als Ziel schweizerischer Währungspolitik deklariert wurde?

Auch der belgische Delegierte Pirmez sprach sich gegen den Bimetallismus aus, der zu Währungskrisen führe und nur für die Spekulation günstig sei. Eine wirkliche Chance, ein bimetallistisches Regime zu etablieren, gäbe es nur, wenn sich alle großen Staaten der Welt im Rahmen eines Abkommens darauf einigten. Schon allein die beiden größten Staaten der Welt, England und China (sic!) würden aber jede Selbstbindung ablehnen und daher sei ein globales bimetallistisches System unmöglich zu erreichen.

Die Regierungen der skandinavischen Staaten stellten sich an die Seite Londons, indem sie erklärten, dass der Goldstandard in ihren Ländern nicht zur Disposition stünde. Bimetallistische Systeme, so erklärte der norwegische Delegierte Broch, wären äußerst anfällig für Krisen und deswegen nicht zu empfehlen. Zudem sei es auch für weniger reiche Länder möglich den Goldstandard einzuführen, denn es sei nicht immer eine volle Golddeckung der Währung nötig. Sein schwedischer Kollege Waern schloss sich dieser Ansicht an.[405] Ähnlich war die Position der Niederlande. Schon allein aufgrund ihrer geographischen Lage zwi-

[401] Russell, Monetary Conferences, S. 219.
[402] International Monetary Conference, Paris August 1878, S. 61.
[403] Ebd., S. 60.
[404] Ebd.
[405] Russell, Monetary Conferences, S. 228–230.

schen Großbritannien und Deutschland seien die Niederlande gezwungen, den Goldstandard beizubehalten, erläuterte ihr Delegierter, der Notenbankdirektor Mees. Russland und Österreich-Ungarn hingegen unterstützten die US-Initiative und Frankreich, indem sie sich prinzipiell für den Bimetallismus aussprachen, auch wenn beide Länder 1878 eine Papiergeldwährung hatten.

Insgesamt ergaben sich also drei Fraktionen der Konferenz: Die erste bildeten die Vereinigten Staaten und Italien, die beide auf eine möglichst rasche Übereinkunft zugunsten eines internationalen Bimetallismus drängten. Die zweite Fraktion bildete sich aus den Ländern, die im Prinzip ein internationales bimetallistisches System unterstützten, dieses jedoch aus verschiedenen Gründen zum gegenwärtigen Zeitpunkt nicht einführen konnten: Frankreich, Österreich und Russland. Die dritte Fraktion schließlich bestand aus England, den skandinavischen Staaten, den Niederlanden, Belgien, der Schweiz und, obwohl es auf der Konferenz offiziell nicht vertreten war, dem Deutschen Reich. Diese Länder waren entweder nicht bereit, den schon eingeführten Goldstandard aufzugeben oder strebten den Gold-Monometallismus an. Bemerkenswert an dieser Konstellation war, dass sie quer stand zu den bestehenden internationalen Währungsbeziehungen: Von den Ländern der Lateinischen Münzunion unterstützte allein Italien die US-Initiative unmittelbar; Frankreich und Griechenland strebten erst nach einer Übergangszeit eine internationale Übereinkunft an, während sich Belgien und die Schweiz offen für den Goldstandard aussprachen. Trotzdem war keines der Länder bereit das Währungsbündnis sofort zu verlassen.

Obwohl die Aussicht auf eine Einigung angesichts dieser stark divergierenden Interessen gering war, unternahm die US-Delegation einen Versuch, wenn schon kein Abkommen, dann doch zumindest ein gemeinsames Kommuniqué zu verabschieden. In der fünften Sitzung versuchte sie, doch noch jene Länder für eine Übereinkunft zu gewinnen, die der US-Initiative prinzipiell wohlwollend gegenüberstanden. Es sei niemals die Absicht gewesen, so der US-Delegierte Dana Horton, das US-System in der ganzen Welt einzuführen. Immerhin habe die Konferenz einen erheblichen Fortschritt erzielt, alle Teilnehmer seien sich einig, dass die Bedeutung des Silbers gestärkt werden müsse. Dies gelte selbst für England und die skandinavischen Länder. Auf dieser Basis eines Minimalkonsenses versuchte die amerikanische Delegation doch noch eine Konvention zu erzielen, mit der sich alle Teilnehmer einverstanden erklären könnten. Fenton kündigte daher an, dass die US-Delegation zur nächsten Sitzung der Konferenz neue Vorschläge zur Abstimmung präsentieren würde.[406]

In diesem Sinne hatten jedoch schon die britische und französische Delegation einen Entwurf vorbereitet, den Präsident Say zu Beginn der sechsten Sitzung zur Diskussion stellte. Hierin erkannten die Staaten an,

„1. Qu'il est nécessaire de maintenir dans le monde le rôle monétaire de l'argent aussi bien que celui de l'or; mais que le choix entre l'emploi simultané des deux doit avoir lieu suivant la situation spéciale de chaque État ou groupe d'États.

[406] International Monetary Conference, August 1878, S. 135f.

2. Que la question de la limitation du monnayage de l'argent doit également être laissée à la libre décision de chaque État ou groupe d'États, suivant les conditions particulières où ils peuvent se trouver, et cela d'autant plus que les perturbations qui se sont produites dans ces dernières années sur le marché de l'argent ont diversement affecté la situation monétaire des différents pays;
3. Que, en présence des divergences d'opinion qui se sont manifestés et de l'impossibilité où se trouvent même de États ayant le double étalon de prendre un engagement relatif à la frappe illimitée de l'argent, il n'y a pas lieu de discuter la question d'un rapport international de valeur à établir entre les deux métaux."[407]

Hiermit war in der Tat ein Minimalkonsens formuliert, der jedoch weit von dem entfernt war, was die US-Initiative ursprünglich beabsichtigte; eine internationale Übereinkunft über eine Fixierung des Verhältnisses zwischen Gold und Silber. Jetzt wurde bei Licht betrachtet das genaue Gegenteil formuliert, jeder Staat konnte frei über seine Währungspolitik bestimmen. Die einzige Übereinkunft, die dieser Entwurf enthielt, war die allgemeine Absicht, Silber als Währungsmetall neben dem Gold zu erhalten, ohne dass jedoch hierzu konkrete Schritte unternommen werden mussten. In der siebten Sitzung der Konferenz stieß der Entwurf dann auch auf fast vollständige Zustimmung. Opposition gegen die Formulierungen kam zunächst von der italienischen Delegation. Graf Rusconi erklärte, dass seine Delegation dem Entwurf nicht zustimmen könne, weil er auf die für diese Konferenz zentrale Frage nach einer fixen Relation zwischen Gold und Silber keine Antwort gebe. Dieser Ansicht schloss sich die US-Delegation mit einer differenzierteren Kritik an. In einer Antwort auf die Note der europäischen Staaten erklärte Senator Fenton: „if it be necessary to maintain the monetary functions of both metals, as previously declared, they (gemeint sind die USA, d.V.) respectfully submit that special positions of States may become of but secondary importance."[408] Die US-Delegation zielte damit auf den Kern der europäischen Argumentation, die die Bedeutung des Silbers als Währungsmetall erhalten wollte, diesem Ziel aber die währungspolitische Souveränität der Nationalstaaten überordnete. Washington jedoch strebte genau die umgekehrte Beziehung an, aus ihrer Sicht sollte eine internationale Vereinbarung über die Wertrelation zwischen Gold und Silber der Souveränität der Nationalstaaten übergeordnet werden. Damit wäre ein währungspolitisches Regime entstanden, das die währungspolitische Freiheit der Nationalstaaten eingeschränkt hätte. Das war eine für die Staatenwelt des 19. Jahrhunderts geradezu revolutionäre Ansicht, die, abgesehen von der italienischen, auf den Widerstand aller europäischen Delegationen stieß.

So endete die Währungskonferenz am 29. August 1878 ohne konkretes Ergebnis. Gleichwohl lassen sich, zumal im Vergleich mit der Währungskonferenz von 1867, wichtige Schlüsse ziehen über die Veränderungen im internationalen Währungssystem während dieser elf Jahre. Während sich 1867 alle Delegierten für den monometallistischen Goldstandard als Währungssystem ausgesprochen hatten, fand sich jetzt eine deutliche Mehrheit von Regierungen, die Silber als Währungsmetall parallel zum Gold erhalten wollten. Dies waren nicht nur die

[407] Ebd., S. 151f.
[408] Ebd., S. 165.

Länder der Lateinischen Münzunion mit (formal) bimetallistischem Währungssystem, sondern auch die Goldstandard-Länder wie England oder die skandinavischen Staaten. So erklärte der britische Delegierte George J. Goschen,

„if all states should resolve on the adoption of the Gold Standard, the question arose, would there be sufficient Gold for the purpose without a tremendous crisis? There would be a fear on the one hand, of a depreciation of Silver, and one, on the other, of a rise in the value of Gold, and a corresponding fall in the prices of all commodities."[409]

Das von Goschen angedeutete Problem bestand darin, dass die Goldmenge, abgesehen von vergleichsweise geringen Zuwächsen durch neue Schürfungen, konstant blieb, während die Nachfrage nach dem Währungsmetall angesichts seiner wachsenden Beliebtheit stieg. Dieses Phänomen machte sich in England durch ein fallendes Preisniveau bemerkbar, dessen Ursachen jedoch noch umstritten waren.[410] Klar war jedoch, dass die weltweit zugänglichen Goldreserven angesichts des steigenden Handelsvolumens nicht ausreichen würden, um alle größeren Staaten mit einer Goldwährung zu versorgen. An einer weiteren Verteuerung des Goldes konnten aus diesem Grunde auch die Goldwährungsländer kein Interesse haben. Der schweizerische Delegierte Charles Feer-Herzog, ebenfalls ein Anhänger der Goldwährung, erklärte auch aus diesem Grunde, dass die Welt währungspolitisch geteilt werden müsse in die wohlhabenden und fortschrittlichen Staaten mit Goldwährung und die rückständigen mit Silber- oder Doppelwährung. Es war also im Kern das rapide gestiegene internationale Handelsvolumen, das zu der Einsicht führte, dass der noch 1867 propagierte globale Goldstandard nicht durchführbar sei, dass es vielmehr zwei Währungsmetalle, Gold und Silber, geben müsse. Uneinigkeit herrschte nunmehr darüber, wie diese beiden Währungsmetalle weltweit genutzt werden sollten, durch eine internationale bimetallistische Konvention, wie sie die USA anstrebten, oder durch eine Aufteilung von Ländern mit Gold- und Silberstandard, wie sie Feer-Herzog vorschlug.

Ein weiteres auf der Konferenz intensiv diskutiertes Problem betraf die Gründe für den Verfall des Silberpreises. Der französische Finanzminister Léon Say vertrat die Ansicht, dass die Demonetisierung des Silbers in Deutschland und das hierdurch ausgelöste Überangebot an Silber für den Silberpreisverfall verantwortlich war. Das Problem bestand darin, dass das Reich das ehemalige Währungssilber keineswegs direkt nach der Einführung des Goldstandards zu Beginn der siebziger Jahre verkauft hatte, sondern abwarten wollte, bis der Kurs wieder stieg. 1878 wusste keiner der Konferenzteilnehmer genau, wie groß die Menge an Silber war, die die Berliner Reichsbank noch hielt, und wann sie diese verkaufen würde. Goschen schätzte die Bestände auf 15 bis 17 Millionen Pfund Sterling,[411]doch die Zahlen variierten. In jedem Fall nahm das Reich durch diese Si-

409 Ebd., S. 52.

410 Extract from a Paper on the Fall of Prices of Commodities in Recent Years, by Robert Giffen Esqu. in the Journal of the London Statistical Society for March, 1879, in: International Monetary Conference, August 1878, S. 389–401.

411 International Monetary Conference, August 1878, S. 56.

tuation 1878 in der internationalen Währungsdiskussion eine Schlüsselstellung ein, obwohl sich die Reichsregierung an den Verhandlungen gar nicht beteiligte. Die Länder der Lateinischen Münzunion konnten ihre Silberausprägung nämlich nicht wieder aufnehmen, solange das deutsche Silber nicht verkauft war, weil dann alle deutschen Silberbestände in die Länder der Währungsunion geflossen wären, um dort zum Kurs von 15,5:1 in Gold eingetauscht zu werden. Somit bestimmte letztlich das Reich darüber, wann die Lateinische Münzunion wieder zum Bimetallismus zurückkehren konnte. Nicht ohne Verbitterung bemerkte Say: „It would be difficult for us to assert the maintenance of this equilibrium when we know that with one stroke, in a moment, Germany can throw upon the metal market, when she wishes and as she wishes, the enormous mass of Silver which she still has in her hand."[412] Der italienische Delegierte Rusconi schlug daher schon in der zweiten Sitzung vor, das Reich doch noch einzuladen, doch auch diesmal lehnte Berlin eine Teilnahme ab. Ob die Reichsregierung diese Machtposition gegenüber Frankreich und den Ländern der Lateinischen Münzunion bewusst förderte, oder ob sie tatsächlich wegen der bereits zitierten offiziellen Gründe nicht in Paris teilnahm, darüber kann nur spekuliert werden. Es gibt keinen Beleg dafür, dass sich Bismarck 1878 parallel zum Berliner Kongress mit den Fragen der internationalen Währungspolitik beschäftigte. Gleichwohl würde er diese Situation gefördert haben, denn sie eröffnete dem Reich auf währungspolitischem Gebiet ein weiteres Machtinstrument gegenüber Frankreich, auf das der Reichskanzler drei Jahre später zurückkommen sollte.

Der schweizerische Delegierte Feer-Herzog jedoch bezweifelte die zentrale Rolle Deutschlands in Bezug auf die Silberfrage.

> „The Center of gravity of the commercial movement of Silver", so erläuterte er, „is not in Germany; it is not contained in the existence of this stock of Silver ready for the market, of which a bugbear has been made; this center of gravity is the Indies. It is upon the trade of the Indies that the variability of the elements of compensation in the metal-market depend. Last year, for example, there was an exportation of 16 to 17 million pounds sterling from Europe to the Indies, via Suez; in 1876 11 millions were sent. During the preceding years, from 1866 to 1875, the exportations had only been a few million pounds sterling, while on the contrary, from 1860 to 1866 the average export reached 12 millions. Is it not plain (...) that we have here, in this changeableness of the Indian trade, a controlling fact, capable of determining, by itself, year by year, the situation of Silver in the money-market."[413]

Während der französische Finanzminister Say auf die monetären Zusammenhänge hingewiesen hatte, betonte Feer-Herzog die realwirtschaftliche Dimension der internationalen Währungspolitik. Aus dieser Perspektive war tatsächlich der Handel mit Indien und Fernost, wo die reine Silberwährung galt, der entscheidende Faktor für den Wert des weißen Metalls auf dem Londoner Geldmarkt. Wenn also die Exporte von Europa nach Asien stiegen, stieg auch die in Europa verfügbare Silbergeldmenge, weil dies das Währungsmetall war, in dem in Indien bezahlt wurde.

[412] Ebd., S. 57.
[413] Ebd., S. 58.

6. Systematisierung: Die Ökonomisierung der Außenpolitik durch die Vereinigten Staaten

Wie in den sechziger Jahren Deutschland, so erlebten auch die Vereinigten Staaten in der Ära der „Reconstruction" nach dem Bürgerkrieg einen wirtschaftlichen, gesellschaftlichen und politischen Wandel, der sich langsam auch in der Außenpolitik des Landes niederschlug und damit Auswirkungen auf das internationale Staatensystem insgesamt hatte. Die Industrialisierung verwandelte das Land von einem von Großbritannien abhängigen Agrar-Exporteur zu einem der führenden Staaten im internationalen System.[414] Bis 1870 war das amerikanische Wirtschaftswachstum immer extensiv gewesen, d.h. durch die beständige Ausweitung des bewirtschafteten Bodens im Westen des Landes konnte das Wirtschaftswachstum konstant gesteigert werden. Ab 1870 gab es in den USA ein intensives Wachstum; durch die rasante Technisierung, den Ausbau der Infrastruktur, der Eisen- und Stahlerzeugung wurden immer höhere Produktionsziffern durch weiter steigende Produktivität erzielt. 1865 war der amerikanische Industrieausstoß deutlich geringer als der Großbritanniens, Deutschlands und Frankreichs; 1900 hatten die USA in dieser Hinsicht alle drei Länder zusammengenommen überflügelt.[415] Die Vereinigten Staaten wurden das Land des Fortschritts schlechthin, immer neue Erfindungen veränderten die Arbeits- und Alltagswelt.[416]

Die rasante Industrialisierung transformierte auch Gesellschaft und Politik, materielle und soziale Verteilungsfragen wurden vermehrt Gegenstand von politischen Auseinandersetzungen, so auch, wie gezeigt, in der Währungsfrage. Seit dem Ende des Bürgerkrieges war sie ein zentraler Konfliktherd in der amerikanischen Innenpolitik, hier standen sich die Anhänger einer inflationistischen Papiergeldpolitik und die Befürworter einer geldwertstabilitätsorientierten Metalldeckung, in der Regel durch Gold, gegenüber. Die Auseinandersetzung wurde, ähnlich wie in Deutschland, nicht zuletzt im amerikanischen Parlament ausgetragen und ein Ergebnis dieser Auseinandersetzung war der Bland-Allison Act vom Februar 1878, mit dem die Anhänger der Silberwährung die Regierung zur Rückkehr zum Bimetallismus verpflichteten. Die Kontroverse blieb aber nicht auf die Innenpolitik beschränkt. Wie schon auf anderen Gebieten der Handelspolitik zuvor, drang auch der Wunsch nach Gestaltung der Währungsordnung nach US-Vorstellungen nach außen. Der Bland-Allison Act verpflichtete folgerichtig die US-Regierung auch, eine internationale Währungskonferenz einzuberufen, mit dem Ziel, das soeben für die US-Wirtschaft geltende Wertverhältnis zwischen Gold und Silber international durchzusetzen. Das war nicht primär Ausdruck eines Wirtschaftsimperialismus, sondern auch ein währungs-

[414] Richard F. Bensel, The Political Economy of American Industrialization, S. 4. Vgl. auch Horst Dippel, Geschichte der USA, München 1999, S. 67ff.

[415] Ebd., S. 69.

[416] Hans Ulrich Wehler, Der Aufstieg des amerikanischen Imperialismus. Studien zur Entwicklung des Imperium Americanum 1865–1900, Göttingen 1974, S. 10–73.

technisches Erfordernis, denn die US-Regierung allein war nicht in der Lage, eine dauerhafte und stabile Währungsordnung zu errichten, die nicht mit den Währungsordnungen der Europäer kompatibel war. „The first necessity of a commercial people is that their standard of value should be accepted by other commercial nations, for one of the chief uses of the precious metals is to liquidate balances with other countries", erklärte der amerikanische Delegierte Fenton in der sechsten Sitzung der Konferenz.[417] Die Internationalisierung der US-amerikanischen Währungsdebatte war daher politischer Wunsch und technisches Erfordernis zugleich, klassischer Imperialismus vermischte sich in dieser Situation mit der wirtschaftsstrukturell bedingten Notwendigkeit der währungspolitischen Harmonisierung. Die Währungskonferenz von 1878 war daher einer der ersten Schritte zu jenem außenpolitischen Konzept, das später als „open-door-policy" bezeichnet werden sollte und jenen typisch amerikanischen Anspruch zur Neugestaltung der Welt unter wirtschaftlichen Vorzeichen beschrieb. Hinter ihr stand auch die von den maßgeblichen Akteuren getragene Ideologie vom amerikanischen Missionsauftrag an die Welt, ein Sendungsbewusstsein, das unter dem Schlagwort des „Manifest Destiny" seine vage Begrifflichkeit fand.[418]

Jedoch, die US-Initiative erwies sich angesichts der schlechten diplomatischen Vorbereitung als Fehlschlag. Großbritannien war zwar an der Initiative interessiert, konnte sie aber nicht vollständig unterstützen, weil sonst der heimische Goldstandard in Frage gestellt worden wäre. Das Deutsche Reich zeigte gar kein Interesse an der Einladung zu einer Konferenz, und die Länder der Lateinischen Münzunion, die wegen des dort geltenden Bimetallismus die eigentlichen Adressaten der Initiative waren, waren im Sommer 1878 nicht in der Lage sich an die Spitze einer internationalen bimetallistischen Initiative zu stellen. In Frankreich und Italien galt noch der Zwangskurs, die Schweiz und Belgien favorisierten offen den monometallistischen Goldstandard. Die US-Initiative kam jedoch nicht nur zum falschen Zeitpunkt, sie berücksichtigte auch die Interessen der potentiellen Bündnispartner zu wenig. So hielten die Initiatoren im Kongress an der Relation zwischen Gold und Silber von 1:16 fest, die zwar der US-Tradition entsprach, jedoch nicht derjenigen der Lateinischen Münzunion, wo man formal am Verhältnis von 1: 15,5 festhielt. Für die französische Regierung gab es im August 1878 keinen Grund, dieses traditionelle Verhältnis für die Lateinische Münzunion in Frage zu stellen. Die handwerklichen Mängel der amerikanischen Initiative entstanden, weil sie nicht von den Berufsdiplomaten des Außenministeriums geleitet wurde, sondern von außenpolitisch unerfahrenen Parlamentariern, die sich zudem über das Veto des Präsidenten hinwegsetzen mussten. Damit ist zugleich ein typisches Element internationaler Währungsbeziehungen in der zweiten Hälfte des 19. Jahrhunderts benannt; die nationalen Parlamente, die bis dahin in den internationalen Beziehungen allenfalls marginale Bedeutung hatten, wurden nun – zumindest auf diesem Gebiet – zu Akteuren in der Außenpolitik.

[417] International Monetary Conference August 1878, S. 146.

[418] J.C. Parish, The Emergence of the Idea of Manifest Destiny, Los Angeles 1932. J. W. Pratt, The Origin of „Manifest Destiny", in: Journal of American History, Vol. 32 (1927), S. 795–798.

Damit ging eine Veränderung der Außenbeziehungen von Staaten einher, die der liberale belgische Delegierte Eudore Pirmez beschrieb:

„But if I do not expect practical measures to issue from our Conference, this gathering nevertheless seems to me a happy precedent. It proves – and this is a general result more important than the specific resolution which might have been adopted – how easily a number of nations can assemble together to discuss the interests which are common to them. I doubt not, that this precedent will bear fruit; but if I may be allowed here to express a desire which will be in harmony with the tendencies of the great and free Republic, which has convened us, it is that the labours of future Conferences, whatever their object, may be directed, not with a view to government interference, but by liberal aspirations.“[419]

Deutlicher konnte man den liberalen Anspruch auf Mitgestaltung in der Außenpolitik nicht mehr formulieren. Es sollten nicht mehr allein die Regierungen sein, die miteinander verhandelten, sondern es waren – in den Augen von Pirmez und auch der US-Parlamentarier – die Völker, welche miteinander über Fragen „von gemeinsamem Interesse“ verhandelten, repräsentiert unmittelbar durch ihre Parlamente. Für Pirmez ebenso wie für die amerikanischen Delegierten war die Währungskonferenz von 1878 eine Manifestation des liberalen Gestaltungswillens, der sich bislang vor allem auf die Innenpolitik bezogen hatte, mehr und mehr aber auch auf die Außenbeziehungen der Staaten und damit auf das Staatensystem insgesamt übergriff.

[419] International Monetary Conference, August 1878, S. 125.

V. Die Weltwirtschaftskrise der 1870er Jahre und ihre währungspolitischen Konsequenzen

Nur drei Jahre nach der internationalen Währungskonferenz von 1878, im Sommer 1881, fand erneut eine internationale Währungskonferenz in Paris statt. Während aber jene von 1878, wie beschrieben, ihren Ursprung in der US-amerikanischen Innenpolitik und den dort dominierenden sozio-ökonomisch fundierten politischen Auseinandersetzungen hatte, war die Währungskonferenz von 1881 ein Versuch, die durch die weltweite Agrarkrise ausgelösten währungspolitischen Probleme zu lösen. Die Agrarkrise in der zweiten Hälfte des 19. Jahrhunderts kann, wenn man den Begriff akzeptieren will, als eine der großen Globalisierungskrisen[420] bezeichnet werden. Sie hatte europäische Ursprünge, aber die immer subtileren grenzüberschreitenden Transmissionsmechanismen in Wirtschaft und Gesellschaft führten dazu, dass ihre Konsequenzen nicht auf Europa beschränkt blieben, sondern bald auch auf die USA und Japan und damit auf die in damaliger Terminologie als „zivilisiert" bezeichnete Welt übergriffen. Die Krise breitete sich allerdings nicht nur in geographischer Hinsicht aus, sondern die Agrarkrise hatte – und deswegen ist sie hier bedeutsam – weitreichende währungspolitische Konsequenzen, es wurden also auch andere Sektoren der Wirtschaftsbeziehungen betroffen. Doch damit nicht genug, die Agrar- und Währungskrise hatte zudem politische Konsequenzen und deswegen wurden die Währungsprobleme Gegenstand diplomatischer Verhandlungen auf einer Währungskonferenz. An der Agrarkrise der späten siebziger Jahre des 19. Jahrhunderts und ihren Auswirkungen auf das Währungs- und Staatensystem lässt sich daher jene für diese Zeit charakteristische Differenzierung der verschiedenen Systeme aus Politik und Wirtschaft erläutern, welches erkenntnisleitend hinter dieser Arbeit steht. Parallel zur großen Agrarkrise setzte sich der Silberpreisverfall fort; beide Phänomene gemeinsam bilden den Hintergrund für die Fortsetzung der währungspolitischen Debatte.

[420] Jürgen Osterhammel, Niels Petersson, Geschichte der Globalisierung. Dimensionen, Prozesse, Epochen, München 2003, S. 60–63.

1. Die Wirtschaftskrise 1878/79 und ihre währungspolitischen Konsequenzen

Auslöser der großen Agrarkrise war eine Folge von Missernten in Westeuropa der Jahre 1879 und 1880. In Österreich-Ungarn, im Deutschen Reich, in Frankreich und Großbritannien war die Weizenernte in beiden Jahren die schlechteste des Jahrzehnts.[421] Nun waren Missernten nichts Neues in der Geschichte der europäischen Landwirtschaft, immer wieder hatten wetterbedingte Katastrophen die Bevölkerung heimgesucht. Neu an der Agrarkrise 1879/80 war, dass der europäische Bedarf an Getreide nun durch die Produktion aus anderen Teilen der Welt, vor allem vom amerikanischen Kontinent, gedeckt werden konnte. Bis in die Mitte des 19. Jahrhunderts hatten Missernten immer zu Hungerkatastrophen auf dem Kontinent geführt, diese konnten nun vermieden werden, vor allem dank der Importe aus den Vereinigten Staaten. Voraussetzung hierfür waren drei Faktoren[422]: Der erste war die gewaltige Expansion des Eisenbahnnetzes in den USA. 1860 umfasste das US-amerikanische Eisenbahnnetz 30 800 Meilen, 1870 53 200 Meilen, bis 1880 war es auf 94 800 Meilen angewachsen. Die Eisenbahn erschloss das fruchtbare und weite Land des amerikanischen Westens für die Siedler und erlaubte diesen, ihre landwirtschaftlichen Produkte schnell und billig in die großen Hafenstädte des Ostens zu transportieren. Dort konnten sie – zweitens – durch die neuen Hochsee-Dampfer aufgenommen und nach Europa geschafft werden. Die Entwicklung von dampfgetriebenen Hochseeschiffen und ihre rasche Verbreitung beschleunigten den Transport über den Atlantik nach Europa und senkten die Transportkosten erheblich. Der dritte entscheidende Faktor war die Entwicklung der Agrartechnik in den USA, die die Produktivität der dortigen Landwirtschaft in den siebziger Jahren ebenfalls um ein Vielfaches erhöhte. Die Folge dieser Entwicklung war, dass die amerikanischen Farmer ihre Produkte trotz des Transportweges bald in Europa zu niedrigeren Preisen anbieten konnten als ihre europäischen Konkurrenten. Der Durchbruch auf dem europäischen Markt gelang den amerikanischen Farmern in der zweiten Hälfte der siebziger Jahre vor allem, weil die europäische Bevölkerung nun wegen der schlechten Ernten auf den Import angewiesen war. Auch aus Russland wurde in bislang unbekanntem Maße Getreide nach Westeuropa importiert. Besonders hart betroffen von dieser Entwicklung war die englische Landwirtschaft: Sie litt neben den ungünstigen Witterungsbedingungen auch unter Seuchen wie der Rinderpest (1877) oder der Maul- und Klauenseuche (1883), die die Bestände der Landwirte dezimierten.[423] Die amerikanischen Exporte stiegen schlagartig. 1878 betrug die durchschnittliche wöchentliche Exportmenge amerikanischen Weizens

[421] Zur Agrarkrise: Michael Tracy, Agriculture in Western Europe, London 1982, S. 19–25. Jan Aart de Jonge, Die Wirtschaft, in: Handbuch der Europäischen Wirtschafts- und Sozialgeschichte, hrsg. von Wolfram Fischer u.a., Bd. 5, Stuttgart 1985, S. 324–329. Paul Bairoch, Die Landwirtschaft und die Industrielle Revolution 1700–1914, in: Carlo M. Cipolla, Knut Borchardt (Hrsg.), Europäische Wirtschaftsgeschichte, Bd. 4, Stuttgart 1985, S. 316–329.

[422] Hierzu: Robert C.K. Ensor, England 1870–1914, Oxford 1936, S. 115f. Vgl. auch S. 54f.

[423] Hierzu auch: Russel, Monetary Conferences, S. 259.

etwa zwei Millionen Bushel, im September 1879 exportierten die Amerikaner rund eine Million Bushel täglich.[424]

Die über Jahre andauernden Getreideimporte aus den USA nach Europa hatten unter den Bedingungen des internationalen Goldstandards auch währungspolitische Auswirkungen. Die europäischen Zentralbanken verloren erhebliche Mengen Gold, das fast vollständig seinen Weg in die USA fand. Dieser Prozess hatte zwei Ursachen[425]: Zum einen mussten die britischen Importeure von Weizen die Ware an die amerikanischen Händler in US-Dollar bezahlen, die sie wiederum vorher erwerben mussten. Sie tauschten also ihre Pfund-Guthaben bei der Bank of England gegen Gold ein, transportierten dieses in die USA und erhielten von den dortigen Banken Dollar gegen ebenjenes Gold. Zugleich fiel der Wert der europäischen Währungen gegenüber dem Dollar unter den unteren Goldpunkt, d.h. es lohnte sich für Arbitrageure, Gold in Europa bei den Zentralbanken gegen deren Währung zu kaufen, dieses in die USA zu bringen, um es dort mit Gewinn gegen Dollar einzutauschen. Bereits im Februar 1879 sahen Londoner Finanzkreise diese Entwicklung kommen, der Kurs des Dollars befand sich schon unter dem Goldexport-Punkt von 4,89 Pfund.[426] Beide Prozesse führten zu einem beträchtlichen Goldzufluss in den Vereinigten Staaten während die Goldreserven der europäischen Banken sanken, allein im Juni 1879 wurde Gold im Wert von über einer Million Dollar exportiert. Im Januar 1878 betrug der Silberbestand der Banque de France 1 062 000 000 Francs in Gold und 880 440 000 Francs in Silber; im Dezember 1880 waren die Goldreserven auf 551 540 000 Francs zurückgegangen, während die Silberbestände auf 1 239 700 000 Francs angestiegen waren.[427]

Die politisch Verantwortlichen in den europäischen Staaten reagierten verschieden auf die globale Krise. Die britische Regierung lehnte jeden Zollschutz für die heimische Landwirtschaft ab und setzte diese damit einer Konkurrenz aus, der sie aus strukturellen Gründen nicht gewachsen sein konnte. Die Folge war der völlige Zusammenbruch der britischen Landwirtschaft und eine immense Landflucht, mit all ihren sozialen Begleiterscheinungen.[428] Die französische Regierung erhob dagegen ähnlich wie die deutsche Reichsregierung Schutzzölle gegen den Import US-amerikanischen Getreides.[429]

[424] Steven P. Reti, Silver and Gold, S. 100.

[425] Es handelt sich hier um den sog. Geldmengen-Preis-Mechanismus, den als erster der britische Philosoph David Hume beschrieben hat. Vgl. hierzu: Ernst Dürr, Goldstandard, in: HdSW, Bd. 3, S. 699–708.

[426] Steven P. Reti, Silver and Gold, S. 100.

[427] Zahlen nach Steven P. Reti, Silver and Gold, S. 102. Vgl. auch Russell, Monetary Conferences, S. 267.

[428] Michael Tracy, Agriculture in Western Europe, S. 52–56.

[429] Annie Moulin, Les Paysans dans la Société Française, Paris 1988, S. 118–143. Georges Duby, Armand Wallon, Histoire de la France Rurale, Tome 3, Paris 1975. Zu den sozialgeschichtlichen Konsequenzen: Heinz-Gerhard Haupt, Sozialgeschichte Frankreichs seit 1789, Frankfurt 1989, S. 207–211. Zur Zollpolitik: Rita Aldenhoff-Hübinger, Agrarpolitik und Protektionismus. Deutschland und Frankreich im Vergleich 1879–1914, Göttingen 2002, S. 29–42.

Parallel zur Agrarkrise setzte sich der Silberpreisverfall auf den Währungsmärkten fort. Silber wurde 1879 nur noch in Österreich-Ungarn als Währungsmetall genutzt, was dazu führte, dass Geldhändler aus ganz Europa Silber billig erwarben, es in den Münzprägestätten von Wien und Kremnitz ausprägen ließen, um die Differenz zwischen Nominal- und Materialwert der österreichischen Währung als Gewinn zu realisieren.[430] Im März 1879 beendete auch die österreichische Regierung die Ausprägung von Silbermünzen, der Preis des weißen Metalls gegenüber dem Gold fiel darauf noch einmal. Betroffen hiervon waren alle europäischen Staaten: Frankreich und die Länder der Lateinischen Münzunion verfügten über eine erhebliche Menge an silbernen Fünf-Francs-Stücken, die mit dem Silberpreisverfall beständig an Wert verloren; das Deutsche Reich musste seine nach wie vor beträchtlichen Silbertaler unter Wert verkaufen, die Erlöse sanken und damit stiegen die Kosten für die Einführung der Goldwährung. In Großbritannien schließlich wuchs der Druck auf die Regierung, als die einflussreiche Liverpool Chamber of Commerce am 4. April den Chancellor of the Exchequer aufforderte, Maßnahmen zu ergreifen, um den Silberpreisverfall zu stoppen. Auslöser war der Wertverfall der Aktien von Unternehmen, die vom Handel mit dem fernen Osten, Australien und Indien lebten, etwa der Bank of India and Australia, der Oriental Bank oder der Chartered Bank of India.[431] Nicht nur die Banken, auch die für Großbritannien so wichtige Industrie war betroffen: 1879 war der Export der Baumwollindustrie auf den Stand von vor 1873 zurückgegangen und erneut forderte die Liverpool Chamber of Commerce eine Stellungnahme des Parlamentes über den Zusammenhang zwischen den Export-Schwierigkeiten und dem Verfall des Silberpreises. Unter der Leitung des Vize-Präsidenten der Handelskammer, Stephen Williamson, wurde ein Special Committee eingerichtet, welches im März 1879 einen Bericht vorlegte, in dem die Zusammenhänge zwischen Geld- und Außenwirtschaft untersucht wurden.[432] Hier kam man zu dem Ergebnis, dass ein universaler Goldstandard, der alle Staaten der Welt integrierte, wegen der weltweit zu geringen Goldreserven unmöglich zu realisieren war. Andererseits aber benachteilige die fortschreitende Entwertung des Silbers die Exportindustrien der Goldwährungsländer, weil es für die Einwohner der Silberwährungsländer immer teurer wurde, Produkte aus dem Bereich der Goldwährung zu erwerben. Als Lösung für dieses Problem schlug das von der Handelskammer eingerichtete Expertenkomitee die Einführung eines internationalen bimetallistischen Währungssystems vor. Auch der Londoner Economist schaltete sich in die Diskussion ein, als er der britischen Regierung vorschlug, zur Stützung des Silberpreises jeweils ein Drittel der deutschen Verkäufe gegen Gold zu erwerben.[433] Von besonderer Bedeutung war zudem, dass auch einer der Gouverneure der Bank of England, Henry Gibbs, sich offen für

[430] Russell, Monetary Conferences, S. 253.

[431] A.C. Howe, Bimetallism 1880–1898. A Controversy Reopened, in: English Historical Review, Vol. 105 (1990), S. 377–391.

[432] Samuel Smith, The Bi-Metallic Question, London 1887, S. 33.

[433] The Economist, 12. April 1879, S. 414.

ein internationales bimetallistisches Währungssystem aussprach, weil er ebenso wie das Expertenkomitee der Liverpooler Handelskammer der Ansicht war, dass ein weltweites Goldwährungssystem angesichts der begrenzten Goldressourcen nicht realisierbar, eine weltweite Währung gleichwohl wünschenswert wäre.[434] Wesentlich für die hier zu behandelnde Frage nach den Zusammenhängen zwischen der Wirtschaftskrise Ende der siebziger Jahre und der internationalen Währungsfrage ist, dass führende Vertreter der englischen Wirtschaftsinteressen, die Liverpooler Handelskammer, ein Gouverneur der Bank of England und die Redaktion des Economist, den Silberpreisverfall als eine wesentliche Ursache für die Depression identifizierten und daher den für England verbindlichen Goldstandard auf internationaler Basis in Frage stellten.

Im Juni 1879 wurde die Frage der Silberentwertung auch im House of Commons diskutiert. Anlass war eine generelle Aussprache über das Finanzgebaren der indischen Regierung, die trotz eines vom Mutterland gewährten Kredites von fünf Millionen Pfund 1878 in Schwierigkeiten geraten war. Der Grund hierfür war neben den hohen Kosten für die indische Armee und der Bekämpfung von Hungerkatastrophen die drastische Abwertung der indischen Silberwährung gegenüber der Goldwährung des Mutterlandes.[435] Die indische Regierung hatte aus diesem Grunde dem Secretary of State for India, Viscount Cranbrook, vorgeschlagen, in Indien den Goldstandard einzuführen. Ähnlich wie auf der internationalen Währungskonferenz von 1878 wandte sich in der Debatte vor allem Goschen gegen dieses Ansinnen; es sei ein grundlegender Irrtum der Monometallisten zu glauben, man könne den Goldstandard weltweit einführen, weil es insgesamt gar keine ausreichende Menge Gold gäbe, um die Währungssysteme der Welt hierdurch zu stützen. Die Anfrage der indischen Regierung wurde schließlich einem Ausschuss übertragen, der zu dem Schluss kam, dass die Einführung des Goldstandards in Indien nicht realisierbar sei.[436] Korrekturen am britischen Währungssystem, eine Hinwendung vom Goldstandard zu einem bimetallistischen System gar, wurde von keinem der Commons in dieser Debatte auch nur in Erwägung gezogen; die Forderungen der Wirtschaftseliten wurden von der politischen Klasse nicht gehört. Das lag zweifellos auch daran, dass die Plädoyers für die Reform des englischen Währungssystems auch unter den Wirtschaftseliten des Landes keineswegs unumstritten waren, im Gegenteil, William Birch, der Gouverneur der Bank of England, erläuterte gegenüber Aktionären,

[434] Die Bank of England war eigentlich eine vehemente Befürworterin des monometallistischen Goldstandards. Gibbs Äußerungen sind daher in der Forschung auf seine persönlichen Interessen zurückgeführt worden, er war nämlich gleichzeitig Teilhaber von Anthony Gibbs and Sons, einer vor allem im südamerikanischen Raum tätigen Handelsbank, und der Peruvian Corporation. Vgl. hierzu E.H.H. Green, Rentiers versus Producers? The Political Economy of the Bimetallic Controversy, 1880–1898, in: English Historical Review, Vol. 103 (1988), S. 588–612.

[435] Zur Indienpolitik Disraelis zusammenfassend: Paul Kluke, Großbritannien von den Reformen Gladstones bis zum Ende des I. Weltkrieges, in: Handbuch der Europäischen Geschichte, hrsg. von Theodor Schieder, Stuttgart 1985, S. 297–304. Sarvepalli Gopal, British Policy in India, 1858–1905, Cambridge 1965. Vgl. auch Steven P. Reti, Silver and Gold, S. 105.

[436] Vgl. die Debatte in Hansard Parliamentary Debates, 3rd series, Vol. 246, S. 1723–1754.

dass die Bank entgegen der Verlautbarungen von Henry Gibbs keineswegs daran denke, für ein bimetallistisches System in England einzutreten.[437]

Wichtig aber ist, dass die britische Wirtschaftselite diese Kausalitäten durchaus wahrnahm und auch artikulierte, sich mit ihren Forderungen gegenüber der politischen Elite in Großbritannien jedoch nicht durchsetzen konnte. Die Transmission des Problems vom ökonomischen in das politische System der Gesellschaft gelang zu diesem Zeitpunkt in Großbritannien nicht. Dies sollte, wie noch zu zeigen sein wird, ein grundsätzliches Problem der britischen Politik werden.

2. Die französisch-amerikanische Initiative für eine internationale Währungskonferenz im Frühjahr 1881

Während Europa angesichts der Missernten und des andauernden Silberpreisverfalls Ende der siebziger Jahre in eine Wirtschaftskrise geriet, profitierten die US-amerikanischen Farmer von der sprunghaft steigenden Nachfrage aus Europa, die sie durch die gestiegene Produktivität leicht befriedigen konnten. 1879 wurde zudem das von der Regierung seit dem Bürgerkrieg angestrebte Ziel der Resumption, d.h. die Deckung der „Greenbacks" durch die Goldbestände der National Bank erreicht.[438] Auch insgesamt erlebte die US-Wirtschaft zu diesem Zeitpunkt eine Hausse, die Stahlindustrie profitierte vom weiteren raschen Ausbau des Eisenbahnnetzes, durch dieses wiederum wurde die Infrastruktur verbessert, die Transportkosten sanken, was dann zu einem erneuten Produktivitätszuwachs führte.[439] Durch den allgemeinen Wirtschaftsaufschwung verlor die sozio-ökonomisch bedingte Auseinandersetzung zwischen den die freie Ausprägung von Silber fordernden Anhängern einer inflationären Währungspolitik und den Befürwortern einer „harten" Goldwährung vorübergehend an Schärfe.[440] Die Debatte wurde jedoch schnell wieder angeheizt, als der demokratische Abgeordnete Adoniram Warner (Ohio) am 18. März 1879 einen Gesetzentwurf im Repräsentantenhaus einbrachte, der erneut die freie Ausprägung von Silbermünzen durch die National Bank forderte.[441] Dem Vorstoß schloss sich eine intensive Debatte an, die allerdings von den gleichen Argumenten geprägt war, wie jene im Vorfeld des Bland-Allison Acts vom Frühjahr 1878. Ebenso wie der Bland-Allison Act sah auch der jetzt diskutierte Gesetzentwurf vor, die Regie-

[437] The Economist, 19 March 1879, S. 356. Vgl. auch Steven Reti, Silver and Gold, S. 107. Für die britische Diskussion um den Bimetallismus vgl. auch: Die bimetallistische Bewegung in England (Schriften des Deutschen Vereins für internationale Doppelwährung, Heft 5), Berlin 1882.

[438] Hierzu Milton Friedman, The Crime of 1873, in: Journal of Political Economy, Vol. 89 (1990), S. 1159–1194.

[439] Rendigs Fels, American Business Cycles, Chapel Hill 1959, S. 115–124. David M. Pletcher, The Awkward Years. American Foreign Relations under Garfield and Arthur, Colombia 1962, S. 4.

[440] Steven P. Reti, Silver and Gold, S. 101. Vgl. zur Gesamtfrage auch die vereinfachende Zusammenfassung bei Willi Paul Adams, Die USA vor 1900, München 2000, S. 105–106.

[441] Russell, Monetary Conferences, S. 256.

rung zu beauftragen, eine internationale Währungskonferenz einzuberufen. Dies sei, so erläuterte der Republikaner Selwyn Bowman aus Massachusetts, notwendig, weil Spekulanten, jetzt, wo alle anderen Staaten die Silberausprägung eingestellt hätten, versuchen würden, ihre Silberbestände in den Vereinigten Staaten in Gold einzutauschen. Die Frage wurde erneut dem Coinage Committee des Repräsentantenhauses übertragen, dessen Bericht am 24. Mai 1879 mit 114 gegen 97 Stimmen angenommen wurde. Wie schon 1878 stimmten auch jetzt die Republikaner überwiegend gegen das Gesetz, das heißt, gegen die freie Ausprägung von Silbermünzen, während die Mehrheit der demokratischen Abgeordneten der freien Silberausprägung zustimmte.[442] Auch Präsident Hayes trat in seiner Annual Adress am 1. Dezember 1879 für eine internationale Lösung der Währungsfrage ein und forderte die Abgeordneten deswegen auf, weitere Gesetzesinitiativen bis zu einer internationalen Lösung des Problems zurückzustellen.

Zunächst jedoch standen die Präsidentschaftswahlen 1880 an. Beide Parteien, Republikaner und Demokraten, vermieden eine weitere Diskussion um die Silberfrage, um die höchst emotional geführte Diskussion nicht zum Wahlkampfthema zu machen, obwohl die für freie Silberausprägung plädierende Greenback-Labour Party mit einem eigenen Kandidaten antrat.[443] Neuer Präsident wurde der Republikaner James Garfield, der das Rennen mit knappem Vorsprung vor dem demokratischen Kandidaten Winfield Hancock gewann. James B. Weaver, der Kandidat der Greenback-Labour-Party, erhielt lediglich rund 300 000 Stimmen und war damit weit abgeschlagen.

Unmittelbar nach ihrem Amtsantritt nahm die neue Administration die Frage einer internationalen Währungskonferenz wieder auf, und US-Secretary of State Evarts beauftragte am 4. Februar 1881 den US-Gesandten in Paris, bei der dortigen Regierung vertraulich zu sondieren, ob und unter welchen Bedingungen Frankreich bereit wäre, an einer weiteren Währungskonferenz teilzunehmen.[444] Die Initiative kam nicht zufällig zu diesem Zeitpunkt, denn parallel zu der Diskussion in den Vereinigten Staaten war auch in Frankreich über die Vor- und Nachteile eines internationalen bimetallistischen Vertrages diskutiert worden. Wie alle europäischen Staaten war auch Frankreich von der großen Agrarkrise der siebziger Jahre betroffen, die Getreidepreise sanken durch die Konkurrenz aus Übersee, allein der Preis für Weizen ging zwischen 1875 und 1896 um 34% zurück.[445] Im Gegensatz zu Großbritannien wurde in Frankreich die Katastrophe

[442] Für die Debatte und den Gesetzentwurf vgl. Congressional Record, 46th Congress, 1st Session, S. 1563.

[443] Leonard Dinnerstein, The Election of 1880, in: Arthur M. Schlesinger (Hrsg.), History of American Presidential Elections, New York 1971, S. 1517–1518. Vgl. auch Steven P. Reti, Silver and Gold, S. 102.

[444] NARA Record Group 59 (Department of State) M77, Roll 60, Diplomatic Instructions of the Department of State 1801–1906, France, Evarts to Noyes, 4.2.1881.

[445] Annie Moulin, Les Paysans dans la Société Française de la Révolution à nos Jours, Paris 1992, S. 119. Allgemein hierzu Jan Aart de Jonge, Die Wirtschaft, in: Handbuch der Europäischen Wirtschafts- und Sozialgeschichte, Bd. 5, Stuttgart 1985, S. 319–328. François Caron, Histoire économique de la France XIXè – XXè siècles, Paris 1981, S. 28. Jörg Fisch, Europa zwischen

für die ländliche Bevölkerung durch die Erhebung von Schutzzöllen seit 1882 verhindert. Das politische System der Dritten Republik stützte sich ähnlich wie zuvor Napoleon III. sehr stark auf die Bauernschaft, was deren Einfluss auf die für sie wichtigen politischen Entscheidungen erheblich vergrößerte.[446] Die „Notablen", Adelige und Großbürger, verloren mit Beginn der Republik mehr und mehr an Einfluss auf die politischen Entscheidungen. An ihre Stelle rückten Arbeiter sowie Gewerbetreibende und Händler.[447]

Das Wirtschaftsbürgertum wurde eine wesentliche gesellschaftliche Stütze der Dritten Republik, und es nahm die Krise zum Anlass, erneut auf die Währungsfrage zurückzukommen. Die Handelskammer von Bordeaux schrieb zum Beispiel am 13. April 1881 einen offenen Brief an Landwirtschafts- und Handelsminister Charles François Hervé, in dem sie die schon 1874 erhobenen währungspolitischen Forderungen wiederholte: „Il est désirable que les divers nations d'Europe et d'Amérique adhèrent aux principes essentiels posés dans l'Union monétaire, appelée *Union latine* et qui deviendra *l'Union monétaire universelle*."[448] Durch eine Ausweitung der Lateinischen Münzunion und ihres bimetallistischen Währungssystems, so zeigte sich die Handelskammer überzeugt, würden sich die gravierenden durch den Silberpreisverfall ausgelösten Probleme lösen lassen. Zur Unterstützung dieser Argumentation wurden Werke des italienisch-französischen Wirtschaftswissenschaftlers Henri Cernuschi[449] ebenso wie die seines deutschen Kollegen Otto Arendt herangezogen. Beide plädierten für eine internationale bimetallistische Währungsunion. Es ist bedeutsam, dass die Handelskammer von Bordeaux 1874 und 1881 auf die Idee einer europäischen Währungsunion unter französischer Führung zurückkam, die das Projekt der Lateinischen Münzunion unter der Führung von Napoleon III. und Félix de Parieu 1865 geprägt hatten. Im Gegensatz zur französischen Politik von 1865 wurde die Forderung nach der europäischen Währungsunion nun allerdings rein wirtschaftlich begründet; machtpolitische Aspekte, die noch das Projekt Napoleons III. mindestens ebenso geprägt hatten wie die ökonomischen, fehlten in den Forderungen der Handelskammer völlig. Damit ging eine für die Veränderungen des europäischen Staatensystems in dieser Zeit charakteristische Verschiebung der Motivation einher: Napoleon III. hatte die Lateinische Münzunion gegründet, um seine machtpolitischen Ansprüche auf Westeuropa auch auf dem Währungssektor deutlich zu machen. Die Wirtschaftselite der 3. Republik allerdings war primär aus handelspolitischen Gründen an der Lateinischen Münzunion interessiert und kümmerte sich wenig um die außenpolitischen Konsequenzen ihrer Forderungen. Vereinfacht und zugespitzt: Napoleon III. hatte 1865 die

Wachstum und Gleichgewicht 1850–1914, Stuttgart 2002, S. 65.

446 Jörg Fisch, Europa zwischen Wachstum und Gleichheit, S. 67. Rita Aldenhoff-Hübinger, Agrarpolitik und Protektionismus, S. 124–130.

447 Heinz-Gerhard Haupt, Sozialgeschichte Frankreichs, S. 212.

448 Les Membres Composant la Chambre de Commerce de Bordeaux à Monsieur le Ministre de l'Agriculture et du Commerce à Paris, 13.4.1881, S. 15.

449 Zu Cernuschi vgl. F. Della Peruta, Cernuschi, Enrico, in: Dizionario Biografico degli Italiani, Vol. 23, Roma 1979, S. 781–788.

Währungspolitik in den Dienst der Außenpolitik gestellt, die Handelskammer von Bordeaux stellte 1881 die Handelspolitik über die Außenpolitik.

In ähnlicher Weise argumentierte auch der Wirtschaftswissenschaftler Paul Leroy-Beaulieu in der Ausgabe des Economiste Français vom 16. August 1879. Die französische Silberwährung basiere auf einer Art Zwangskurs, weil dem Nennwert eines silbernen Fünf-Francs-Stückes in London oder New York lediglich 4,30 Francs in Gold entsprächen, der Marktwert des Metalls liege deutlich unter dem Nominalwert der Münze. Die französische Wirtschaft leide unter dieser Entwicklung, weil Importe durch die Abwertung der Währung teurer würden. Zudem sei der Währungsverfall bedenklich, weil das Land international eine wichtige Gläubigerstellung einnehme. Leroy-Beaulieu empfahl daher den raschen Übergang zur Goldwährung.[450] Die Vertreter der Handelskammer fanden auch Unterstützung in der Nationalversammlung. M. de Soubeyran forderte die Regierung in der Sitzung vom 28. Januar 1881 auf, eine internationale Konferenz zur Fixierung des Verhältnisses zwischen Gold und Silber einzuberufen.[451] Finanzminister Magnin wies die Forderung unter Hinweis auf die Verpflichtungen des Landes in der Lateinischen Münzunion zwar zurück, war aber über die Vorgänge in den USA sehr wohl informiert.[452]

Auch die französische Regierung hatte sich angesichts der Wirtschaftskrise und des zunehmenden öffentlichen Drucks Gedanken über die Lösung der währungspolitischen Probleme gemacht, zumal die neue amerikanische Regierung ganz offen erkennen ließ, dass sie erneut die Initiative zu einer bimetallistischen Währungskonferenz ergreifen würde. Als der US-amerikanische Konsul Walker am 5. Februar 1881 dann bei Finanzminister Magne vertraulich die Einstellung der französischen Regierung zu einer weiteren Währungskonferenz sondierte, war der Finanzminister bestens vorbereitet. Er antwortete dem amerikanischen Emissär, dass Frankreich unter zwei Bedingungen an einer Konferenz interessiert sei: Zum einen sollte die Initiative von beiden Regierungen gemeinsam ausgehen oder aber von der französischen Seite allein. Die französische Regierung strebte also erneut die Führungsposition in Fragen der internationalen Währungsbeziehungen an. Zweitens sollte die Konferenz noch im April in Paris stattfinden, damit das jetzige deutsche Parlament den Vertrag noch ratifizieren könne, bevor es Ende Mai neu gewählt würde.[453] Im französischen Außenministerium hatte man sich schon im Januar 1881 Gedanken über die Ziele Frankreichs auf einer solchen Konferenz gemacht: Unter dem Titel „Union monétaire de 1881“ war ein Vertragsentwurf entstanden, der eine bimetallistische Währungsunion zwischen den europäischen Staaten der Lateinischen Münzunion, Deutschland, den Niederlanden und den Vereinigten Staaten vorsah.[454] Artikel 2 verpflichtete die Staa-

[450] Paul Leroy-Beaulieu, L'Encaisse de la Banque de France et les Dangers de l'envahissement de la monnaie d'argent, in: Economiste Français, Nr. 33, 16.8.1879.

[451] MAE Direction Commerciale. Questions Monétaires et Financières, Conférence de 1881, Dossier 1, Boite 612, Nr. 61.

[452] Ebd.

[453] Ebd., Note de Réponse à M. Walker, 8.2.1881.

[454] MAE Direction Commerciale. Questions Monétaires et Financières. Conférence de 1881, 1880–

ten zur unbegrenzten Ausprägung von Gold- und Silbermünzen im Verhältnis von 1:15,5, dem alten französischen Kurs, der auch für die Lateinische Münzunion galt. Der Vertrag würde zunächst bis zum Jahre 1900 gelten, sollte er bis dahin von keinem Staat gekündigt worden sein, so verlängerte sich seine Geltungsdauer automatisch um zehn Jahre. Es ist ganz offensichtlich, dass auch die französische Regierung, ähnlich wie schon die Handelskammer von Bordeaux, vorgeschlagen hatte, die Lateinische Münzunion zu einer (im damaligen Sinne) globalen Währungsunion unter Einschluss der USA und des Deutschen Reiches ausbauen wollte.

Anfang Februar 1881 beschloss das französische Kabinett daher, der amerikanischen Initiative zu einer erneuten Währungskonferenz zu folgen.[455]

„Pour nous comme pour les Etats-Unis, la grande mesure à adopter ce serait la réstabilisation monétaire du métal argent conformément aux propositions faites par les délégués américains à la conférence de 1878, c'est à dire: monnayage libre et illimité de l'argent comme de l'or en Europe et aux Etats Unis (...)", hielt Finanzminister Magnin im Januar 1881 fest.[456]

Wie schon 1865 wurde die französische Politik auch jetzt nicht von währungspolitischem Idealismus geleitet, sondern von nationalen, finanziellen Interessen. Machtpolitische Ambitionen hingegen scheinen in dieser Situation eine untergeordnete Rolle gespielt zu haben, auch wenn der Entwurf für eine Währungsunion unter französischen Bedingungen Paris die 1871 verlorene politische Initiative auf dem Währungssektor zurückgegeben hätte. Im Zentrum aber stand, dass die Regierung durch den Verfall des Silberpreises erhebliche Verluste erlitten hatte, die nun mittels internationaler Übereinkunft zumindest gemildert werden sollten.

Schon Mitte des Monats hatten die Diplomaten Frankreichs und der USA ein Einladungsschreiben entworfen, welches in den folgenden Wochen an jene Regierungen geschickt wurde, die an der Konferenz von 1878 teilgenommen hatten, sowie an Spanien und das Deutsche Reich. Die Regierungen Frankreichs und der Vereinigten Staaten luden darin die Mächte ein, Delegierte ihrer Wahl zu einer Konferenz zu schicken, die am 19. April 1881 in Paris eröffnet werden sollte.

„Next to consider and adopt for presentation to the Governments so represented for their acceptance a plan and system for the establishment by international convention of the use of Gold and silver as bi-metallic money at a fixed relative value between that two metals."[457]

1881, Boite 612, Dossier 1 Nr. 80ff. Union monétaire de 1881, undatiert.

455 NARA Record Group 59, M77, Roll 60, Diplomatic Instructions of the Department of State, 1801–1906, France, Noyes (Paris) to Evarts, 11.2.1881.

456 MAE Direction Commerciale. Questions Monétaires et Financières. Conférence de 1881, 1880–1881, Boite 612, Dossier 1 Nr. 78, Note pour M. Magnin, Jan. 1881.

457 NARA Record Group 59, M77, Roll 60, Diplomatic Instructions of the Department of State, 1801–1906, France, Noyes (Paris) to Evarts, 11.2.1881.

3. Bismarcks diplomatisches Spiel mit der Währungspolitik

Es bleibt die Frage, warum die Regierungen der USA und Frankreichs so kurz nach Scheitern der Währungskonferenz von 1878 einen erneuten Anlauf für die Regelung der internationalen Währungsprobleme nahmen. Gewiss war die konjunkturelle Weltwirtschaftskrise der siebziger Jahre, die von der strukturellen Agrarkrise abgelöst wurde, und die beide zu den beschriebenen währungspolitischen Turbulenzen führten, ein wesentliches Motiv. Mindestens ebenso entscheidend war aber eine andere Entwicklung, die den Staat betraf, dessen Politik von vielen Währungsexperten als eine Ursache für die Silberentwertung angesehen wurde, und der an der Währungskonferenz von 1878 gar nicht teilgenommen hatte, das Deutsche Reich. Reichskanzler Otto von Bismarck hatte im Sommer 1879 in Gegenwart des amerikanischen Botschafters in Berlin, White, ein Gespräch mit dem vormaligen amerikanischen Kongress-Abgeordneten William D. Kelley geführt, einem der vehementesten Vertreter des Bimetallismus und Protektionismus in den USA.[458] Kelley hatte den Inhalt des Gespräches zweifellos mit Zustimmung des Kanzlers in der Philadelphia Times veröffentlicht, ein Artikel, der in diplomatischen Kreisen als Sensation empfunden wurde. Kurz nach dem Erscheinen dieses Beitrags am 4. August 1878 übermittelte die französische Botschaft in Washington ihrer Regierung eine Übersetzung.[459] Das Gespräch drehte sich zunächst um die allgemeine wirtschaftliche Situation, vor allem um die florierende amerikanische Wirtschaft, deren Erfolg der Reichskanzler anerkannte. Jede Regierung, so erläuterte er seinen amerikanischen Gesprächspartnern, habe die Verpflichtung, für den Wohlstand ihres Landes zu sorgen, die amerikanische sei erfolgreich nicht zuletzt durch ihre protektionistische Zollpolitik. Dagegen sei nichts einzuwenden. Darauf erläuterte Kelley, dass die gegenwärtigen Probleme des Deutschen Reiches aber auch die Währungspolitik zurückzuführen seien.

> „La réponse de Bismarck avait de quoi nous étonner mon Ministre (gemeint ist White, d.V.) et moi, par son extrême franchise. C'est vrai dit-il, nous sommes allés trop vite et trop loin. Nous n'avons pas agi sagement. (...) L'empire aurait pu employer l'or concurremment avec l'argent, et il aurait du le faire."[460]

Doch der Reichskanzler bedauerte nicht nur öffentlich die Entscheidung des Deutschen Reiches für den Goldstandard, sondern erklärte darüber hinaus: „Il est clair que nous n'avions nullement besoin de condamner l'argent; nous aurions dû le suppléer par la monnaie d'or."[461] Die Silberverkäufe des Reiches müssten

[458] BA R901, Bd. 21457, Meldung Wolff's telegraphisches Bureau, 27.10.1879. Schon im Mai hatte der Reichskanzler gegenüber dem Reichstagsabgeordneten Mosle eine geldpolitische Wende angekündigt, die die politische Szene in Berlin in Aufregung versetzt hatte. Vgl. Karl Helfferich, Ludwig Bamberger als Währungspolitiker, S. 100ff.

[459] MAE Direction Commerciale. Questions Monétaires et Financières. Conférence de 1881, 1880–1881, Boite 612, Dossier 1 Nr. 19 Kelley et Bismarck, Philadelphia Times, 4.8.1879.

[460] Ebd.

[461] Ebd.

gestoppt werden, sie hätten zum Silberpreisverfall beigetragen und hierdurch beträchtliche Kosten erzeugt. In einem Gespräch mit dem französischen Botschafter Vallier am 30. November 1880 in Friedrichsruh wiederholte Bismarck, „qu'il n'est pas le moins du monde déterminé à persister dans le système du monométallisme, il (gemeint ist Bismarck, d.V.) en reconnaît les inconvénients et les dangers."[462] Allerdings seien die Experten in Deutschland hinsichtlich der Währungsfrage gespalten, im Reichstag würde nach wie vor eine Mehrheit für die Erhaltung des Goldstandards eintreten. Um das Parlament zu überzeugen, sei eine große Debatte notwendig, am besten, so der Reichskanzler, in einer weiteren internationalen Konferenz. Das Reich könne hierzu die Initiative nicht übernehmen, sie solle aus den USA oder Frankreich kommen. Sollte die deutsche Regierung zu einer solchen Konferenz eingeladen werden, so versicherte der Kanzler seinem Gesprächspartner, nähme sie sicher teil.

Damit wird deutlich, warum die Regierungen Frankreichs und der USA um die Jahreswende 1880/1881 zuversichtlich waren, dass eine neue Währungskonferenz die seit 1878 gewünschte internationale Übereinkunft über ein bimetallistisches Währungssystem herbeiführen könnte. Nahezu alle Delegierten waren 1878 der Meinung gewesen, dass der Schlüssel für die Lösung der Währungsprobleme in Berlin läge. Seit dem Übergang des Deutschen Reiches zur Goldwährung 1871 und den darauf folgenden kontinuierlichen Verkäufen von Währungssilber durch die Reichsbank war der Preis für Silber konstant gefallen. Die Reichsregierung hatte aber unter dem Einfluss Rudolph von Delbrücks und der Nationalliberalen im Reichstag, wie geschildert, bis 1879 jede internationale Übereinkunft über Währungsfragen abgelehnt und gerade auf diesem Sektor nationale Autonomie des Reiches gefordert. An der Währungskonferenz von 1878 hatte die Reichsregierung aus diesem Grunde sehr zum Bedauern der USA nicht teilgenommen. Jetzt hatte sich die Situation offenbar geändert, Bismarck signalisierte nicht nur sein Interesse an einer Währungskonferenz, sondern auch die eventuelle Reformbereitschaft des Reiches in Bezug auf ein bimetallistisches Währungssystem. Sollte sich Deutschland daher der französisch-amerikanischen Position annähern und eine internationale bimetallistische Übereinkunft unterstützen, so wären die Erfolgsaussichten einer Konferenz sehr gut; die englische Regierung wäre die einzige von Gewicht, die einem solchen Abkommen entgegengestanden hätte. Die Währungskonferenz von 1881 hatte ihre Ursache daher nicht allein in den geschilderten, durch die Weltwirtschafts- und Agrarkrise ausgelösten strukturellen Veränderungen des internationalen Systems, sondern auch in der von Bismarck zunächst als Möglichkeit angedeuteten Kehrtwendung der deutschen Politik.

Die Frage ist, warum der Kanzler, der sich bislang an Währungsfragen, von wenigen Ausnahmen abgesehen, desinteressiert gezeigt hatte, Ende der siebziger

[462] Jeannette P. Nichols, Silver Diplomacy, in: Political Science Quaterly Vol. XLVIII (1933), S. 565–588, hier S. 170. Französische Perspektive in: MAE Direction Commerciale. Questions monétaires. Conférence de 1881, 1880–1881, Boite 612, Dossier 1 Nr. 69, L'Ambassadeur à Berlin à M. Léon Say, Président du Sénat, 30.11.1880.

Jahre jenen Kurswechsel vornahm. Die Wende wird verständlich, wenn man sie in den Gesamtkontext der von Bismarck zu Ende der siebziger Jahre betriebenen Innenpolitik stellt. Gerade zu diesem Zeitpunkt kulminierte die erste große Systemkrise[463] des deutschen Kaiserreiches, die Bismarck durch einen fundamentalen Wandel in der Wirtschaftspolitik zu lösen versuchte, deren politische Konsequenz der Bruch mit den Nationalliberalen war, jener Partei, die seine Macht bislang parlamentarisch gestützt hatte. Die „Große Wende" von 1878/79 hatte ein ganzes Bündel von Ursachen, die zum Teil politischer, zum Teil wirtschaftlich-struktureller Natur waren und hier nur in ihrer Bedeutung für die Währungspolitik erläutert werden können. Eine wesentliche Folge war der Übergang Bismarck zur Schutzzollpolitik und das damit verbundene Bündnis mit den Interessenverbänden, die den Schutz vor internationaler Konkurrenz forderten.[464]

Auslöser war auch hierfür die Weltwirtschaftskrise der siebziger Jahre, zunächst die der Industrie, seit Mitte der siebziger Jahre zunehmend auch der Landwirtschaft. Gerade die Landwirte, die zur Zeit der Reichsgründung noch Anhänger des Freihandels waren, weil sie von den Getreideexporten profitierten, konvertierten in das Lager der Protektionisten, als der internationale Wettbewerb, vor allem aus den Vereinigten Staaten, ihre Erträge zu schmälern drohte. Angesichts der wirtschaftlichen Depression fanden sie rasche Unterstützung in der allgemeinen Öffentlichkeit, gerade auch die Parole vom „Schutz der nationalen Arbeit" fand breites Echo. Zollschutz wurde so ein Thema der öffentlichen Diskussion in einem Land, das zuvor, nicht zuletzt unter der Dominanz der Nationalliberalen, den Freihandel als Prinzip akzeptiert hatte. Der Liberalismus insgesamt geriet hierdurch in eine Krise, die Liberalen, jetzt oft als „Manchesterliberale" diffamiert, wurden als die Schuldigen an den Wirtschaftsproblemen identifiziert. Doch nicht nur der Freihandel stand jetzt zur Diskussion, sondern auch das unter maßgeblicher Beteiligung der Liberalen eingeführte Währungssystem, der monometallistische Goldstandard, wurde zunehmend angegriffen. Am 18. Mai 1879 hatte die Reichsregierung angekündigt die Silberverkäufe einzustellen und sofort erhob sich eine massive Bewegung für die Einführung eines bimetallistischen Systems, analog zu dem der USA und Frankreichs. Das Zentrum und die ihm nahestehenden Zeitungen, die Germania und auch die Schlesische Volkszeitung, propagierten den Bimetallismus ebenso wie der konservative Reichsbote oder die Deutsche Landzeitung.[465] Selbst die Nationalliberalen waren gespalten; die Sezessionisten um Bamberger hielten am Goldstandard fest, der Rest der Partei folgte dem Kurswechsel des Reichskanzlers. Dabei gab es keinen direkten Zusammenhang zwischen protektionistischer Zollpolitik und einem bi-

463 Hans Ulrich Wehler, Deutsche Gesellschaftsgeschichte 1848–1914, München 1995, S. 934.

464 Hierfür und für das Folgende zusammenfassend: Thomas Nipperdey, Deutsche Geschichte 1866–1918, München 1992, S. 387f.

465 MAE Direction Commerciale. Questions monétaires. Conférence de 1881, 1880–1881, Boite 612, Dossier 1 Nr. 2, Consulat Général de France à Leipzig à Ministère des Affaires Etrangères, Question Monétaire, 9.11.1880.

metallistischen Währungssystem. Auch unter dem System der Doppelwährung wäre eine Freihandelspolitik möglich gewesen.

Otto von Bismarck machte sich in seinen öffentlichen Verlautbarungen diese Thesen zu eigen, ohne sich allerdings zugunsten eines bimetallistischen Währungssystems festzulegen. So wie er niemals den Goldstandard und die liberale Handelspolitik als Doktrin akzeptiert hatte, so pflegte er auch zu Protektionismus und Bimetallismus ein pragmatisches Verhältnis. Immerhin erkundigte er sich beim Präsidenten des Reichsbank-Direktoriums, von Dechend, nach dessen Ansichten hinsichtlich der Währungsfrage. Von Dechend riet von einem Wechsel des Währungssystems ab:

„Ich würde es (...) als einen Fehler bezeichnen müssen (...) event. zur Doppelwährung übergehen zu wollen, (...) und zwar nicht nur aus dem (...) Grunde, weil der jetzige niedrige Silberpreis den Übergang zur Doppelwährung zur Zeit doch nicht gestattet, sondern vor allem deshalb, weil sich noch in keiner Weise übersehen läßt, ob wir überhaupt jemals genöthigt sein werden, von der reinen Goldwährung wieder abzugehen.“[466]

Von Dechend zog einen Wechsel des Währungssystems also gar nicht in Erwägung. Eine weitere Währungskonferenz und die deutsche Unterstützung hierfür hielt der Reichsbankpräsident dagegen für sinnvoll:

„Was sodann die Münzkonferenz anbelangt, welche die Amerikaner berufen wollen, wenn sich Deutschland geneigt finden lassen sollte daran theil zu nehmen, so verspreche ich mir von ihr auch keinen großen Erfolg. Noch weniger aber vermag ich abzusehen, warum wir dieser Absicht entgegentreten sollen. Schaden kann die Konferenz meines Erachtens nicht, im Gegentheil, ich halte es für recht empfehlenswerth, dass die beim Silber zunächst betheiligten Staaten nochmals in ernste Verhandlungen (treten), ob die Silberausprägung jetzt nicht werden aufzunehmen, nachdem Deutschland die Verkäufe seines Silbers sistiert hat. Bedenklich würde es mir sein, wenn wir in der Konferenz irgendwelche Engagements hinsichtlich der Doppelwährung eingingen. (...) Freilich ist das, was wir nach meiner Ansicht im äußersten Falle zugestehe können, nämlich die Zusicherung, dass wir unsere Thaler nicht einschmelzen lassen würden, von sehr viel geringerem Werthe als wenn wir den event. Übergang zur Doppelwährung in Aussicht stellen könnten (...).“[467]

Von Dechend sprach aus der Sicht des Währungsexperten, also eines Akteurs im ökonomischen System, und aus dieser Perspektive konnte eine vorübergehende Zusicherung, dass das Reich keine weiteren Silberverkäufe mehr vornehmen würde, den Kurs tatsächlich stabilisieren. Dies wäre auch im deutschen Interesse gewesen, denn ein langfristig wieder steigender Silberpreis hätte die durch den Silberverkauf bei fallendem Silberwert entstandenen Verlust zumindest reduzieren können.

Bismarck wies nun das Auswärtige Amt an, ihn „unverzüglich“ über alle Vorgänge in Frankreich und den USA hinsichtlich der geplanten Währungskonferenz zu unterrichten.[468] Zugleich bemühte er sich, die nach der Einstellung der Silberverkäufe durch das Reich begonnene öffentliche Debatte über die Währungsfrage durch Artikel zugunsten des Bimetallismus in der offiziösen Nord-

[466] BA R43 (Reichskanzlei) Finanz-Sachen, Bd. 299/1, 13.10.79–28.12.81. Der Präsident des Reichsbank-Direktoriums an Bismarck, 13.10.1879.

[467] Ebd.

[468] BA R901, Bd. 21457, Reichskanzleramt an Auswärtiges Amt, 17.10.1879.

deutschen Allgemeinen Zeitung in Gang zu halten. Als die amerikanisch-französische Einladung zur Konferenz im Auswärtigen Amt eintraf, ließ der Kanzler die deutsche Teilnahme auch prompt zusagen. Dies geschah aber unter der Bedingung,

> „dass die in Rede stehenden Verhandlungen nicht die Herbeiführung von Abmachungen, welche die Regierungen zur Genehmigung vorzulegen wären, bezwecken, sondern dass es sich lediglich um Besprechungen und den Austausch von Meinungen behufs Klarstellung der auf die gedachte Frage bezüglichen Verhältnisse handelt, und dass weiterhin Deutschland durch die Theilnahme an der Konferenz der Freiheit der Entschließung über seine demnächstige Stellung in der Angelegenheit nach keiner Richtung präjudiziere."[469]

Der Kanzler hielt sich also nach außen alle Optionen offen, indem er durch die Teilnahme an der Konferenz keine Verpflichtung zugunsten des Bimetallismus einging. Für die Regierungen der USA und Frankreichs aber blieb entscheidend, dass das Reich überhaupt an der Konferenz teilnahm; die deutsche Partizipation war die Voraussetzung dafür geworden, dass die Konferenz überhaupt stattfand.

Mit der Währungskonferenz von 1881 rückte also noch einmal, wie schon in den Jahren nach 1871, das Deutsche Reich in das Zentrum des Geschehens. Und wie schon knapp zehn Jahre zuvor war es erneut eine spezifische sozioökonomische Konstellation in der deutschen Innenpolitik, welche Bismarck (diesmal war der Kanzler die entscheidende Figur) eine fundamentale Wende vollziehen ließ, die sich international auf die Währungspolitik auswirkte. Der große Kompromiss zwischen Adel und Bürgertum[470], der die Gründung des Reiches nach 1866 ermöglicht und geprägt hatte, war nicht zuletzt durch die Auswirkungen der globalen Wirtschafts- und Agrarstrukturkrise zerbrochen. Durch die Krise hatten sich die Gewichte in Wirtschaft und Gesellschaft vom bisher dominierenden liberalen Freihandel auf einen protektionistisch-interventionistischen Kurs verschoben. In den sechziger und zu Beginn der siebziger Jahre war die liberale Freihandelsdoktrin die dominierende in Deutschland gewesen und genau deswegen hatte sich Bismarck mit ihr verbündet, um seine Ziele zu realisieren. Der Reichskanzler wusste, dass er langfristig nicht gegen die wichtigsten Kräfte in Wirtschaft und Gesellschaft regieren konnte, das war gerade das Moderne an seiner Herrschaft. Aus diesem Grunde vollzog er nun den in den dominierenden Schichten der Wirtschaft begonnenen Kurswechsel mit, um erneut die Mehrheit der Wirtschaftselite hinter sich zu haben. Das war auch der Grund, warum er nun den Zollschutz propagierte und in der Reichstagsrede vom 5. Mai 1878 die Parole vom „Schutz der einheimischen Arbeit" übernahm,[471] und aus diesem Motiv kam er nun den Bimetallisten entgegen. Denn ebenso wie die Forderung nach Zollschutz war auch die Opposition gegen den Goldstandard eine populäre Bewegung der Zeit, die auch im Reichstag, dem aus währungspoli-

469 NARA, RG 59, Roll 46, Despatches from the US-Ministers to the German States and Germany, Note Auswärtiges Amt an White (Berlin), 8.3.1881.

470 Lothar Gall, Bismarck. Der weiße Revolutionär, Frankfurt u.a. 1980, S. 579.

471 Horst Kohl (Hrsg.), Die politischen Reden des Fürsten Bismarck 1847–1897, Historisch-Kritische Gesamtausgabe, Bd. 8, Stuttgart 1970, S. 11ff.

tischer Sicht zentralen Gremium des Reiches, ihren Niederschlag fand. In der großen Reichstagsdebatte über diese Frage, die am 10. März 1881 nach einer Interpellation der Abgeordneten Bamberger, Lasker und Delbrück stattfand, standen sich inhaltlich noch einmal die Protagonisten von 1871/73 gegenüber, wenn auch mit umgekehrter Frontstellung: Ludwig Bamberger und Rudolph von Delbrück verteidigten den Status quo erneut mit der Begründung, dass nur der Goldstandard die Kreditwürdigkeit des Landes nach außen und dessen geldpolitische Unabhängigkeit garantiere.[472] Die Anhänger eines bimetallistischen Systems erwiderten, dass die weltweit verfügbare Goldmenge nicht ausreiche, um alle entwickelten Staaten mit einer Goldwährung zu versorgen. Bemerkenswert war die Erklärung Bismarcks, der sie – wegen Krankheit entschuldigt – von Finanzminister Scholz vortragen ließ: Scholz teilte mit, dass

> „der Herr Reichskanzler diese Aufrechterhaltung des Status quo, wie sie der Auffassung der verbündeten Regierungen entspricht (i.e. die deutschen Bundesstaaten, d.V.), persönlich auch als das Richtige ansieht. Er ist der Meinung, dass in dieser ganzen Frage das non liquet zur Zeit noch so stark sei, dass es nicht räthlich wäre, jetzt irgend einen entscheidenden Schritt zu unternehmen, weil man nicht wissen könnte, ob man ihn nicht demnächst zu bereuen haben würde."

Allerdings war auch Bismarck der Ansicht, dass das Silber in seiner Bedeutung restituiert werden müsse, weil das Gold als Währungsmetall knapp werde. „Es kommt ihm vor", so Scholz, „wie etwa eine Decke, die für zwei Personen nicht ausreicht, und von der jeder sich nun bemüht, das zureichende Stück zu bekommen."[473] Zugleich ließ der Kanzler ankündigen, dass die Reichsregierung die Einladung zur internationalen Währungskonferenz angenommen, sich jedoch zu nichts verpflichtet habe.

Auch in Berlin musste man sich also mit den Konsequenzen der Globalisierungskrise auseinandersetzen. Sie führte dazu, dass, ähnlich wie in anderen europäischen Ländern auch, in bestimmten Wirtschaftssektoren die Forderung nach Zollschutz erhoben wurde. Hieraus entwickelte sich bald eine große öffentliche Debatte, die nicht nur auf die Frage der Außenwirtschaftspolitik beschränkt blieb, sondern bald auch die Währungspolitik einbezog. Entscheidend wurde, dass der Reichskanzler Otto von Bismarck auf diese von außen in das Land hereindrängende Krise offensiv reagierte, das heißt, er benutzte die Krise und die aus ihr erwachsenden politischen Forderungen nach Zollschutz und Währungswechsel, um die aus seiner Sicht notwendig gewordene innenpolitische Wende zu vollziehen.[474] Die Einführung von Zöllen versprach die Lösung der drängenden finanzpolitischen Probleme des Reiches, zugleich bot sie aber aus der Sicht des Kanzlers deutliche innenpolitische Vorteile: Durch den wirtschaftspolitischen Kurswechsel wurden die Liberalen, die die Reichsgründung und ihre wirtschafts-

[472] Dokumentation der Debatte in: Norddeutsche Allgemeine Zeitung, 11.3.1881. Stenographische Berichte über die Verhandlungen des Reichstags, Sitzung vom 10. März 1881, S. 251. Vgl. auch Karl Helfferich, Ludwig Bamberger als Währungspolitiker, S. 105.

[473] Ebd.

[474] Ähnliche Argumentation bei Thomas Nipperdey, Deutsche Geschichte 1866–1918, Bd. 2, S. 391.

und währungspolitischen Konsequenzen, wie geschildert, erst möglich gemacht hatten, gespalten und dadurch ganz im Sinne Bismarcks als politischer Faktor geschwächt. Auch die stärker werdende Sozialdemokratie konnte nun offensiver bekämpft werden. Aus diesen Gründen suchte Bismarck auf politischem Feld das Bündnis mit den Konservativen, wirtschaftspolitisch wurde er zum Schutzzöllner. Wie schon zuvor gelang es ihm erneut meisterhaft, politische Interessen zu erkennen, zu fördern und im entscheidenden Augenblick zu nutzen. Der hier interessierende währungspolitische Kurswechsel war für ihn lediglich ein innenpolitisches Instrument, das allerdings, und darauf wird noch zurückzukommen sein, weitreichende außenpolitische Folgen hatte.

4. Die internationale Währungskonferenz von 1881

Am 19. April 1881 eröffnete der französische Außenminister Barthélemy Saint Hilaire die internationale Währungskonferenz, auf der schließlich 16 Nationen vertreten waren.[475] Nachdem die notwendigen organisatorischen Fragen geklärt waren, nahm die Konferenz den vom niederländischen Delegierten Vrolik eingebrachten Vorschlag an, alle Delegationen um Stellungnahmen zur Währungsfrage zu bitten, um so einen Überblick über die nationalen Standpunkte zu erhalten. Für die deutsche Delegation begann Baron von Thielmann, der Botschaftsrat in Paris. Er hielt zunächst fest, dass, obwohl die Konferenz dazu einberufen sei ein internationales bimetallistisches System zu errichten, die deutsche Regierung durch ihre Teilnahme in keiner Weise gebunden sei; die gegenwärtigen Diskussionen, so von Thielmann, dienten lediglich dazu eine Basis für spätere Verhandlungen zu schaffen.[476] Sicherlich habe die Einführung der Goldwährung und die damit verbundene Entwertung der Silbermünzen im Deutschen Reich zum allgemeinen Silberpreisverfall beigetragen, aber die deutsche Währungsreform sei inzwischen so weit fortgeschritten, dass sie nicht mehr rückgängig zu machen sei. Das Deutsche Reich könne daher der auf der Konferenz angestrebten internationalen bimetallistischen Vereinigung nicht beitreten. Gleichwohl habe Deutschland durch die Einstellung der Silberverkäufe zur Stabilisierung des Silberpreises beigetragen, denn auch die Berliner Regierung habe Interesse an einer Stabilisierung des Verhältnisses zwischen Silber und Gold. Aus diesem Grunde bot von Thielmann im Namen der Reichsregierung an: „Pendant une période de quelques années, il (gemeint ist die Reichsregierung, d.V.) s'abstiendrait de toute vente

[475] Deutschland, Österreich-Ungarn, Belgien, Dänemark, Spanien, die Vereinigten Staaten, Frankreich, Großbritannien, Griechenland, Italien, die Niederlande, Portugal, Russland, Schweden und Norwegen. Vgl. Conférence Monétaire Internationale, Avril–Mai 1881, Procès Verbaux, Paris 1881. Vgl. zur Konferenz auch die Zusammenfassung bei Steven P. Reti, Silver and Gold, S. 99–115. Henry B. Russell, 251–325.

[476] Conférence Monétaire Internationale, Avril–Mai 1881, Procès Verbaux, Déclaration de MM. les Délégués de l'Allemagne, S. 27.

d'argent, et pendant une autre période d'une certaine durée, il s'engagerait à n'en vendre par an qu'une quantité limitée et si faible que le marché général n'en serait encombré."[477] Wie lange die Silberverkäufe sistiert blieben, das, so von Thielmann, müsse späteren Verhandlungen überlassen bleiben. Damit trug von Thielmann gleich zu Beginn der Konferenz jene Position vor, die in Berlin zwischen Reichsschatzamt und Auswärtigem Amt festgelegt worden war. Eine Beteiligung Deutschlands an einem „internationalen Münzbunde" kam nicht in Frage, weil sich das Schatzamt in dieser Frage nicht binden lassen wollte, die Reichsregierung hatte aber sehr wohl Interesse an einem höheren Silberkurs, da dieser die Erlöse aus den Silberverkäufen steigern würde.[478] Im Gegensatz zu den öffentlichen Verlautbarungen des Reichskanzlers, der, wie geschildert, die Idee des Bimetallismus in der Öffentlichkeit lanciert hatte, hielt das Reichsschatzamt an der 1871/73 gefallenen Entscheidung zugunsten des Goldstandards fest, und zwar genau mit jener Argumentation, die 1871 Ludwig Bamberger und Rudolph von Delbrück vorgetragen hatten: Es erscheine

„in vieler Hinsicht bedenklich, (...) sich in der Währungsfrage durch internationale Vereinbarungen zu binden, die selbst dann, wenn sie nicht von vornherein auf Kündigung gestellt würden, immer der Gefahr einer inopportunen, leicht schlimmeren Verhältnisse als vorher herbeiführenden Auflösung ausgesetzt sind (...)."[479]

Damit werden zwei wesentliche Punkte deutlich: Die nationale Souveränität und Unabhängigkeit in der Währungsfrage blieb das wichtigste Ziel der Reichsregierung in der internationalen Währungspolitik, das Deutsche Reich würde kein Währungsbündnis eingehen, weil diese grundsätzlich die Handlungsfreiheit der Regierung in monetärer Hinsicht einschränkten. Die Erklärungen des Reichskanzlers über den Bimetallismus waren also – zweitens – rein taktisch motiviert, es scheint, als habe Bismarck nie ernsthaft mit dem Gedanken gespielt, die Währungsreform in Deutschland zu stoppen, oder gar ein bimetallistisches System einzuführen. Ende März wurden daher die deutschen Auslandsvertretungen informiert, dass die Regierung fest entschlossen sei, „den Goldfuß als einzigen Münzfuß hier im Land nicht aufzugeben. Die Regierung wird daher (...) ausdrücklich sich dagegen verwahren, dass hierin (gemeint ist die Teilnahme an der Konferenz, d.V.) ein Beitritt zum Programm eines bimetallistischen Münzvereins liegen sollte."[480] Damit war klar, dass die Reichsregierung keinem bimetallistischen Währungsvertrag beitreten würde, das Deutsche Reich blieb bis auf weiteres dem Goldstandard verpflichtet.[481]

477 Ebd., Déclaration de MM. les Délégués de l'Allemagne, S. 29.

478 BA R 901/21458, Reichsschatzamt (Scholz) an Auswärtiges Amt, 30.3.1881.

479 Ebd.

480 BA R 901/21458, Zirkular an die deutschen Botschaften, 31.3.1881.

481 Bismarck warf den beiden Delegierten auf der Währungskonferenz sogar vor, zu weitreichende Zugeständnisse gemacht zu haben. Zwar hatte sich von Thielmann in seiner Erklärung an die Instruktion aus Berlin gehalten, das deutsche „Zugeständnis", die Silberverkäufe für eine bestimmte Zeit zu sistieren, aber ohne Gegenleistung der Verhandlungspartner gegeben. Hieran übte der Reichskanzler scharfe Kritik. BA R901/21459, Bismarck an Thielmann und Schraut z.Zt. Paris, 15.5.1881.

Ähnlich der deutschen Position war die Großbritanniens. Der britische Delegierte Sir Charles Fremantle, stellvertretender Direktor der Royal Mint, erklärte ebenfalls, dass die britische Regierung keine Änderung des Währungsstandards akzeptieren würde. Ähnlich wie die Reichsregierung hatte auch London darauf bestanden, dass eine Teilnahme an der Konferenz die Freiheit und Souveränität der Londoner Regierung in keiner Weise einschränke.[482] Schon als die Einladung Frankreichs und der USA in London eingegangen war, hatte sie dort eine Diskussion über die Ziele der britischen Regierung in Bezug auf die internationale Währungspolitik ausgelöst. Das India-Office plädierte vehement für eine Teilnahme der Regierung an der geplanten Konferenz. Zwar werde die Einführung des Bimetallismus in Indien nicht diskutiert, Ziel war aber „restoring silver, in some degree at any rate, to its former value."[483] Der Hintergrund dieser Forderung war, dass Indien, eines der wenigen verbliebenen Länder mit reinem Silberstandard, in engen wirtschaftlichen Banden zum Mutterland stand, dessen Währung der Goldstandard war. Daher gab es nicht nur in Indien, sondern auch in England großes Interesse an einem stabilen Verhältnis zwischen beiden Metallen. Ganz anders hingegen war die Perspektive der Treasury Chambers. Lord Cavendish stand den amerikanisch-französischen Bemühungen um eine Reform des internationalen Währungssystems sehr viel skeptischer gegenüber:

„It would be a source of satisfaction to Her Majesty's Government to join in any inquiry to which the Governments of France and the United States attach importance; but my Lords must point out that changes in monetary policy, affecting, as they do, the daily transactions of every class of the community, are of so grave a character that they ought not to be discussed unless there be reasonable ground for anticipating a practical result."[484]

Die britische Regierung solle daher, bevor sie die Einladung zur Teilnahme an der Konferenz annehme, prüfen, ob sie die dort angestrebten Ziele überhaupt teile. Cavendish war in dieser Hinsicht skeptisch:

„The Secretary of State is aware that the United Kingdom has, since 1816, or a period of more than sixty years, confined itself to a single standard of value – gold. The policy of a single standard has been accepted by Governments of all parties and by the people."[485]

Es war also die Tradition der britischen Währungspolitik, die gegen Verhandlungen über den internationalen Bimetallismus sprach. Der Goldstandard, so Cavendish, habe sich bewährt, die Regierung und die Bevölkerung seien zufrieden mit der gegenwärtigen Situation. „Her Majesty's Government therefore could not undertake in a Conference to assent, on behalf of the United Kingdom, to the principle of a double standard."[486] Allein schon eine Zusage zur Teilnahme an der Konferenz bestätige, dass die britische Regierung bereit sei, den Goldstan-

[482] Conférence Monétaire Internationale, Avril–Mai 1881, Procès Verbaux, Déclaration de M. le Délégué de la Grande Bretagne, S. 30f.

[483] PRO Confidential Papers FO 881/4572, Sir T. Secombe to Sir C. Dilke, March 9, 1881.

[484] PRO Confidential Papers FO 881/4572 Lord F. Cavendish (Treasury Chambers) to Sir C. Dilke (Foreign Office), 11.3.1881.

[485] Ebd.

[486] Ebd.

dard durch ein bimetallistisches System zu ersetzen. Das sei aber nicht der Fall, und daher lehnte Cavendish eine britische Teilnahme an der Konferenz ab.

Außenminister Lord Granville übernahm die skeptische Argumentation seines Amtskollegen Cavendish in seinem Antwortschreiben an die Botschafter der Vereinigten Staaten und Frankreichs unmittelbar. „Her Majesty's Government must then consider whether the terms of invitation would limit their freedom of action, or pledge the beforehand to a certain line of policy."[487] Erst nachdem der amerikanische Außenminister Blaine und sein französischer Amtskollege zweifach bestätigt hatten, dass die britische Regierung durch die Teilnahme an der Konferenz keine währungspolitischen Entscheidungen präjudiziere, erklärte sich London bereit, den stellvertretenden Leiter der Royal Mint, Charles Fremantle, nach Paris zu schicken.[488] Doch ließ sich die britische Regierung nicht nur zusichern, dass ihre Entscheidungsfreiheit durch eventuelle Beschlüsse der Konferenz nicht eingeschränkt würde, sie übergab Fremantle das Mandat nur unter der Bedingung, dass dieser bei Abstimmungen kein Stimmrecht erhielte. Der britische Delegierte war daher nicht mehr als ein Beobachter der Konferenz. Indien jedoch wurde durch einen eigenen Vertreter repräsentiert, Sir Louis Mallet, den Secretary of State des India-Office, der allerdings auch kein Abstimmungsrecht erhielt.[489]

Insgesamt verfolgte die britische Regierung also eine ähnliche Strategie wie das Deutsche Reich. Eine Änderung des Währungsstandards wurde prinzipiell ausgeschlossen, beide Länder würden am Goldstandard festhalten, beide waren zudem ängstlich darum bemüht, die nationale Souveränität („freedom of action") in Währungsfragen zu erhalten. Bedeutsam aber ist auch der Unterschied: Während es für alle Beteiligten von Beginn an klar war, dass Großbritannien bei seiner Position bleiben würde, nahm man an, dass das Deutsche Reich eine bimetallistische Währungsvereinbarung zumindest tolerieren würde. Der französische Delegierte Henri Cernuschi, einer der international bedeutsamen Verfechter der bimetallistischen Währungstheorie, erläuterte diese Sichtweise: „A quelle condition, en effet, est subordonnée la réussite de l'oeuvre qu'elle entreprend aujourd'hui? A l'accord des quatre grandes puissances métalliques du globe: La France, les Etats-Unis, l'Allemagne et la Grande-Bretagne."[490] Die währungspolitische Entente zwischen den Vereinigten Staaten und Frankreich, so Cernuschi, existiere bereits, die aktuelle Konferenz sei der Beweis, das Schicksal des Bimetallismus hänge also an den beiden anderen, Großbritannien und dem Deutschen Reich. Wenn diese beiden Regierungen ihre Kooperation verweigerten, so sei das

[487] PRO Confidential Papers, FO 88/4572 Earl Granville to M. Challemel-Lacour, 11.3.1881.

[488] NARA Record Group 59, M30 Roll 137/138 Despatches from US-Ministers to Great Britain, 1791–1906, Note Foreign Office to Lowell, 12.3.1881. Vgl. auch die französische Perzeption: MAE Direction Commerciale. Questions Monétaires et Financières, Conférence de 1881, Boite 612, Dossier 2, Ambassade de France en Angleterre à MAE, 14.10.1881.

[489] Conférence Monétaire Internationale, Avril–Mai 1881, Procès Verbaux, Déclaration de MM. les Délégués des Indes Britanniques Lue par Lord Reay, S. 31.

[490] Conférence Monétaire Internationale, Avril–Mai 1881, Procès Verbaux, Discours de M. Cernuschi, Délégué de la France, S. 36.

Projekt zum Scheitern verurteilt. Großbritannien habe sich bis jetzt gegen eine bimetallistische Währungskooperation ausgesprochen. Dies entspreche der britischen Tradition, Großbritannien gebe seine Institutionen niemals ohne lange Voraussicht auf, auch Robert Peel habe zehn Jahre gebraucht, um vom Lager des Protektionismus zu jenem des Freihandels überzugehen. Das Londoner Kabinett, so Cernuschi, brauche noch einige Zeit, um sich zum Bimetallismus zu bekennen, aber man könne schon jetzt von dieser Entscheidung ausgehen. Ganz anders hingegen sei die Situation im Deutschen Reich.

„Sa conversion au principe du bimétallisme n'est plus à faire, elle est faite. Par l'organe de son Premier Délégué, l'Empire Allemand vient de reconnaître que la réhabilitation de l'argent est désirable, et il se déclare disposé à prêter son concours à cette entreprise. Au point de vue des principes et de la science monétaire, la satisfaction est donc complète: nous n'avons qu'à le constater et à nous féliciter."[491]

Aus der Sicht des französischen Delegierten war die Konferenz also schon erfolgreich, durch die Kooperationsbereitschaft des Deutschen Reiches schien ein internationales bimetallistisches Abkommen in greifbare Nähe gerückt. Um den Prozess zu beschleunigen, schlug Cernuschi daher vor, dass das Deutsche Reich die Kosten, die ihm durch die Einführung des Bimetallismus entstünden, von den übrigen beteiligten Staaten ersetzt bekäme, gleichsam als Gegenleistung für die währungspolitische Anpassung.

Die Ausführungen des französischen Delegierten sind erstaunlich. Zum einen ging er davon aus, dass die Einführung eines bimetallistischen Währungssystems im Deutschen Reich beschlossen sei und erweckte den Eindruck, es ginge nur noch um die Konditionen, unter denen dies geschehen werde. Dabei hatten weder Otto von Bismarck noch der deutsche Gesandte von Thielmann die Bereitschaft der Reichsregierung erklärt, zum Bimetallismus überzugehen; der Reichskanzler hatte lediglich, wie geschildert, diesen Gedanken im Kontext einer innenpolitischen Debatte ventiliert. Hieraus zu schließen, dass das Reich zur Doppelwährung übergehen würde, war verfehlt, zumal der Bericht des französischen Konsuls aus Leipzig vom 7. März 1881 schon darauf verwiesen hatte, dass sich die Reichsregierung niemals auf eine internationale Währungsvereinbarung verpflichten lassen würde.[492] Die Interpretation zeigt aber, welche (zunehmende) Bedeutung innenpolitische Debatten für die Perzeption eines Landes von außen und damit für die Außenbeziehungen insgesamt haben. Zum anderen erstaunt der Optimismus, mit welchem der Bimetallist Cernuschi die britische Position interpretierte. Zwar hatte er Recht, wenn er unter Hinweis auf die Position der Handelskammern von Liverpool und Birmingham und der wachsenden Unterstützung für die Doppelwährung in der Londoner City auf die Stärke der bimetallistischen Bewegung in Großbritannien hinwies. Was Cernuschi allerdings nicht wahrnahm, war, dass diese Bewegung keinen Einfluss auf die Regierung hatte. Finanzminister Lord Cavendish und Außenminister Granville lehnten jede Ände-

[491] Ebd., S. 37.

[492] MAE Direction Commerciale. Questions Monétaires et Financières. Conférence de 1881, Boite 612, Dossier 2, Consulat Général de Leipzig à MAE, 7.3.1881.

rung am bestehenden britischen Währungssystem unter Hinweis auf die bewährte Tradition ab, und selbst das an einer Stabilisierung des Silberkurses interessierte India-Office hatte die Einführung der Doppelwährung nie erwogen. Mit anderen Worten, der Optimismus Cernuschis in Bezug auf ein internationales bimetallistisches Währungsabkommen beruhte auf einer Fehlperzeption der politischen Gegebenheiten.

Cernuschi hätte sich fragen müssen, warum noch nicht einmal die Länder der von Frankreich geführten Lateinischen Münzunion eine einheitliche Position einnahmen, denn der belgische Delegierte Eudore Pirmez sprach sich vehement für den monometallistischen Goldstandard aus.[493] Vor allem aber zeigte er sich im Gegensatz zu Cernuschi überzeugt, dass das Deutsche Reich nicht vom Goldstandard abgehen werde: „Les déclarations que M. le Baron de Thielmann a apportées à la Conférence, au nom du Cabinet de Berlin, n'indiquent ni une hésitation sur la marche à suivre, ni un doute sur le nouveau régime monétaire de l'Allemagne: elle impliquent au contraire la volonté arrêtée de persister dans la voie où elle est engagée."[494]

Wenn Deutschland andere Absichten hege, dann würde es zunächst die Silberausprägung und Silberzirkulation freigeben. Dies aber sei nicht der Fall, im Gegenteil, alle Staaten mit monometallistischem Goldstandard seien zufrieden mit ihrer Situation und deswegen entschlossen diese nicht zu ändern. Neben diesen gebe es, so Pirmez, eine zweite Gruppe von Staaten mit einem Papiergeld-Standard.

„Il est évident que, pour ces Puissances, la question financière domine la question monétaire; il est certain également qu'à ne considérer que le point de vue financier, ils pourraient trouver avantage à adopter l'étalon-argent, puisqu'il leur fournirait un moyen très légitime de s'acquitter de leurs dettes aux moindres frais possibles."[495]

Gemeint waren Russland, Österreich-Ungarn und die beiden Mitglieder der Lateinischen Münzunion, Griechenland und Italien. Die dritte Gruppe bildeten jene Länder, wie Frankreich, Belgien, die Schweiz und die Niederlande, welche formal ein bimetallistisches Währungssystem, praktisch jedoch den Goldstandard eingeführt hatten. Die Situation dieser Länder sei schwierig, und dies sei die Folge des bimetallistischen Währungssystems, welches 1865 eingeführt und dann wieder aufgegeben worden sei.

„Si, en 1865, l'Union latine, écoutant les conseils de la Belgique, avait, comme elle pouvait le faire alors, sans secousse, sans difficulté, sans perte, adopté purement et simplement l'étalon d'or, elle serait aujourd'hui dans une position aussi bonne que celle des Etats scandinaves, de l'Angleterre, du Portugal et de l'Allemagne. Si elle éprouve actuellement du malaise, c'est au bimetallisme qu'elle le doit."[496]

493 Conférence Monétaire Internationale, Avril–Mai 1881, Procès Verbaux, Discours de M. Pirmez, S. 84–91.
494 Ebd., S. 85.
495 Ebd.
496 Ebd., S. 86.

Aus diesem Grunde, so Pirmez, sei es falsch, ein globales bimetallistisches System zu errichten. Die Stellungnahme des belgischen Delegierten entsprach den Vorstellungen des belgischen „Chef du Cabinet" und Außenministers Hubert Frère-Orban, der schon seit Beginn der siebziger Jahre, als das Deutsche Reich die Goldwährung eingeführt hatte, für den Goldstandard in Belgien plädiert hatte.[497] Zweifellos war die scharfe Kritik Frère-Orbans am bimetallistischen System der Lateinischen Münzunion auch ein Reflex der heftigen innenpolitischen Auseinandersetzung mit den Katholiken in Belgien, die sich zwar vor allem um die Schulfrage drehte, gleichwohl aber auch eine währungspolitische Komponente hatte, denn es war eine katholische Regierung gewesen, die das Land in die Lateinische Münzunion geführt hatte.[498] Gleichwohl, es war bemerkenswert, dass Belgien als Mitglied der Lateinischen Münzunion nun für den Goldstandard eintrat.

Die offensive Stellungnahme des belgischen Delegierten forderte die italienische Delegation zur Antwort heraus. Federico Seismit-Doda, der frühere italienische Finanzminister, wies die Vorwürfe Pirmez', Italien sei für ein bimetallistisches Währungssystem, weil es durch dieses seine Schulden leichter begleichen könne, zurück.[499] In der nächsten Sitzung ergriff der liberale Parlamentsabgeordnete Luigi Luzzatti das Wort, um die Argumente des belgischen Delegierten zu widerlegen. Es sei keineswegs so, dass Großbritannien und Deutschland mit dem reinen Goldstandard zufrieden seien, schon die stärker werdende Unterstützung für den Bimetallismus in beiden Ländern zeige dies.[500] Auch die italienische Delegation trete für den Bimetallismus ein, und zwar aus wissenschaftlichen Gründen. Luzzatti übernahm die schon von Bismarck in der Reichstagssitzung vom 10. März 1881 benutzte Metapher von der Decke, die für wenige ausreiche, aber für alle zu klein sei, um zu erläutern, dass es weltweit keine Goldwährung geben könne, weil die vorhandene Menge des gelben Edelmetalls nicht ausreichend sei. Er berief sich hierbei auf die statistischen Erhebungen, die der bereits erwähnte Göttinger Professor Adolph Soetbeer, einer der wichtigsten Anhänger der Goldwährung in Deutschland, publiziert hatte.[501] Nach diesen Untersuchungen gehe die zukünftige Goldproduktion in den Minen vor allem der Vereinigten Staaten, Russlands und Australiens sogar zurück. Auf der anderen Seite aber, so Luzzatti, steige das Handelsvolumen. Hinzu

[497] MAE Direction Commerciale. Questions Monétaires et Financières. Conférence de 1881, Boite 612, Dossier 2, Note remise par M. Frère-Orban au Ministre de la République à Bruxelles, undatiert. Zu Frère-Orban: Andrée Despy-Meyer (Hrsg.), Frère-Orban et le Libéralisme Politique, Bruxelles 1996.

[498] Jörg Fisch, Europa zwischen Wachstum und Gleichheit 1850–1914, Stuttgart 2002, S. 164f. Michael Erbe, Belgien, Niederlande Luxemburg. Geschichte des niederländischen Raumes, Stuttgart 1993, S. 233. Els Witte, Jan Craeybeckx, La Belgique politique de 1830 à nos jours. Les Tensions d'une Démocratie bourgeoise, Bruxelles 1987, S. 104.

[499] Conférence Monétaire Internationale, Avril–Mai 1881, Procès Verbaux, Réserves faites par Seismit-Doda, S. 91.

[500] Ebd., S. 118.

[501] Adolph Soetbeer, Statistik der Edelmetalle in den Jahren 1876–1880, Jena 1881. Ders., Edelmetall-Produktion, Gotha 1879.

komme der sich beschleunigende Abfluss des Goldes aus Europa in die Vereinigten Staaten. Allein in den ersten drei Monaten des Jahres 1881 seien 2,5 Millionen Pfund Sterling in Gold in die USA geflossen, so viel wie in den beiden Jahren 1879 und 1880. Der Prozess dauere an, die USA benötigten das Gold für ihre riesigen Investitionsvorhaben, die ganz andere Dimensionen hätten als die der Europäer.

„Pour cette opération, il leur (gemeint sind die USA, d.V.) faudra de l'or, il leur faudra aussi pour toutes les entreprises nouvelles qui se multiplient d'année en année sur leur sol encore vierge. Les Etats-Unis sont un monde de géants, dont l'éclosion marque une ère nouvelle de l'humanité. Leur progrès sont prodigieux, sans précédant, ils défient le calcul comme la comparaison."[502]

Entscheidend war also für Luzzatti, dass im internationalen Währungssystem, das bis in die sechziger Jahre ein europäisches gewesen war, ein neuer Akteur auftauchte, dessen wirtschaftliches Potential das aller europäischen Mächte in den Schatten stellte. Auf diese Entwicklung müsse Europa reagieren, nur ein internationales bimetallistisches Währungssystem könne die anstehenden Probleme lösen. Die italienische Delegation argumentierte also vom internationalen Standpunkt aus, doch gab es auch wesentliche Argumente aus nationalem Interesse. Schon im Vorfeld der Konferenz war in der italienische Presse spekuliert worden, dass wenn es in Paris nicht zu einer Einigung im französisch-amerikanischen Sinne käme, auch Frankreich über kurz oder lang zum Goldstandard übergehen werde. Was aber, so fragte man sich, werde dann mit der Lateinischen Münzunion und Italien? Hier versuchte die Regierung gerade, den seit 1866 geltenden Zwangskurs für die italienische Währung wieder aufzuheben, ein gemeinsamer Übergang mit Frankreich zum Goldstandard war aus dieser Sicht gar nicht möglich, sondern nur die Rückkehr zum bimetallistischen System.[503]

Der russische Delegierte von Thoerner schloss sich der Argumentation Luzzattis (und Bismarcks) an: Ein internationales Währungssystem auf monometallistischer Goldbasis sei zwar theoretisch erstrebenswert, es könne aber angesichts der begrenzten Goldmenge nicht in die Realität umgesetzt werden. Deswegen trat auch die russische Delegation aus rein praktischen Gründen für ein bimetallistisches Währungssystem ein.[504] Die amerikanische Delegation unter der Leitung von Dana Horton, immerhin eine der Initiatoren der Konferenz,

502 Conférence Monétaire Internationale, Avril–Mai 1881, Procès Verbaux, Discours de M. Luzzatti, S. 122. Vgl. auch Luigi Luzzatti, Le Controversie Monetarie e l'Italia, in: Il Sole, 24.3.1881.

503 Die italienische Delegation war in der schwierigen Lage die Interessen ihrer Regierung vertreten zu müssen, ohne konkrete Instruktionen aus Rom zu haben. Luzzatti war daher weitgehend auf sich allein gestellt, im Kern formulierte er nun ohne Rücksprach mit Rom die italienische Position. Vgl. den Bericht des US-Delegierten aus Rom: NARA, RG 53, Despatches from U.S.-Ministers to the Italian States, 1832–1906, Marsh (Rome) to Evarts, 15.4.1881. Vgl. zur italienischen Währungspolitik dieser Zeit allgemein Hertner, Peter, Italien 1850–1914, in: W. Fischer (Hrsg.), Handbuch der Europäischen Wirtschafts- und Sozialgeschichte, Bd. 5, Stuttgart 1985, S. 765–770. In den einschlägigen italienischen Archiven findet sich auch kein Bestand über die Währungskonferenz von 1881.

504 Conférence Monétaire Internationale, Avril–Mai 1881, Procès Verbaux, Discours de M. de Thoerner, S. 124ff. Vgl. auch Henry B. Russell, Monetary Conferences, S. 286.

intervenierte erst in der fünften Sitzung am 12. Mai in die Diskussion. Wie fast alle holte auch Horton weit aus und schilderte die Genese der gegenwärtigen Währungsproblematik noch einmal aus amerikanischer Perspektive, um dann die theoretischen Grundlagen der bimetallistischen Theorie zu erläutern.[505] Wichtiger vom politischen Standpunkt aus gesehen waren die Ausführungen, die der frühere Senator Howe im Namen der US-Delegation am 17. Mai machte. Es sei falsch zu glauben, so Howe, dass die Regierung der USA für den Bimetallismus eintrete, weil das Land ein bedeutender Silberproduzent für die Welt sei. Die amerikanischen Minen seien schließlich in privater und nicht in staatlicher Hand, die Regierung habe daher kein Interesse an der Steigerung der Silberproduktion. Was die Regierung allerdings interessiere sei der Handel, vor allem mit Agrarprodukten:

„Nous ne recherchons pas un marché restraint réclament nos soi-disant métaux précieux. Nous préférions trouver un *monde* industriel et vigoureux pour aider à consommer les produits vraiment précieux de notre agriculture. Nous cherchons un *monde* économe capable d'en payer le prix."[506]

Damit wurde ein Argument eingeführt, das in dieser Klarheit von der amerikanischen Delegation bisher nicht formuliert worden war: Ein einheitliches bimetallistisches Währungssystem würde den Welthandel erleichtern und damit den Absatz US-amerikanischer Agrarprodukte fördern. Die Initiative für ein weltweites bimetallistisches Währungssystem war mithin Bestandteil der amerikanischen Außenhandelspolitik, hinter ihr stand jene Idee, die später unter dem Namen „Open Door Policy" bekannt werden sollte.

Der Argumentation Hortons schloss sich sein Kollege Henri Cernuschi aus französischer Sicht ebenfalls mit einem Plädoyer für den Bimetallismus an:

„Il n'est pas nécessaire, il n'est pas désirable que le genre humain ait une seule philosophie, une seule religion, une seule langue. Mais il est nécessaire, désirable, indispensable que le genre humain ait une seule monnaie. Le genre humain l'avait; les monométallistes l'en ont dépossédé."[507]

Der Bimetallismus sei zudem das einzige System, welches die Menschheit von der Zufälligkeit der Metallproduktion und damit aus der Abhängigkeit von den Minen befreie. Damit war allerdings ein für die zukünftige geldpolitische Diskussion wichtiges Argument genannt. Wer entscheidet über die Geldversorgung, die privaten Anbieter über den Markt, oder soll die Geldpolitik zu den staatlichen Aufgaben gehören?

Auch der niederländische Delegierte Pierson schloss sich den Argumenten der Bimetallisten an. Die Niederlande hatten nach langen heftigen Debatten im Mai 1875 ein bimetallistisches Münzgesetz verabschiedet, die Ausprägung der silbernen Münzen jedoch, ähnlich wie die Länder der Lateinischen Münzunion, provisorisch ausgesetzt, so dass das Land de facto ein monometallistisches

[505] Conférence Monétaire Internationale, Avril–Mai 1881, Procès Verbaux, Discours de M. Dana Horton, S. 150ff.
[506] Ebd., Discours de M. Howe, S. 238 (Hervorhebungen im Original).
[507] Ebd., Discours de M. Cernuschi, S. 154.

Goldwährungssystem hatte.[508] Bemerkenswert war schließlich die Stellungnahme des Sondervertreters für Indien, Sir Louis Mallet. Er bot, ganz ähnlich wie die deutsche Delegation, an, dass Britisch-Indien sein bisheriges auf der reinen Silberwährung beruhendes System für eine noch zu bestimmende Zeit beibehalten werde, um den Silberpreis gegenüber dem Gold zu stabilisieren, jedoch nur unter der Voraussetzung, dass auch andere Staaten für die gleiche Periode ihre Münzen zur freien Ausprägung von Silbergeld öffnen würden.[509] Die Stellungnahme der indischen Regierung zeigte wie schon die Londoner Debatte zwischen Treasury und India-Office zuvor, dass auch die britische Regierung an einer Festigung des Silberwertes interessiert war, hierfür allerdings nicht zu weitreichenden Reformen schreiten wollte. Einzig die Beibehaltung des indischen Silberstandards wurde für eine bestimmte Zeit garantiert, allerdings nur bei konkreten Gegenleistungen der Verhandlungspartner.

Damit waren die wesentlichen Argumente ausgetauscht und die Verhandlungspositionen klar: Die französische Regierung trat ebenso wie die amerikanische für ein globales bimetallistisches Währungssystem ein, die britische Regierung würde ebenso wie die deutsche einem solchen nicht beitreten, es allerdings unter Umständen durch konkrete währungspolitische Schritte stützen. Angesichts dieser Situation beantragte die spanische Delegation eine Unterbrechung der Verhandlungen, damit die Delegationen jetzt, nachdem die Verhandlungspositionen klar waren, Gelegenheit hätten, sich mit ihren Regierungen über die weitere Verhandlungsstrategie zu beraten.[510] Der Vorschlag wurde angenommen und die Konferenz für sechs Wochen unterbrochen.

Am 2. Juli 1881 trat die Konferenz erneut zusammen und alle Delegationen berichteten, was die erneuten Beratungen mit den Regierungen erbracht hatten. Der US-amerikanische Delegierte erklärte, dass seine Regierung wie das amerikanische Volk nach wie vor der Meinung seien, dass ein bimetallistisches Währungssystem aus rein praktischen Gründen das Beste für die internationale Handelswelt wäre. Aber alle bisher gemachten Vorschläge für die Einführung eines solchen Systems gingen davon aus, dass Frankreich und die Vereinigten Staaten ebenso wie eventuell die Länder der Lateinischen Münzunion die freie und unbegrenzte Ausprägung von Silber zulassen müssten.

„Une convention comme celle qu'on propose serait-elle acceptable pour les États-Unis? Je suis forcé, à parler franchement, de déclarer qu'elle ne le serait pas. Il y a une grande et essentielle différence entre une puissante Union bimétallique qui, en fixant et maintenant des rapports solides entre l'or et l'argent, arrêterait ou au moins tendrait puissamment à arrêter les efforts faits si souvent pour drainer, suivant le moment, tantôt un métal, tantôt l'autre, d'un état, et une petite Union qui laisserait chaque État sous le coup d'un pareil drainage."[511]

508 MAE Direction Commerciale. Questions Monétaires et financières. Conférence de 1881, Boite 612, Nr. 244. Légation de France au Pays Bas à MAE, 20.4.1881. Conférence Monétaire Internationale, Avril–Mai 1881, Procès Verbaux, Discours de M. Pierson, S. 218ff.

509 Conférence Monétaire Internationale, Avril–Mai 1881, Procès Verbaux, Discours de Sir Louis Mallet, S. 256. Henry B. Russel, Monetary Conferences, S. 295f.

510 Henry B. Russell, Monetary Conferences, S. 306.

511 Conférence Monétaire internationale II, Juin–Juillet 1881, Procès Verbaux, Paris 1881, S. 90.

Die amerikanische Stellungnahme war der Wendepunkt der Verhandlungen und eine klare Absage an Henri Cernuschi, der für die französische Delegation zuvor erklärt hatte, dass sie eine bimetallistische Union zur Not auch alleine mit den USA realisieren würde. Damit hatte sich die Situation nicht nur aus französischer Sicht verändert: Die Washingtoner Regierung hatte die Konferenz einberufen in der Hoffnung, dass die Reichsregierung, gemäß den Ankündigungen Bismarcks, einen währungspolitischen Kurswechsel einleiten würde. Dies hatte sich als Fehlkalkulation herausgestellt, das Reich war nicht bereit, ein internationales bimetallistisches Währungssystem zu stützen. Die amerikanische Strategie aber hatte darauf gebaut, dass, wenn das Reich zur bimetallistischen Währung übergegangen wäre, gemeinsam mit Frankreich und den USA ein so mächtiger Währungsblock entstanden wäre, dass sich auch die britische Regierung ihm langfristig nicht hätte entziehen können. Jetzt, als klar war, dass sich dieses Konzept nicht realisieren ließ, zog es die amerikanische Regierung vor, die internationale Währungsfrage zunächst offen zu halten. Dabei hatte der amerikanische Botschafter in London, Lowell, nachdem klar war, dass die Reichsregierung nicht auf ein bimetallistisches System einschwenken würde, noch versucht eine Übereinkunft mit Großbritannien zu erreichen. Lowell hatte erklärt, dass seine Regierung bereit sei einen internationalen Währungsvertrag abzuschließen, wenn die britische Regierung folgende Konzessionen mache: Zum einen sollte Indien den währungspolitischen Status quo halten, d.h. weiterhin ein reines Silberwährungssystem behalten. Zum anderen sollte sich die Bank of England bereit erklären, einen Teil ihrer Reserven in Silber zu halten. Die britische Regierung stimmte dem zu, zog die Zusage allerdings zurück, als sie erfuhr, dass Lowell auf eigene Verantwortung ohne Instruktionen seiner Regierung gehandelt hatte.[512] Mit der amerikanischen Erklärung war klar, dass die Konferenz nicht mehr zu dem von Frankreich als Minimalziel angestrebten bimetallistischen Bündnis mit den Vereinigten Staaten führen würde.

Henri Cernuschi und die französische Delegation waren von dieser Erklärung enttäuscht. Bezeichnenderweise machte er vor allem die Reichsregierung für das Scheitern der französischen Währungspolitik verantwortlich. Wenn das Reich 1871 nicht den Goldstandard eingeführt hätte, so Cernuschi, dann wäre Frankreich nicht gezwungen worden, die Silberausprägung einzustellen.

> „M. Cernuschi tient à bien constater que le législateur allemand a été l'unique auteur de la crise de l'argent, et, d'autre part, que l'Allemagne, à moins de nouvelles déclarations, n'a fait aucune proposition que les États-Unis et la France puissent accueillir comme des concessions."[513]

Damit endete die Währungskonferenz mit einem tiefen deutsch-französischen Gegensatz in der Währungsfrage, auch wenn der US-Delegierte Dana Horton versuchte die scharfen Worte Cernuschis abzumildern. Es blieb dem vormaligen

Discours de M. Thurman.

512 PRO FO Confidential Papers, Nr. 100 Lord F. Cavendish to Sir C. Dilke, June 30, 1881. Die italienische Delegation hatte einen ähnlichen Vorschlag eingereicht. Vgl. Conférence Monétaire internationale II, Juin–Juillet 1881, Déclaration de M. le Premier Délégué de l'Italie, S. 138f.

513 Ebd., Réponse de M. Cernuschi, S. 93.

amerikanischen Außenminister Evarts vorbehalten, im Namen der beiden Gastgeberländer eine abschließende Erklärung zu verlesen, die im Kern vier Punkte beinhaltete:

1) Der Verfall des Silberpreises gegenüber dem Gold wirke sich nachteilig auf den Handel aus, eine fixe Wertrelation zwischen beiden Metallen sei sinnvoll.

2) Eine von den großen Währungsländern getragene Konvention, die alle zur freien Ausprägung von Gold und Silber zu Geld verpflichte, könne den Wert beider Metalle zugunsten des allgemeinen Handels erhalten.

3) Die Relation zwischen Gold und Silber sollte, um dem Handel am besten zu dienen, 15,5 zu eins betragen.

4) Eine internationale Konvention sollte zumindest Großbritannien, das Deutsche Reich, Frankreich und die Vereinigten Staaten umfassen.[514]

Die Erklärung war ein Plädoyer beider Delegationen für die Fortsetzung der Verhandlungen über eine bimetallistische Währungsunion. Beide waren allerdings realistisch genug zu sehen, dass diese Bemühungen im Sommer 1881 angesichts der Zurückhaltung Großbritanniens und des Deutschen Reiches keine Aussicht auf Erfolg haben würden. Also einigte man sich am 8. Juli darauf, nach weiteren bilateralen Verhandlungen im April 1882 erneut zusammenzutreten.

5. Systematisierung: Unterschiedliche Kommunikationscodes als Ursachen für das Scheitern der bimetallistischen Initiative

Die internationale Währungskonferenz von 1881 und ihre Entstehungsbedingungen haben die Strukturen des internationalen Staatensystems und ihre Veränderung deutlich hervortreten lassen. Anlass für die Konferenz war einerseits die internationale Agrarkrise, die dadurch entstand, dass der bisher durch natürliche Handelsbarrieren geschützte europäische Agrarmarkt durch neue technische Entwicklungen (Eisenbahn, Dampfschiff) der internationalen Konkurrenz ausgesetzt wurde. Andererseits spielte die auch aus der Krise resultierende innenpolitische Wende im Deutschen Reich eine Rolle, in der Bismarck aus taktischen Gründen die eventuelle Einführung eines bimetallistischen Währungssystems andeutete. Erneut zeigte sich hier wie schon 1870/71 und auch 1878 die zentrale Stellung des Deutschen Reiches im internationalen Währungssystem, denn allein die Andeutung eines möglichen Währungswechsels durch den deutschen Reichskanzler veranlasste Washington und Paris, eine Konferenz einzuberufen. Das französisch-amerikanische Konzept scheiterte, weil die Reichsregierung nicht zu einem Wechsel des Währungssystems bereit war. Damit standen sich Großbritannien und das Deutsche Reich als Goldwährungsländer sowie Frankreich und USA als Staaten mit (formal) bimetallistischen Währungssystemen gegenüber.

[514] Ebd., Déclaration des Délégations américaine et française, S. 172f.

Damit ist ein erstes, für die internationalen Währungsbeziehungen dieser Zeit bemerkenswertes und von der Forschung bislang nicht thematisiertes Strukturelement benannt: Die währungspolitischen Großmächte waren nicht identisch mit denen der klassischen Diplomatie. Russland, Österreich-Ungarn, Italien und das Osmanische Reich spielten bei den Verhandlungen über die internationale Währungspolitik gar keine oder nur Randrollen. Die Pforte war zu der Konferenz gar nicht eingeladen worden und Österreich-Ungarn, Russland und Italien galten auf dem Währungssektor nicht als Großmächte, weil sie eine Papierwährung hatten. Luigi Luzzatti wurde weniger als Vertreter seines Landes respektiert, sondern vielmehr als Währungsexperte. Dagegen waren die Vereinigten Staaten zu diesem Zeitpunkt in Europa keineswegs vollständig als diplomatische Großmacht anerkannt, auf dem Währungssektor hingegen nahm Washington eine zentrale Stellung ein, es wurde sogar als allen europäischen Mächten überlegen eingestuft:

„Les États-Unis sont un monde de géants", bemerkte Luzzatti, „dont l'éclosion marque comme une ère nouvelle de l'humanité. Leur progrès sont prodigieux, sans précédent, ils défient le calcul comme la comparaison. Leur population s'est accrue de 12 millions d'habitants dans la dernière période décennale, leur territoire de couvre de villes nouvelles; leur agriculture qui défriche des millions d'hectares en une seule année, leur industrie que grandit tous les jours dans des proportions inouïes, deviennent pour l'Europe une menace et un danger contre lesquels un nombre d'Etats de l'ancien continent cherchaient à se protéger à l'aide de tarifs douaniers."[515]

In der Währungspolitik galten also andere Maßstäbe in der Bewertung der Stellung eines Landes im internationalen System als in der klassischen Diplomatie. Einmal mehr wurde deutlich, dass es sich um verschiedene funktionale Systeme mit unterschiedlichen Kommunikationsstrukturen handelte: Während in der klassischen Außenpolitik das militärische Potential, d.h. die Fähigkeit, Interessen notfalls auch mit Gewalt durchzusetzen, entscheidend war, basierte das internationale Währungssystem auf der Wirtschaftskraft eines Landes. Die USA waren seit Beginn der siebziger Jahre zu einer wirtschaftlichen Großmacht geworden, weil die europäischen Staaten zunehmend auf den Import amerikanischer Waren, vor allem von Agrarprodukten, angewiesen waren. Diese mussten aber in Dollars bezahlt werden, und daher gewann auch die amerikanische Währung an Bedeutung. Trotz der verschiedenartigen Struktur beider Beziehungssysteme hingen sie in Teilelementen auch zusammen: Währungsverhandlungen waren in fast allen Staaten (Ausnahme war Italien) primär eine Aufgabe des Außenministeriums. Die dort Verantwortlichen ließen sich in der Regel von Experten beraten, die Entscheidungen jedoch fällten die Außenminister. Die nach den Regeln der klassischen Diplomatie verlaufenden Währungskonferenzen waren also die Schnittstellen beider Systeme, des Währungssystems und des politischen Systems.

Gerade an der Schnittstelle der beiden Systeme lassen sich weitere interessante Beobachtungen machen. Das eingangs vorgestellte Phänomen der Systemdifferenzierung lässt sich hier besonders gut beobachten. Die Regierungen Großbri-

[515] Conférence Monétaire Internationale, Avril–Mai 1881, Procès Verbaux, Discours de M. Luzzatti, S. 122.

tanniens und des Deutschen Reiches betrachteten die Verhandlungen primär unter dem diplomatischen Aspekt, das heißt als Ereignis im politischen System. Beide waren darum bemüht, die nationale Souveränität auf dem Währungssektor zu erhalten. Im Antwortschreiben des Auswärtigen Amtes an den US-Botschafter in Berlin vom 8. März 1881 stimmte die Reichsregierung einer Teilnahme nur zu unter der Bedingung,

„dass die in Rede stehenden Verhandlungen nicht die Herbeiführung von Abmachungen, welche den Regierungen zur Genehmigung vorzulegen wären, bezwecken, sondern dass es sich lediglich um Besprechungen und den Austausch von Meinungen behufs Klarstellung der auf die gedachte Frage bezüglichen Verhältnisse handelt, und dass weiterhin Deutschland durch die Theilnahme an der Konferenz der Freiheit der Entschließung über seine demnächstige Stellung in der Angelegenheit nach keiner Richtung hin präjudiziere."[516]

Auch die britische Regierung hatte diesen Punkt aufgegriffen und ließ sich von Frankreich und den Vereinigten Staaten versichern: „The two Governments of France and the United States, in answer to the request of the British Government for explanation, do now declare that, in their opinion, the Powers to be represented at the Monetary Conference reserve entire liberty of action after the discussion."[517]

Es ging sowohl London als auch Berlin also um die Erhaltung der nationalen Souveränität, dem zentralen Ziel aller Außenpolitik schlechthin. Die Initiative wurde von beiden Ländern als diplomatischer Akt aufgefasst. Unter diesen Voraussetzungen hatten es die organisierten Interessen der Handelskammern von Liverpool oder auch der Londoner City schwer, ihre Ziele durchzusetzen. Außenpolitik war auch in Großbritannien zu diesem Zeitpunkt und in dieser Frage eine Aufgabe der politischen Elite des Foreign Office und des Treasury. Ganz ähnlich war die Situation in Berlin: Die vehemente öffentliche Debatte über die Währungsfrage spielte bei der Entscheidung der Berliner Regierung, d.h. letztlich der Entscheidung des Reichskanzlers, nur insofern eine Rolle, als sich Bismarck der Währungskonferenz bediente, um konkrete innenpolitische Ziele durchzusetzen. Beide Regierungen waren aber zu keinem Zeitpunkt bereit, nationale Souveränität zugunsten einer internationalen Übereinkunft aufzugeben.

Anders hingegen war die Situation in Frankreich und den Vereinigten Staaten, hier betrachtete man die Konferenz vor allem als Ereignis im ökonomischen Teilsystem der internationalen Beziehungen. In Washington war die Auseinandersetzung zwischen den Anhängern der freien Silberausprägung und jenen, die am Goldstandard festhalten wollten, wie schon 1878 zu einem wesentlichen Teil im Parlament ausgetragen worden. Die sich dort in der Silberfrage gegenüberstehenden Gruppen hatten jeweils breite Unterstützung in der Gesellschaft. Wie schon 1878 war daher auch die amerikanische Initiative für die Währungskonferenz von 1881 das Resultat eines innergesellschaftlichen Konfliktes, der durch

516 NARA RG 53, M 44, Roll 46, Dispatches from the US-Ministers to the German States and Germany, Auswärtiges Amt an White, 8.3.1881.

517 PRO FO Confidential Papers. Correspondence respecting the Monetary Conference held at Paris in 1881, Nr. 10, Mr. Lowell to Earl Granville, 21.3.1881.

innenpolitisch notwendigen Kompromiss außenpolitisch relevant wurde. Ganz ähnlich in Frankreich: Hier waren durch Verfassung der Dritten Republik neue gesellschaftliche Akteure, der von Händlern und Landwirten dominierte Mittelstand, zu politischem Einfluss gelangt. Dies erklärt, warum die währungspolitischen Initiativen etwa der Handelskammer von Bordeaux in der Nationalversammlung unmittelbar Gehör fanden. Aus der Perspektive dieser Akteure spielten außenpolitische Ziele wie die Erhaltung der nationalen Souveränität eine untergeordnete Rolle gegenüber handels- und währungspolitischen Interessen. Damit wird auch deutlich, warum die Konferenz scheiterte: Washington und Paris betrachteten den Verhandlungsgegenstand primär unter währungspolitischen Aspekten, während für Berlin und London die außenpolitisch-diplomatische Sichtweise dominierte. Mit beiden Sichtweisen waren aber, wie eingangs erläutert, unterschiedliche Ziele und Kommunikationsstrukturen verbunden. Aus handelspolitischer Sicht ging es um die Erleichterung und Liberalisierung des grenzüberschreitenden Austausches, aus der Sicht der klassischen Diplomatie um die Erhaltung nationaler Handlungsfreiheit. So argumentierten die britischen und deutschen Bimetallisten, die sich im Oktober 1882 zu einem internationalen Kongress in Köln trafen, dass

> „Silberentwerthung und Goldmangel (...) empfindlichen Schaden insbesondere auch für die Entwicklung des deutschen Handels und für den deutschen Wohlstand mit sich gebracht (haben). Der Export nach den amerikanischen und asiatischen Silberländern ist beschränkt, die so wichtige silberproduzierende Deutsche Hüttenindustrie schwer geschädigt, Handel und Wandel durch häufige Disconterhöhungen in Folge des Kampfes uns Gold erheblich gestört.“[518]

Die Erhaltung der nationalen Souveränität spielte in dieser Sichtweise keine Rolle. Angesichts dieser verschiedenartigen Zielsetzungen konnten die Verhandlungspartner nicht übereinkommen.

Auf der anderen Seite aber zeigt die Konferenz von 1881 wie schon jene von 1878, dass der gesellschaftliche Wandel, der Europa und die Vereinigten Staaten parallel zur Industrialisierung erfasst hatte, der Aufstieg des Bürgertums und die damit verbundenen neuen Legitimations- und Kommunikationsstrategien, auch die internationale Politik erfassten. Bemerkenswerterweise waren es die USA und Frankreich, die die Konferenz initiierten, jene Länder mithin, in denen das Parlament bedeutenden Einfluss auf die Regierung und damit auf die Außenpolitik ausübten. In Großbritannien und Deutschland hingegen war es für die neuen Kräfte des Bürgertums durch die Zusammensetzung des Parlamentes (Großbritannien) und die Stellung desselben in der Verfassung (Deutsches Reich) nicht so leicht die außenpolitische Hegemonie der alten Eliten zu beeinflussen. Insofern ist die Veränderung des internationalen Systems wie der Außenpolitik dieser Epoche insgesamt auch verbunden mit dem Vordringen der Parlamentssouveränität und der Demokratisierung insgesamt. Aus dieser Perspektive waren Großbritannien und das Deutsche Reich konservative, an den klassischen

[518] Vgl.: Der internationale Bimetallistische Kongreß zu Köln am 11.–13. October 1882. Stenographischer Bericht der Verhandlungen, Berlin 1882 (Schriften des Vereins für die internationale Doppelwährung, Heft 8), S. 10.

Instrumenten und Zielen der Außenpolitik festhaltende politische Systeme, während jene der USA und (seit 1871) Frankreichs zu den Vorreitern der Veränderung auf diesem Gebiet gelten konnten.[519] Von diesem Problem wird noch zu sprechen sein.

519 Diese Interpretation steht im Gegensatz zu der klassischen Einteilung der Zeit, in welcher Russland, Österreich-Ungarn und das Deutsche Reich als konservativ, Frankreich und Großbritannien als progressiv galten. Vgl. zuletzt Manfred Görtemaker, Geschichte Europas 1850–1918, Stuttgart 2002, S. 99–196.

VI. Ökonomische Vernetzung und nationale Souveränität: Die Krise der Lateinischen Münzunion 1878–1885

1. Die Abschaffung des Corso Forzoso in Italien als Zwangsmaßnahme der Lateinischen Münzunion

Unmittelbar nach der internationalen Währungskonferenz von 1878 hatte in Paris auch eine Konferenz der Lateinischen Münzunion stattgefunden, deren Verhandlungen, auch wenn es um Währungsfragen ging, mit denen der internationalen Konferenz nichts zu tun hatten. Im Gegenteil, während es auf der „amerikanischen Konferenz" um die Frage einer engeren internationalen Währungskooperation auf der Basis des Bimetallismus ging,[520] verhandelten die Delegierten der Mitgliedstaaten der Lateinischen Münzunion über die Probleme der bereits bestehenden Währungsunion. Der Anlass der Konferenz jedoch war formal: 1879 lief der Vertrag aus und die Regierungen mussten ihn verlängern, wenn die Währungsunion fortbestehen sollte. Daran hatte niemand einen Zweifel gelassen, auch wenn die Probleme, die den Mitgliedstaaten aus der Union erwuchsen, erheblich waren und an Bedeutung zunahmen.[521] Im Zentrum der Verhandlungen, die am 30. August 1878 begannen, stand zum ersten Mal das „italienische Problem". Die italienische Regierung hatte, noch bevor der Vertrag vom 23.12.1865 in Kraft getreten war, am 1. Mai 1866 den Zwangskurs eingeführt, das heißt, das umlaufende Papiergeld wurde von den Banken nicht mehr in Edelmetall umgetauscht. Der Hintergrund war, wie geschildert, die Beteiligung des Landes am preußisch-österreichischen Krieg gewesen, der zwar zum Erwerb Venetiens geführt hatte, den Haushalt des Landes jedoch erheblich belastete, so dass das Haushaltsdefizit 1866 auf 740 Mio. Lire angewachsen war, das waren immerhin 11 Prozent des Bruttoinlandsproduktes.[522] Hinzu kamen die Bemühungen des jungen Nationalstaates um ein effizientes infrastrukturelles Netz, den

[520] Vgl. Kapitel IV.

[521] Henry P. Willis, History of the Latin Monetary Union, S. 182.

[522] Theresia Theurl, Eine gemeinsame Währung für Europa, S. 89. Peter Hertner, Italien, S. 717. Luca Einaudi, Monetary Unions and Free Riders: The Case of the Latin Monetary Union (1865–78), in: Rivista di Storia Economica, 1997, S. 327–361, hier S. 330. Alfredo Capone, Destra e Sinistra da Cavour a Crispi, S. 154–156.

Bau von Eisenbahnlinien und einer schlagkräftigen Armee. Um den Krieg gegen die Habsburgermonarchie zu finanzieren, nahm die Regierung im Frühjahr 1866 bei der Banca Nazionale erneut einen Kredit in Höhe von 250 Millionen Lire auf. Die Bank gewährte diesen jedoch nur unter der Bedingung, dass sie die Einlösepflicht für die von ihr ausgegebenen Banknoten aufheben durfte.[523] Damit war in Italien der Zwangskurs (Corso Forzoso) eingeführt. Dieser war ein Instrument, um die aus der politischen und finanziellen Entwicklung erwachsenden Probleme zumindest kurzfristig zu lösen. Die zunächst geplanten 250 Millionen Lire reichten nicht aus, es waren schließlich 600 Millionen Lire, die die italienische Regierung zur Finanzierung des Krieges von 1866 aufnehmen musste. Finanzminister Scialoja versuchte die steigenden Staatsausgaben wenigstens zum Teil dadurch zu kompensieren, dass die Zölle für die Einfuhr von Weizen erheblich angehoben wurden. Zudem wurde ab 1869 eine Mahlsteuer erhoben, aber auch diese löste das Kernproblem nicht. Die Einführung des Zwangskurses wurde in der politischen und wirtschaftlichen Elite des Landes als Katastrophe empfunden. Das Parlament setzte eine Kommission zur Untersuchung der Staatsfinanzen ein, und auch im Plenum wurde Finanzminister Scialoja für diese Maßnahme hart kritisiert.[524] Die Konsequenz dieses Schrittes war, dass die Geldmenge erheblich ausgeweitet wurde, die Inlandspreise stiegen, zugleich verlor die italienische Lira an Außenwert.[525] Dies hatte erhebliche Auswirkungen auf das wirtschaftliche Gefüge der Währungsunion mit Belgien, Frankreich und der Schweiz, weil die italienischen Münzen nun nominell denen der anderen Staaten gleichgestellt waren, doch in Italien an Wert verloren. Als Folge flossen die italienischen Silbermünzen in die anderen Länder der Lateinischen Münzunion, im Land selbst wurde nahezu ausschließlich mit Papiergeld bezahlt.[526]

Die französische Regierung war sich dieser Problematik schon unmittelbar nach der Gründung der Lateinischen Münzunion im Frühjahr 1866 bewusst. In einer Analyse der Vorgänge in Italien hatte der Berater von Finanzminister Rouher, E. Moser, auf die Gefahr hingewiesen, dass der italienische Währungsraum

[523] Gianni Toniolo, Storia Economica dell'Italia liberale 1850–1918, Bologna 1988, S. 102.

[524] G. Luzzatto, L'Economia italiana dal 1861 al 1914, Banca Commerciale Italiana, Milano 1963, S. 19.

[525] Es gibt noch keine umfassende Darstellung der Einführung und der Folgen des Zwangskurses in Italien, auch die Beurteilung durch die Wirtschaftshistoriker ist keineswegs einheitlich. Einige meinen, dass die italienische Regierung durch den Zwangskurs ein hochmodernes, auf dezentraler Geldmengensteuerung basierendes Währungssystem eingeführte habe (vgl. Theresia Theurl, Eine gemeinsame Währung für Europa, S. 89. Peter Hertner, Italien, S. 717), andere verweisen auf die Probleme, die der Zwangskurs für Italien in dieser Zeit brachte (vgl. Gianni Toniolo, Storia economica, S. 103f.).

[526] Michele Fratianni, Franco Spinelli, Currency Competition, Fiscal Policy and the Money Supply Process, in: Italy from Unification to World War I, in: Journal of European Economic History, Vol. 14 (1985), S. 473–499. Dies., Italy in the Gold Standard Period, 1861–1914, in: Michael Bordo, Anna Schwartz (Hrsg.), A Retrospective on the Classical Gold Standard, Chicago 1984, 405–454. Denis Mack Smith, Modern Italy. A Political History, New Haven London 1997, S. 80–83. Marcello de Cecco, Introduzione, in: Ders. (Hrsg.), L'Italia e il Sistema Finanziario Internazionale 1861–1914, Milano 1990, S. 3–31.

bald des Großteils seiner Münzen beraubt und, aus französischer Sicht entscheidender, die anderen Mitglieder der Münzunion von italienischen Münzen überschwemmt werden würden. De facto, so Moser, erzeuge der Zwangskurs

„une suspension du pied monétaire. La monnaie d'or, les pièces de 5 francs en argent, et les monnaies divisionnaires en argent, perdent temporairement la qualité de monnaies de circulation; elles deviennent marchandises à différents prix, exprimés en forme d'agio, journellement variable (...). La différence d'agio provoquerait la spéculation à exporter la monnaie d'appoint d'argent d'Italie, dans le cas de ratification de la Convention monétaire de Paris, ouvrant à cette monnaie un débouché en France, en Suisse et en Belgique (...).“[527]

Eben dies trat in den siebziger Jahren ein. 1866 betrug der Anteil der Münzzahlungen in Italien 78,3% der Gesamttransaktionen, 1873, nur sechs Jahre nach der Einführung des Zwangskurses, war dieser Anteil auf 44,9% gesunken.[528] Die italienische Regierung hatte ihre finanzpolitischen Probleme zumindest zum Teil auf Kosten der Partnerländer in der Lateinischen Münzunion gelöst. Im Januar 1868 wies daher der französische Finanzminister Magne auf ein Strukturelement der von Frankreich initiierten Währungsunion hin, das für die gesamte Geschichte dieser Währungsunion von Bedeutung werden sollte:

„Bien que la Convention du 23 Novembre 1865 ne s'applique qu'aux pièces d'or et d'argent et que chaque État ait conservé en ce qui le concerne la monnaie de billon, sa complète liberté d'action, il n'en est pas moins établi que l'Union monétaire entraîne d'une manière générale, comme conséquence, un contrôle réciproque et effectif entre les États liés par la Convention.“[529]

Die Währungsunion führte also nicht nur zur gewünschten Ausweitung des französischen Einflusses auf die romanische Welt, sondern erhöhte zugleich auch die Abhängigkeit Frankreichs von diesen Ländern. Bei freier Konvertibilität und Preisbildung auf dem Währungssektor wurden Staatsverschuldung und Inflation, wie sie sich in Italien zunehmend entwickelten, durch die Währungen abgefangen. Die Finanzkrise eines Landes hatte daher nur begrenzte Auswirkungen auf die Entwicklung in anderen Staaten. Mit der Währungsunion jedoch wuchs die gegenseitige Abhängigkeit, oder umgekehrt, die nationale Souveränität der Mitgliedsländer wurde eingeschränkt. Um dies zu verhindern, bedurfte es einer engeren politischen und wirtschaftlichen Kooperation, einer Institution, die über die wirtschaftspolitische Disziplin der Mitgliedstaaten wachte. Eben dies war der Sinn der Währungskonferenz der Lateinischen Münzunion im Spätsommer 1878.

Der belgische Delegierte Eudore Pirmez forderte daher auf der Konferenz, dass die Lateinische Münzunion die Ausgabe von Papiergeld ebenso wie die des Metallgeldes regulieren sollte. Dies gelte insbesondere für die italienische Politik:

„En définitive, les faits sont les suivants: L'Émission du papier monnaie en Italie a produit dans les États de l'Union une pléthore de monnaies divisionnaires. Les États concordataires se bornent à demander au Gouvernement Italien de prendre des mesures pour restreindre cette circulation, soit

[527] Note Moser pour Rouher, zit. nach Luca Einaudi, Monetary Unions and Free Riders, S. 331.
[528] Zahlen ebd., S. 332.
[529] MAE Direction Commerciale. Questions monétaires, Vol. 604, Magne à MAE, 16.1.1868. Vgl. auch Einaudi, Monetary Unions and Free Riders, S. 335.

en retirant les petites coupures, soit en refondant et en démonétisant les monnaies divisionnaires métalliques."[530]

Der italienische Delegierte Ressmann wies dieses Ansinnen zurück, seine Regierung bemühe sich ohnehin, den Zwangskurs zurückzunehmen, er könne jedoch nicht sagen, wann das geschehen werde. Trotz des italienischen Widerstandes beharrten die Verhandlungspartner geschlossen auf ihren Forderungen:[531] Die italienische Regierung sollte innerhalb der nächsten fünf Jahre die Eintauschbarkeit der von ihr ausgegebenen Scheidemünzen in Edelmetall garantieren, alle Papiergeldscheine unter dem Wert von fünf Francs einziehen und die Ausprägung von Fünf-Francs-Silbermünzen einstellen. Die italienische Delegation wies auch das zurück und schlug vor ein Fünftel der umlaufenden Scheidemünzen innerhalb der nächsten fünf Jahre einzuziehen, um die Geldmenge zu verringern. Eine weitere wichtige Forderung betraf die silbernen Fünf-Francs-Stücke: Der schweizerische Delegierte Feer-Herzog wandte sich vehement gegen den italienischen Wunsch weitere Fünf-Francs-Stücke in Silber auszuprägen. Die italienische Regierung konnte auf diese Weise wenigstens einen Teil der Staatsschulden abbauen, weil der Preis für das Silber längst nicht mehr dem Nominalwert der Münzen von fünf Francs entsprach. Da die italienischen Silbermünzen unter den Bedingungen des Zwangkurses aber sofort in die anderen Länder der Währungsunion, vor allem nach Frankreich, wanderten, stieß dieser italienische (und auch von Griechenland unterstützte) Vorschlag auf den Widerstand der Delegationen aus Belgien, Frankreich und der Schweiz. Um die Schwierigkeiten zu überwinden, wurde eine Kommission beauftragt einen Vertragsentwurf auszuarbeiten, der beiden Positionen gerecht würde. Dieser lag am 10. Oktober 1878 vor und unterbreitete einen Kompromiss[532]: Italienische Scheidemünzen würden von den anderen Staaten der Union nicht mehr angenommen, die bereits umlaufenden gesammelt und nach Italien zurückgeleitet werden. Dort würde die Regierung verpflichtet den Gegenwert der zurückgeleiteten Münzen in Papiergeld einzuziehen und zu vernichten. Die anderen Staaten würden der italienischen Regierung festverzinsliche Kredite als Gegenleistung gewähren, so lange, bis Italien den Cours Forcé wieder aufheben könne. Die italienische Delegation stimmte diesem Vorschlag zu, bestand aber darauf, dass die französische Finanzverwaltung alleine die Transaktionen durchführen und überwachen sollte, damit die italienischen Regierung in dieser Angelegenheit nur einen Ansprechpartner habe.

Hinsichtlich der silbernen Fünf-Francs-Stücke schlug der schweizerische Delegierte Feer-Herzog vor, dass der neue Währungsvertrag bis zum Januar 1886 laufen und sich nach diesem Datum, wenn keine Regierung ihn kündige, jeweils um ein Jahr verlängern sollte. Die belgische Delegation akzeptierte dies unter der

530 Conférence Monétaire entre la Belgique, la France, la Grèce, l'Italie et la Suisse en 1878, Procès Verbaux, in: MAE Direction Commerciale, Questions Monétaires, Vol. 610, S. 23.

531 C. Ferraris, La Convenzione monetaria dal 5 novembre 1878 ed il Corso Forzoso, Milano 1879. Henry P. Willis, History of the Latin Monetary Union, S. 185.

532 Conférence monétaire internationale entre la Belgique, la France, l'Italie, la Suisse et la Grèce, S. 94. Vgl. auch Willis, History of the Latin Monetary Union, S. 188.

Bedingung, dass kein Land, welches den Zwangskurs eingeführt habe, das Recht zur Kündigung des Vertrages haben dürfe, und die französische Delegation fügte hinzu, dass ein Vertragspartner, der die Währungsunion kündige, die von ihm emittierten, im Ausland zirkulierenden silbernen Fünf-Francs-Stücke in Goldmünzen umtauschen müsse.[533] Das Problem bestand darin, dass in den Ländern der Union eine große Menge an silbernen Fünf-Francs-Stücken zirkulierte, deren Nominalwert durch den Silberpreisverfall nicht mehr dem Materialwert entsprach. Ebenso wie die italienischen Scheidemünzen waren auch die Silbermünzen aus Italien in die anderen Länder geflossen, vor allem nach Frankreich. Dort lagerten sie in den Beständen der Banque de France, und es stellte sich die Frage, was mit den unterwertigen Münzen im Falle der Auflösung der Währungsunion geschehen sollte. Die französische Regierung wollte die Münzen nicht behalten, weil sie durch die Differenz zwischen Nominal- und Materialwert einen erheblichen Verlust tragen müsste. Also bestand sie darauf, dass die unterwertigen Fünf-Francs-Münzen im Falle der Kündigung der Lateinischen Münzunion durch einen der Vertragspartner vom Emittenten gegen die Zahlung von Gold zurückgenommen werden müssten. Dies traf auf den Widerstand der italienischen Delegation. Italien hatte neben Belgien die meisten dieser silbernen Fünf-Francs-Stücke ausgeprägt, hätte unter den von der französischen Delegation skizzierten Bedingungen bei einem Austritt also hohe Kosten zu tragen gehabt. Über diese Frage konnte wegen des italienischen Widerstandes keine Einigkeit erzielt werden, und deswegen wurde das Problem nicht im Vertragstext erwähnt. Es sollte die Lateinische Münzunion aber schon bald wieder beschäftigen.

Insgesamt war der Währungsvertrag der Lateinischen Münzunion von 1878 dem von 1865 sehr ähnlich.[534] Die wesentliche Änderung bestand in Artikel 9, in dem die Prägung von silbernen Fünf-Francs-Münzen untersagt wurde. Das war eine Bestätigung der außervertraglichen, zunächst als temporär gedachten Regelung von 1874. Zudem wurde die Rückführung der italienischen Münzen durch eine Sondervereinbarung geregelt: Zwischen Juli und Dezember 1879 sollten insgesamt 100 Millionen Francs in italienischen Münzen auf dem Seewege nach Italien zurückgeführt werden.

Es ist offensichtlich, dass das wesentliche Ziel der Regierungen Frankreichs, Belgiens und der Schweiz die Disziplinierung des italienischen Finanzgebarens war. Durch die Einführung des Zwangskurses 1866 hatte die italienische Regierung, wie beschrieben, die Währungsunion benutzt, um ihre finanz- und währungspolitischen Probleme auf Kosten der anderen Mitglieder zu lösen. Diese waren nun nicht mehr bereit die Kosten für die römische Finanzpolitik zu tragen, und zwangen die italienische Regierung in zwei Schritten zu einer stabilitätsorientierten Finanzpolitik. Zum einen sollte der Zwangskurs aufgehoben und die Eintauschbarkeit der italienischen Banknoten in Edelmetall wieder garantiert

[533] Conférence Monétaire internationale entre la Belgique, la France, l'Italie, la Suisse, et la Grèce, S. 98–205. Willis, History of the Latin Monetary Union, S. 189.

[534] Vgl. Storia economica d'Italia a cura di Pierluigi Ciocca e Gianni Toniolo, Vol. 2: Annali, Roma Bari 1998, S. 133.

werden, zum zweiten sollten die wegen des Zwangskurses in den anderen Ländern der Münzunion zirkulierenden italienischen Silber- und Scheidemünzen nach Italien zurückgeführt werden. Die Disziplinierungsmaßnahmen der Lateinischen Münzunion wurden in Italien skeptisch aufgenommen.

„On ne s'explique pas ici que le Ministre des Finances d'Italie ait pu souscrire à des clauses, que l'on considère (...) comme mineures pour un pays dont les Finances (...) sont dans un état peu prospère", beschrieb das französische Generalkonsulat in Genua die Reaktion der ligurischen Wirtschaftsvertreter. „On ne voit en somme, ici, dans cette affaire, qu'un manœuvre du ministre des Finances qui chercherait à en imposer aux masses par le mirage de la suppression du cours forcé."[535]

Diese Einschätzung erwies sich jedoch als falsch: Am 15. November 1879 brachte Finanzminister Agostino Magliani einen Gesetzentwurf im Parlament ein, der vorsah, den Zwangskurs durch den schrittweisen Ausgleich der Zahlungsbilanz und den Abbau der Auslandsschulden aufzuheben. Das Gesetz trat im April 1881 in Kraft und strebte die Neuordnung der italienischen Währung bis 1889 an.[536] Es sah die Auflösung des Konsortiums der Emissionsbanken sowie die Aufnahme einer Goldanleihe zur Sicherung der Einlösepflicht der Papierwährung vor. Die notwendigen Kredite wurden von den Banken Barings und Hambro in London, der Pariser Banque d'Escompte sowie der Banca Nazionale gewährt.[537] Die dann 1883 vollzogene Neuordnung der italienischen Währung war zwar innenpolitisch weitgehend unumstritten[538], jedoch nicht unproblematisch: Zum einen belasteten die durch die französische Besetzung von Tunesien ausgelösten französisch-italienischen Spannungen den Handel mit Frankreich, zum anderen stieg durch die Aufnahme der Goldanleihe die italienische Staatsverschuldung auf über hundert Prozent des Bruttoinlandsproduktes.[539] Zudem befürchtete man in Italien durch den Einzug eines Großteils des Papiergeldes einen Mangel an Kleingeld für die täglichen Transaktionen. Entscheidender aber war, dass, obwohl die Sistierung des Corso Forzoso das währungspolitische Ziel aller italienischer Regierungen seit 1866 gewesen war, der entscheidende Anstoß zu diesem Schritt von außen, von der Lateinischen Münzunion gekommen war. Hier wird deutlich, dass mit der Währungsunion eine jenseits des Nationalstaates stehende Zwangsgewalt entstanden war, die, wenn die Mehrheit ihrer Mitglieder dies wollte, einzelne Regierungen zu konkreten politischen Schritten auf dem monetären Sektor zwingen konnte. Damit ging ein Teilverlust nationaler Souve-

535 MAE Direction Commerciale. Question Monétaires et Financières, Vol. 610: Conference monétaire de l'union latine de 1878, Nr. 147 Consulat Général de France à Genes à MAE, 14.11.1878.

536 Storia economica dell'Italia, Vol. 2, S. 135. Vgl. auch Gianni Toniolo, Storia economica dell' Italia liberale, S. 129ff.

537 C. Rozenraad, L'Emprunt italien pour l'abolition du cours forcé, Paris 1883, S. 8–13.

538 Das Gesetz zur Abschaffung des Zwangskurses wurde im Februar 1881 in der Kammer mit 293 gegen 27 Stimmen angenommen.

539 Storia economica dell'Italia, Vol. 2, S. 139. Die wirtschaftlichen Konsequenzen des Währungsschrittes sind bis heute umstritten, vgl. Gianni Toniolo, Storia economica dell'Italia liberale, S. 130.

ränität einher, und dies war genau das, was schon die deutschen Liberalen Bamberger und Delbrück in der Diskussion um die deutsche Währungsreform 1871–73 immer wieder als bedrohliches Szenario entwickelt hatten. Ähnlich argumentierte nun ihr italienischer Kollege Luigi Luzzatti, einer der anerkannten liberalen Währungsexperten seines Landes: Vor allem die belgische Regierung, so Luzzatti in einem Kommentar über den neuen Münzvertrag in der Opinione am 15. Januar 1879, behaupte, dass Italien mit der Einführung des Zwangskurses gegen die Bestimmungen des Währungsvertrages von 1866 verstoßen habe. Auf den italienischen Kompromissvorschlag sei man aber in den Pariser Verhandlungen 1878 nicht eingegangen.

„I delegati nostri a titolo di transazione proposero il ritiro dei piccoli biglietti, cioè concedettero meno. Ma non si avvidero che introducendo nella Convenzione Internazionale l'obligo di ritirare i piccoli biglietti e di non emettere di nuovi, impegnavano la sovranità nazionale in un punto che si sottrae per l'indole sua a vincoli somiglianti. Ora il Governo italiano, se lo credeva conveniente, poteva annunziare la sua volontà di ritirare i piccoli biglietti e di sostituirvi gli spiccioli; ma dall'annunzio di questo suo disegno alla stipulazione internazionale vi è il tratto che corre fra l'equità e la debolezza."[540]

Die Bestimmungen des neuen Währungsvertrages wurden also als tiefer Eingriff in die italienische nationale Souveränität empfunden. Die italienische Regierung konnte nicht mehr frei über die Währungspolitik verfügen. Das Argument der Souveränitätseinschränkung Italiens wies der liberale belgische Delegierte Hubert Frère-Orban in einem Brief an Luzzatti jedoch zurück: Die durch die Währungsunion entstandenen Auswirkungen des Zwangskurses in Italien seien ebenfalls als Einschränkung der nationalen Souveränität der anderen Staaten zu bewerten:

„La stipulation que le traité contient à cet égard qu'interdit de maintenir chez vous les petites coupures en circulation, porte-t-il atteinte á un droit souverain, comme on le prétend chez vous? En ce cas, l'interdiction imposée à tous, sauf l'exception pour l'Italie, porte une atteinte autrement grave à nos droits de souveraineté."[541]

Es ging in dieser Kontroverse also nicht mehr vorrangig um die Fragen der Währungspolitik, obwohl diese auch eine Rolle spielten. Es ging im Kern um die Souveränität der Regierungen und die Einschränkung der Handlungsfreiheit durch eine Währungsunion, durch die sich intensivierenden internationalen Wirtschaftsbeziehungen insgesamt. „Tous les traités de ce genre, les conventions commerciales elles-mêmes, sont des limitations du droit souverain de chaque Etat de régler comme il l'entend sa monnaie ou ses tarifs douaniers", stellte Frère-Orban fest.[542] Genau das war der entscheidende Punkt: Unter den Bedingungen des sich intensivierenden Handels, mit dem Eingriff der Regierungen in die grenzüberschreitende Wirtschaft durch Handels- und Währungsverträge wa-

[540] Luigi Luzzatti in: L'opinione, 15.1.1879, zitiert nach Luigi Luzzatti, Memorie, Volume Secondo (1876–1900), Bologna 1935, S. 127.

[541] Frère-Orban an Luzzatti, 1.5.1879, in: Luigi Luzzatti, Memorie, Volume Secondo (1876–1900), Bologna 1935, S. 128.

[542] Ebd.

ren eben jene Regierungen in ihrer Handlungsfreiheit eingeschränkt worden. Sie mussten sich dem neuen ökonomischen Teilsystem der internationalen Beziehungen unterwerfen, dessen Regeln sie nur in begrenztem Maße selbst bestimmen konnten. Damit deutete sich zu Beginn der achtziger Jahre des 19. Jahrhunderts eine Entwicklung an, die die Bedeutung nationaler Regierungen als Akteure in den internationalen Beziehungen immer mehr relativieren würde.

2. Die Krise der französischen Hegemonialpolitik in der Lateinischen Münzunion 1882

Während der Verhandlungen über die Lateinische Münzunion zu Ende der siebziger und Beginn der achtziger Jahre stand vor allem die italienische Regierung im Mittelpunkt des Interesses und der Kritik, weil sie, wie geschildert, durch den Corso Forzoso die Vorteile der Währungsunion nutzte, ohne die Vertragsbedingungen achten zu müssen. Mit der Aufhebung des Zwangskurses nach erheblichen wirtschaftspolitischen Anstrengungen durch Finanzminister Agostino Magliani wurde der legale Kurs im April 1883 wieder eingeführt.[543] Als Folge dieser Anstrengungen war die Staatsverschuldung erheblich angestiegen, die Vertragsbedingungen der Währungsunion allerdings wurden von Italien, das damit ebenso wie die anderen Mitglieder der Lateinischen Münzunion de facto den Goldstandard eingeführt hatte, erfüllt.[544] Problematisch jedoch war, dass durch den Währungsschnitt ein Großteil des umlaufenden Papiergeldes ebenso wie die unterwertigen Scheidemünzen eingezogen werden mussten. Bald machte sich ein Mangel an Kleingeld bemerkbar, der den täglichen Handel erheblich beeinträchtigte. Aus diesem Grunde stellte die italienische Regierung bei den Partnern der Lateinischen Münzunion im Januar 1882 den Antrag die für die Ausprägung von Silberscheidemünzen 1878 festgelegten Kontingente zu erhöhen. Begründet wurde dieser Vorschlag einerseits damit, dass die Bevölkerung im Königreich Italien erheblich gewachsen war und ohnehin bei der Festlegung der Kontingente 1878 durch einen Berechnungsfehler eine zu geringe Bevölkerungszahl für Italien genannt worden sei. Durch die Ausweitung der Prägerechte für Silberscheidemünzen könne zudem der Gebrauch dieses Währungsmetalls und damit auch die Nachfrage nach Silber gesteigert werden, was im allgemeinen Interesse sei.[545] Der italienische Vorschlag fand bei den Regierungen der Vertragspartner sehr unterschiedliche Aufnahme. Der französische Finanzminister war der Idee der Ausweitung der Kontingente für Silberscheidemünzen nicht grundsätzlich abgeneigt. Zumindest regte er an zu untersuchen, „si la proposition dont il s'agit ne pouvait

543 Stefano Battilossi, Storia economica d'Italia, Vol. 2, S. 139f. Gianni Toniolo, Storia Economica dell'Italia liberale, S. 129–131.

544 Henry Parker Willis, History of the Latin Monetary Union, S. 216.

545 MAE Direction Commerciale. Questions monétaires. Conférence de 1875–1891, Vol. 614, Freycinet à Bruxelles, Athènes, Berne, Rome, 5.7.1882.

pas tout au moins, motiver entre les Etats de l'Union Latine une utile échange d'idées sur le rôle des monnaies divisionnaires d'argent (...)."[546] Man könne, so schrieb der französische Außenminister an seine Kollegen der Lateinischen Münzunion, beispielsweise darüber nachdenken, ob nicht die Banknoten von geringerem Wert durch Silberscheidemünzen ersetzt werden können. Ebenso sei denkbar, den auf 835/1000 festgelegten Feingehalt der Silbermünzen auf 900/1000 zu steigern, um auf diese Weise den Wertverlust des Edelmetalls auszugleichen und seinen Gebrauch zu steigern.[547] Freycinet regte eine baldige Konferenz der Lateinischen Münzunion an, mit dem Ziel, dort eine gemeinsame Position in der Silberfrage zu erarbeiten, die dann auf der vertagten internationalen Währungskonferenz vorgetragen werden könnte.

„Dans la pensée du Gouvernement français une entente sur ce sujet entre les Etats de l'Union dite Latine, préparerait la voie, de la manière la plus utile, à un accord plus étendu dans la Conférence générale dont la nouvelle réunion a été ajournée à la suite de la Note Circulaire que nous avons adressées, le 31 mars dernier, de concert avec le Gouvernement des Etats Unis (...)."[548]

Damit wird die Gesamtstrategie der französischen Regierung deutlich: Es ging nicht primär um eine Unterstützung der italienischen Forderungen, weil man diese als gerechtfertigt ansah, sondern darum, im Rahmen der Lateinischen Münzunion eine einheitliche Position auf der gemeinsam mit den USA initiierten internationalen Währungskonferenz zu erreichen. Eine solche gemeinsame Position würde das politische Gewicht Frankreichs in den Verhandlungen erheblich steigern. Erneut wird damit deutlich, wie sehr die französische Regierung darum bemüht war die Lateinische Münzunion als Instrument zu nutzen, um das eigene Gewicht in internationalen Währungsverhandlungen zu steigern. Die Regierungen der Schweiz und Griechenlands akzeptierten die französische Argumentation und sagten die Teilnahme an einer Konferenz zum Gedankenaustausch zu.[549]

Ganz anders hingegen war die Reaktion des belgischen Außenministers Hubert Frère-Orban. Dieser hatte in der belgischen Währungsdebatte gegen Emile de Laveleye engagiert für die Einführung des monometallistischen Goldstandards gestritten.[550] Das italienische Ansinnen auf eine Ausweitung der Prägerechte für Silberscheidemünzen hielt der belgische Außenminister für völlig ungerechtfertigt.

„Selon lui", so berichtete der französische Botschafter in Brüssel nach einem Gespräch mit Frère-Orban, „l'Italie cherche à faire une spéculation, à tirer, dans

[546] Ebd.

[547] Ebd.

[548] Ebd.

[549] MAE Direction Commerciale. Questions monétaires. Conférence de 1875–1891, Vol. 614, Ambassade de France en Suisse à MAE, 11.7.1882. Die Zusage Griechenlands kam per „Depêche télégraphique", 18.7.1882.

[550] Hubert Frère-Orban, La Question Monétaire. Examen du système et des effets du double Etalon, Paris Genève 1874. Vgl. auch Nadine Lubelski-Bernard, Frère-Orban, Chef du Cabinet, in: Andree Despy-Meyer (Hrsg.), Frère-Orban et le libéralisme politique, Bruxelles 1996, S. 11–24. P. Hymans, Frère-Orban, 2 Bde. Bruxelles 1905/1910.

son intérêt personnel, de l'augmentation du contingent divisionnaire qu'elle réclame, un bénéfice qui ne pourrait être que nuisible à l'intérêt général."[551]

Die belgische Regierung lehnte aber nicht nur den italienischen Wunsch nach Erhöhung der Prägekontingente für Silberscheidemünzen ab, sondern auch die Idee der französischen Regierung kleinere Banknoten durch Silbermünzen zu ersetzen. Durch eine solche Maßnahme würden weder Großbritannien noch das Deutsche Reich zum Abschluss eines internationalen Währungsvertrages bereit sein; eine gemeinsame Position der Länder der Lateinischen Münzunion in dieser Hinsicht war aus seiner Sicht völlig unnütz. Aus diesem Grunde lehnte Frère-Orban den von Freycinet angeregten Gedankenaustausch im Rahmen der Lateinischen Münzunion ab. Am 26. Juli 1882 ergänzte der belgische Außenminister seine Äußerungen gegenüber dem französischen Botschafter: Es gebe schon eine übergroße Menge an silbernen Fünf-Francs-Stücken, die zunehmend zu einem Problem werde, warum sollten die Länder der Lateinischen Münzunion dieses Problem noch vertiefen? Der Beschluss, die Ausprägung silberner Fünf-Francs-Stücke auszusetzen, sei vollkommen richtig gewesen. Durch diese Entscheidung war die Lateinische Münzunion, wie geschildert, de facto zum Goldstandard übergegangen. „Pourquoi, dans cette situation excellente à tous égards, les Gouvernements s'imposeraient-ils des sacrifices dans le but de relever le cours d'argent qui ne les intéresse pas plus, qui les intéresse même beaucoup moins que celui du fer ou du plomb?"[552] Aus der Perspektive Frère-Orbans hatte die Lateinische Münzunion nach den währungspolitischen Entscheidungen der Jahre 1874 und 1878 gar kein Interesse mehr an einer Steigerung des Silber-Kurses, weil er davon ausging, dass der de facto Goldstandard in der Währungsunion nun auch de jure angenommen worden sei.

Die Diskussion um den italienischen Antrag verdeutlicht, dass es in der Lateinischen Münzunion zwei prinzipiell verschiedene währungspolitische Auffassungen gab. Während Griechenland, Italien und die Schweiz die französische Führung und damit auch das bimetallistische Prinzip akzeptierten, auch wenn es gegenwärtig nicht praktiziert werden konnte, trat die belgische Regierung offen für den monometallistischen Goldstandard ein. Brüssel hatte diese Option zwar schon während der Gründungskonferenz im Dezember 1865 vertreten, war dann aber der französischen Führung gefolgt und hatte den Bimetallismus angenommen. Jetzt, unter dem Einfluss des Monometallisten Frère-Orban, akzeptierte die belgische Regierung den französischen Führungsanspruch nicht mehr.

Die französische Strategie, über eine gemeinsame Position der Lateinischen Münzunion den Verlauf der mit den USA initiierten internationalen Währungskonferenz doch noch im bimetallistischen Sinne beeinflussen zu können, war damit ebenso wie der italienische Antrag gescheitert. Eine Konferenz der Latei-

551 MAE Direction Commerciale. Questions monétaires. Conférence de 1875–1891, Vol. 614, Légation de France en Belgique à MAE, 12.7.1882.

552 MAE Direction Commerciale. Questions monétaires. Conférence de 1875–1891, Vol. 614, M. Frère-Orban, Ministre des Affaires Etrangères au Compte de Montebello, Ministre de la République Française à Bruxelles, 26.7.1882.

nischen Münzunion könne unter diesen Bedingungen nur zu einem Fehlschlag werden, meinte auch der französische Außenminister Freycinet.[553] Aus diesem Grunde wurde der geplante Gedankenaustausch zwischen den Währungspartnern zu diesem Zeitpunkt nicht weiter verfolgt.

3. Italien, Frankreich, die Schweiz und die Frage der Verlängerung der Lateinischen Münzunion

Der Vertrag über die Gründung der Währungsunion vom 23.12.1865 machte keine Aussage über die Bedingungen, unter denen der eben geschlossene Bund wieder aufgelöst werden könnte. Auch bei den Verhandlungen 1874 und 1878 war dieses Problem nicht behandelt worden, obwohl inzwischen klar geworden war, dass eine Auflösung der Union schwerwiegende Probleme nach sich ziehen würde, und vor allem die französische Regierung auf eine Regelung drängte. Die wechselseitige Verpflichtung, die standardisierten Münzen der Mitgliedsländer zu akzeptieren, hatte dazu geführt, dass in allen Ländern die Münzen der jeweils anderen kursierten. Dies wäre nicht weiter problematisch gewesen, wenn der Wert der Münzen gleich geblieben wäre. Durch den Verfall des Silberwertes aber war der Wert der silbernen Fünf-Francs-Stücke weit unter den Nennwert gesunken; der Materialwert eines silbernes Fünf-Francs-Stückes entsprach im Sommer 1885 nur noch vier Francs.[554] Den Hauptverlust hatte Frankreich zu tragen, da hier die meisten dieser Münzen, vor allem in den Beständen der Banque de France lagerten, denn wohl wissend um den tatsächlichen Wert der Münze hatte die Bevölkerung immer versucht die Silbermünzen schnell wieder los zu werden, am besten an öffentlichen Kassen, die gezwungen waren sie anzunehmen. Dagegen profitierte die italienische Regierung von dieser Entwicklung in zweifacher Hinsicht: Zum einen konnte sie seit 1865 silberne Fünf-Francs-Stücke ausprägen und die Differenz zwischen Nominal- und Materialwert der Münzen als Gewinn realisieren. Zum anderen flossen die Silbermünzen unter den Bedingungen des bis 1883 geltenden Zwangkurses schnell in die anderen Länder der Lateinischen Münzunion, so dass der durch den Silberpreisverfall entstehende Verlust dort und nicht in den italienischen Kassen entstand. Der Verlust für die französische Regierung wurde 1885 auf 50 bis 60 Millionen Francs geschätzt.[555] Es war daher die französische Regierung, die besonderes Interesse an einer Liquidationsklausel im Vertrag hatte, einer formalen Regelung der wechselseitigen Verpflichtungen bei einer Auflösung des Währungsbündnisses.

Um die Verhandlungen über eine Liquidationsklausel zu ermöglichen, musste die Regierung der Schweiz den Vertrag über die Lateinische Münzunion, der sich

[553] MAE Direction Commerciale. Questions monétaires. Conférence de 1875–1891, Vol. 614, MAE à Ministre des Finances, 28.7.1882.

[554] „Die Pariser Münzconferenz", in: Hamburgischer Correspondent, 4. August 1885.

[555] Allgemeine Zeitung (München), 18.6.1885.

sonst automatisch zum Jahresende um jeweils ein weiteres Jahr verlängert hätte, kündigen.[556] Es war unter den oben geschilderten Bedingungen verständlicherweise die französische Regierung, die nun erneut auf die Einführung einer Liquidationsklausel in den Vertragstext drängte, um die Partner im Falle der Auflösung an den zu befürchtenden Verlusten zu beteiligen. Grundsätzlich standen vier Modelle zur Lösung des Problems zur Verfügung:[557] Erstens konnte man jedem Land freistellen, wann und unter welchen Bedingungen es seine Münzen zurückziehen wollte. Damit hätte jeder die aus der jeweils eigenen Silberausprägung resultierenden Verluste getragen. Offen war dann nur, wie der aktuelle Besitzer der Münzen durch den Herausgeber entschädigt werden würde. Zweitens konnten die insgesamt umlaufenden Silbermünzen in fünf gleiche Teile dividiert werden, so dass alle am Gesamtverlust der Silbermünzen beteiligt worden wären. Hiervon hätten vor allem die Regierungen Belgiens und Italiens profitiert, die die größten Mengen an Silbermünzen ausgegeben hatten. Eine dritte Möglichkeit wäre gewesen Silber zu demonetisieren, d.h. auch de jure den Goldstandard einzuführen und die Verluste auf die gegenwärtigen Besitzer der Silbermünzen zu verteilen. Auch diese Lösung würde Italien und Belgien in besonderem Maße bevorzugen, während Frankreich, wo die meisten Silbermünzen aus allen Unionsländern lagen, in starkem Maße benachteiligt würde. Viertens wäre es möglich, jedes Land zu verpflichten, seine Silbermünzen gegen die Zahlung von Gold zurückzunehmen, eine Lösung, die Frankreich in besonderem Maße zu Gute gekommen, für Belgien und Italien hingegen sehr teuer geworden wäre.

Diese Situation der Lateinischen Münzunion war aber nicht nur in technischer Hinsicht problematisch, hinter ihr stand eine hochpolitische Frage: Sollte die Währungsunion auf der Basis eines eventuell veränderten Vertrages fortgesetzt werden oder würde man sie aufgeben? Unter diesen Umständen setzten 1884 in allen beteiligten Regierungen intensive Diskussionen über den Nutzen und Nachteil der Union für das jeweils eigene Land ein.

In Rom hatte Finanzminister Magliani schon am 12. November 1883 eine Kommission eingesetzt mit der Aufgabe die italienische Verhandlungsstrategie im Rahmen der Münzunion zu diskutieren.[558] Der Minister selbst hatte sich in der Presse für einen neuen Währungsvertrag ausgesprochen, der allerdings grundlegend reformiert werden sollte. Sehr allgemein war er hier dafür eingetreten, „de créer une situation où l'or prédominait."[559] Konkreter waren die Überlegungen zur Währungsfrage, die in der Zeitung Rassegna in der Ausgabe vom 8. März 1884 veröffentlicht wurden. Die Währungsfrage, so hieß es dort, könne

[556] MAE Direction Commerciale. Question Monétaires. Union Latine, Convention de 1885, Vol. 621, Instructions pour les délégués suisses, undatiert (Juli 1884). Vgl. auch die deutschprachige Version in: Documents Diplomatiques Suisses, 1848–1945, Bd. 3 (1873–1889), Bern 1986, S. 584f.

[557] Henry Parker Willis, Latin Monetary Union, S. 217f.

[558] MAE Direction Commerciale. Questions Monétaires. Union Latine, Convention de 1885, Vol. 621, Ambassade de la République Française près de S.M. le Roi d'Italie à MAE, 29.1.1884. BA R901/21494, Botschaft Rom an Bismarck, 2.1.1885.

[559] Ebd.

nicht alleine unter wirtschafts- und finanzpolitischen Aspekten gesehen werden, sondern sei unter politischen Gesichtspunkten zu behandeln:

„(...) più che i criterii di un malinteso interesse economico apparente, e più ancora dell'amore di scuola e di sistema, potrebbero prevalere considerazioni d'ordine finanziario e politico, le quali additassero al nostro paese una soluzione diversa da quella consigliata da semplici argomenti di economia monetaria."[560]

Über diese offiziöse Mitteilung hinaus äußerte sich die Regierung aber zunächst nicht zu den anstehenden Währungsproblemen. Als der Deputierte Simonelli in der Abgeordnetenkammer am 10. März anfragte, ob es bereits Verhandlungen im Rahmen der Währungsunion über deren Zukunft gebe, antworteten Außenminister Mancini und Finanzminister Magliani ausweichend. Es gebe noch keine Verhandlungen und auch die italienische Position werde in der vom Finanzminister eingesetzten Kommission beraten.[561] Hier war man sich über die Fortsetzung des Währungsbündnisses allerdings weitgehend einig, wie Luigi Luzzatti an Léon Say berichtete.[562] Offenkundig wollte die Regierung aber ihre Position in dieser Frage zu diesem Zeitpunkt nicht in der Öffentlichkeit bekannt geben: „Nous nous mettrons facilement d'accord (...) vous et moi sans l'intervention des journalistes qui ne savent pas le premier mot de ce dont ils parlent, ou des économistes, qui sacrificent tous à leurs théories."[563] Magliani betonte, dass er die Frage primär unter politischen Aspekten betrachte, er wolle die Fortsetzung des Währungsbündnisses „pour des raisons financières et pour des raisons politiques. Les dernières sont pas moins décisives que les autres. Il importe que le lien solide entre les deux pays ne soit ni rompue ni relâché."[564]

Die gegenüber der italienischen Öffentlichkeit verdeckten Avancen an Frankreich überraschen zunächst, war doch das Verhältnis zwischen beiden Ländern durch die Anbindung Italiens an den latent antifranzösischen Dreibund (1882) ebenso wie durch die französische Besetzung von Tunis (Mai 1881), welches Italien als eigene Interessensphäre betrachtete, empfindlich gestört.[565] Betrachtet man jedoch die gesamte außenpolitische Lage aus der Sicht der italienischen Regierung, so ergibt sich ein anderes Bild: Die Hinwendung Italiens zum Dreibund[566] beruhte auf verschiedenen Motiven, die in ihrer Gewichtung von der

[560] La Convenzione Monetaria alla Camera Francese, in: La Rassegna, 8.3.1884.

[561] Atti Parlamentari, Camera dei Deputati, Legislatura XV, 1° Sessione, Tornata del 10 Marzo 1884, S. 6886f.

[562] MAE Direction Commerciale. Questions Monétaires. Union Latine, Convention de 1885, Vol. 621, Luzzatti à Say (Abschrift), 21.3.1884. Vgl. auch den Abschlussbericht der Kommission, die sich einstimmig für die Verlängerung der Lateinischen Münzunion aussprach: Atti Parlamentari, CD, Legislatura XV, Sessione 1a, 1882–1885, Documenti, n. 387, S. 31–34.

[563] MAE Direction Commerciale. Questions Monétaires. Union Latine, Convention de 1885, Vol. 621, Ambassade de la République Française près d S.M. le Roi d'Italie à MAE, 17.3.1884.

[564] MAE Direction Commerciale. Questions Monétaires. Union Latine, Convention de 1885, Vol. 621, Ambassade de la République Française près d S.M. le Roi d'Italie à MAE, 3.4.1884.

[565] Für den Gesamtkontext: Rudolf Lill, Geschichte Italiens in der Neuzeit. Darmstadt 1988, S. 213–217.

[566] Fritz Fellner, Der Dreibund. Europäische Diplomatie vor dem Ersten Weltkrieg, Wien 1960, S. 9–19. Auf breiter Quellenbasis: Holger Afflerbach, Der Dreibund. Europäische Großmacht-

Forschung unterschiedlich beurteilt wurden. Wesentlich war zum einen die bereits erwähnte Besetzung von Tunis durch Frankreich[567], die innenpolitische Stabilisierung der Monarchie gegen (französisch-) republikanische Tendenzen durch die Hinwendung an Österreich-Ungarn und das Deutsche Reich[568] sowie die römische Frage[569]. Alle drei Motive hatten einen anti-französischen Kern, was die bisherige Forschung dazu führte, die Dreibund-Politik als Abwendung Italiens von der aus dem Risorgimento stammenden pro-französischen und anti-österreichischen Politik zu interpretieren. Dies ist im Kern zweifellos richtig, bedarf aber der Korrektur im Detail. Im Rahmen der Lateinischen Münzunion bemühte sich die italienische Regierung darum, den Kontakt nach Paris nicht vollständig abbrechen zu lassen. Im Gegenteil, am 3. April 1884 schlug der französische Botschafter in Rom Finanzminister Magliani vor, so bald wie möglich eine Konferenz von Delegierten der Länder der Währungsunion in Paris einzuberufen, um die anstehenden Probleme zu verhandeln:

„Cette conférence", so der französische Geschäftsträger, „donnerait des résultats plus surs et plus prompts, si une entente préalable était établie entre la France et l'Italie. C'est pourquoi je réponds à votre appel amical en me déclarant, en ce qui me concerne, tout prêt à aborder l'examen des diverses solutions possibles de la question."[570]

Magliani stimmte diesem Vorschlag sofort zu, auch in der für die französische Regierung entscheidenden Frage der Liquidationsklausel signalisierte er Kompromissbereitschaft. Damit wird der politische Aspekt der Lateinischen Münzunion für Italien in dieser Situation deutlich. Die Währungsunion diente Rom im Frühjahr 1884 dazu, die Beziehungen zu Frankreich, das für die dem Risorgimento verbundenen Außenminister Mancini ebenso wie für Magliani noch eine wichtige Bedeutung hatte, nicht vollständig abbrechen zu lassen. Die auch durch die anti-französischen Ressentiments der Öffentlichkeit eingeleitete und unterstützte Hinwendung zu Berlin und Wien wurde mit Hilfe der Lateinischen Münzunion politisch nach Frankreich abgefedert. Eben wegen der anti-französischen Ressentiments versuchte die Regierung, diese Entscheidung in Presse und Parlament herunterzuspielen. Hierbei spielte auch die Bedeutung des Finanzplatzes Paris für italienische Anleihen eine Rolle.

Die Verlängerung des Vertrages über die Währungsunion hatte aber auch eine währungspolitische Komponente. Entscheidend war für Magliani, dass die italienischen Fünf-Francs-Silberstücke, die unterwertig in großen Mengen in Frankreich zirkulierten oder in den Beständen der Banque de France lagerten, ihre Rolle als gesetzliches Zahlungsmittel behielten.[571] Die italienische Regierung

und Allianzpolitik vor dem Ersten Weltkrieg, Wien Köln Weimar 2002, zu den Problemen Mancinis mit dem Dreibund insbesondere S. 99–102.

567 Diesen Aspekt betont Luigi Salvatorelli, La Triplice Alleanza, Milano 1939, S. 11.

568 Luigi Salvatorelli, Triplice Alleanza, S. 11, bewertet dieses Motiv gleichwertig zur Tunis-Frage.

569 Diese sieht William L. Langer, European Alliances and Alignments 1870–1890, New York 1931, S. 236f. als entscheidend an.

570 MAE Direction Commerciale. Questions monétaires. Union Latine, Conférence de 1885, Vol. 621, Ambassade de la République Française Rome à MAE, 3.4.1884.

571 Dies erläuterte er dem französischen Botschafter: Ebd.

wollte unter allen Umständen verhindern, dass sie die von ihr ausgegebenen silbernen Fünf-Francs-Stücke, die jetzt zum größten Teil in Frankreich lagen, unter welchen Bedingungen auch immer, zurücknehmen müsste.

„Il n'y a personne ici, ou il y en a bien peu, qui sauraient conseiller à l'Italie de devenir le porte-étendard de mesures, qui seraient la cause d'une crise monétaire dont il est impossible de prévoir toutes les conséquences", schrieb Giacomo Grillo, der Direktor der Banca d'Italia, an den in Paris weilenden Ottomar Haupt über die italienischen finanziellen Motive. „Au contraire, si cela pouvait arriver j'aurais bien peur que la France nous renvoyât une grande partie de notre rente qui se trouve chez elle, ou pour engager une lutte monétaire, ou bien toutes les fois qu'elle aurait besoin de revitailler de l'or."[572]

Grillo plädierte also auch für die Fortsetzung der Lateinischen Münzunion, nicht aus politischen oder theoretischen Gründen, sondern weil eine Auflösung der Währungsunion unter den Bedingungen des Jahres 1884 für Italien sehr teuer werden könnte. Wesentlich pragmatischer sah Luigi Luzzatti, der Leiter der italienischen Delegation bei den anstehenden Währungsverhandlungen in Paris, die Situation:[573]

„Perché rompere un accordo che giova, che dà agli scudi la funzione dell'oro, accresce il numerario deficiente, risparmia a tutti gli Stati una perdita nella demonetazione, salva da una conseguente perturbazione anche i popoli estranei alla Lega, e colla modellazione di tutti i prezzi, all'interno e all'estero, sull'oro, ci dà i vantaggi del monometallismo, senza i danni economici e finanziari della demonetazione degli scudi?"[574]

Italien plädierte also sowohl aus wirtschaftlichen wie auch aus außenpolitischen Gründen für die Verlängerung des Vertrages über die Währungsunion. Wesentlich war hier, dass die Regierung unter den Bedingungen des Währungsvertrages von 1865/1878 und dem gleichzeitig bestehenden Corso Forzoso in eine wirtschaftliche Abhängigkeit von Frankreich geraten war, der sie kurzfristig nicht entkommen konnte. So entstand für Rom die schwierige Situation, dass man sich zwar im Rahmen des Dreibundes für das Deutsche Reich und Österreich-Ungarn (und damit gegen Frankreich) entschieden hatte, währungspolitisch allerdings von Paris abhängig blieb und deswegen auf diesem Sektor zur Kooperation gezwungen wurde. Entsprechend fiel auch das Votum der Kommission für die Währungsfrage aus. Sie plädierte für die Fortsetzung der Währungsunion, allerdings nicht für einen langen Zeitraum. Auch der von Frankreich geforderten Liquidationsklausel würde man zustimmen, allerdings nur, wenn der Austausch der Silbermünzen schrittweise und kontrolliert vonstatten ginge. Hinsichtlich der nationalen Bankgesetzgebung sollten die italienischen Bevollmächtigten jede

572 ASBI, Studi, cop. 61, Lettera di Giacomo Grillo a Ottomar Haupt, 8.3.1884. Vgl. auch Marcello de Cecco (Hrsg.), L'Italia e il Sistema Finanziario internazionale, S. 192.

573 Zu Luzzatti und der Lateinischen Münzunion allerdings unter zu starker Betonung der „moralischen" Aspekte: Cristina Nardi Spiller, Luigi Luzzatti e l'Union Monetaria Latina, in: Luigi Luzzatti e il suo Tempo. Atti des Convegno internazionale di Studio raccolti da Pier Luigi Ballini e Paolo Pecorari, Venezia 1994, S. 349–387. Luigi Luzzatti, Memorie, Vol. II, S. 225–276.

574 Luigi Luzzatti, Memorie, Vol. II, S. 227.

Diskussion ablehnen, in diesem Bereich, so die Meinung der Kommission, habe die Währungsunion keine Zuständigkeit.[575]

Ganz anders war die Situation dagegen in Paris. Auch hier hatte sich am 22. Februar 1884 eine Kommission konstituiert, um die „Question Monétaire", das hieß vor allem die Frage nach der Zukunft der Lateinischen Münzunion, zu diskutieren.[576] Sie bestand aus dem Direktorium der Banque de France und den Spitzen des Finanzministeriums. Finanzminister Tirard erklärte einleitend, dass „il désire avoir un avis sur la question de savoir si la Convention Monétaire de 1878 doit être prorogée et dans le cas de l'affirmative s'il y a lieu de réunir une conférence de l'Union Latine."[577] Schließlich, so der Minister, gehe es darum, eine Position der Regierung auf dieser Konferenz festzulegen, falls sie stattfinden sollte. Sehr schnell einigte sich die Runde einstimmig darauf, dass es im französischen Interesse sei, die Währungsunion zu erhalten. Auch die Bedingungen, unter denen dies aus französischer Sicht geschehen sollte, wurden schnell fixiert. Der neue Vertrag müsse eine Liquidationsklausel enthalten, also eine Bestimmung darüber, unter welchen Bedingungen die Währungsunion aufgelöst werden könnte. Zweitens müsse auch die neue Währungsunion auf dem Prinzip des Bimetallismus beruhen. Selbst wenn Silber vorübergehend nicht zu Münzen geprägt werde, sollten die beiden Währungsmetalle in einem fixen Austauschverhältnis stehen. Hieraus ergab sich, dass auch die jeweils nationalen Bankgesetze einander nicht widersprechen dürften. Auch sollte die Einführung des Zwangskurses vermieden sowie die Ausprägung von Silber reguliert werden.[578] Schließlich sprach sich die Kommission dafür aus, vor der eigentlichen Währungskonferenz auf diplomatischem Wege zu einer Übereinkunft über die wichtigsten Fragen mit der italienischen Regierung zu kommen, eventuell sogar durch einen bilateralen Vertrag.[579] Der Hintergrund dessen war folgender: Bei der italienischen Anleihe, deren Zweck die Wiederherstellung der Metallzirkulation war, bestimmte eine Klausel, dass zwei Drittel in Gold und ein Drittel in Silber zu zahlen sei. Das entsprach dem neuen italienischen Bankgesetz von 1883, das den emissionsberechtigten Instituten ebendies vorschrieb.[580] Hierauf wollten die französischen Bankiers seinerzeit nicht eingehen, widersprach eine solche Regelung doch dem Prinzip des Bimetallismus. Die Anleihe wurde daher in London aufgelegt, obwohl die Pariser Banken den größten Teil des Goldes lieferten. Dies war ein empfindlicher Prestigeverlust für das Finanzzentrum Paris gewesen. Wichtiger aber noch war, dass die italienische Regierung seit 1878 340 Millionen

[575] BA R901/21494 Botschaft Rom (Keudell) an Bismarck, 2.1.1885.

[576] MAE Direction Commerciale. Questions monétaires. Union Latine, Conférence de 1885, Vol. 621, Question Monétaire. Réunion du 22. Février 1884 dans le Cabinet du Ministre des Finances.

[577] Ebd.

[578] Ebd.

[579] Es gibt einen Vertragsentwurf: MAE Direction Commerciale. Questions monétaires. Union Latine, Conférence de 1885, Vol. 621, Convention Franco-Italienne, 27.6.1885.

[580] Hierzu: Steffano Battilossi, Storia Economica d'Italia, Vol. 2, S. 140. Vgl. auch: Renato di Mattia (Hrsg.), Gli Istituti di Emissione in Italia, S. 38–41.

in Noten von fünf und zehn Lire auf den Markt warf, wodurch das italienische Silber auf die anderen Märkte der Union verdrängt wurde, speziell nach Frankreich.

„Würde nun die Union monétaire nicht erneuert", so analysierte die Allgemeine Zeitung, „so hätte vorab Frankreich den Schaden zu tragen, den es am italienischen Silber erleiden würde und den es auf ca. 50 bis 60 Millionen Francs anschlägt, denn rechtlich könnte es Italien nicht dazu zwingen, das in Umlauf und in den Gewölben der Bank von Frankreich befindliche italienische Silber gegen Gold einzutauschen."[581]

Damit werden die Motive der französischen Kommission für die Verlängerung der Währungsunion deutlich: Es war nämlich nicht nur die französische Regierung, welche den durch eine Auflösung bedingten Schaden zu zahlen hätte, der Geschädigte wäre auch die privatwirtschaftlich organisierte Banque de France gewesen. Es gab nur einen Weg diesen Schaden abzuwenden, und das war ein neuer Vertrag, der in einer Liquidationsklausel regelte, wie die Rückführung und die damit verbundene Entschädigung im Falle einer Auflösung der Währungsunion vonstatten gehen sollte. Aus diesem Grund rieten die Bankiers in der Kommission, einen neuen Währungsvertrag mit einer Liquidationsklausel zu schließen. Kern dieser Klausel sollte die Bestimmung sein, dass die Mitgliedsländer im Falle der Auflösung der Union zunächst die in allen Ländern zirkulierenden Münzen austauschen. Sollten sich dann noch Reste ergeben, so müsse das Schuldnerland den Gläubiger durch „traites et valeurs payable dans le pays créancier" entschädigen.[582] Durch eine solche Klausel wären die französischen Banken gegen die aus der Auflösung der Währungsunion entstandenen Kosten gesichert gewesen. Wichtig war den Bankiers auch die zumindest formale Behauptung des Bimetallismus. Hinter dieser Forderung stand das für die Pariser Bankiers einträgliche Arbitragegeschäft mit den Edelmetallen, das sie zumindest bis 1873 betrieben hatten.[583] Es waren also in dieser Situation vor allem die Interessen der Pariser Hochfinanz, welche die Position der französischen Regierung in Bezug auf die Lateinische Münzunion bestimmten, denn die in der Kommission festgestellten Ziele wurden vollständig in die französische diplomatische Stellungnahme übernommen.[584] Trotz dieses beträchtlichen Einflusses der Pariser Bankiers auf die Regierungspolitik verlor man im Außenministerium die politische Dimension der Währungsunion keineswegs aus dem Blick:

„Si l'Union latine venait se rompre, non seulement les pays limitrophes actuellement compris dans cette Union ne seraient plus ouverts, de plein droit, à nos monnaies d'argent, mais encore on peut

[581] Allgemeine Zeitung (München), 18.6.1885.

[582] MAE Direction Commerciale. Question Monétaires, Union Latine, Convention de 1885, Note pour le Ministre, 16.4.1885. Der bimetallistisch orientierte Währungsexperte Henri Cernuschi plädierte ebenfalls für den Erhalt der Währungsunion aus politischen Gründen, meinte aber, dass eine Liquidationsklausel gar nicht notwendig sei: Henri Cernuschi, La liquidation des assignats métalliques entre les Etats de l'Union latine est de droit, Paris 1885.

[583] Detailliert für Rothschilds bei: Niall Ferguson, The World's Banker, S. 872ff. Vgl. insgesamt zu dieser Frage: Marc Flandreau, Emergence, S. 24ff.

[584] MAE Direction Commerciale. Questions monétaires. Union Latine, Conférence de 1885, Vol. 621, Ministère des Affaires Etrangères à Décrau (Rome), 17.3.1884.

se demander si quelques-uns d'entre eux, la Suisse notamment, ne seraient pas disposés à adopter l'or comme étalon monétaire unique et à se rattacher au système allemand. (...) Si, au contraire, l'Union latine est prorogée, tout le territoire qu'elle englobe reste ouvert au numéraire français, et il serait même pas impossible que ce territoire reçût une considérable extension du côté de l'Autriche-Hongrie."[585]

Die Lateinische Münzunion sollte also aus französischer Sicht nicht nur aus finanziellen Interessen erhalten bleiben, sondern auch aus politischen. Es galt, die auf dem bimetallistischen System beruhende währungspolitische Hegemonie Frankreichs in der Lateinischen Münzunion zu verteidigen – vor allem gegen das Deutsche Reich und den von dort propagierten Goldstandard. Wenn die Schweiz nach dem Ende der Lateinischen Münzunion zum monometallistischen Goldstandard übergehen würde, käme dies, so die Überlegungen in Paris, einem Beitritt zum deutschen Währungssystem gleich. Ähnliches würde für Belgien und eventuell sogar für Italien gelten. Die Währungspolitik dient also in Frankreich erneut auch außenpolitischen Zielen. Die Haltung der Regierungen in Paris und Rom war daher bei Unterschieden im Detail in einem wesentlichen Punkt deckungsgleich: Beide hatten aus außen- und finanzpolitischen Gründen ein Interesse an der Fortsetzung der Lateinischen Münzunion.

Während die Zukunft der Lateinischen Münzunion in Italien und Frankreich 1884/85 ein zentrales Problem der Finanz- und Außenpolitik war, sah man die Frage der Währungsunion in der Schweiz sehr viel gelassener. Zwar war es die schweizerische Regierung gewesen, die im Juni 1884 die Währungsunion formal gekündigt hatte, doch dies war ausdrücklich nur geschehen, um die Basis für eine Neuverhandlung der vertraglichen Grundlagen zu bekommen.[586] Der schweizerische Regierungsvertreter Hammer betonte in einem Gespräch mit dem französischen Botschafter in der Schweiz, dass die Verlängerung des Vertrages über die Währungsunion aus Berner Sicht nicht in Frage stehe.[587] Im Gegenteil, der schweizerische Delegierte betonte,

„que les intérêts de la Suisse lui conseillent de rester l'alliée monétaire de la République Française. Au point (...) que si l'Union latine venait se rompre, la Suisse demanderait immédiatement à faire avec la France un arrangement particulier."[588]

Dies wird man in Paris gerne gehört haben. Damit schien die Verlängerung der Lateinischen Münzunion im Sommer 1885 nur noch eine Frage der genauen Formulierung der Liquiditätsklausel als Kompromiss zwischen Frankreich und Italien zu sein. Hinsichtlich der belgischen Position zu diesen Fragen waren sich

585 MAE Direction Commerciale. Questions monétaires. Union Latine, Conférence de 1885, Vol. 621, Note pour le Ministre relative à la Convention Monétaire de 1878, 16.4.1885.

586 MAE Direction Commerciale. Questions monétaires. Union Latine, Conférence de 1885, Vol. 621, Légation de Suisse en France à MAE, 11.6.1884.

587 MAE Direction Commerciale. Questions monétaires. Union Latine, Conférence de 1885, Vol. 621, Ambassade de France en Suisse à MAE, 25.6.1885.

588 Ebd. Vgl. auch Georges Paillard, La Suisse et l'Union monétaire Latine, S. 240f. Silvana Koch-Mehrin, Historische Währungsunion, S. 140.

die französischen Organisatoren im Frühjahr 1885 unsicher, größere Probleme jedoch erwartete man aus Brüssel nicht.[589] Das sollte sich als Irrtum erweisen.

4. Belgien und das Problem der Liquidationsklausel in der Lateinischen Münzunion

Am 20. Juli 1885 trafen sich die Vertreter der Mitgliedstaaten der Lateinischen Münzunion zu einer Konferenz in Paris, auf der eine neue Vertragsbasis für das Währungsbündnis geschaffen werden sollte.[590] In der dritten Sitzung, am 23. Juli 1885, erläuterte der belgische Delegierte Eudore Pirmez, dass die belgische Regierung die von Frankreich geforderte Liquidationsklausel für die Lateinische Münzunion nicht akzeptieren würde. „Cette clause", so erläuterte Pirmez, „que l'on a appellée la clause de liquidation est de date récente. Elle a été produite avec retentissement. Elle est pour quelques-uns qui l'ont prônée une mine avec laquelle ils espèrent faire sauter l'Union latine."[591]

Die Liquidationsklausel sei gegen den Geist des Währungsvertrages. Auf französischen Wunsch allein sei 1865 der Bimetallismus als Basis für die Währungsunion akzeptiert worden. Das impliziere, dass ein Schuldner seine Verpflichtungen gegenüber einem Gläubiger sowohl in Gold als auch in Silber erfüllen könne, und der Gläubiger auch gezwungen sei das eine wie das andere Metall zu akzeptieren. Folglich, so Pirmez, müssten auch die Regierungen der Währungsunion Silber als Ausgleich der Zahlungsverpflichtung akzeptieren und nicht, wie vorgesehen, ausschließlich Gold. Hinzu komme ein weiteres Argument: Die Silbermünzen seien, wenn sie unter den Bedingungen des Vertrages ausgeprägt wurden, vollwertige Zahlungsmittel, sie hätten durch das in ihnen enthaltene Währungsmetall einen Wert in sich selbst. „Celui qui les possède a un précédent réel sur le métal qu'elles contiennent, elles sont à ses risques."[592] Im Kern seien alle diese Probleme auf das bimetallistische System zurückzuführen, welches die belgische Regierung von Beginn an abgelehnt habe. Selbst die französischen Experten akzeptierten nun in ihrer Mehrheit die Tatsache, dass die Doppelwährung mit großen Schwierigkeiten verbunden sei. Gleichwohl beharre die französische Regierung auf diesem Währungssystem, wie sie vor der Nationalversammlung erklärt habe: „Dans la pensée du gouvernement et suivant les intentions manifestées par l'assemblée nationale, les bases du régime monétaire actuellement existant devaient être en dehors de toute discussion."[593] Zudem war

589 MAE Direction Commerciale. Questions monétaires. Union Latine, Conférence de 1885, Vol. 621, Note pour le Ministre relative à la Convention Monétaire de 1878, 16.4.1885.

590 Conférence Monétaire entre la Belgique, la France, la Grèce, l'Italie et la Suisse en 1885, Procès Verbaux, Paris 1885, S. 3. Vgl. auch Henry Parker Willis, Latin Monetary Union, S. 219f.

591 Conférence Monétaire de 1885, 3è Séance, S. 2.

592 Ebd., S. 3.

593 Ebd.

Pirmez überzeugt davon, dass Belgien bislang nur Nachteile der Lateinischen Münzunion erfahren habe. Schon bei Inkrafttreten des Vertrages habe Italien den Zwangskurs eingeführt, später sei dieser auch in Griechenland und Frankreich auf Kosten Belgiens eingeführt worden. Der Zwangskurs, der im Vertrag von 1865 nicht vorgesehen war, sei die Ursache für die Probleme mit der Liquidationsklausel. Würde diese eingeführt, sei Belgien durch die großen Mengen silberner Fünf-Francs-Stücke belgischer Provenienz erneut geschädigt. Aus diesem Grunde plädierte Pirmez für die Verlängerung der Lateinischen Münzunion – allerdings ohne die Liquidationsklausel.

Die belgische Argumentation stieß auf vehementen Widerstand insbesondere beim italienischen Delegierten Luzzatti. Die Bestimmung der Liquidationsklausel, dass die Schulden in Gold beglichen werden müssten, widerspräche keineswegs dem Vertrag, wie Pirmez argumentierte. Spätestens als die Lateinische Münzunion beschloss, die Silberausprägungen einzustellen, habe man, so der italienische Delegierte, de facto den Goldstandard eingeführt. Die silbernen Fünf-Francs-Münzen seien jedoch weiterhin in Gebrauch, unabhängig von ihrem sinkenden Materialwert. Ihr Wert beruhe auf einer juristischen Fiktion: „C'est sur la foi du Gouvernement qui les a émis, sur la foi de la garantie internationale résultant des conventions que ces écus continuent à circuler et à remplir dans l'Union leur fonction monétaire."[594] Es war also nach Luzzatti der Herausgeber der Münzen, der für den Wert derselben garantierte und nicht, wie Pirmez erklärt hatte, der Metallwert der Münzen. Damit formulierte der italienische Delegierte eine grundsätzlich andere geldtheoretische Auffassung, die in mancherlei Hinsicht die Entwicklungen des 20. Jahrhunderts vorwegnahm. Geld erhält nach dieser Theorie seinen Wert nicht durch die Bindung an ein Edelmetall, sondern durch das Vertrauen der Wirtschaftssubjekte in den Herausgeber. Noch entscheidender jedoch war ein weiterer, nicht theoretischer, sondern politischer Hinweis Luzzattis:

> „On ne saurait perdre de vue que le refus d'insérer une clause de liquidation dans le nouvel arrangement à conclure, deviendrait, par le refus de la France, le signal de la dissolution de l'Union latine. Car, si la Belgique est pour ainsi dire le plus brillant fleuron de la couronne monétaire (sic!) la France est la base indispensable de l'Union, et sans elle, il n'y a plus de l'Union latine."[595]

Es ging also nicht alleine um die Frage der Liquidationsklausel oder eine theoretische Diskussion über den Charakter des Geldes, sondern um die Existenz der Währungsunion insgesamt. Wenn die belgische Regierung die von Frankreich erhobenen Forderungen nicht erfüllte, dann gäbe es für Paris keinen Grund mehr die Lateinische Münzunion zu erhalten. Doch auch dieser einem Ultimatum gleichkommende Hinweis Luzzattis änderte nichts an der belgischen Haltung. Die Sitzung wurde aufgehoben, und die belgische Delegation reiste ab, ohne dass es zu einem Kompromiss kam.[596]

594 Ebd., S. 20.
595 Ebd., S. 22.
596 Henry Parker Willis, Latin Monetary Union, S. 223–225.

Die Abreise der belgischen Delegation nährte in ganz Europa Gerüchte über das bevorstehende Ende der Lateinischen Münzunion. Die National-Zeitung schrieb in ihrer Ausgabe vom 3. August 1885, dass Belgien wahrscheinlich aus der Währungsunion austreten werde.[597] Auch die Allgemeine Zeitung hatte „keinen Zweifel" mehr daran, dass Belgien die Währungsunion zum Ende des Jahres kündigen werde. „In Folge dessen gibt sich in den Handelskreisen große Erregung kund, zumal die Gleichheit des Münzsystems in Frankreich, Italien und der Schweiz bisher den Belgiern eine bedeutende Erleichterung im internationalen Geldverkehr bot."[598] Die Wiener Generalzeitung interpretierte die Ereignisse ebenfalls als das Ende der Währungsunion, machte aber die italienische Regierung für das Scheitern der Verhandlungen verantwortlich.[599] Auch in den Diskussionen des belgischen Parlamentes ging man davon aus, dass das Land die Währungsunion verlassen werde. Finanzminister Beernaert erläuterte in der Sitzung vom 11. August 1885 auf Anfrage des Oppositionsführers Frère-Orban noch einmal die Motive, welche die belgische Delegation veranlasst hatten, die Konferenz zu verlassen. Entscheidend war für ihn, dass Belgien durch die Einführung der Liquidationsklausel die Kosten für eine Entwicklung in der Währungsunion hätte tragen müssen, für die es keine Verantwortung habe. Die Position der Regierung wurde von Oppositionsführer Hubert Frère-Orban vollkommen gedeckt. Er, der bekanntermaßen ein Anhänger des Monometallismus war[600], bedauerte offen das mögliche Ende der Währungsunion.

„Ce n'est pas, messieurs, qu'en exprimant le regret de voir cesser l'Union, je partage la frayeur que quelques-uns paraissent éprouver à l'idée de cette rupture. Cette Union a incontestablement ses avantages, mais elle offre aussi des inconvénients. De très bons esprits sont opposés à de semblables conventions; ils sont convaincus qu'un pays ne doit pas abandonner son indépendance monétaire; et à voir ce qui se passe aujourd'hui, je serais presque tenté aujourd'hui de partager cette manière de voir."[601]

Erneut taucht hier der schon für die deutschen liberalen Währungspolitiker um Ludwig Bamberger[602] so charakteristische Gedanke der nationalen währungspolitischen Unabhängigkeit als Leitbild auf. Wesentlich aber war, dass die Opposition die Regierung in dieser Frage stützte. „Jamais la chambre ne s'est trouvée en accord aussi parfait", meldete der französische Botschafter aus Brüssel, die Ablehnung der französischen Forderung nach einer Liquidationsklausel sei parteiübergreifend.[603]

[597] National-Zeitung, Nr. 445, 3.8.1885.
[598] Allgemeine Zeitung (München), 15.8.1885.
[599] Generalzeitung, Wien, 29.5.1885.
[600] Hubert Frère-Orban, La Question Monétaire, Paris Genève 1874.
[601] Chambre des Représentants. Annales Parlementaires, Séance du 11 Août 1885 (Salle du Sénat), Bruxelles 1885, S. 1781.
[602] Ludwig Bamberger, Die Schicksale des Lateinischen Münzbundes, Berlin 1885. Vgl. auch Karl Helfferich (Hrsg.), Ausgewählte Reden und Aufsätze, S. 141.
[603] MAE Direction Commerciale. Question Monetaire. Union Latine, Convention de 1885, Légation de France en Belgique à MAE, 11.8.1885. Vgl. auch die ähnliche Einschätzung des deutschen Gesandten BA R901/21494, Dt. Gesandtschaft in Belgien (Beust) an Bismarck,

Angesichts der belgischen Opposition gegen eine Verlängerung des Währungsvertrages mit einer Liquidationsklausel bemühte sich nun die französische Regierung um einen Kompromiss. Es gehe darum, so schrieb Außenminister Charles Freycinet Ende Juli an den Geschäftsträger in Brüssel, die für alle Beteiligten nachteilige Auflösung der Währungsunion zu verhindern.[604] Denn zweifellos, so teilte er Finanzminister Sadi Carnot mit, seien die wirtschaftlichen Folgen eines Bruches der Lateinischen Münzunion für Frankreich sehr nachteilig. Besonderen Wert legte er aber auf die politische Dimension der Währungsfrage:

„Le Cabinet de Bruxelles pourrait en effet se trouver amené, tant par les embarras de sa propre situation que par les sollicitations dont il serait l'objet, à se rapprocher du système monétaire de l'Allemagne et peut-être à former avec cette puissance une union monétaire."[605]

Eine Währungsunion würde möglicherweise zu einer Zollunion führen, die es aus französischer Sicht, so der Außenminister, auf jeden Fall zu verhindern gelte. Diese Aspekte sollte der Finanzminister bei allen weiteren Verhandlungsschritten mit der belgischen Regierung berücksichtigen. Das Dokument ist bemerkenswert, denn es stellte die Frage der Lateinischen Münzunion, die bisher auch von währungstechnischen Aspekten und französischen Finanzinteressen bestimmt wurde, unter ausschließlich politische Sichtweise. Bisher hatte die französische Regierung auf die Liquidationsklausel bestanden, weil man in Paris die Gefahr einer Auflösung der Union gar nicht wahrgenommen hatte. Alle Überlegungen waren, wie gezeigt, dahin gegangen, dass es primär gelte, die italienische Regierung zu einer Verlängerung des Vertrages inklusive der Liquidierungsklausel zu bewegen. Dies war gelungen, die italienische Regierung hatte sich den französischen Wünschen aus eigenen Interessen gebeugt. Jetzt aber stand Paris plötzlich mit dem Rücken zur Wand: Während Italien in der Währungsfrage von Frankreich abhängig war, verhielt es sich in Bezug auf Belgien gerade umgekehrt, Frankreich musste nun der belgischen Regierung Zugeständnisse machen, damit Belgien in der Währungsunion blieb, die Kosten für den Austritt nicht allein durch die Banque de France zu tragen wären und, noch wichtiger, Belgien nicht dem deutschen Wirtschafts- und Währungsraum beitreten würde. Auch der italienische Delegierte Luigi Luzzatti drängte nun die französische Seite, die Lateinische Münzunion zu erhalten, in Deutschland, so meinte auch der Italiener, betrachte man die Krise der Währungsunion mit Wohlgefallen.[606] Erneut ging es also um die wirtschafts- und währungspolitische Einflussnahme in Europa, und Frankreich empfand sich gegenüber dem Deutschen Reich in der Defensive.[607]

15.8.1885.

604 MAE Direction Commerciale. Question Monetaire. Union Latine, Convention de 1885, MAE à Légation de la République Française en Belgique, 29.7.1885.

605 MAE Direction Commerciale. Question Monetaire. Union Latine, Convention de 1885, MAE à Ministre des Finances, Entwurf, 17.9.1885.

606 BdF, Union Latine, Tome 2, Lettre Luigi Luzzatti à Léon Say, Copie, très confidentielle, 2.8.1885.

607 Das betrifft allerdings alleine die französische Perzeption dieser Situation. Es gibt in den deutschen Quellen keinen Hinweis darauf, dass Bismarck oder das Auswärtige Amt versucht hätten, Belgien an den Goldstandard und damit an den deutschen Währungsraum zu binden. Dort wurde die politische Dimension der Frage gleichwohl erkannt, der deutsche Gesandte schrieb:

Allerdings, ganz so problemlos wie es die einmütige Haltung der belgischen Nationalversammlung in der Währungsfrage suggerierte, war auch die belgische Position nicht. Die Handelsbeziehungen vor allem Südbelgiens zu Frankreich waren so intensiv, dass sich die Handelskammer von Antwerpen bei Bekanntwerden einer möglichen Auflösung der Währungsunion erhebliche Sorgen um die Zukunft des dortigen Handels machte. „Le papier belge, en effet, a toujours été très estimé en France et les maisons de banque ou de commerce le conservaient volontiers en portefeuille.“[608] Seit dem Abbruch der Verhandlungen jedoch sei es zu erheblichen Störungen der grenzüberschreitenden Wirtschaft gekommen. Auf den Finanzmärkten fiel der Wert des belgischen Franc zusehends, die Nationalbank reagierte mit Zinserhöhungen, beides führte zu Irritationen im belgischen Außenhandel.[609] Die Handelskammer drängte nun darauf, dass eine schnelle Entscheidung über die Fortsetzung oder die Auflösung der Währungsunion zwischen Belgien und Frankreich gefällt werde, um wieder Sicherheit für den Handel zu schaffen. Während also Regierung und Parlament in Belgien nicht bereit waren, die französischen Forderungen zu erfüllen, weil dies, wie Finanzminister Beernaert erklärt hatte, nicht mit der Souveränität des Landes zu vereinbaren war,[610] gab es auf Seiten der Handelskammern offensichtliches Interesse am Fortbestand der Währungsunion. In Paris hatten die Verantwortlichen die politische Dimension des Beharrens auf der Liquidationsklausel unterschätzt, in Brüssel dagegen war die ökonomische Dimension eines Austritts aus der Währungsunion nicht vollständig berücksichtigt worden. Einmal mehr wird die Stellung der Währungsunion an der Schnittstelle der Teilsysteme aus Wirtschaft und Politik deutlich ebenso wie ihre unterschiedliche Bedeutung für jedes der beiden Teilsysteme.

Angesichts dieser Situation bemühten sich sehr bald beide Seiten, Belgien und Frankreich, um einen Kompromiss.[611] Im Laufe des November 1885 trafen sich der französische Finanzminister Sadi Carnot und der belgische Delegierte bei der Währungskonferenz Eudore Pirmez mehrfach, um einen Kompromiss auszuhandeln. Pirmez unterbreitete am 23. November folgenden Vorschlag:[612] Wenn

„Auch würde die Maßregel (gemeint ist der Austritt Belgiens aus der Währungsunion, d.V.) zu einer durchgreifenden Verschiebung der kommerziellen Relationen führen und wahrscheinlich eine regere Beziehung des belgischen Handels mit Deutschland und England zum Schaden von Frankreich und Italien zur Folge haben. Diese Erwägung verleiht der Angelegenheit auch für Deutschland gesteigertes Interesse.“ BA R901/21494, Aufzeichnung des deutschen Konsulats Brüssel: Die Münzfrage in Belgien, 24.11.1885.

608 MAE Direction Commerciale. Question Monetaire. Union Latine. Convention de 1885, Consulat Général de France en Belgique (Anvers) à MAE, 20.11.1885.

609 BA R901/21494 Aufzeichnung des deutschen Konsulats Brüssel: Die Münzfrage in Belgien, 24.11.1885.

610 „Donc nous sommes libres de tout engagement; cela est absolument incontestable“, hatte er in seiner Rede vor der Chambre des Représentants erklärt. Vgl. Chambre des Représentants. Annales Parlementaires, Séance du 11 Août 1885, S. 1772.

611 Dagegen behauptet Henry Parker Willis, Latin Monetary Union, S. 230, allerdings auf der Basis ausschließlich publizistischer Quellen, dass alleine Belgien Zugeständnisse gemacht habe.

612 MAE Direction Commerciale. Question Monetaire. Union Latine, Convention de 1885, Sali-

bis zum 15. Januar nach der Kündigung der Währungsunion noch belgische silberne Fünf-Francs-Stücke in französischem Besitz seien, dann würde dieser Betrag halbiert; die eine Hälfte würde von der belgischen Regierung in Gold oder gleichwertigen Zahlungsmitteln beglichen, die andere Hälfte würde dem Handel überlassen, d.h. sie bliebe in französischem Besitz. Allerdings dürfe der Überschuss an belgischen silbernen Fünf-Francs-Stücken den Nominalwert von 200 Millionen Francs nicht übersteigen. Würde dies geschehen, so müsse die belgische Regierung auch den Überschuss im Falle der Auflösung in Gold ersetzen. Die französische Regierung akzeptierte diesen Vorschlag.[613] Belgien konzedierte die von Frankreich geforderte Liquidationsklausel, übernahm aber nur die Hälfte der durch den Silberpreisverfall entstandenen Verluste, die andere Hälfte würde Frankreich tragen. Für die französische Regierung gab es eine zusätzliche Sicherheit durch die Begrenzung der relevanten Summe auf 200 Millionen Francs, alles, was darüber lag, würde einseitig zu Lasten Belgiens gehen.[614] Der Kompromiss beinhaltete nicht nur eine Einigung über die bei einer Auflösung der Währungsunion entstehenden Kosten, sondern auch eine Verbindung zwischen den hinter den jeweiligen Position stehenden geldtheoretischen Auffassungen: Für den von Frankreich zu tragenden Teil der silbernen Fünf-Franc-Stücke galt das Materialprinzip, d.h. man ging gemäß der von Pirmez erläuterten Definition davon aus, dass das Geld seinen Wert durch das Edelmetall erhielte, aus dem es geprägt ist. Für die von Belgien zu tragende Hälfte galt dagegen das von Frankreich und Italien propagierte Prinzip, dass derjenige für den Wert des Geldes hafte, der es ausgegeben hat. Der Währungsvertrag zwischen Frankreich und Belgien führte also nicht nur zu einem materiellen Ausgleich zwischen beiden Ländern, sondern vereinte auch die beiden für diese Zeit maßgebenden geldtheoretischen Ansätze, das Materialprinzip und das Fiduziärprinzip, miteinander.

Der belgisch-französische Kompromiss wurde von den anderen Mitgliedstaaten der Lateinischen Münzunion aufmerksam beobachtet, und auch der französische Finanzminister hatte Pirmez schon im November darauf hingewiesen, dass der belgisch-französische Vertragstext der Zustimmung der anderen Regierungen bedürfe. In der Tat bevorteilte der separat ausgehandelte Vertrag die belgische Regierung vor allem gegenüber Italien. Kaum überraschend erklärte Rom sofort nach Bekanntwerden der belgisch-französischen Einigung, dass es dieser nicht zustimmen werde.[615] Um die Währungsunion doch noch fristgerecht erneuern zu können, wurde Italien in die französisch-belgische Übereinkunft einbezogen, ebenso wie Griechenland, dieses allerdings nur unter der Bedingung, dass der Zwangskurs dort bei Inkrafttreten der Liquidierungsklausel nicht mehr gelte.[616]

Carnot à Pirmez, 24.11.1885.

613 Ebd.

614 BA R 901/21494 Kaiserlich Deutsche Gesandtschaft Brüssel an Bismarck, 29.11.1885.

615 MAE Direction Commerciale. Question Monetaire. Union Latine, Convention de 1885, Département Fédéral des Finances, Berne à MAE, 26.11.1885.

616 MAEI Rappresentanze Diplomatiche, Francia 1861–1950, Busta 12, Fasc. 2, Menabrea a Außenminister Depretis, 12.12.1885.

Der neue Währungsvertrag trat am 1. Januar 1886 in Kraft und galt für fünf Jahre bis 1891.[617] Er legte erneut die gemeinsamen Gold-Münzen sowie für jedes Mitglied die neue Höchstmenge an Kurantgeld fest. Zum ersten Mal seit 1865 enthielt er eine Liquidierungsklausel (Art. 14), die festlegte, dass bei der Auflösung der Währungsunion alle Vertragspartner die von ihnen ausgegeben Münzen zu den in dem belgisch-französischen Kompromiss ausgehandelten Bedingungen eintauschen müssten. Auf französischen Wunsch wurde zusätzlich eine Bestimmung in den Vertragstext aufgenommen, gemäß der ein Staat jederzeit einen Währungsvertrag auf bimetallistischer Grundlage mit anderen Staaten eingehen könne, ohne an die Zustimmung der anderen Vertragspartner gebunden zu sein. Dies wies auf die 1881 von Frankreich und den USA einberufene internationale Währungskonferenz und ihr Ziel eines wesentlich weiter gespannten internationalen Währungsbündnisses hin. Die Verhandlungen waren jedoch 1881 unterbrochen worden, um weitere Zeit für Verhandlungen zu gewinnen.

5. Systematisierung: Ökonomische Vernetzung und nationale Souveränität

Die Krise der Lateinischen Münzunion in den Jahren zwischen 1878 und 1886 verdeutlichte noch einmal die Bedeutung dieses Währungsbündnisses im Rahmen des europäischen Staatensystems. Es war in dieser Situation die italienische Regierung, die vor dem Hintergrund der Spannungen mit Frankreich zwischen 1880 und 1885 die über die Lateinische Münzunion existierenden Verbindungen nach Paris nicht abreißen lassen wollte, um nach der durch den Beitritt zum Dreibund 1882 vollzogenen Hinwendung zu Österreich-Ungarn und dem Deutschen Reich eine außenpolitische Alternative zu haben. Gewiss, die außenpolitische Bedeutung der Währungsunion kann nicht mit der eines rein diplomatischen Vertrages wie dem Dreibund gleichgesetzt werden. Die Lateinische Münzunion bot allenfalls eine abgeschwächte Rückversicherung gegenüber dem westlichen Nachbarn, der aus der Perspektive des Risorgimento so große Sympathien in Italien genoss. Es war aber gerade die noch relativ große Autonomie der Währungspolitik gegenüber der Diplomatie, die die Lateinische Münzunion in dieser Situation als das geeignete Instrument erscheinen ließ, die durch die Entscheidung für den Dreibund drohende diplomatische Einseitigkeit für die italienische Regierung zu durchbrechen. Währungsverträge waren als klassische Instrumente der Diplomatie noch nicht vollständig akzeptiert, gleichwohl aber wurde ihre politische Bedeutung von allen Beteiligten empfunden und erkannt. Gerade dieses „halb-offizielle" diplomatische Vorgehen erschien den Verantwortlichen in Rom in jener Situation des Jahres 1885 geeignet, um die

[617] Text in: Paris Bourse. Journal Politique et Financier, Samedi 7 novembre 1885, S. 2.

Beziehungen zu Frankreich trotz der Ereignisse um Tunis nicht abreißen zu lassen.

Auch die französische Regierung bediente sich jenes politischen Elementes der Währungsunion und setzte damit im Kern die seit 1865 von Napoleon III. begonnene währungspolitische Hegemonialpolitik fort. Doch hatte diese mit dem Ende des Kaiserreiches, der Gründung des Deutschen Reiches und dessen Übergang zum Goldstandard 1870–1873 eine Wendung insofern erfahren, als dass die von Napoleon III. noch offensiv angestrebte währungspolitische Hegemonie in Europa nunmehr nur noch defensiv betrieben werden konnte. Es ging in der Situation des Jahres 1885 aus französischer Sicht primär darum, die Schweiz, Italien und vor allem Belgien im währungspolitischen Einflussbereich Frankreichs zu halten und beide Länder in dieser Hinsicht nicht an das Deutsche Reich zu verlieren. Auch bei diesem, durch den Abschluss des neuen Währungsvertrages 1885 erfolgreichen Vorgehen, ging es nicht darum, die klassische Diplomatie durch Währungspolitik zu ersetzen, sondern unterstützend zu flankieren. Gerade das war der Vorteil der Lateinischen Münzunion, dass sie nicht als Bestandteil des diplomatischen, sondern des währungspolitischen Systems galt. Noch genoss die Diplomatie einen Sonderstatus in den Außenbeziehungen; in der das europäische Staatensystem 1885 erschütternden Doppelkrise um Boulanger und die Bulgarienfrage spielte die Währungspolitik keine Rolle, dafür war sie noch nicht bedeutsam genug.

Zugleich aber wurde deutlich, dass die Währungsunion nicht nur im Rahmen des politischen Teilsystems der internationalen Beziehungen bewusst zur Flankierung außenpolitischer Schritte eingesetzt wurde, sondern im Rahmen des ökonomischen Teilsystems eine Eigendynamik entwickelt hatte, die die außenpolitisch Handelnden mehr und mehr in ein strukturelles Geflecht einband, das ihnen erst allmählich bewusst wurde. Bemerkenswert ist in diesem Zusammenhang ein Bericht des französischen Generalkonsulats in Leipzig vom November 1880, das sich explizit mit dieser Frage beschäftigte.[618] Der Autor berichtete über einen Auftritt des deutschen Währungsexperten Adolf Soetbeer auf dem Handelstag in Berlin, wo er gegen die Einbindung des Reiches in ein internationales Währungsbündnis eingetreten war. Eine internationale Währungskonvention, so Soetbeer, bringe vor allem Nachteile und Gefahren mit sich, sie gefährde die nationale Unabhängigkeit auf dem Währungssektor. Es war dies das Argument, welches schon Ludwig Bamberger und Rudolph von Delbrück 1873 zur Verteidigung des Goldstandards eingeführt hatten, und das auch, wie geschildert, Hubert Frère-Orban in der belgischen Parlamentsdebatte gegen die Fortsetzung der Lateinischen Münzunion angeführt hatte.[619] Gerade die Lateinische Münzunion,

618 MAE Direction Commerciale. Questions monetaires et financières. Conférence de 1881, Vol. 612, Consulat Général de France à Leipzig à MAE, 30.11.1880.

619 Frère-Orban hatte (wie bereits erwähnt) gesagt: „De très bons esprits sont opposés à de semblables conventions; ils sont convaincus qu'un pays ne doit pas abandonner son indépendence monétaire; et à voir ce qui se passe aujourd'hui, je serais presque tenté aujourd'hui de partager cette manière de voir." Vgl. Chambre des Représentants. Annales Parlementaires, Séance du 11 Août 1885 (Salle du Sénat), Bruxelles 1885, S. 1781.

so fuhr der Leipziger Bericht fort, sei ein Beispiel für die Gefahren einer Währungskonvention. Kaum war der Vertrag ausgehandelt, hätte Italien den Zwangskurs eingeführt, allerdings weiterhin Silbermünzen produziert, die bald den ganzen Währungsraum überschwemmten. Griechenland sei diesem Beispiel gefolgt, und auch Frankreich habe nach 1871 so gehandelt. Von den Vertragsstaaten hätten nur Belgien und die Schweiz die Bedingungen der Währungsunion eingehalten. Aus diesen Beobachtungen schloss er:

„Ces exemples prouvent qu'une convention monétaire internationale implique ou suppose une foule d'homogénéités et de solidarités *impossibles* entre les parties contractantes. Toute pacte de cette nature, en effet, ne forme qu'un chaînon de la grande chaîne qui unit les contractants, et la moindre secousse qui vient ébranler la situation de l'un d'entre eux, sera immédiatement et par ricochet ressentie, par tout les autres. Survienne dans l'un des pays alliés une guerre ou une mauvaise récolte, les intérêts de l'Etat directement atteint seront affectés les premiers, mais l'impression électrique de la catastrophe se communiquera nécessairement aux autres."[620]

Das Dokument beschreibt genau die Auswirkungen der wirtschaftlichen Internationalisierung auf das internationale Staatensystem zu Beginn der achtziger Jahre des 19. Jahrhunderts. Geradezu exemplarisch lässt sich hier zeigen, wie die eingangs theoretisch beschriebene Systemdifferenzierung in der internationalen Politik funktionierte: Die Internationalisierung auf dem Wirtschafts- und Währungssektor, dem ökonomischen Teilsystem, war so weit fortgeschritten, dass eine Krise in einem Land unweigerlich Konsequenzen für andere Länder hatte. Die wechselseitige Abhängigkeit wurde durch internationale Währungsverträge noch erhöht, im Falle der Lateinischen Münzunion war die sie sogar so groß geworden, dass die verantwortlichen Politiker in Paris und Rom meinten, die Union gerade wegen der engen wirtschaftlichen Verflechtung nicht aufbrechen zu können. In Italien fürchtete man die plötzliche Rückkehr der italienischen silbernen Fünf-Francs-Stücke, die das italienische Währungssystem in eine Krise gestürzt hätten, in Frankreich fürchtete man angesichts der Silberentwertung die hohen Kosten, die durch die Demonetisierung der fremden Silbermünzen in französischem Besitz entstanden wären. Nationale Unabhängigkeit, wie sie den deutschen, belgischen und französischen Liberalen vorschwebte, war unter diesen Bedingungen nicht mehr zu erreichen. Hier zeigte sich die Janusköpfigkeit der Währungsunion: Sie wurde von weitsichtigen Diplomaten im politischen Teilsystem als Ergänzung der klassischen Diplomatie gerne genutzt, schuf aber zugleich im ökonomischen Teilsystem Strukturen, die die Handlungsfreiheit der Diplomaten und Regierungen erheblich einschränkten. Dies wurde am belgischen Beispiel gezeigt: Die politische Klasse dieses Landes war in überwältigender Mehrheit dafür, die Währungsunion zu kündigen, doch durch den Druck der Handelskammern wurde man auf die Kosten eines solchen Schrittes aufmerksam und strebte schließlich einen Kompromiss mit dem französischen Partner an. Die Währungsunion wurde nur erhalten, weil die Kosten für ihre Auflösung

[620] MAE Direction Commerciale. Questions monetaires et financières. Conférence de 1881, Vol. 612, Consulat Général de France à Leipzig à MAE, 30.11.1880 (Hervorhebung im Original).

zu hoch wurden.[621] Sie hatte aber nicht nur bleibende Strukturen in den Außenbeziehungen geschaffen, sie wirkte über die Handelsinteressen auch auf die Innenpolitik ein, die wiederum die Regierung zu beeinflussen suchte. Mit anderen Worten: Nationale Unabhängigkeit wurde nicht nur von außen, sondern auch von innen eingeschränkt. Diese Entwicklung deutete sich in den achtziger Jahren des 19. Jahrhunderts an, Währungsverträge hatten, wie gezeigt, in der im politischen Teilsystem noch nicht den Status diplomatischer Verträge. Ihre zunehmende Bedeutung jedoch veränderte die Diplomatie und damit auch das Staatensystem insgesamt.

[621] Hierzu auch Henry Parker Willis, Latin Monetary Union, S. 234f.

VII. Höhepunkt und Ende der Bemühungen um den internationalen Bimetallismus 1892–1897

1. Fortsetzung der Währungsdebatte in den USA

Auch nach den internationalen Währungskonferenzen von 1878 und 1881 blieb die Währungsfrage eines der beherrschenden Themen der US-amerikanischen Innenpolitik. Das lag zum einen an der beständigen Deflation, die Preise sanken im Durchschnitt zwischen 1881 und 1892 um zehn Prozent, auch der Silberpreisverfall setzte sich fort.[622] Die Agrarkrise, von der die US-Farmer zu Beginn der achtziger Jahre wegen der neuen Exportmöglichkeiten zunächst profitiert hatten, schlug nun auf den neuen Kontinent zurück, als die Nachfrage aus Europa wieder zurückging. Vor allem Landwirte des mittleren Westens und des Südens votierten unter diesen Bedingungen verstärkt für die freie Ausprägung von Silber, von der sie sich eine Erleichterung gegen die anhaltende Deflation und verbesserte Exportmöglichkeiten erhofften. Die 1880 gegründete „National Farmers Alliance" plädierte unter ihrem Einfluss ebenfalls für die freie Ausprägung von Silber.[623] Durch die Bindung an den Goldstandard, so argumentierten ihre Vertreter, sei der amerikanische Weizen auf den Weltmärkten teurer als die Konkurrenz aus Indien, wo der Silberstandard galt. Bedingt durch den andauernden Silberpreisverfall wurde auch die indische Rupie abgewertet, was einer Senkung der indischen Exportpreise gleichkam. Zudem hatten die meisten Farmer des Middle-West zum Erwerb des Landes Kapital aufgenommen, das sie nun unter den Bedingungen der Deflation sehr viel teurer zurückzahlen mussten. Die freie Ausprägung von Silbermünzen dagegen versprach eine langsame Entwertung des Geldes, diese hätte die Schuldner bevorteilt. Im Januar 1886 gründete Senator John P. Jones, der schon in den siebziger Jahren als vehementester Verfechter der freien Silberausprägung im Senat (für Nevada) hervorgetreten war, die „National Bimetallic Coinage Association".[624] In seinem ersten Aufruf an die Öffentlichkeit versuchte Jones, die Agrarier für seine Ziele zu gewinnen:

622 Jeannette P. Nichols, Silver Diplomacy, in: Political Science Quaterly, Vol. XLVIII (1933), S. 565–588, hier S. 176f. Steven P. Reti, Silver and Gold, S. 115.

623 H. Wayne Morgan, From Hayes to McKinley. National Party Politics, 1877–1896, New York 1969, S. 269–283.

624 Hierfür und das Folgende: Steven P. Reti, Silver and Gold, S. 125.

„With the restoration of silver to its legitimate place by free and unlimited coinage, the farmers in the United States of America will again be able to reap the just rewards of their labours, the planters of cotton will receive the full value of their product, and the ‚Cotton belt' of America will enjoy once more prosperity and plenty."[625]

Wie schon in den siebziger Jahren war also auch in den achtziger und neunziger Jahren des 19. Jahrhunderts der Bimetallismus in den Vereinigten Staaten geprägt durch die Allianz von Landwirtschaft und Silberminenbesitzer. Ihnen standen die Interessen der Industrie- und Bankunternehmen der Ostküste entgegen, die für die reine Goldwährung kämpften. Die Handelskammer von New York war in den achtziger und neunziger Jahren die vehementeste Vertreterin des Goldstandards. Die in ihr vertretenen New Yorker Gewerbetreibenden waren zu einem großen Teil nach Europa, insbesondere nach England orientiert, für sie wäre die Einführung der freien Silberausprägung in den Vereinigten Staaten von erheblichem Nachteil gewesen.

Allerdings, die Währungsfrage war in den USA nicht allein ein Konflikt zwischen dem industrialisierten Osten und dem agrarischen Westen des Landes, es gab auch an der Ostküste insbesondere große Bankhäuser, die für die Einführung des Bimetallismus plädierten. Auch das in New York erscheinende Banker's Magazine sowie der Commercial and Financial Bulletin plädierten für den internationalen Bimetallismus. Ebenso waren die Grenzen zwischen Befürwortern und Gegnern der freien Silberausprägung keineswegs identisch mit den großen Parteigrenzen. Demokraten und Republikaner vermieden in ihren Wahlkämpfen Stellungnahmen zugunsten des Mono- oder Bimetallismus, weil ihre Anhängerschaft geteilt war.[626] Gleichwohl dominierte die Währungsfrage die Beratungen im Parlament ebenso wie die Wahlkämpfe der achtziger und neunziger Jahre. Regelmäßig wurden im Kongress Gesetzesvorlagen zur freien Silberausprägung eingebracht oder umgekehrt forderten Anhänger der Goldwährung die Einstellung der im Bland-Allison Act festgelegten Silberausprägungen. Eine Allianz aus konservativen Demokraten und Republikanern verlangte immer wieder die Einführung des reinen Goldstandards, während eine Mehrheit der Demokraten gemeinsam mit Republikanern aus dem Westen für die freie Silberausprägung, d.h. den Bimetallismus votierten. Ihren Höhepunkt erreichte die Debatte im Jahr 1886, als Richard Bland (Missouri) einen Gesetzentwurf zugunsten der freien Silberausprägung einbrachte, der im März und April desselben Jahres intensiv diskutiert wurde.[627] Das Repräsentantenhaus war in drei Teile gespalten: Die Anhänger der freien Silberausprägung argumentierten, dass das Land auch in Währungsfragen souverän bleiben müsse, die Regierung dürfe sich nicht nach den Verhältnissen in Europa richten, wie die Anhänger der Goldwährung verlangten.[628] Das Argument der währungspolitischen Unabhängigkeit, welches in Bel-

[625] National Bimetallic Coinage Association Adress to the Public, Washington 1886, S. 3f., zit. nach Steven P. Reti, Silver and Gold, S. 125.
[626] Steven P. Reti, Silver and Gold, S. 126f.
[627] Ebd.
[628] Congressional Record, 49th Congress, 1st session, S. 3264.

gien und dem Deutschen Reich von den Anhängern der Goldwährung angeführt wurde, benutzten hier die Befürworter des Bimetallismus. Dagegen argumentierten die Protagonisten der Goldwährung mit Hinweis auf England und das Deutsche Reich, dass gerade die im Modernisierungsprozess am weitesten fortgeschrittenen Länder die Goldwährung eingeführt hätten, an ihnen solle man sich orientieren.[629] Eine vermittelnde Haltung nahm Samuel Dibble (North Carolina) ein, der wie die Anhänger des Goldstandards die einseitige Einführung der Doppelwährung für gefährlich hielt, aber für eine internationale Doppelwährung eintrat, über die die Währungskonferenz von 1881 verhandelt habe. Die USA sollten erneut die Initiative zur Fortsetzung dieser Konferenz ergreifen, um auf diese Weise das Währungsproblem international zu lösen.[630] Der Vorschlag fand breite Unterstützung bei den Repräsentanten Neu Englands und anderer Ostküsten-Staaten. Auch wenn sich dieser in seinem Grundgedanken auf den Bland Bill zurückgehende Kompromissvorschlag nicht unmittelbar durchsetzen ließ, gewann er in den folgenden Jahren doch beträchtlich an Einfluss. Gleichwohl gelang den Anhängern der freien Silberausprägung ein Teilerfolg, als am 14. Juli 1890 der sog. Sherman-Act verabschiedet werden konnte, der ähnlich wie der Bland-Allison Act vorsah, dass die Treasury jährlich viereinhalb Millionen Unzen Silber kaufen müsse.[631] Der Silberpreis stieg in den folgenden Monaten an, jedoch nur um nach einem Jahr wieder auf das Ausgangsniveau zurückzufallen. Gleichzeitig fiel aber auch die Goldreserve der amerikanischen Regierung: Im Juni 1890, einen Monat vor der Verabschiedung des Sherman-Acts, verfügte sie über eine Goldreserve von 163,4 Millionen Dollar, am 30. September 1891 war diese auf 131,6 Millionen gefallen.[632] Vor allem europäische Anleger verkauften die amerikanischen Finanztitel nach der Einführung des Sherman-Acts, weil sie einen Verfall der US-Währung erwarteten, der wiederum zu einem Preisverfall für amerikanische Anleihen führen würde. Unter diesen Bedingungen erhielt die ohnehin schon virulente Silberfrage zusätzlich Bedeutung im amerikanischen Präsidentschaftswahlkampf. Im Januar 1892 schlug Senator Teller aus Colorado vor, dass die Regierung erneut eine internationale Konferenz mit den europäischen Staaten zur Diskussion der Silberfrage einberufen solle.[633] Schon während der Konferenz der Lateinischen Münzunion 1885 hatte der amerikanischen Konsul in Paris, Walker, die dort vertretenen Delegationen über das US-Interesse an einer Fortsetzung der Konferenz von 1881 informiert.[634] Dort allerdings war der Vorschlag angesichts der Debatten um die Liquidationsklausel nicht aufgenommen worden. Jetzt aber war die Situation anders. Zwar bestand auch 1892 kaum eine Chance, die europäischen Staaten, die 1881 eine weltweite Doppelwährung

[629] Ebd., S. 2847.
[630] Ebd., S. 2579–2583.
[631] Zum Sherman-Act vgl. Margaret G. Myers, Financial History of the United States, S. 211–215.
[632] Zahlen bei MAE Direction Commerciale. Questions Monétaires. Conférence monétaire de Bruxelles 1892, Vol. 615. Consulat Général de France à Chicago à MAE, 12.5.1892.
[633] Ebd.
[634] Über die Bemühungen der US-Regierungen in Europa zu dieser Frage: Jeannette P. Nichols, Silver Diplomacy, S. 574. Vgl. auch Steven P. Reti, Silver and Gold, S. 130.

abgelehnt hatten, allen voran England und das Deutsche Reich, für den internationalen Bimetallismus zu gewinnen, aber dies war auch nicht das Ziel der Initiative. Jetzt ging es Präsident Harrison darum, im Wahljahr zu zeigen, dass er und seine Regierung entschlossen waren, auch international für die Silberwährung einzutreten. Die Regierung der USA hatte dabei gar nichts zu verlieren, wie auch der französische Konsul in Chicago bemerkte:

„Si la conférence se réunit et n'aboutit à rien, les hommes politiques se disculpent de toute mauvaise volonté et rejettent sur les nations étrangères la responsabilité de leur impuissance et de leur inaction. Dans l'hypothèse inverse, si l'Europe pouvait être amenée à prendre sa part des risques de l'opération en rendant au métal blanc l'accès de ses hôtels de monnaies, tout alors s'arrangeait (...).“[635]

Kaum jemand in den Vereinigten Staaten versprach sich von einer Währungskonferenz die Lösung der Silberfrage, die Konferenz war, zugespitzt formuliert, Bestandteil des Wahlkampfes von Präsident Benjamin Harrison, der die Anhänger der Silberwährung in den Vereinigten Staaten für sich gewinnen wollte.[636] Gleichzeitig wurde durch die Internationalisierung des Problems, die innenpolitische Diskussion zumindest für die Zeit des Wahlkampfes ausgesetzt. Hieran hatten sowohl Republikaner als auch Demokraten ein Interesse, weil die Silberfrage die Einheit der beiden großen Parteien gefährdete. So schrieb die Savannah News über diese Frage: „In view of the fact that each of the great political parties is divided on the silver question the prospect that the question would be satisfactorily settled much sooner through the efforts of an international monetary congress than in any other way, is very promising.“[637]

Ähnlich wie schon 1878 entstand die Initiative für die Währungskonferenz von 1892 also dadurch, dass die US-Regierung die innenpolitischen Konflikte kurzfristig nach außen ableitete, diesmal um einen erfolgreichen Wahlkampf führen zu können. Außenpolitik stand in diesem Fall tatsächlich unter dem „Primat der Innenpolitik“.

Im Januar 1892 wurde daher der US-amerikanische Botschafter in London instruiert herauszufinden, ob die britische Regierung bereit wäre, „to take part in a conference for establishing a ratio at which silver may be coined or to see what larger but still restrictive use may be made of silver as money.“[638] Das war eine sehr vage Formulierung der möglichen Ziele von Währungsverhandlungen, und dies entsprach vollkommen der amerikanischen Intention.

635 MAE Direction Commerciale. Questions Monétaires. Conférence monétaire de Bruxelles 1892, Vol. 615. Consulat Général de France à Chicago à MAE, 12.5.1892.

636 Dies war auch die Einschätzung des deutschen Gesandten in Washington: BA R 901/21463 Washington an von Caprivi, 27.4.1892.

637 Savannah News, 16.1.1892, zit. nach Steven P. Reti, Silver and Gold, S. 131.

638 NARA RG 59 (State Department) Diplomatic Register, from the Department, Instructions to Minister in London on Bimetallism, 11.1.1892.

2. Der „blockierte Bimetallismus" in England und Deutschland

Auf der Währungskonferenz von 1881 war die englische Regierung neben der des Deutschen Reiches als diejenige aufgetreten, die einer internationalen bimetallistischen Währungsunion keinesfalls beitreten werde. Beide Länder hatten daher erheblich zum Scheitern der US-amerikanisch-französischen Initiative beigetragen. Dabei fand die bimetallistische Bewegung auch in Großbritannien zunehmend Anhänger, die insbesondere in den achtziger Jahren versuchten, Einfluss auf die Entscheidungen der Regierung zu gewinnen.[639] Wie in den Vereinigten Staaten kam auch in Großbritannien erhebliche Unterstützung für den Bimetallismus von Seiten der Landwirtschaft.[640] Die unter dem Druck der US-Konkurrenz weltweit fallenden Preise für Agrarprodukte hatten die britischen Landwirte besonders hart getroffen, weil ihre Regierung im Gegensatz zu den meisten andern in Europa jeglichen Zollschutz für landwirtschaftliche Erzeugnisse ablehnte.[641] Durch ein bimetallistisches Währungssystem erhofften sich die Landwirte nicht nur ein Gegenmittel gegen den anhaltenden Preisverfall, sondern auch einen Ausgleich der Wettbewerbsbedingungen vor allem gegenüber ihren indischen Konkurrenten. Der herrschende Goldstandard hingegen wirkte wie eine Importsubvention für Nahrungsmittelimporte aus Silberwährungsländern.

Dabei saßen gerade im Londoner India-Office die stärksten Anhänger des Bimetallismus auf Regierungsebene. Unter der Leitung von Lord Randolph Churchill war es zwar gelungen, die indische Währung in den Jahren zwischen 1881 und 1885 zu stabilisieren. Gleichwohl hatte die indische Regierung Angst, dass die Kosten angesichts der steigenden Ausgaben für Militär und Infrastruktur durch den weiteren Silberpreisverfall explodieren könnten. Im Januar 1886 forderte sie die britische Regierung auf, die Möglichkeit eines internationalen bimetallistischen Vertrages noch einmal zu prüfen.[642] Unterstützung für den Bimetallismus kam schließlich auch von Baumwoll-Produzenten in Lancashire, die, um ihre Betriebe aufbauen zu können, Kapital meistens in London aufgenommen hatten, welches sie nun, unter den Bedingungen der Deflation, teuer zurückzahlen mussten. Ihre Gegner, die Verteidiger des reinen Goldstandards, kamen aus der City of London und der Regierung. Zwar gab es auch unter den Londoner Bankiers vereinzelte Bimetallisten, die deutliche Mehrheit jedoch plädierte für die Beibehaltung des Goldstandards.[643]

Von der Regierung kamen dagegen keine eindeutigen Signale. Premierminister Salisbury erklärte gegenüber dem deutschen Botschafter in London, dass „seiner Ansicht nach über die Silberfrage für lange Zeit sehr viel geredet, aber wenig ge-

[639] Henry B. Russell, International Monetary Conferences, S. 330f.

[640] Vgl. Economist, 5.11.1887, S. 1401.

[641] Vgl. Michael Tracy, Agriculture in Western Europe, S. 19.

[642] Steven P. Reti, Silver and Gold, S. 118.

[643] A.C. Howe, Bimetallism 1880–1898: A Controversy reopened?, in: English Historical Review, Vol. 105 (1990), S. 377–391, hier S. 384.

schehen werde."[644] Gegenüber dem US-amerikanischen Botschafter Lincoln bezeichnete sich Salisbury als „Silver-Man", lediglich der Chancellor of the Exchequer, Goschen, sei ein Anhänger des Goldstandards.[645] Offensichtlich wollte sich der Regierungschef trotz der öffentlichen Diskussion hinsichtlich des Währungssystems nicht festlegen. Im Dezember 1891 hatte der Chancellor of the Exchequer, Goschen, angesichts der Baring-Krise, während der Bedenken über die Höhe der Goldreserven der Bank of England geäußert worden waren[646], vorgeschlagen, dass die Bank einen Teil ihrer Edelmetallreserven in Silber halten solle.[647] Dies hatte Goschen schon 1881 auf der internationalen Währungskonferenz als Kompromissvorschlag der englischen Regierung präsentiert, nun kam er auf die Idee zurück. Das war angesichts der Forderungen von Landwirtschaft, Gewerkschaften und des India-Office natürlich nur ein minimales Zugeständnis, die Aufgabe des Goldstandards stand für die englische Regierung zu keinem Zeitpunkt zur Debatte. Eine grundlegende Reform der Währungspolitik schloss Goschen aus. Gleichwohl empfingen er und Premierminister Salisbury am 11. Mai 1892 Vertreter der Landwirtschaft, der Arbeiterbewegung und der Handelskammern, um mit ihnen über die aus der Deflation entstehenden Wirtschaftsprobleme zu sprechen.[648] Erneut trugen die Interessenvertreter ihre Klagen über die Wirtschafts- und Währungskrise vor und forderten die Regierung auf, angesichts der breiten öffentlichen Unterstützung für den Bimetallismus eine Währungsreform einzuleiten. Um die Petenten zu beruhigen, antwortete Schatzkanzler Goschen, dass die Regierung eben die Einladung der Vereinigten Staaten zu einer weiteren internationalen Konferenz angenommen habe, auf der über die Silberfrage verhandelt werden sollte.[649] Gleichwohl war die Regierung nicht bereit, nähere Auskünfte über die Instruktionen der britischen Delegation zu geben, dies sei, so erläuterte Schatzkanzler Goschen, unüblich. Auch hier spielten wahltaktische Überlegungen eine Rolle, wie der Economiste Français bemerkte:

> „Malgré certaines résistances, il est vrai semblable que la dissolution du Parlement n'est éloignée que de quelques semaines; le parti bimétalliste est fort influent dans toute la région de Manchester, et, en lui donnant une satisfaction au moins apparente, les conservateurs espèrent s'assurer son appui aux éléctions générales."[650]

Ähnlich wie Präsident Harrison in den USA, nutzte also auch die britische Regierung in dieser Situation die internationale Währungskonferenz, um den durch die Währungskrise ausgelösten innenpolitischen und gesellschaftlichen Druck zumindest vorübergehend nach außen abzulenken. Dadurch, dass die Regierung

[644] BA R 901/21462 Botschaft London an von Caprivi, 20.5.1892.
[645] NARA RG 53 State Department. M30 Dispatches from US ministers to Great Britain, 1791–1906, Lincoln (London) to the Department, 27.1.1892.
[646] Hierzu The Times, 29.1.1891.
[647] Economist, 16.1.1892, S. 67f.
[648] The Times, 12.5.1892.
[649] NARA RG 53 State Department, Diplomatic Register, Robert Lincoln (London) to the Department, 13.5.1892.
[650] Lettre d'Angleterre, in: L'Economiste Français, 21.5.1892, S. 652.

sich bereiterklärte, auf internationaler Ebene über die Silberfrage zu verhandeln, nahm sie der innenpolitischen Diskussion kurzfristig die Schärfe. Sollten die Verhandlungen zu keinem konkreten Ergebnis führen, so konnte man hierfür die mangelnde Kooperationsbereitschaft der Verhandlungspartner verantwortlich machen. Zugleich jedoch war die Regierung entschlossen, trotz des öffentlichen Drucks an der Goldwährung festzuhalten. Die Instruktionen, die der Leiter der britischen Delegation, wie schon 1881 Sir Charles Fremantle, erhielt, waren in dieser Hinsicht sehr eindeutig: Zwar war es den britischen Delegierten gestattet, offen an den Beratungen teilzunehmen, allerdings nur unter der Bedingung, dass zuvor festgelegt würde, dass diese nicht im Namen ihrer Regierung sprächen. Käme es zu Abstimmungen, so sollten die britischen Delegierten eine Unterbrechung der Verhandlungen beantragen, um sich mit den Londoner Verantwortlichen zu beraten. Wie schon 1881 behielt sich die britische Regierung also die währungspolitische Souveränität vor. Auch inhaltlich war sie nicht bereit, Konzessionen zu machen, die über die des Jahres 1881 hinausgingen:

> „The Delegates of the United Kingdom should be authorized to declare that Her Majesty's Government is prepared to adopt now the measures which their Predecessors offered in 1881 as regards action in the United Kingdom in order to promote the use of silver, but under the condititions which were laid down on the basis of the offer (...).“[651]

Und doch war man in London an den Beratungen interessiert. „Above all things the Delegates should study with the greatest care every measure suggested to ensure a wider use of silver in currency, before they come to the conclusion that matters must be left as they are“, schrieb Finanzminister William V. Harcourt an Fremantle.[652] London war also prinzipiell schon an einer Lösung der Silberfrage interessiert, man konnte sich in der Regierung abgesehen vom India-Office aber nicht dazu durchringen, eine Währungsreform selbst mit internationaler Unterstützung anzugehen.

Die Frage ist, warum die britische Regierung trotz des größer werdenden gesellschaftlichen Drucks für den Bimetallismus und angesichts der tiefgreifenden währungspolitischen Probleme des Landes an der Goldwährung festhielt. Ein wesentliches Element, das immer wieder in den Quellen auffällt, ist die Unsicherheit der Londoner Politiker hinsichtlich der Ursachen des lang anhaltenden Preisverfalls. Schon 1878 war von der Regierung eine wissenschaftliche Untersuchung über die Ursachen der Deflation in Auftrag gegeben worden, um auf dieser Basis geeignete Gegenmaßnahmen ergreifen zu können.[653] Sie kam zu dem Ergebnis, dass die schlechten Ernten der siebziger Jahre in Großbritannien und die folgenden Nahrungsmittelimporte aus Übersee für den Verfall der Preise verantwortlich seien. Zudem haben die Währungsreform in Deutschland und der De-facto-Übergang der Lateinischen Münzunion zum Goldstandard zu einer Verknappung und damit Verteuerung des gelben Metalls geführt. Die Knappheit

651 PRO MINT 13/247 International Monetary Conferences. Treasury Chambers to Sir C.W. Fremantle, 9.11.1892.
652 Ebd.
653 International Monetary Conference, Paris August 1878, Documents, S. 385–401.

des Goldes erkannte auch T.H. Farrer 1886 in einem Memorandum für die Royal Mint als Ursache für den anhaltenden Preisverfall in Großbritannien.[654] Zugleich gab er zu Bedenken, dass auch die erhebliche Ausweitung des Güterangebotes durch die verbesserte Produktivität zu dem Preisverfall geführt haben könnte. Die 1886 von der britischen Regierung eingesetzte „Gold and Silver Commission" kam nach zweijährigen Untersuchungen zu dem Ergebnis, dass der Silberpreisverfall durch den Übergang der Lateinischen Münzunion zum Goldstandard eingeleitet worden sei.[655]

„Though unable to recommend the adoption of what is commonly known as bimetallism, we desire it to be understood that we are quite alive to the imperfections of value, which not only fluctuate, but fluctuate independently of each other."[656]

Die Unsicherheit der Zeitgenossen hinsichtlich der Ursachen der Deflation hat auch die Wirtschaftswissenschaft des 20. Jahrhunderts nicht beheben können: W.W. Rostow sieht die Ursache des Preisverfalls auf der Güterseite; das unter den Bedingungen eines sich intensivierenden Welthandels und steigender Produktivität wachsende Warenangebot sei verantwortlich für die Deflation im Großbritannien der siebziger und achtziger Jahre des 19. Jahrhunderts.[657] Dem steht die von Milton Friedman und Anna Schwartz vertretene monetaristische These entgegen, die das geringe Geldangebot im Vergleich zum tatsächlichen Güterangebot als Ursache identifizierten.[658] Eine vermittelnde Perspektive nimmt Philipp Cagan ein.[659] Gleich welche Deutung man bevorzugen mag, ein Aspekt für die historische Interpretation der britischen Währungspolitik im ausgehenden 19. Jahrhundert ist, dass die Londoner Regierung mit der Lösung des Problems überfordert war, weil sie die Ursachen nicht genau kannte, und daher keine Lösungsmöglichkeiten sah.

Entscheidender für das Verständnis der britischen Rolle in der Situation des Jahres 1892 ist aber die innenpolitische Auseinandersetzung um die Silberfrage vor dem Hintergrund der „Great Depression". Wie schon geschildert, waren es vor allem Landwirte, Gewerkschaften, die Händler und die Textilmanufakturen von Lancashire, die sich für den Bimetallismus engagierten, während die City of London und die Großgrundbesitzer am Goldstandard festhalten wollten. Hinter diesen politischen Positionen standen ökonomische Interessen. Agrarier und Baumwollmanufakturen versprachen sich vom Bimetallismus steigende Preise und bessere Wettbewerbsbedingungen auf den internationalen Märkten, während die meisten Banken ebenso wie die Besitzer von Immobilien und Rentiers die

[654] PRO MINT 23/23 Fremantle Papers. The Fall of Prices and Scarcity of Gold. Memorandum by T.H. Farrer, 26.12.1886.
[655] Henry B. Russell, International Monetary Conferences, S. 351f.
[656] Report of the Gold and Silver Commission, 1888, zit. nach Henry B. Russell, International Monetary Conferences, S. 352, Anm. 1.
[657] W.W. Rostow, British Economy of the Nineteenth Century, Oxford 1948, S. 66.
[658] Milton Friedman, Anna Jacobsen Schwartz, Monetary History of the United States, S. 486–500.
[659] Philipp Cagan, Determinants and Effects of Change in the Stock of Money: 1875–1960, New York 1965, S. 259.

deflationäre Goldwährung bevorzugten. Gerade Letztere beherrschten aber auch die politische Szenerie, weil das britische Wahlrecht nach wie vor ein Zensuswahlrecht war, das durch die Reformen von 1832, 1867 und 1884 zweifellos sehr weitgehend gelockert worden war, nach wie vor politischen Einfluss durch Besitz legitimierte.[660] Es war eine außerordentlich schmale, zumeist hochadelige Schicht, die den Reichtum unter sich aufteilte und damit auch die Politik Großbritanniens bestimmte. Ende der 70er Jahre des 19. Jahrhunderts besaßen 7 000 Familien 80% des Landes.[661] Ein Prozent der Bevölkerung verfügte über 69% des gesamten Privateigentums.[662] Diese soziale Ungleichheit wurde durch das Wahlsystem ins Politische extrapoliert. 1880 stammten 112 Abgeordnete des Parlaments aus Industrie und Handel, dagegen bestritten 500 ihren Lebensunterhalt aus Grundbesitzrenten. 326 Unterhausabgeordnete hatten verwandtschaftliche Beziehungen zur Aristokratie.[663] Eine im Frühjahr 1890 im Parlament eingebrachte Resolution zugunsten eines bimetallistischen Systems wurde nur von einem Drittel der Abgeordneten unterstützt.[664] Diese Besitz- und Machtverhältnisse führten dazu, dass Massenbewegungen, wie sie in der zweiten Hälfte des 19. Jahrhunderts überall in Europa und auch in den USA entstanden, in Großbritannien einen schweren Stand hatten.[665] Noch dominierten die konservativen hochadeligen Eliten das politische System, also jene, die wegen ihrer wirtschaftlichen Interessen Anhänger des Goldstandards waren.[666] Ähnliches ist für das entscheidende Personal der Regierungsbehörden festgestellt worden:

> „the most powerful permanent officials in the ‚economic' departments in the late nineteenth century, Francis Mowatt, Edward Hamilton, Reginald Welby and Robert Chalmers at the Treasury, T.H. Farrer at the Board of Trade and G.H. Murray at Inland Revenue, as well as Arthur Godley at the India Office, were all members of Gold Standard Defence Association, a body which was created to institutionalise City attacks on the bimetallic cause."[667]

[660] Hartmut Berghoff, Vermögenseliten in Deutschland und England vor 1914. Überlegungen zu einer vergleichenden Sozialgeschichte des Reichtums, in: Ders., Dieter Ziegler (Hrsg.), Pionier oder Nachzügler? Vergleichende Studien zur Geschichte Großbritanniens und Deutschlands im Zeitalter der Industrialisierung. Festschrift für Sidney Pollard zum 70. Geburtstag, Bochum 1995, S. 281–308.

[661] David Cannadine, The Decline and Fall of the British Aristocracy, New Haven 1990, S. 9. Martin Pugh, State and Society. British Political and Social History 1870–1914, London 1994, S. 86.

[662] José Harris, Private Lives, Public Spirit. A Social History of Britain, Oxford 1993, S. 99ff.

[663] Peter Wende, Großbritannien 1500–2000, München 2001, S. 49.

[664] Henry B. Russell, International Monetary Conferences, S. 362.

[665] Relativierend: Gustav Schmidt, Politischer Liberalismus, „Landed Interests" und Organisierte Arbeiterschaft 1850–1880. Ein deutsch-englischer Vergleich, in: Lothar Gall (Hrsg.), Liberalismus, Köln 1980, S. 232–253, hier S. 241.

[666] Hans Jürgen Schröder hat daher von einer „erweiterten Adelsherrschaft" gesprochen. Hans Jürgen Schröder, Englische Geschichte, 2. Auflage, München 1995, S. 55.

[667] E.H.H. Green, Rentiers versus Producers? The Political Economy of the Bimetallic Controversy 1880–1898, in: English Historical Review Vol. 103 (1988), S. 588–612, hier S. 611. Kritisch hierzu vgl. A.C. Howe, Debate. Bimetallism, c. 1880–1898: A Controversy Reopened, in: English Historical Review Vol. 105 (1990), S. 377–391.

Damit wurde die bimetallistische Bewegung in Großbritannien, anders als in den Vereinigten Staaten oder in Frankreich, von der politischen Ebene blockiert. Die Eigentümlichkeiten des britischen politischen Systems Ende des 19. Jahrhunderts verhinderten, dass der innenpolitische, sozio-ökonomisch bedingte Druck des Bimetallismus nach außen, in die internationale Politik, gelangen konnte.

Hinzu kommt noch ein drittes, eng mit den beiden ersten Motiven verbundenes Argument, warum die britische Regierung so nahezu kompromisslos am Goldstandard festhielt. Dieses Währungssystem war seit seiner schrittweisen Etablierung in frühviktorianischer Zeit ebenso wie die Freihandelsdoktrin die quasi natürliche, nicht hinterfragte Basis der britischen Wirtschaft und Gesellschaft. So schrieb Finanzminister Harcourt zur Begründung der Regierungsposition in den internationalen Verhandlungen:

„The Secretary of State is aware that the United Kingdom has since 1816 or over a period of more than sixty years confined itself to a single standard of value – gold. The policy of a single standard has been accepted by Governments of all parties and by the people. It has never in fact been seriously attacked and it may be generally said that both Government and people are satisfied with the operation in the United Kingdom of a measure which has approved itself by long experience.“[668]

Die Voraussetzung dieser Argumentation, die allgemeine Akzeptanz des Goldstandards bei Regierung und Bevölkerung, war im Frühjahr des Jahres 1892 nicht mehr gegeben. Dennoch hielt die Regierung kompromisslos am Goldstandard fest, die britische Tradition wurde damit zur Rechtfertigungsmaxime der noch herrschenden Oberschicht.[669]

Der deutsche diplomatische Vertreter in Washington erfuhr am 27. April 1892 durch ein Gespräch mit Außenminister Blaine von der Absicht der US-Regierung, eine weitere Währungskonferenz über die Silberfrage einzuberufen.[670] Es gebe, so erklärte ihm Blaine, kein konkretes Programm, Ziel sei vielmehr eine allgemeine Aussprache, an der sich alle europäischen Staaten beteiligen könnten, mit Ausnahme der Türkei[671] und der Balkanstaaten. Nachdem am 11. Mai 1892 die offizielle Einladung der US-Regierung eingegangen war, forderte das Auswärtige Amt zunächst einmal die Expertise des Reichsschatzamtes an. Dort kam man zu dem Ergebnis, dass „münzpolitische Gründe für die Betheiligung Deutschlands an der den Vereinigten Staaten in Anregung gebrachten internationalen Silberkonferenz (...) nicht geltend zu machen sind.“[672] Sollte sich aber erweisen, dass politische Gründe für die Teilnahme an der Währungskonferenz

668 PRO MINT 13/246 Treasury Chambers to Foreign Office, 11.3.1881.

669 Das Problem des britischen Währungsdoktrinismus wurde auch von den Zeitgenossen diagnostiziert. Vgl. Dana Horton, The Rise in the Value of Gold in England, in: International Monetary Conference 1878, S. 385.

670 BA R 901/21463 Washington (Holleben) an von Caprivi, 27.4.1892.

671 Die Ausnahme der Türkei begründete US-Außenminister Blaine gegenüber dem französischen Botschafter damit, dass die Türkei „se trouve placée en dehors de la sphère des intérêts qui peuvent être agilés dans la future conférence.“ MAE Direction Commerciale. Question Monétaires, Vol. 615, Conférence Monétaire de Bruxelles, Légation de la République Française aux Etats Unis, 23.5.1892.

672 BA R 901/21463 Reichsschatzamt an Auswärtiges Amt, 21.5.1892.

sprächen, so riet das Reichsschatzamt, von Beginn an klar zu stellen, dass das Reich sein Währungssystem nicht verändern und auch keine währungspolitischen Verpflichtungen im Rahmen von Währungsunionen eingehen werde. Im Auswärtigen Amt kam man zu dem Schluss, dass die Reichsregierung an der Konferenz teilnehmen könne, da einerseits Großbritannien vertreten war und es sich andererseits nur um einen Gedankenaustausch handelte.[673] Am 28. Mai teilte dann der Staatssekretär im Auswärtigen Amt, Marschall von Bieberstein, dem US-Botschafter in Berlin mit, dass das Reich an der Konferenz teilnehmen werde, allerdings sei man mit dem gegenwärtigen Währungssystem zufrieden, so dass die Regierung einem Wechsel zum Bimetallismus nicht zustimmen werde.[674] In Washington hatte man nichts anderes erwartet.

Die deutsche Position war also der britischen wie schon 1881 recht ähnlich. Das lag nicht zuletzt daran, dass sich auch im Deutschen Reich, so wie in Großbritannien, im Rahmen der weiter zunehmenden Organisation wirtschaftlicher Interessen in den achtziger Jahren eine starke bimetallistische Bewegung gebildet hatte, die sich als „Union für den Internationalen Doppelstandard" kurz nach der Währungskonferenz von 1881 gegründet hatte.[675] Wichtig war, dass sich die deutschen Bimetallisten sehr schnell mit den Anhängern der Schutzzölle verbündeten, d.h. vor allem mit den ostelbischen Agrariern und der Schwerindustrie. Der Bund der Landwirte und der Zentralverband deutscher Industrieller, ihre Interessenvertretungen, warben beide für ein bimetallistisches Währungssystem.[676] Schutzzollbewegung und Bimetallismus gingen damit in Deutschland eine politische Allianz ein, die ihre Personifikation in Wilhelm von Kardorff[677] fand, dem ersten Vorsitzenden des Zentralverbandes, der selbst auch Gutsbesitzer war. Ebenso wie ihre britischen Kollegen litten auch die deutschen Landwirte zunächst unter der Konjunkturkrise der siebziger, dann unter der Agrarstrukturkrise seit den achtziger Jahren. 1879 wurden die ersten Agrarzölle erhoben, die 1885, 1887 und dann 1902 verschärft wurden.[678] Parallel wurden im Reichstag 1882, 1885 und 1886 Petitionen zugunsten eines bimetallistischen Währungssystems eingebracht, von denen allerdings keine eine Mehrheit fand. Noch war die monometallistische Koalition aus Liberalen, dem Zentrum und einigen Konservativen zu stark. Vor allem aber hatte sie die Unterstützung des Kanzlers. Auch wenn Bismarck 1879 die Silberverkäufe des Reiches hatte einstellen lassen, war

673 BA R 901/463 Bericht des Referenten Mühlberg (Handelspolitische Abteilung), 16.5.1892.

674 NARA RG59 (State Department), Diplomatic Register – to the Department, Silver Conference 28.5.1892.

675 Horton 1886, S. 56. Vgl. auch Steven P. Reti, Silver and Gold, S. 122.

676 Thomas Nipperdey, Deutsche Geschichte 1866–1918, Bd. II, S. 578. Stanley Zucker, Ludwig Bamberger. German Liberal Politician and Social Critic, 1823–1899, Pittsburgh 1975, S. 222.

677 Die bimetallistischen Schriften von Kardorff bilden gleichsam das Gegengewicht zu denen des Monometallisten Ludwig Bamberger. Vgl. Wilhelm von Kardorff-Wabnitz, Zur Währungsfrage. Schriften des deutschen Vereins für internationale Doppelwährung, Bd. 4, Berlin 1881. Ders., Die deutsche Landwirtschaft und ihre Zukunft, Berlin 1892.

678 Rita Aldenhoff-Hübinger, Agrarpolitik und Protektionismus, S. 113–123. Hans Ulrich Wehler, Deutsche Gesellschaftsgeschichte, 1849–1914, S. 650.

dies nicht geschehen, um den Weg zu bahnen für ein bimetallistisches Währungssystem, wie die Anhänger von Kardoffs hofften. Die Maßnahme hatte ausschließlich dazu gedient, die innenpolitische Basis des Kanzlers neu zu festigen. Eine Währungsreform zugunsten des Bimetallismus hat Bismarck bis ans Ende seiner Kanzlerschaft nicht ernsthaft erwogen. Mit Leo von Caprivi vollzog sich zunächst ein Wandel in der Außenwirtschaftspolitik.[679] Deutschland als wachsender Industriestaat müsse sich, so hieß es nun programmatisch, über ein System von langfristigen Handelsverträgen Absatzmärkte in Europa erschließen. Das war mit der von der Großindustrie und den ostelbischen Junkern geforderten Schutzzollpolitik nur noch schwer in Einklang zu bringen, und das „konservativ-ostelbische Establishment" geriet innenpolitisch in die Defensive. Noch einmal triumphierten die pragmatischen Freihändler unter den Liberalen, auch wenn die Reichsregierung weit davon entfernt war, wie zu Beginn der siebziger Jahre den Freihandel zum Prinzip zu machen.

Wiederum ähnlich wie in Großbritannien gelang es daher auch im Deutschen Reich der starken bimetallistischen Bewegung nicht, ihre Ziele im politischen System durchzusetzen. Das lag auch an der Struktur dieses Systems, gegen die starke Position des Reichskanzlers ließ sich eine so zentrale Frage nicht behaupten. Bismarck hatte eine pragmatische Einstellung zur Währungsfrage, er hatte dem protektionistischen Lager den Schutzzoll zugestanden, einen Wechsel des Währungssystems aber verweigert. Sein Nachfolger Caprivi hatte noch weniger Interesse an einem bimetallistischen Währungssystem, das seinen außenwirtschaftspolitischen Zielen hinderlich war und zudem seine innenpolitische Basis im Reichstag zu zerstören drohte. Aus diesem Grunde erklärte sich die Reichsregierung zur Teilnahme an der Währungskonferenz bereit, stellte aber von Beginn an klar, dass sie keine Zugeständnisse hinsichtlich eines internationalen bimetallistischen Bündnisses eingehen werde.

3. Frankreich und die Staaten der Lateinischen Münzunion

Frankreich kam im Konzept der US-amerikanischen Regierung eine besondere Rolle zu, war es doch die Pariser Regierung gewesen, die gemeinsam mit den USA die internationale Währungskonferenz von 1881 einberufen hatte, die, so sahen es zumindest die amerikanischen Offiziellen, nun ihre Fortsetzung finden sollte. Dabei war den französischen Diplomaten in den Vereinigten Staaten die Funktion der Konferenz im Präsidentschaftswahlkampf keineswegs entgangen.[680] Im Gegenteil, der Botschafter in Washington hatte die innenpolitischen Hintergründe der US-Initiative sehr deutlich formuliert, und in Paris wollte sich die Regierung keineswegs für den amerikanischen Wahlkampf instrumentalisie-

[679] Hierfür und für das Folgende: Thomas Nipperdey, Deutsche Geschichte, Bd. II, S. 701ff.

[680] MAE Direction Commerciale. Questions Monétaires. Conférence monétaire de Bruxelles 1892, Vol. 615, Légation de la République Française aux Etats Unis à MAE, 23.5.1892.

ren lassen. „Nous n'avons", so schrieb Finanzminister Rouvier, „ni recherché, ni désiré la réunion de la conférence et nous avons évité de nous prononcer sur les résultats qu'elle peut avoir. Il semble donc que nous ne pouvons avoir qu'une attitude expectante (...)."[681]

Andererseits, so fuhr er fort, enthalte die Formulierung der Einladung keine Verpflichtung für die teilnehmenden Regierungen, eine französische Beteiligung könne daher keinen Nachteil bringen. Wichtig sei aus seiner Sicht jedoch, dass sich die Regierung zuvor auf diplomatischem Wege mit den Ländern der Lateinischen Münzunion über eine gemeinsame Position verständige.[682] Auf jeden Fall solle sich Frankreich an der Konferenz beteiligen, sich durch die Teilnahme aber zu nichts verpflichten. Das entsprach der Strategie der britischen Regierung, die von Finanzminister Rouvier auch ausdrücklich als Vorbild bezeichnet wurde. Der Schlüssel zur Lösung des Silberproblems, so erklärte Rouvier die Regierungsposition im Parlament, liege nicht in Paris oder New York, sondern in London und Berlin. Es sei sinnlos an den Zielen der Konferenz von 1881 festzuhalten, wie dies zuvor der Deputierte Soubeyran gefordert hatte.

„Je suis tout disposé à le faire", erwiderte Rouvier, „mais j'entends que ces instructions soient subordonnées à une action de l'Angleterre se produisant dans le même sens que celle que vous demandez de favoriser."[683]

In Paris schätzte man also die Chancen auf eine internationale bimetallistische Verständigung als sehr gering ein, solange Großbritannien und das Deutsche Reich nicht bereit wären, Zugeständnisse in dieser Hinsicht zu machen.

„Le jour où notre hôtel des Monnaies se rouvrirait à l'argent, la même mesure devrait, évidemment, être décidée à Londres et à Berlin; sinon, nous aurions conclu un contrat de dupes, et nos réserves d'or seraient exposées à des saignées qu'il est parfaitement inutile de faciliter", kommentierte Le Temps die Entscheidung der Regierung.[684]

Frankreich war also nur bereit die Silberausprägung wieder aufzunehmen, wenn Großbritannien und Deutschland Gleiches täten. Die Konferenz von 1881 war vor allem daran gescheitert, dass diese beiden Länder jede Kooperation auf dem Währungssektor verhindert hatten. Die französischen Delegierten wurden daher ähnlich wie die britischen instruiert, sich an den Verhandlungen zu beteiligen, aber jede Verpflichtung im Rahmen internationaler Abkommen zu vermeiden. Frankreich nahm also ähnlich wie das Deutsche Reich und Großbritannien eine abwartende Haltung ein. Das war insofern überraschend, als es in Frankreich ähnlich wie in Deutschland und Großbritannien eine starke, vor allem von organisierten Agrariern und Produzenten getragene Schutzzollbewegung gab, die ihre Interessen mit der Einführung der sog. „Méline-Tarife" 1892 auch durchsetzen konnte.[685] Diese waren anders als im Deutschen Reich mit einer breiten Mehrheit

681 MAE Direction Commerciale. Questions Monétaires. Conférence monétaire de Bruxelles 1892, Vol. 615, Ministère de Finances à MAE, 29.7.1892.

682 Ebd.

683 Journal Officiel du 1er Juin 1892, Chambre des Députés, 44e séance, mardi 31 mai, S. 691.

684 Le Temps, 2.6.1892.

685 Rita Aldenhoff-Hübinger, Agrarpolitik und Protektionismus, S. 134ff.

vom Parlament verabschiedet worden und innenpolitisch kaum umstritten. Im Unterschied aber zu Deutschland waren die Schutzzöllner keine Allianz mit den Bimetallisten eingegangen. Das wiederum lag vor allem daran, dass Frankreich de jure ein bimetallistisches Währungssystem hatte, dessen Nachteile in den langen Debatten der siebziger Jahre über die freie Silberausprägung deutlich zutage getreten waren. Auch Finanzminister Rouvier war ebenso wie das Direktorium der Banque de France unter P. Magnin im Prinzip Bimetallist. Unter der Leitung Magnins hatten anlässlich der Weltausstellung von 1889 in Paris ca. 100 Währungsexperten aus aller Welt über die Silberfrage diskutiert, jedoch als Wissenschaftler, rein akademisch, ohne politisches Mandat.[686] Allen Beteiligten, auch den nach Schutzzoll verlangenden Agrariern, war klar, dass Frankreich in der Währungsfrage nicht alleine vorgehen könne, sondern auf die Kooperation Großbritanniens und des Deutschen Reiches angewiesen war.

Im Rahmen der Lateinischen Münzunion orientierte sich die italienische Regierung sehr an Paris.[687] Ministerpräsident Giolitti hatte schon zuvor vor der Kammer auf Anfrage erklärt, dass sich Italien „wie alle zivilisierten Staaten" an der Konferenz beteiligen werde, allerdings unter der Bedingung, dass die dort getroffenen Entscheidungen keine Probleme für die Lateinische Münzunion schüfen.[688] Tatsächlich hatte Rom großes Interesse daran, die Währungsunion zu erhalten, weil man sonst unter den Bedingungen der Liquidationsklausel von 1885 die nach wie vor hauptsächlich in Frankreich umlaufenden italienischen Silbermünzen, teilweise gegen Gold, wieder hätte zurücknehmen müssen. Aus diesem Grunde akzeptierte Italien die französische Hegemonie in der Lateinischen Münzunion auch in Hinblick auf die von den USA einberufene Konferenz. Die italienischen Delegierten wurden angewiesen, „de conformer leur attitude à celles des délégués français et de laisser à ces derniers l'initiative des propositions qu'il pourrait y avoir lieu de formuler."[689] Auch die Regierung der Schweiz signalisierte, dass sie an der Konferenz teilnehmen werde, wenn die Staaten der Lateinischen Münzunion insgesamt dort vertreten seien.[690] In Bern sah man die Situation ähnlich wie in Paris. Um zu einem Erfolg zu kommen, müssten vor allem die Goldstandardländer, d.h. Großbritannien und das Deutsche Reich, Silber als Währungsmetall akzeptieren.[691]

In Belgien führte die Ankündigung einer weiteren Währungskonferenz zu einer lebhaften Debatte im Parlament. Ähnlich wie in Großbritannien und

686 Commercial and Financial Cronicle, 31.8.1889, S. 258f.

687 MAE Direction Commerciale. Questions Monétaires. Conférence monétaire de Bruxelles 1892, Vol. 615, Ambassade d'Italie à MAE, 14.7.1892.

688 MAE Direction Commerciale. Questions Monétaires. Conférence monétaire de Bruxelles 1892, Vol. 615, Ambassade de la République Française près S.M. le Roi d'Italie à MAE, 16.6.1892.

689 MAE Direction Commerciale. Questions Monétaires. Conférence monétaire de Bruxelles 1892, Vol. 615, Ambassade d'Italie à MAE, 17.11.1892.

690 MAE Direction Commerciale. Questions Monétaires. Conférence monétaire de Bruxelles 1892, Vol. 615, Ambassade de la République Française à Berne à MAE, 3.6.1892.

691 MAE Direction Commerciale. Questions Monétaires. Conférence monétaire de Bruxelles 1892, Vol. 615, Ambassade de la République Française à Berne à MAE, 5.9.1892.

Deutschland verlangten auch hier die Vertreter von Landwirtschaft und Industrie die Wiedereinführung der Doppelwährung.

„Pour plusieurs de nos industries", so erklärte der Abgeordnete De Neeff, „et surtout pour l'industrie agricole, elles (gemeint sind die letzten zwanzig Jahre, d.V.) ont été, spécialement dans les derniers temps, une période de souffrances extrêmes. Pour d'autres, pour l'industrie métallurgique notamment, elles ont été presque tout aussi funestes et, partout, nous entendons exprimer les plaintes les plus vives."[692]

Zwei Dinge, so fuhr De Neeff fort, seien heute offensichtlich: Seit der faktischen Einführung des Goldstandards 1873 habe die herstellende Industrie einen Teil ihrer Absatzmärkte verloren und die Landwirtschaft einen Schlag erhalten, von dem sie sich bis heute nicht erholen konnte. Der seit 1873 in Europa dominierende Monometallismus habe zudem zum Protektionismus geführt. Um sich gegen die Unwägbarkeiten der Währung zu schützen, so De Neeff, hätten fast alle europäischen Länder beträchtliche Zölle erhoben. Emile de Laveleye, der belgische Wirtschaftswissenschaftler, habe also Recht, wenn er argumentiere, dass der reine Goldstandard unweigerlich zum Protektionismus führe. Der Protektionismus aber sei der Tod der belgischen Wirtschaft, die vor allem vom Export lebe. Aus diesem Grunde forderte De Neeff die belgische Regierung auf, gemeinsam mit den anderen Mitgliedern der Lateinischen Münzunion für die Wiedereinführung der freien Silberausprägung einzutreten.[693] Die Stellungnahme des Abgeordneten aus Louvain ist bemerkenswert, weil sie, ähnlich wie die Anhänger der Doppelwährung in England und Deutschland, die Wiedereinführung des Bimetallismus als geeignetes Instrument zur Überwindung der Wirtschaftskrise sah. Im Gegensatz zu den deutschen und britischen Bimetallisten lehnte De Neeff in Anlehnung an die wirtschaftliche Expertise des Lütticher Wirtschaftswissenschaftlers Emile De Laveleye protektionistische Maßnahmen zur Beilegung der Krise ab. Der Hintergrund hierzu war, dass die Industrialisierung in Belgien weiter vorangeschritten war, als in allen anderen kontinentaleuropäischen Ländern, das Land war der „Brückenkopf der Industrialisierung" auf dem Kontinent.[694] Die Diversifizierung war weit vorangeschritten, die belgische Wirtschaft in den Welthandel integriert und deswegen von diesem abhängig. Der Binnenmarkt dagegen war im Vergleich etwa zum Deutschen Reich, Großbritannien und Frankreich klein. Insofern entsprach der Freihandel dem nationalen Interesse Belgiens.

Finanzminister Beernaert antwortete De Neeff, dass die belgische Regierung nicht initiativ werden könne, weil sie im Rahmen der Lateinischen Münzunion auf Frankreich angewiesen sei, dem die Führung in der Währungsunion zukomme. „On sait que, dans l'Union, c'est la France qui occupe, et de loin, la première place."[695] Ebenso wie Italien und die Schweiz orientierte sich also auch

692 Annales Parlementaires, Chambre des Représentants, Séance du 20 Mai 1892, S. 1324f.
693 Ebd., S. 1326.
694 Jörg Fisch, Europa zwischen Wachstum und Gleichheit, S. 166.
695 Annales Parlementaires, Chambre des Représentants, Séance du 20 Mai 1892, S. 1326.

die belgische Regierung an der französischen Position. Man werde teilnehmen, so teilte das Außenministerium dem US-Botschafter in Brüssel mit, unter der Bedingung, „que cette détermination ne comporte aucun engagement de notre part quant au programme ou aux décisions de la conférence projetée."[696]

Tatsächlich vertraten also die Staaten der Lateinischen Münzunion eine gemeinsame Position: Es ging zunächst darum, den Status quo zu wahren, um die Währungsunion zu erhalten. In Frankreich war der innenpolitische Druck auf die Regierung, ein bimetallistisches Abkommen zu schließen, gering, auch die „Haute Finance", vor allem die Banque de France, war nach den wirtschaftlich erfolgreichen Jahren 1890 und 1891 nicht an einer Änderung der Lage interessiert.[697] Dieser Position schlossen sich Belgien und Italien an, nicht zuletzt, weil sie angesichts der in Frankreich umlaufenden großen Menge an Silbermünzen von der Pariser Regierung abhängig waren. Unmittelbar vor der eigentlichen Konferenz trafen sich die Vertreter der Lateinischen Münzunion in Brüssel, um auf italienischen Wunsch noch einmal ein gemeinsames Vorgehen abzustimmen.[698] Die deutsche Reichsregierung war ähnlich wie Frankreich sehr zurückhaltend, sagte zwar die Teilnahme zu, würde aber keine Änderungen am eigenen Währungssystem akzeptieren. Dies traf auch auf die britische Regierung zu, auch wenn hier der innenpolitische Druck zur Aufgabe des doktrinären Monometallismus am höchsten war. Insgesamt war das Interesse der europäischen Währungs-Großmächte an der Konferenz gering. Das zeigte sich auch daran, dass es der US-Regierung nur schwer gelang, einen Konferenzort zu finden. Die britische Regierung hatte den US-Wunsch nach London abgelehnt und Paris vorgeschlagen, aber auch dort hatte man kein Interesse die Konferenz auszurichten. „La verité (...) est qu'aucune des puissances que nous avons consultées ne désire voir la conférence se réunir chez elle", zitierte der französische Botschafter in Washington den dortigen stellvertretenden Außenminister Adee.[699] Schließlich erklärte sich die belgische Regierung auf amerikanischen und französischen Druck bereit, die Konferenz in Brüssel aufzunehmen.[700] Doch bestand sie darauf, dass der Vorsitz der Konferenz von den Vereinigten Staaten gestellt werden müsse und nicht, wie es in internationalen Konferenzen sonst üblich, von der gastgebenden Regierung.[701]

696 NARA RG 59 M 193, Roll T30, Dispatches from the US-Ministers to Belgium 1832–1906, Note du Gouvernement Belge, 30.5.1892.

697 Hierfür: Ottomar Haupt, Die Bank von Frankreich und die Goldbewegung, in: Kölnische Zeitung, 25.1.1893, Morgenausgabe.

698 MAE Direction Commerciale. Questions Monétaires. Conférence monétaire de Bruxelles 1892, Vol. 615, Tirard (Bruxelles) à MAE, 22.11.1892.

699 MAE Direction Commerciale. Questions Monétaires. Conférence monétaire de Bruxelles 1892, Vol. 615, Légation de la République Française à Washington à MAE, 13.9.1892.

700 NARA Record Group 59, M 193, Roll T30, Despatches from US Ministers to Belgium, 1832–1906, Terrell (Brussels) to the Department, 29.9.1892.

701 NARA Record Group 59, M 193, Roll T30, Despatches from US Ministers to Belgium, 1832–1906, Terrell (Brussels) to the Department, 28.10.1892.

4. Die Währungskonferenz von 1892

Die internationale Währungskonferenz von 1892 tagte insgesamt zehn Mal zwischen dem 22. November und dem 17. Dezember. Auf ihr waren schließlich zwanzig Regierungen vertreten, nachdem die Türkei, die zunächst nicht eingeladen, auf Bitten ihres Generalkonsuls in Brüssel doch noch hinzugebeten worden war.

Die Zusammensetzung der Delegationen der wichtigen Teilnehmerstaaten entsprach weitgehend dem Diskussionsstand über die Währungsfrage in den Ländern: Großbritannien wurde von Sir Charles Fremantle, dem Deputy Master of the Mint, C. Rivers Wilson, Secretary and Comptroller General of the Public Debt Office, Bertram Currie, der auch in der Silver and Gold Commission vertreten war, sowie William Houldsworth, Parlamentsabgeordneter für Manchester, und dem Londoner Bankier Rothschild vertreten. Die beiden Letzteren galten als Vertreter des Bimetallismus, die Ersteren, vor allem Fremantle, waren als Anhänger des Goldstandards bekannt. Es war das erste Mal, dass die britische Regierung überhaupt Bimetallisten als Delegierte zu einer Konferenz schickte.[702]

Die US-Delegation war dagegen mit den Senatoren William B. Allison (Republikaner aus Iowa) und John P. Jones (Republikaner aus Nevada) alleine mit Bimetallisten besetzt. Allison war schon 1878 einer der Initiatoren des nach ihm und Bland benannten Gesetzes gewesen, welches schon damals zu der Währungskonferenz geführt hatte. Die französische Delegation wurde vom früheren Finanzminister Tirard geführt, im Gegensatz zu 1881 fehlten aber die bekannten Bimetallisten Cernuschi und De Normandie. Auch die italienische Delegation war weniger prominent besetzt als 1881: Sie wurde geleitet vom Botschafter des Landes in Brüssel, Baron de Renzis, zudem waren die Abgeordneten Simonelli und Zeppa delegiert. Luigi Luzzatti, der international anerkannte Währungsexperte und ehemalige Finanzminister, war nicht vertreten. Die deutsche Delegation wurde von Graf Alvensleben, dem Botschafter des Reiches in Brüssel, geführt, ihr gehörten noch Hartung, der Direktor der Reichsbank, und Dr. von Glasenapp vom Finanzministerium an. Auf belgischer Seite fiel auf, dass der vehemente Vertreter des Monometallismus und mehrfache Delegierte des Königreiches auf den Währungskonferenzen, Eudore Pirmez, fehlte.

Gleich nach der Eröffnung der Konferenz durch den belgischen Ministerpräsidenten Beernaert erläuterte die US-Delegation noch einmal die Ziele der Konferenz: „That in the opinion of this conference, it is desirable that some measures should be found for increasing the use of silver in the currency systems of the nations."[703] Aus diesem Grunde hätten die USA ein Programm entworfen, das als Basis für die Beratungen dienen sollte. Dies sei zum einen der Plan von Moritz Levy, vorgestellt auf der Konferenz von 1881, der Plan des

[702] Henry B. Russell, International Monetary Conferences, S. 377f. Vgl. auch Steven P. Reti, Silver and Gold, S. 131ff.

[703] Statement and Programme presented by the Delegates of the United States of America to the International Monetary Conference of 1892.

kürzlich verstorbenen Adolf Soetbeer sowie ein eigener, von der amerikanischen Regierung vorgestellter Plan. Dieser sah die „re-establishment and maintenance of a fixed parity between gold and silver, and the continued use of both as coined money for full debt-paying power“ vor, also ein internationales bimetallistisches Abkommen.[704] Der Plan des dänischen Delegierten Moritz Levy war von diesem schon auf der Konferenz von 1881 vorgestellt worden, hatte zu diesem Zeitpunkt allerdings kaum Interesse gefunden. Er sah vor, alle Banknoten und Goldmünzen unterhalb des Gegenwertes von 20 Francs einzuziehen und durch Silbermünzen zu ersetzen. Auf diese Weise würde die Nachfrage nach dem weißen Metall verstärkt, der Preis stabilisiert und Gold stünde in größerem Umfang für höherwertige Zahlungsmittel zur Verfügung.[705] Zwar war es in Ländern wie dem Deutschen Reich oder auch Großbritannien schon jetzt üblich, kleinere Zahlungen in Silbermünzen vorzunehmen, entscheidend jedoch war, dass diese nicht die Funktion eines gesetzlichen Zahlungsmittels erhalten hatten, dies war den Goldmünzen bzw. den auf sie ausgestellten Banknoten vorbehalten. Insgesamt zielte der Vorschlag des dänischen Delegierten auf die Ausweitung der Geldmenge und damit – gemäß der klassischen Quantitätstheorie – auf die Senkung des Preisniveaus. Der Plan des deutschen Währungsexperten Adolf Soetbeer war ähnlich konstruiert: Auch er sah vor, dass sich die teilnehmenden Staaten verpflichten sollten, innerhalb einer Übergangsfrist von zehn Jahren alle Goldmünzen und Banknoten unter dem Wert von zwanzig Francs zu demonetisieren und durch Silbermünzen zu ersetzen. Das entsprach so weit dem Levy-Plan, Soetbeer ging aber noch einen Schritt weiter: Als nächstes sollte ein internationales Abkommen eine genau fixierte Menge Gold festlegen, die künftig als internationales Zahlungsmittel in allen teilnehmenden Ländern akzeptiert werden würde. Das war der Plan einer Weltwährung, wie er im Kern schon auf der Währungskonferenz von 1867 diskutiert worden war. Den amerikanischen Vorschlägen wurde noch der des britischen Delegierten Alfred de Rothschild hinzugefügt, allerdings, wie er betonte, nicht im Namen der britischen Regierung, sondern auf persönliche Verantwortung. Die britische Regierung, so erklärte Rothschild, werde keinem bimetallistischen Abkommen zustimmen, das den heimischen Goldstandard in Frage stellen würde. Es wäre aber schon hilfreich, wenn sich die Staaten zu regelmäßigen Silberkäufen verpflichten würden. Die Regierung der USA kaufe schon Silber im Wert von jährlich 54 Millionen Unzen.

„I would suggest that, on condition these purchases were continued, the different European powers should combine to make certain yearly purchases, say to the extent of about £ 5.000.000 Ster-

[704] Ebd. Vgl. auch Henry B. Russell, International Monetary Conferences, S. 380ff. sowie die hervorragende Zusammenfassung bei Steven P. Reti, Silver and Gold, S. 131ff.

[705] Henry B. Russell, International Monetary Conferences, S. 308f. Der Levy-Plan war, mit geringen Variationen schon vom russischen Delegierten von Thoerner 1878 propagiert und später, wieder mit geringen Veränderungen, vom deutschen Reichsbankpräsidenten von Dechend übernommen worden.

ling annually, such purchases to be continued over a period of five years at a price not exceeding 43 pence per ounce standard (...).“[706]

Die Details dieses Vorschlages, so Rothschild, könnten auf dieser Konferenz verhandelt werden. Er schloss mit einem Appell an die Delegierten der Konferenz diese zu einem Erfolg zu führen, ansonsten, so Rothschild, drohe eine internationale Finanzkrise größeren Ausmaßes. Auch wenn der britische Delegierte diese Vorschläge ausdrücklich nicht im Namen seiner Regierung präsentierte, waren sie doch von der seit 1881 schon klassischen britischen Position bestimmt. Diese war dadurch geprägt, dass sich London zwar für die internationale Stabilisierung des Silberpreises einsetzte, aber keinesfalls bereit war das eigene Währungssystem zu ändern. Der Vorschlag Rothschilds ähnelte daher jenem, den die britische Delegation auf der Konferenz von 1881 unterbreitet hatte, um den Gebrauch des Silbers zu steigern.

Die Reaktion der europäischen Delegationen auf die diversen Pläne waren zurückhaltend: Der britische Abgesandte Rivers Wilson forderte konkretere Verhandlungsgrundlagen, die von den USA präsentierten seien zu allgemein. Für Frankreich erklärte Tirard, dass seine Regierung angesichts des fortschreitenden Silberpreisverfalls nicht daran interessiert sei, noch mehr Silber aufzunehmen.

„Mais cette quantité énorme de métal blanc qu'elle (gemeint ist Frankreich, d.V.) possède déjà lui impose précisément la plus grande réserve, et elle ne veut accepter de propositions qu'à condition que ce stock métallique déprécié ne sera pas augmenté ou, en supposant qu'il puisse l'être, que ce ne soit pas sans compensations très sérieuses.“[707]

Die deutsche Delegation stellte fest, dass die Reichsregierung mit dem gegenwärtigen Währungssystem sehr zufrieden sei und keine Änderungen vornehmen werde.[708] Damit war die Konferenz schon frühzeitig in eine Sackgasse geraten. Auf Vorschlag des russischen Delegierten Raffalovich wurde darauf am 28. November eine „Commission d'Examen“ gebildet, die in nichtöffentlicher Sitzung die verschiedenen Vorschläge diskutieren und dann einen Bericht vorlegen sollte. Die Kommission einigte sich in sechs Sitzungen bis zum 2. Dezember mit großer Mehrheit darauf, der Konferenz den Levy-Plan zur weiteren Diskussion zu empfehlen, die Vorschläge von Soetbeer und Rothschild schienen den meisten Delegierten als zu kompliziert zu verwirklichen. Doch auch der Levy-Plan fand in der Gesamtkonferenz keine einmütige Unterstützung.[709] Vielmehr unterbreiteten verschiedene Delegierte weitere Vorschläge zur Lösung des Währungsproblems, die alle zumindest kurz diskutiert wurden, ohne dass es zu einer Abstimmung kam. Der Vorschlag des belgischen Delegierten Alphonse Allard sah vor, die

[706] Conférence Monétaire Internationale 1892. Procès Verbaux, Bruxelles 1892, Annexe B, S. 40–50. Henry B. Russell, International Monetary Conferences, S. 384.

[707] MAE Direction Commerciale. Questions Monétaires. Conférence monétaire de Bruxelles 1892, Vol. 615, Tirard (Bruxelles) à MAE, 25.11.1892.

[708] Conférence Monétaire Internationale 1892, S. 32. Vgl. auch Karl Helfferich, Ludwig Bamberger, S. 151.

[709] Rapport de la Commission d'Examen, in: Conférence Monétaire Internationale, S. 83–88. Karl Helfferich, Ludwig Bamberger, S. 135f.

weltweite Deflation durch die Einführung internationaler Banknoten zu lösen, die wahlweise durch Gold oder Silber gedeckt sein konnten.[710] Vergleichbare Pläne unterbreiteten die Delegierten von Dänemark, Tietgen, und der Brite Houldsworth. Sie alle fanden keine weitere Unterstützung, weil sie im Kern auf dem bimetallistischen Währungssystem beruhten, das weder die britische Regierung noch die des Deutschen Reiches je akzeptieren würden. Ähnlich erging es dem Vorschlag des schwedischen Delegierten Hans Forsell. Er entwarf das für diese Zeit sehr fortschrittlich anmutende Projekt einer internationalen Clearing-Union, wie sie im Rahmen der skandinavischen Münzunion schon existierte. Dieser Vorschlag sah vor, dass die an der Union teilnehmenden Zentralbanken wechselseitig Konten einrichten, über die Zahlungsbilanzungleichgewichte ausgeglichen werden konnten.[711] Dieser Vorschlag wurde nicht diskutiert, weil er politisch nicht realisierbar war. „On pourrait donc dire que les traveaux de la Conférence se sont poursuivis dans une atmosphère artificielle, en dehors de la réalité des faits", resümierte der russische Delegierte Raffalovich die Verhandlungen.[712] In der Sitzung vom 17. Dezember 1892 beschlossen die Delegierten, die Verhandlungen für sechs Monate zu unterbrechen, um sich mit ihren Regierungen zu beraten. „Il est apparu aux yeux de tous que, en ce moment, un accord était impossible entre les représentants du simple et du double étalon", resümierte der belgische Delegierte Montefiore Levi die Verhandlungen.[713] Im Mai 1893, so die verbreitete Meinung, werde man wieder zusammentreten, um auf neuer Basis über die Währungsfrage zu verhandeln. Doch wie schon 1881 trat die Konferenz nicht wieder zusammen.

Die Gründe für das Scheitern der Verhandlungen über ein internationales Währungsabkommen waren ähnlich wie 1881. Zum einen war von Beginn an klar, dass weder Großbritannien, noch das Deutsche Reich je einem internationalen bimetallistischen Bündnis beitreten werden, die wie schon 1881 geringen währungspolitischen Zugeständnisse Londons reichten den Verhandlungspartnern nicht, von Berlin waren nicht einmal Konzessionen gemacht worden. Ohne weit reichende Kooperation dieser beiden Mächte, so waren die Überlegungen in der französischen Regierung, würde auch Paris keine Zugeständnisse auf währungspolitischem Gebiet machen. Durch diese Konstellation von Interessen war ein internationales bimetallistisches Währungsbündnis von Beginn an höchst unwahrscheinlich. Hinzu kam, dass auch die Initiatoren der Konferenz, insbesondere die Regierung der USA, keine Bemühungen unternahmen das Projekt zu einem erfolgreichen Ende zu führen. „La politique adoptée par les Etats-Unis à la Conférence de Bruxelles a été vacillante, indécise, obéissant à des inspirations qui échappaient d'analyse", schrieb der Economiste Français.[714] Tatsächlich wa-

710 Ebd., S. 190–195. Vgl. auch Henry B. Russell, International Monetary Conferences, S. 404.

711 Ebd., S. 348. Es ist das Modell, das John Maynard Keynes 1944 während der Verhandlungen in Bretton Woods über ein internationales Währungssystem vorschlug und dann zu Beginn der fünfziger Jahre im Rahmen der Europäischen Zahlungsunion Bedeutung erlangte.

712 La Conférence Monétaire de Bruxelles, in: L'Economiste Français, 24.12.1892, S. 809.

713 Conférence Monétaire Internationale, S. 399.

714 La Conférence Monétaire de Bruxelles, in: L'Economiste Français, 24.12.1892, S. 809.

ren die US-Delegierten in einer schwierigen Situation, die Konferenz war von US-Präsident Benjamin Harrison einberufen worden, um die Anhänger des Bimetallismus für seinen Wahlkampf gewinnen zu können. Im November 1892 gewann jedoch sein Herausforderer Grover Cleveland die Wahl, die Administration Harrison war also schon abgewählt, als die Konferenz einen Monat später in ihre entscheidende Phase ging. Unter diesen Bedingungen konnte sie zu keinem konkreten Ergebnis führen, die Verhandlungen entwickelten sich erneut zu einem mehr oder weniger akademischen Streit um die internationale Währungspolitik, ohne politische Konsequenz. „Die jetzige Brüsseler Münzkonferenz", so höhnte Ludwig Bamberger vor dem Deutschen Reichstag, „unterscheidet sich von den früheren nur auf folgende Weise: die früheren gingen aus wie das selige Hornberger Schiessen; diese fängt schon an, wie das Hornberger Schiessen ausging."[715]

5. Innenpolitische Kontroversen um die Währungsfrage

Mit dem faktischen Scheitern der internationalen Währungskonferenz fand die ihr zu Grunde liegende Debatte um Mono- oder Bimetallismus keineswegs ein Ende, im Gegenteil, in einigen Ländern verschärfte sich die Auseinandersetzung noch einmal.[716] Wichtigste unmittelbare Konsequenz der Konferenz war die Einstellung der freien Silberausprägung in Indien. Die indische Regierung hatte diesen Schritt schon mehrfach in London beantragt, im dortigen India-Office auch immer wieder Unterstützung für einen solchen Schritt gefunden, allein der Treasury hatte den Antrag immer wieder unter Hinweis auf ein mögliches internationales bimetallistisches Abkommen abgelehnt.[717] Jetzt wurde aber im Oktober 1892 ein „Indian Currency Committee" unter der Leitung von Lord Herschell (Herschell-Committee) eingerichtet, das erneut über die indischen Währungsprobleme beraten sollte. Nach umfangreichen Untersuchungen empfahl die Kommission der Londoner Regierung den indischen Bitten nicht weiter die Zustimmung zu versagen und die freie Silberausprägung für Indien einzustellen. Stattdessen sollten Rupien nur noch gegen Gold ausgeprägt werden. Unter dem Eindruck der negativen Konferenzergebnisse aus Brüssel folgte Großbritannien nun den Empfehlungen, und am 26. Juni 1893 stellte Indien die freie Silberausprägung ein, die indische Rupie war nun vom Silberpreis abgekoppelt.[718]

[715] Ludwig Bamberger, Rede über die Brüsseler Münzkonferenz, gehalten im Reichstag am 12. Dezember 1892, in: Ders., Reden und Aufsätze, S. 551–568, hier S. 568.

[716] Steven P. Reti, Silver and Gold, S. 136.

[717] Edwin Walter Kemmerer, Modern Currency Reforms. A History and Discussion of Recent Currency Reforms in India, Porto Rico, Philippine Islands, Straits Settlements, and Mexico, New York 1916, S. 32–35.

[718] Ausführlich hierzu: Henry B. Russell, International Monetary Conferences, S. 409–425.

Die Einstellung der freien Silberausprägung in Indien war das Eingeständnis des Scheiterns der britischen Währungspolitik. Mehrfach hatte London, wie geschildert, auf internationalen Konferenzen versucht, ein bimetallistisches Bündnis zu schmieden, welches den Kurs des Silbers und damit der indischen Rupie auch im Interesse Englands stabilisiert hätte. Allein, die Methoden waren untauglich gewesen, London hatte sich niemals bereit gezeigt, den Goldstandard zu verlassen. Die Einstellung der freien Silberausprägung in Indien stärkte vor diesem Hintergrund die bimetallistische Bewegung in Großbritannien noch einmal. Diese fand ihren spektakulären Höhepunkt in der Rede des Führers der Konservativen im Unterhaus, Arthur Balfour, im Mansion House am 3. August 1893, in der er die Politik der britischen Regierung hart kritisierte.[719]

„We have hitherto been accustomed to boast of our isolation in matters of currency, and we now find ourselves trembling with apprehension at the course that may be pursued by this or that government over whom we have no control. Hitherto, we have boasted of our independence, and we find, to our dismay, that it may, perhaps, rest with the uncommercial policy of some military power on the Continent to upset the whole system of our finance in this country. We have claimed, and we have surly rightly claimed, that we were the great commercial community of the world, trading with all other countries, covering the seas with our fleets, taking toll of all nations, having commercial intercourse with all nations, and we now find, I fear partly through our own fault, that the world is divided into gold-using countries and into silver-using countries, that the whole mechanism of exchange between the gold and silver-using countries is upset, and that with that mechanism of exchange every merchant who deals with South America, or with India, or with Mexico, or with China is hampered and embarrassed in all his actions."[720]

Die Anklage ging weit über die Dimension der Währungsfrage hinaus, es ging nicht mehr allein um die theoretischen ökonomischen Positionen oder die mit diesem Problem verbundenen wirtschaftlichen Interessen. Es ging Balfour um die Stellung Großbritanniens in der Welt, um seine währungs- und wirtschaftspolitische Unabhängigkeit und seine Führungsposition in Handelsfragen, die nicht zuletzt auf der Solidität seiner Währung beruhte. Diese aber war seit Beginn der achtziger Jahre des 19. Jahrhunderts durch die anhaltende Deflation in Frage gestellt worden, und das politische System hatte sich unfähig gezeigt, dieses Problem zu lösen. Hierdurch, so Balfour, sei Großbritannien in die Abhängigkeit von anderen Ländern geraten, und die Welt sei, zum Schaden Englands, währungspolitisch geteilt. Auch wenn man Balfour in seiner Interpretation nicht unbedingt folgen mag, weist er doch auf einen weiteren Faktor hin, der die inzwischen umfangreiche Debatte um die britische „Decline", den zunächst vor allem wirtschaftlichen Niedergang des Landes im 20. Jahrhundert, um einen Aspekt zu ergänzen vermag: Die wirtschafts- und währungspolitische Hegemonie, die London seit der Mitte des 19. Jahrhunderts in der Welt hatte, war in den achtziger Jahren nicht zuletzt durch die Kompromisslosigkeit der britischen politischen

719 Balfour galt als einer der bekanntesten britischen Bimetallisten, er war auch Mitglied der Gold and Silver Commission gewesen. Vgl. Blanche E.C. Dugdale, Arthur James Balfour, 1848–1906, New York 1937, sowie Henry B. Russell, International Monetary Conferences, S. 419.

720 Ebd., S. 419f.

Elite in der Währungsfrage in Gefahr geraten.[721] Auch hierauf spielte die Handelskammer von Leith an, als die im Vorfeld der Konferenz von 1892, die Regierung aufforderte, London zum Ort der Verhandlungen zu erklären.[722] Nach ihrer Ansicht sollte Großbritannien die Führungsrolle bei der währungspolitischen Neuordnung der Welt übernehmen und dies durch die Ausrichtung der Konferenz in London auch deutlich machen. Allein, die britische Regierung konnte diese Rolle nicht übernehmen, sie blieb gefangen in der vor allem durch die glorreiche Vergangenheit legitimierten Verteidigung des Monometallismus. Bis 1914 sollte Großbritannien an dieser Politik festhalten, und es ist nicht erstaunlich, dass gerade dieses Land das einzige war, das nach dem Ersten Weltkrieg versuchte, die Uhr noch einmal zurückzudrehen und den Goldstandard als Währungssystem wieder zu etablieren, bis die Regierung Mac Donald im September 1931 den Sterling von der „goldenen Fessel" befreite und damit dieses Konzept endgültig aufgab.[723]

Die Einstellung der Silberausprägung in Indien und der damit einhergehende weitere Verfall des Silberpreises stärkten auch im Deutschen Reich das bimetallistische Lager. Um die regierungsfeindliche Stimmung vor allem der Agrarier zu beruhigen, setzte Reichskanzler Leo von Caprivi im Februar 1894 eine Enquete-Kommission zur Untersuchung der Währungsfrage ein, mit der besonderen Aufgabe, Möglichkeiten zu suchen, den Silberpreis zu stabilisieren.[724] Die Kommission wurde von Finanzminister Posadowsky präsidiert, ihr gehörten Bimeta listen ebenso wie Anhänger der Goldwährung an. Zunächst wurde erneut die Frage diskutiert, ob die weltweit vorhandene Menge an Gold überhaupt ausreichend sei, um zumindest die wichtigsten Handelsnationen zu versorgen. Obwohl es auch hier unterschiedliche Meinungen gab, einigte sich die Kommission mehrheitlich darauf, dass dies der Fall sei, empfahl den Goldstandard-Ländern aber zugleich, mehr Silber in den Alltagsgeschäften zu verwenden, um auf diese Weise die Nachfrage nach den „weißen Metall" zu steigern.[725] Zu einer grundsätzlichen Lösung der Währungsfrage im Sinne der Bi- oder Monometallisten konnte sich die Kommission wie schon ihre zahlreichen Vorgänger auf internationaler Ebene allerdings nicht durchringen. Entscheidend war, dass dies eben keine Frage objektivierter wissenschaftlicher Erkenntnis war, sondern ein politisches Problem, das daher auch nur politisch gelöst werden konnte. Die deutschen Bimetallisten, vor allem die ostelbischen Großbauern, setzten ihre Agitation gegen das bestehende Währungssystem daher fort, nunmehr organisatorisch gefestigt durch den

[721] Zur Debatte um die britische „Decline" vgl. zusammenfassend: Michael Dintenfass, The Decline of Industrial Britain, 1870–1980, London 1992. Sidney Pollard, Britain's Prime and Britain's Decline. The British Economy 1870–1914, London 1989.

[722] Vgl. auch den deutschen Bericht hierüber: BA R 901/21463, von Metternich (London) an Caprivi, 21.5.1892.

[723] Barry Eichengreen, Golden Fetters. The Gold Standard and the Great Depression 1919–1939, New York 1992.

[724] Karl Helfferich, Ludwig Bamberger als Währungspolitiker, S. 153. Julius Landesberger, The German Silver Commission, in: Economic Journal, Vol. 5 (1895), S. 95–109.

[725] Julius Landesberger, German Silver Commission, S. 99.

1893 gegründeten, von den Großagrariern dominierten „Bund der Landwirte".[726] Hauptziel dieser agrarischen Interessenvertretung war der Schutz der deutschen Landwirtschaft vor der zunehmenden auswärtigen Konkurrenz. Sie plädierten dafür, den Getreidehandel zu verstaatlichen, traten für Preisgarantien ein und setzten Beschränkungen für die Fleischeinfuhr mittels veterinärmedizinischer Maßnahmen durch. Das wichtigste politische Forum des Bundes der Landwirte war der Reichstag, wo er vor allem unter Deutsch- und Freikonservativen Unterstützung fand. Auf währungspolitischen Gebiet plädierte auch der Bund der Landwirte für den Bimetallismus. Hier im Reichstag beantragte Graf von Mirbach mit Unterstützung des BdL am 16. Februar 1895 eine Resolution, die die Reichsregierung aufforderte, eine internationale Münzkonferenz zur Lösung der Währungsfrage einzuberufen.[727] Die Resolution wurde nicht nur von den Konservativen und Agrariern, sondern auch vom Zentrum unterstützt, die gegnerische Minderheit vor allem von den Liberalen und der Sozialdemokratie getragen. Reichskanzler Hohenlohe akzeptierte die Resolution und sagte zu,

> „mit den verbündeten Regierungen in Erwägung zu ziehen, ob nicht mit anderen, an der Bewerthung des Silbers wesentlich betheiligten Staaten in einem freundschaftlichen Meinungsaustausch über gemeinschaftliche Maßregeln zur Abhilfe einzutreten sein möchte."[728]

Für ihn ging es in dieser Situation vor allem darum den agrarischen Protest durch ein Arrangement mit den systemtragenden konservativen preußischen Junkern aufzufangen.[729] Damit war auch die Reichsregierung in die Situation geraten, dass sie eine Initiative zugunsten des internationalen Bimetallismus ergriff, um eine innenpolitische Opposition für sich zu gewinnen. In ähnlicher Lage waren zuvor schon die Regierungen der Vereinigten Staaten, Großbritanniens und auch Frankreichs gewesen. Die durch die wirtschaftliche Modernisierung verschärften sozioökonomischen Verteilungskämpfe, die mehr und mehr die Innenpolitik prägten, wurden nun auch in Berlin nach außen gelenkt. Dabei war hier von Beginn an klar, dass die außen- und finanzpolitische Elite des Reiches keineswegs die Absicht hatte, den Goldstandard als Währungssystem zugunsten eines internationalen bimetallistischen Abkommens aufzugeben. Schon die Erklärung des Reichskanzlers begann mit den Worten: „Ohne der bestehenden Reichswährung zu präjudizieren", und der Zweck des allgemeinen Meinungsaustausches auf internationaler Ebene sollte keineswegs eine internationale Doppelwährung sein, sondern diente der „Hebung und Befestigung des Silberwertes".[730] Zudem ließ die Reichsregierung zunächst in London sondieren, ob dort die Bereitschaft zu

[726] Hans Ulrich Wehler, Deutsche Gesellschaftsgeschichte, Bd. 3, S. 835. Rita Aldenhoff-Hübinger, Agrarpolitik und Protektionismus, S. 101ff.

[727] Stenographische Berichte über die Verhandlungen des Reichstags, IX Legislaturperiode, III. Session 1894/95 Zweiter Band, 38. Sitzung 15.2.1895, S. 893ff.

[728] Ebd., Vgl. auch Karl Helfferich, Ludwig Bamberger, S. 154.

[729] Thomas Nipperdey, Deutsche Geschichte 1866–1918, Bd. II, S. 720.

[730] Stenographische Berichte über die Verhandlungen des Reichstags, IX Legislaturperiode, III. Session 1894/95 Zweiter Band, 38. Sitzung 15.2.1895, S. 915. Vgl. auch Karl Helfferich, Ludwig Bamberger, S. 155.

einer internationalen Währungskonferenz bestünde und sogar eventuell die Möglichkeit der Wiedereinführung der freien Silberausprägung in Indien. Von dort kam erwartungsgemäß eine Absage, und damit war der Zusicherung des Kanzlers an den Reichstag in währungspolitischer Hinsicht genüge getan.[731]

6. Die gescheiterte Währungskonferenz 1897

Sehr viel schärfer als in Großbritannien und Deutschland war die Währungsfrage Mitte der neunziger Jahre in den Vereinigten Staaten. Kurz nach der Amtsübernahme von Präsident Cleveland am 4. März 1893 fielen die Goldreserven der US-Notenbanken unter die als Minimum zur Deckung der Papiergeldumläufe deklarierten 100 Millionen Dollar. Der Hintergrund war das anhaltende Haushaltsdefizit der US-Regierung, welches das Vertrauen in die Währung beständig untergrub und vorsichtige Anleger dazu animierte, ihre Dollarnoten einzutauschen, das dann erhaltene Gold nach Europa zu transportieren und dort, vorzugsweise in Frankreich, wieder anzulegen.[732] Als die indische Regierung Ende Juni 1893 die Einstellung der freien Silberausprägung ankündigte, berief Präsident Cleveland den Kongress zu einer Sondersitzung ein, um den Sherman-Silver-Purchase-Act von 1890 zu widerrufen. Dieser verpflichtete die Regierung jährlich viereinhalb Millionen Unzen Silber aufzukaufen und Cleveland argumentierte, dass dieses Gesetz eine Ursache für die schlechte Wirtschaftslage sei. Tatsächlich jedoch war die Regierung besorgt, weil das Gesetz angesichts des andauernden Goldabflusses dazu führen musste, dass die Währungsreserven schließlich nur noch aus Silber bestehen. Der Widerstand gegen die Maßnahme der Regierung im Repräsentantenhaus war, nimmt man die Debatte um die Einführung des Sherman-Act zum Maßstab, schwach. Zwar wurde eingewandt, dass mit der Aufgabe des Gesetzes auch die Aussichten auf eine internationale bimetallistische Verständigung geringer würden, doch konnte dieses Argument nach den Erfahrungen der Brüsseler Konferenz kaum noch überzeugen.[733] Nachdem es Ende August vom Repräsentantenhaus akzeptiert worden war, verabschiedete auch der Senat das neue Währungsgesetz Ende Oktober, so dass auch die USA am 1. November 1893 die Ausprägung von Währungssilber im Rahmen des Sherman-Acts einstellten.[734] Gleichwohl gaben die USA den Bimetallismus nicht auf, das neue Gesetz enthielt eine Erklärung, dass Münzen ausgeprägt werden sollten „both gold and silver into money of equal intrinsic and exchangeable va-

731 Steven P. Reti, Silver and Gold, S. 139.

732 Richard Franklin Bensel, Political Economy of American Industrialization, S. 411. Steven P. Reti, Silver and Gold, S. 129.

733 Richard H. Timberlake Jr., Repeal of Silver Monetization in the Late Nineteenth Century, in: Journal of Money, Credit, and Banking, Vol. 10 (1978), S. 27–45.

734 Richard H. Timberlake, Repeal of Silver Monetization, S. 42. Paul Kleppner, Continuity and Change in Electoral Politics, 1893–1928, New York 1987, S. 99f.

lue, such equality to be secured through international agreement."[735] Die US-Regierung wurde also durch die internationale Situation gezwungen die weitere Silberausprägung einzustellen, hielt aber formal an der Doppelwährung fest.

So vernünftig die Einstellung der Silberausprägung vom internationalen Standpunkt her war, sie erwies sich als innenpolitisches Desaster für Präsident Cleveland. 1894 wurden die USA von einer hartnäckigen Wirtschaftskrise erfasst, die Arbeitslosigkeit stieg ebenso wie die Zahl der zahlungsunfähigen Unternehmen. Die Rezession führte zu einer Streikbewegung, die ihren Höhepunkt in den Pullman-Streiks in Chicago fand, die die Regierung mit militärischer Gewalt niederschlagen ließ. In dieser Situation spitzte sich die Diskussion um die Währungsfrage erneut zu, der Wahlkampf des Jahres 1896 wurde in besonderer Weise von diesem Problem bestimmt. Wie schon bei den Präsidentschaftswahlen zuvor waren auch jetzt die parteipolitischen Konfliktlinien keineswegs identisch mit jenen auf dem Währungssektor. Während die Republikanischen Conventions der Ostküste mit großer Mehrheit für die Einführung des Goldstandards votierten, sprachen sich die Republikaner der westlichen Staaten eher für den Bimetallismus aus. In Colorado drohten sie sogar mit der Sezession aus der Union, wenn der Doppelstandard mit Gold und Silber nicht eingeführt werde.[736] Ähnlich erging es den Demokraten: In Missouri plädierte die Democratic Convention für Silber, ihre Parteifreunde aus Massachusetts hingegen für Gold als Währungsbasis.[737] Der Demokratische Präsidentschaftskandidat William Jennings Bryan stellte sich eindeutig auf die Seite der Silberleute und plädierte in seiner berühmt gewordenen Rede für die währungspolitische Unabhängigkeit der USA:

> „My friends, we declare that this nation is able to legislate for its own people on every question, without waiting for the aid of consent of any other nation on earth; and upon that issue we expect to carry every State in the Union. (...) If they say bimetallism is good, but that we cannot have it until other nations help us, we reply that, instead of having a gold standard because England has, we will restore bimetallism, and then let England have bimetallism because the United States has it."[738]

Dieses leidenschaftliche Plädoyer für die währungspolitische Unabhängigkeit des Landes von Europa, insbesondere von Großbritannien, brachte Bryan die Präsidentschaftskandidatur für die Demokraten. Sein republikanischer Herausforderer McKinley hingegen vermied jede Stellungnahme zugunsten des Bimetallismus ebenso wie die Kritik an diesem Konzept, sprach sich aber für Schutzzölle aus. Gleichwohl hatten die Wähler in währungspolitischer Hinsicht eine klare Alternative: Bryan stand für die nationale währungspolitische Unabhängigkeit und die Einführung der freien Silberausprägung in den Vereinigten Staaten unabhängig von Europa. McKinley hingegen repräsentierte die Orientierung nach Europa, sei es durch die Anbindung an die dort dominierende Goldwährung oder durch

[735] Congressional Record 53rd Congress, 1st session, S. 1102. Margaret G. Myers, Financial History of the United States, S. 215f.
[736] Commercial and Financial Cronicle, 23.5.1896.
[737] Bankers Magazine, Vol. 50 (1895), S. 644–646.
[738] Rede Bryans in Chicago, 8.7.1896, zit. nach Steven P. Reti, Silver and Gold, S. 147.

ein internationales bimetallistisches Abkommen. McKinley gewann die Wahl mit 51 Prozent knapp, wobei er sich vor allem auf die Ostküstenstaaten stützte, während der unterlegene Bryan den Westen des Landes für sich gewinnen konnte. Die sozioökonomische Cleavage zwischen dem industrialisierten Osten und dem agrarischen Westen, die die Währungsdebatte in den USA seit Beginn der siebziger Jahre dominiert hatte, bestand also immer noch.

Schon in seiner Inaugural Adress erklärte Präsident McKinley, dass er weiterhin für ein internationales bimetallistisches Abkommen eintreten werde.[739] Wenige Tage zuvor hatte sein scheidender Amtsvorgänger Cleveland zweifellos in Absprache mit McKinley eine Kommission eingesetzt mit der Aufgabe die Möglichkeiten für eine weitere internationale Währungskonferenz bei den europäischen Regierungen zu sondieren. Ihr gehörten der republikanische Senator von Colorado, Edward Wolcott, der scheidende Vizepräsident Adlai E. Stevenson und Charles J. Paine, ein bis dahin nicht ins politische Rampenlicht getretener Privatmann, an.[740] Alle drei galten als Anhänger des Bimetallismus, allerdings nur unter der Voraussetzung, dass dieser durch eine internationale Vereinbarung gemeinsam mit den europäischen Ländern eingeführt werde. Im Mai 1897 reisten sie zur zweiten Jahrestagung der 1895 gegründeten französischen Bimetallisten-Vereinigung nach Paris und wurden dort von Premierminister Jules Méline, der auch Vizepräsident der Vereinigung war, enthusiastisch empfangen.[741] Ganz im Sinne der Amerikaner plädierte Méline in seiner Rede vor den Delegierten der Konferenz für die Wiederherstellung des Bimetallismus als Währungssystem und die erneute Einberufung einer internationalen Konferenz.[742] Die französische Regierung stützte die US-Forderungen vollständig, war allerdings nur bereit, eine Konferenz einzuberufen, wenn zuvor die britische Regierung ihre Unterstützung für ein internationales bimetallistisches Abkommen erklären würde.

„Mais l'expérience du passé a (...) démontré qu'avant de convier à une *conférence internationale*, chargée de trouver la solution du problème à résoudre, les grandes nations à l'étalon d'or, dont l'entente est considérée comme indispensable, il fallait au moins les amener à se prononcer sur le principe même et sur les conséquences économiques de la réforme monétaire projetée."[743]

Der französische Botschafter in London, Baron de Courcel, wurde daher instruiert, dort gemeinsam mit der US-Delegation die britische Position in dieser Frage zu erkunden.[744] Trotz des öffentlichen Bekenntnisses des Ministerpräsidenten zum Bimetallismus hatte sich die französische Haltung in der Währungsfrage seit der Konferenz von 1892 nicht verändert. Einseitige Schritte zugunsten

[739] Inaugural Adresses of the Presidents of the United States from George Washington to Lyndon Baines Johnson, Washington 1965, S. 170.

[740] Thomas Fulton Dawson, Life and Character of Edward Oliver Walcott. Late a Senator of the United States from the State of Colorado, Vol. 1, New York 1911, S. 657.

[741] So zumindest schilderte The Bimetallist, 1897, S. 116–117, die Ankunft der US-Delegation in Paris.

[742] The Bimetallist, June 1897, S. 91.

[743] Projet de Résolution, Sixième Législature, Session de 1896, Annexe à au procès verbal de la 1ere séance du 17 mars 1996 (Kursivdruck im Original).

[744] Henry B. Russell, International Monetary Conferences, S. 480.

dieses Währungssystems, selbst wenn sie gemeinsam mit den Vereinigten Staaten unternommen würden, kamen für die französische Regierung nicht in Frage. Frankreich, so wurde dem französischen Botschafter in London als Regierungsposition mitgeteilt, werde seine Münzstätten für die freie Silberausprägung nur öffnen, wenn dies alle anderen großen Handelsnationen ebenfalls täten.[745]

Wie nicht anders zu erwarten, stießen die Vorschläge der USA und Frankreichs in einer Besprechung der US-Delegation und des französischen Botschafters mit Premier- und Außenminister Salisbury, Secretary of State for India, Lord George Hamilton und dem Chancellor or the Exchequer, Michael Hicks Beach, im Londoner Foreign Office bei der britischen Regierung auf erhebliche Skepsis.

„The Chancellor of the Exchequer (...) stated definitely that the English Government would not agree to open English mints to the unlimited coinage of silver, and that, whatever views he and his colleagues might separately hold on the question of bimetallism, he thought he could say they were united upon this point."[746]

Damit war klar, dass sich die englische Regierung wieder nicht an einem bimetallistischen Abkommen beteiligen würde, es blieb auf amerikanischer und französischer Seite die Hoffnung auf Indien. Doch auch dort bestand wenig Interesse an einer Wiederöffnung der indischen Prägestätten für Silbermünzen. Das Risiko eines solchen Schrittes, so argumentierte der Leiter des India-Office, Lord George Hamilton, sei für Indien zu hoch. „(...) he (gemeint ist Hamilton, d.V.) would therefore be unable to consent on the part of India to the proposed experiment unless he were thoroughly convinced that its effects would be not only advantageous but durable."[747] Während Frankreich und die Vereinigten Staaten im Falle der Öffnung ihrer Münzen für die freie Silberausprägung immerhin noch ein bimetallistisches System hätten, so Hamilton, habe Indien einen monometallistischen Silberstandard. Die indische Währung würde also im Falle eines Misserfolges in viel stärkerem Maße in die Krise hineingezogen. Während also Lord Hamilton für das India-Office vor allem währungspolitische Argumente gegen die amerikanisch-französischen Vorschläge ins Feld führte, argumentierte der Chancellor of the Exchequer in einem Memorandum vom 12. Oktober 1897 politisch: Man solle der amerikanischen Regierung „briefly and without argument" mitteilen, dass die indische Regierung eine Öffnung ihrer Prägestätten für Silber ablehne und dies auch die Position der britischen Regierung sei.[748] „We had better preserve our freedom with regard to them." Überhaupt plädiere er dafür, die Diskussion um den internationalen Bimetallismus ganz abzubrechen. „This would probably bring negociations to an end. From a political point of

[745] PRO CAB 37/45/36 Cabinet Papers. The Proposals Relating to Silver. Memorandum of a Meeting held at the Foreign Office on Thursday July 15, 1897.

[746] Ebd.

[747] PRO CAB 37/45/36 Cabinet Papers. The Proposals Relating to Silver. India Office to Treasury, October 1897.

[748] PRO CAB 37/45/36 Cabinet Papers. The Proposals Relating to Silver. Memorandum of the Chancellor of the Exchequer, confidential, 12.10.1897.

view, such a mode of ending them would leave us in a strong position."[749] Das war erneut das schon 1881 in London dominierende Argument, das die Währungsfrage primär unter außenpolitischen Gesichtspunkten bewertete und aus dieser Perspektive die währungspolitische Unabhängigkeit Großbritanniens zur höchsten Priorität erhob. Nationale Souveränität auch in Währungsfragen blieb das wichtigste Ziel der britischen Regierung, und daher erhielt auch die amerikanisch-französische Delegation in London im Herbst 1897 erneut eine Absage.[750] Erleichtert wurde der britischen Regierung diese intransigente Haltung 1897 dadurch, dass der innenpolitische Druck zugunsten des Bimetallismus angesichts der steigenden Preise für Agrarprodukte und dem damit verbundenen Einkommensanstieg der Farmer nachgelassen hatte.[751] Auch in den Vereinigten Staaten stiegen die Agrarpreise wieder, 1905 wurde das Niveau der frühen achtziger Jahre erreicht. Der Grund hierfür war auch das seit Mitte der neunziger Jahre wieder steigende Goldangebot. Die jährliche Goldproduktion betrug 1880 5,2 Millionen Feinunzen jährlich, 1895 war sie auf 10,2 Millionen Feinunzen angewachsen, eine Produktionssteigerung, die vor allem durch verbesserte Abbaubedingungen durch technischen Fortschritt und die Entdeckung neuer großer Goldvorkommen insbesondere in Südafrika entstand.[752] Für die Währungsfrage bedeutete diese Entwicklung, dass der starke gesellschaftliche Druck in allen beteiligten Staaten nachließ und die bimetallistische Bewegung an Bedeutung verlor. Mit dem Scheitern der Wolcott-Kommission 1897 endeten daher auch die Bemühungen um ein internationales bimetallistisches Abkommen.

Selbst die Vereinigten Staaten, auf deren Initiative immerhin drei der großen internationalen Währungskonferenzen einberufen worden waren, gingen am 4. März 1900 zum Goldstandard über.[753] Dem war im Januar 1897 eine Versammlung der Handelskammern des amerikanischen Ostens in Indianapolis vorangegangen, die eine Kommission zur Untersuchung der Währungsfrage unter der Leitung von Laurence Laughlin, Professor an der Universität von Chicago, einsetzte. Laughlin plädierte in einem 400 Seiten starken Gutachten für die Einführung des Goldstandards. Im Dezember 1899 wurde erneut ein Gesetzentwurf im Repräsentantenhaus zugunsten des Goldstandards eingebracht, der nun, angesichts des steigenden Preisniveaus und der allgemeinen wirtschaftlichen Erholung nicht mehr so leidenschaftlich diskutiert wurde wie seine Vorgänger in den siebziger und achtziger Jahren. Das Repräsentantenhaus stimmte mit einer Mehrheit von fünfzig Stimmen für die Einführung des Goldstandards, auch im

[749] Ebd.

[750] Diese mangelnde Bereitschaft der britischen politischen Elite zur internationalen Kooperation, zumal auf dem ökonomischen Sektor, wertet Gabriele Metzler zu Recht als den britischen Beitrag zur Zerstörung des europäischen „Konzerts der Mächte". Vgl. Gabriele Metzler, Gesellschaftlicher Wandel und internationale Politik, S. 792.

[751] Michael Tracy, Agriculture in Western Europe, S. 43. George F. Warren, Frank A. Pearson, Gold and Prices. New York 1935, S. 31.

[752] Steven P. Reti, Silver and Gold, S. 152.

[753] Hierfür und für das Folgende: Margret G. Myers, Financial History of the United States, S. 220–222. Vgl. auch Jacques Mertens, La Naissance de l'étalon-or, S. 243–255.

Senat wurde der Entwurf mit geringfügigen Abänderungen verabschiedet und anschließend vom Präsidenten unterschrieben. Lediglich ein Zusatz bestimmte, dass das Gesetz

„not intended to preclude the accomplishment of international bimetallism whenever conditions shall make it expedient and practicable so secure the same by concurrent action of the leading commercial nations of the world and at a ratio which shall insure permanence of relative value between gold and silver."[754]

Doch war dieser Zusatz allenfalls eine letzte Hoffnung der Anhänger des Bimetallismus, zu einer internationalen Konferenz zu dieser Frage kam es, wie nicht anders zu erwarten, nicht mehr. Die Frage nach dem Währungsstandard in den Vereinigten Staaten war bis in die Mitte des 20. Jahrhunderts hinein entschieden.

7. Währungspolitik unter dem Druck der Öffentlichkeit: Die Lateinische Münzunion und Italien 1893

Trotz der heftigen Auseinandersetzungen um die Währungsfrage auf nationaler und internationaler Ebene war es um die Lateinische Münzunion nach 1886 ruhig geworden.[755] 1889 wurde der Vertrag über die Währungsunion stillschweigend verlängert, weil keine der beteiligten Regierungen ihre Auflösung beantragte. Das war kaum verwunderlich, denn weiterhin galt, was schon 1885, während der Verhandlungen über die Liquidationsklausel, gegolten hatte: Die Kosten einer Auflösung der Währungsunion waren durch die Bedingungen der Liquidationsklausel von 1885 so hoch, dass keine der beteiligten Regierungen ein Interesse an einer vorzeitigen Auflösung haben konnte. Der Präsident der Banque de France erklärte im Sommer 1893 inoffiziell, er habe 204 Millionen Francs in belgischen und 131 Millionen in italienischen Fünf-Francs-Stücken in seinen Beständen.[756] Deren Gegenwert müssten beide Länder bei einer Auflösung der Union in Gold ersetzen. Die hierdurch entstehenden Kosten verhinderten, dass die Lateinische Münzunion gekündigt wurde.

1893, also nach der internationalen Währungskonferenz, auf der sich die Länder der Lateinischen Münzunion unter der Führung Frankreichs als Einheit präsentiert hatten, kam es noch einmal zu Währungsverhandlungen in diesem Kreis, die zwar nicht zu wesentlichen Vertragsveränderungen führten, gleichwohl aber interessante Aufschlüsse geben über den politischen Charakter der Union. Der Hintergrund war die tiefe Wirtschaftskrise in Europa, die auch Italien seit 1889 beherrschte, welche Gino Luzzatto als „gli anni piú neri dell'economia dell nuovo

[754] National Monetary Commission. Laws of the United States Concerning Money, Banking and Loans, Washington 1910, S. 610.

[755] Jacques Mertens, La Naissance de l'étalon-or, S. 274. Henry Parker Willis, Latin Monetary Union, S. 236ff.

[756] BA R901/21496 Münster an Caprivi, 13.7.1893.

regno“ bezeichnete.[757] Eine Ursache war die Fortdauer des „Trasformismo“, in dessen Rahmen sich, ähnlich wie im Deutschen Reich, eine protektionistische Koalition zwischen Landwirtschaft und Industrie formiert hatte.[758] Im Juli 1887 verabschiedete das Parlament auf dieser Basis die neuen Zolltarife und Abgaben für Getreide. Diese waren ein Grund für den folgenden „Zollkrieg“ zwischen Italien und Frankreich, der auf französischer Seite immer wieder zu mehr oder weniger ernst gemeinten Aufforderungen an die Regierung führte, die Währungsunion zu kündigen. Wortführer in dieser Hinsicht waren im Sommer 1893 der Wirtschaftspublizist Paul Leroy-Beaulieu und der Direktor des Credit Lyonais, Kleinman, auf französischer und der italienische Senator, Industrielle und Hauptvertreter der Protektionisten Alessandro Rossi auf italienischer Seite.[759] Trotz der protektionistischen Maßnahmen ging das italienische Bruttoinlandsprodukt in den folgenden Jahren stark zurück, 1889 um 3,2%, 1892 um 3,8% und 1895 noch um 1,1%.[760] Der Auslöser dieser Wachstumskrise war nicht allein der Protektionismus, sondern vor allem der Rückzug der auswärtigen Investitionen aus Italien, die in der Mitte der achtziger Jahre dorthin geflossen waren. Jetzt jedoch, unter den Bedingungen der allgemeinen europaweiten Krise, zogen viele ihr Kapital wieder zurück. Verschärft wurden die konjunkturellen Probleme im Sommer 1893 durch eine durch Spekulation ausgelöste Währungskrise.[761] Vor allem kleinere Spekulanten kauften Silberscheidemünzen in Italien auf, transportierten diese nach Frankreich, wo sie in Gold eingetauscht wurden, welches darauf wieder nach Italien zurückfloss. Die Folge war, dass das vor allem für alltägliche kleine Zahlungen benutzte Silbergeld beträchtlich zurückging und die Regierung ein Verbot über den Export von Silberscheidemünzen nach Frankreich verhängte. Zugleich unterbreitete sie in einer Note an die Länder der Lateinischen Münzunion den Vorschlag, italienische Silberscheidemünzen für zwei Monate aufzukaufen, um sie dann im Rahmen des Vertrages von 1885, das heißt gegen die Bezahlung von Gold, nach Italien zurückzugeben.[762] Es handelte sich hierbei um die Münzen zu zwei Francs, einem Franc, fünfzig sowie zwanzig Centimes.

Die Anfrage löste in Frankreich heftige Reaktionen aus. Vor dem Hintergrund der außen- und wirtschaftspolitischen Spannungen mit Italien forderten Teile der Presse, alles zurückzuweisen, was der italienischen Regierung nützlich sein könnte, nur um dem Land zu schaden.[763] Paul Leroy-Beaulieu, der zuvor für die Kün-

[757] Gino Luzzatto, L’economia italiana dal 1861 al 1914, Vol. I, S. 231. Für das Folgende: Gianni Toniolo, Storia economica, S. 139ff. Vgl auch Peter Hertner, Il Capitale straniero in Italia (1883–1914), in: Studi Storici (1981), S. 767–795.

[758] G. Candeloro, Storia dell’Italia moderna, Vol. VI, S. 329.

[759] BA R901/21496 Münster an Caprivi, 13.7.1893.

[760] Zahlen bei Gianni Toniolo, Storia economica, S. 141. Vgl. auch Stefano Battilossi, Storia economica d’Italia, S. 154.

[761] Hierzu der Bericht des deutschen Botschafters in Rom, Solms, BA R901/21496 Solms an Caprivi, 20.7.1893.

[762] Henry Parker Willis, Latin Monetary Union, S. 246.

[763] Economiste Français, 21.10.1893.

digung des Vertrages eingetreten war, warnte jetzt jedoch vor den Konsequenzen eines solchen Schrittes:

„Si l'Italie nous demandait un sacrifice, nous n'aurions, certes, aucune raison de le faire; mais si, simplement elle nous prie de consentir à une mesure n'ayant, par hypothèse, aucun inconvénient pour nous, pouvant même, d'un certain côté, nous être avantageux et qu'elle juge profitable pour elle, il serait, certes, très impolitique de notre part de répondre par un refus hautain."[764]

Leroy-Beaulieu plädierte also dafür, den italienischen Vorschlag nach ausschließlich währungspolitischen Kriterien und nicht im Kontext der politischen Stimmung zu bewerten. Das gelte zumal in der jetzigen Situation, in der Frankreich durch das Militärbündnis mit Russland aus der europäischen Isolation heraustrete.

„Précisément à l'heure présente où l'alliance en quelque sorte spontanée, non écrite, mais consacrée par l'enthousiasme populaire, entre la Russie et la France nous donne une situation plus forte en Europe, il nous incombe de montrer que (...) nous n'avons l'intention de prendre envers personne une ‚attitude de défi'."[765]

Die Verbindung, die Leroy-Beaulieu zwischen der französisch-russischen Militärentente und der Lateinischen Münzunion herstellte, ist entscheidend: Es ging ihm darum, dass das italienische Anliegen im Rahmen der Währungsunion nicht in den durch die Militärkonvention mit Russland ausgelösten nationalistischen Taumel geriet, sondern nüchtern, ausschließlich nach währungspolitischen Kriterien bewertet wurde. Währungspolitische Fragen sollten ausschließlich nach den ihn eigenen Kategorien, nämlich ökonomischen, entschieden werden. Der nüchtern-technokratische Kurs Beaulieus setzte sich durch, Frankreich und die anderen Mitglieder der Lateinischen Münzunion gewährten Rom die Bitte, zumal auch sie von der Maßnahme profitierten.

8. Systematisierung: Gesellschaftliche Konflikte und internationale Währungspolitik

Die internationale Währungskonferenz von 1892 wurde wie die von 1878 und 1881 maßgeblich durch die innenpolitischen Auseinandersetzungen um die Währungsfrage in den Vereinigten Staaten ausgelöst. Um sich im Wahlkampf besser positionieren zu können, hatte US-Präsident Grover Cleveland die Initiative für die Währungsunion ergriffen, wohl wissend, dass deren Erfolgsaussichten in Bezug auf ein internationales bimetallistisches Abkommen gering waren. Hierfür waren die Regierungen des Deutschen Reiches und Großbritanniens verantwortlich, die zu diesem Zeitpunkt nicht bereit waren, ihre nationale Souveränität zugunsten eines internationalen Währungsabkommens einzuschränken. Gleichwohl wuchs unter den Bedingungen der Welt-Konjunkturkrise in der ersten Hälfte der

[764] Paul Leroy-Beaulieu, L'Italie et la conférence monétaire, in: Economiste français, 21.10.1893.
[765] Ebd.

neunziger Jahre auch der Druck auf London und Berlin, die Auswirkungen der Rezession auf größere Bevölkerungsgruppen durch währungspolitische Maßnahmen zu mildern. Während aber die britische Regierung dank des Wahlsystems alle Forderungen abweisen konnte, ließ sich die Reichsregierung unter dem Druck der konservativen Agrarier auf eine gleichwohl halbherzige währungspolitische Initiative ein. Dies geschah allerdings im Wissen darum, dass London alle Vorstöße in dieser Richtung zurückweisen würde, diente also mehr der Schlichtung eines innenpolitischen Konfliktes als einer ernsthaften außen- und währungspolitischen Initiative. Es ist bezeichnend, dass die internationale Diskussion um die Währungsfrage seit Mitte der neunziger Jahre an Bedeutung verlor, als die Weltkonjunktur sich wieder erholte. 1896/97, im US-Wahlkampf, in dem die Währungsfrage eine herausragende Rolle spielte, flackerte das Problem international noch einmal auf, doch ließ auch das amerikanische Interesse an einer internationalen Währungsvereinbarung nach dem Wahlsieg McKinleys schnell nach. Die währungspolitische Diskussion war also in dieser Phase ein Resultat der sich industrialisierenden und daher unter steigendem Verteilungsdruck stehenden nationalen Gesellschaften. Die hieraus erwachsenden politischen Kräfte wurden je nach politischem System teils zurückgestaut (vor allem Großbritannien, auch Deutsches Reich) oder nach außen getragen (vor allem USA, auch Frankreich).

Besondere Beachtung verdiente Anfang der neunziger Jahre die Krise der Lateinischen Münzunion, die trotz der außen- und handelspolitischen Konflikte zwischen Paris und Rom fortbestand. Der Grund hierfür war, dass die Kosten der Auflösung der Währungsunion für beide beteiligten Regierungen prohibitiv hoch waren. Alleine diese wechselseitige strukturelle Abhängigkeit sicherte den formalen Fortbestand der Union. Gleichwohl wurde die Währungsunion zumal auf publizistischer Ebene auch in die nationalistischen Aufwallungen auf beiden Seiten einbezogen. Besonnene Politiker und Publizisten hatten große Schwierigkeiten zu verhindern, dass die Union aus blindem Nationalismus gekündigt wurde, ohne zu beachten, dass ein solcher Schritt nicht nur dem jeweils anderen, sondern auch dem eigenen Land erheblichen Schaden, vor allem in finanzieller Hinsicht, zufügen würde. Hier wurde zweierlei deutlich: Zum einen wurde die Währung mehr und mehr zu einem nationalen Symbol, das eben auch der Abgrenzung nach außen dient. Aus diesem Grund waren gemeinsame Währungen dem sich entfaltenden Nationalismus ein Dorn im Auge. Zum anderen aber wurde Währungspolitik zunehmend der Diskussion unter Experten entzogen und Gegenstand öffentlicher Debatten. Der komplizierten Materie zum Trotz wurde öffentlich über Geldpolitik debattiert, diese wurde daher zu einem Teil der allgemeinen Politik. 1893 gelang es in Italien und Frankreich noch einmal die Probleme der Lateinischen Münzunion tatsächlich allein unter währungspolitischen Aspekten zu entscheiden, selbstverständlich war dieses Vorgehen aber keineswegs mehr.

Noch einmal wird an diesen Beispielen der Charakter der systemischen Differenzierung zwischen den Teilsystemen der internationalen Politik deutlich: Die Auseinandersetzungen in den USA um die Währungsfrage im Kontext des ökonomischen Systems griffen bedingt durch die diesem System eigene, nicht an nationalstaatliche Grenzen gebundene Kommunikationsstruktur auf Europa über. In den USA fand damit jene systemische Differenzierung statt, in der ein Ereignis, hier die Initiative zu einer Währungsunion, verschiedene Bedeutungen für die Teilsysteme, jenes der Diplomatie und jenes der Wirtschaft, hatte. Doch fand die Konferenz nicht statt, weil die systemische Differenzierung in Europa wegen der Eigenarten des deutschen und britischen Regierungssystems nicht funktionierte. Dort gelang es der diplomatischen Elite, ihr eigenes, das politische Teilsystem, gegen die Intervention von außen abzuschotten. Großbritannien und das Deutsche Reich hielten trotz des beträchtlichen innenpolitischen Widerstandes am Goldstandard fest. Die Systemdifferenzierung, das Übergreifen eines Systems in ein anderes, konnte also hier verhindert werden.

VIII. Systemische Differenzierung im Zeitalter des monetären Internationalismus

Nachdem fünf Fallstudien zu Wende- und Krisenpunkten des internationalen Währungssystems detailliert analysiert wurden, sollen die Einzelergebnisse, nunmehr miteinander verknüpft, zu einer Gesamtanalyse des europäischen Staatensystems in der zweiten Hälfte des 19. Jahrhunderts zusammengefasst werden.

Die Gründung der Lateinischen Münzunion im Dezember 1865 markierte den Ausgangspunkt der Untersuchung, weil zu diesem Zeitpunkt zum ersten Mal eine im eigentlichen Sinne internationale Währungsunion gegründet wurde. Gewiss, Währungsunionen als Zusammenschlüsse getrennter Währungsräume gab es schon zuvor, sie waren allerdings immer als Vorgriff auf die angestrebte politische Einigung in Deutschland oder (als deren Vollendung) in Italien entstanden. Die Lateinische Münzunion hingegen strebte neben der währungspolitischen Vereinigung niemals nach einer politischen Einheit. Sie wurde gegründet, weil die schon zuvor de facto bestehende Währungsunion zwischen Frankreich, Italien, Belgien und der Schweiz durch einen externen Schock (Goldfunde in Kalifornien und Australien zerstörten das fixierte Verhältnis zwischen Gold und Silber auf dem Londoner Geldmarkt) gestört wurde. Alle Regierungen hatten auf diese Störung ohne vorherige Konsultation mit unterschiedlichen Maßnahmen reagiert und auf diese Weise die bestehende Währungsunion zerstört. Die Währungsunion war also dadurch entstanden, dass sich die neu gegründeten, kleineren Nationalstaaten Belgien, Italien und die Schweiz, dem in Westeuropa dominierenden französischen Währungsraum angeschlossen hatten, vor allem, um die Transaktionskosten im Handel mit Frankreich zu senken. Ausschlaggebend für diesen Integrationsprozess waren die sozioökonomischen Strukturen Westeuropas. Mit dem Währungsvertrag von 1865 jedoch änderte sich dies. Dieser wurde nicht allein geschlossen, um den für alle Beteiligten vorteilhaften Status quo ante wieder herzustellen, sondern diente nun auch französischen hegemonialpolitischen Zielen, wie der Architekt der Währungsunion Félix de Parieu erläuterte: „Le franc peut donc avoir de grande chance d'être un jour tout au moins une des syllabes fondamentales dans une langue universelle des valeurs".[766] Es ging nun eben nicht mehr nur darum die Transaktionskosten zwischen Handelspartnern zu

[766] E. de Parieu, L'Union monétaire de la France, de l'Italie, de la Belgique et de la Suisse, le Münzverein latin, in: Revue Contemporaine, 15è année, 2è série, t. XV, 15 octobre 1866, S. 636.

senken, sondern auch um die währungspolitische Hegemonie in Westeuropa. Damit hatte die Währungsunion aus französischer Sicht eine politische Dimension gewonnen, sie war Bestandteil der allgemeinen außenpolitischen Ziele Napoleons III., der politischen Neuordnung des europäischen Kontinents. Damit wurde das mit den Wiener Verträgen von 1815 konstituierte Ius Publicum Europaeum durch ein neues, auch durch ökonomische Maßstäbe definiertes, doch letztlich politisches Völkerrecht ergänzt. Die Währungsunion kann als Präzendenzfall gelten für die beginnende neue Beziehung zwischen dem internationalen System der Wirtschaft und jenem der Politik. Der sich in dieser Zeit rasant entwickelnde internationale Währungsmarkt war Bestandteil des Systems der Wirtschaft, denn er funktionierte nach den diesem System eigenen Regeln, jenen von Angebot und Nachfrage auf Märkten. Im Regelsystem der Wirtschaft, dem Markt und seinem Kommunikationscode, dem in einer Währung ausgedrückten Preis, spielen nationale politische Grenzen keine Rolle. Weil aber die Organisation der Währung zu den Aufgaben des Nationalstaates gehörte, d.h. eine politische Aufgabe war, waren die Regierungen von den Veränderungen des Währungsmarktes betroffen. Sie reagierten zunächst in überkommener Weise, das heißt national, jede für sich, um dann festzustellen, dass die aus der Funktionsweise des expandierenden Währungsmarktes entstandene De-facto-Währungsunion auch eine politische Bedeutung hatte. Hieraus erwuchs der für die hier interessierende Frage entscheidende Schritt, die Diplomatie folgte der bereits vollzogenen Währungsvereinheitlichung und stellte den kurzfristig zerstörten gemeinsamen Währungsraum mit ihren Mitteln, d.h. einem völkerrechtlichen Vertrag, wieder her. Das ökonomisch gesteuerte System der Wirtschaft und das System der Politik wurden beide durch den Währungsvertrag angesprochen, wobei beide die ihr eigenen Funktionsbasen beibehielten und dadurch eine grundsätzlich konfliktreiche Beziehung schlossen. Gerade dieses Phänomen konnte mit dem Luhmannschen Begriff der Systemdifferenzierung beschrieben werden, der Währungsvertrag vom 23.12.1865 hatte für zwei Systeme, jenes der Politik und jenes der Wirtschaft verschiedene Bedeutung.

Mit dem gleichen Problem, nun am Beispiel der deutschen Währungsreform von 1871/73, beschäftigt sich das dritte Kapitel. Dabei wurde eine in Konkurrenz zur bisherigen Forschung stehende neue These über die Entstehung des internationalen Goldstandards als Währungssystem formuliert. Dadurch, so lautete die Ausgangshypothese, dass sich die politische und wirtschaftliche Zentralmacht Europas für den Goldstandard als Währungssystem entschied, wurde international der Weg für die Durchsetzung dieses Systems gegen den Bimetallismus als Währungsbasis geschaffen. Großbritannien als dominierende Wirtschaftsmacht der Welt hatte bereits ein auf dem Goldstandard beruhendes Währungssystem, und innerhalb weniger Jahre nach der deutschen Entscheidung folgten die skandinavischen Staaten, die Niederlande, die Staaten der Lateinischen Münzunion und eingeschränkt auch die Vereinigten Staaten von Amerika diesem Beispiel, wobei sich alle diese Nachfolger auf das deutsche Vorbild beriefen. Um die Entstehung dieses ersten internationalen Währungssystems der Moderne zu erklären, mussten also die Hintergründe der deutschen

Währungsreform gezeigt werden. Hier wurde deutlich, dass die Entscheidung für den Goldstandard das Ergebnis einer spezifischen Konstellation von gesellschaftlicher Entwicklung, politischer Entscheidung und verfassungspolitischer Situation des Reiches war. Gesellschaftlich war die Entscheidung vorbereitet worden durch die handelspolitischen Interessenvertretungen im entstehenden Reich, dem Deutschen Handelstag und dem Kongress Deutscher Volkswirte, die seit der Mitte der sechziger Jahre auf eine währungspolitische Vereinheitlichung drängten. Hierbei spielten vornehmlich ökonomische Gründe eine Rolle, bisweilen ergänzt durch nationalistische, teilweise anti-französische Motive. Entscheidend war, dass diese Forderungen von der nationalliberalen Reichstagsfraktion aufgenommen wurden, einerseits, weil diese die größte und damit entscheidende Fraktion stellte und Otto von Bismarck deswegen auf sie angewiesen war, andererseits, weil die wirtschafts- und währungspolitischen Fragen alle im Reichstag entschieden wurden. Rudolph von Delbrück, der Leiter der Reichskanzlei, und Ludwig Bamberger, der Vorsitzende der nationalliberalen Reichstagsfraktion, wurden dank dieser Konstellation zu den Architekten der deutschen Währungsreform. Der Reichskanzler selbst interessierte sich wenig für die Details der Währungspolitik, war innenpolitisch auf die Liberalen angewiesen und ließ diese daher so lange gewähren, wie ihre Ziele nicht mit den seinen kollidierten. Es war also in entscheidendem Maße das in rasantem Aufstieg befindliche Wirtschaftsbürgertum, welches über die neuartigen Interessenverbände und dann über die nationalliberale Reichstagsfraktion die wirtschaftliche und auch währungspolitische Verfassung des neuen Reiches prägte. Dieses Bürgertum legitimierte seinen politischen Einfluss durch seinen wirtschaftlichen Erfolg, eine Denkfigur, die vor allem durch Emmanuel Abbé Sieyès ihren Eingang in die politische Philosophie gefunden hatte und nun wirksam wurde. Andererseits waren es die Folgen der industriellen Revolution, der Entgrenzung der Märkte, der Technisierung der Produktion und der damit verbundene wirtschaftliche Aufschwung zunächst des Wirtschaftsbürgertums, welche diese Entwicklung trugen. Kurzum, die beiden wesentlichen geschichtsmächtigen strukturellen Entwicklungen des 19. Jahrhunderts, die industrielle und die parlamentarische Revolution, schufen die Situation, die 1871–1873 die deutschen währungspolitischen Entscheidungen herbeiführte.

Wesentlich für die hier zu Grunde liegende Frage zum Verhältnis zwischen Diplomatie und Währungspolitik waren die Gründe der neuen wirtschaftlichen und politischen Eliten, in Deutschland den Goldstandard einzuführen. Zentral war für die Liberalen in dieser Zeit die währungspolitische Unabhängigkeit des Reiches. Münzkonventionen, so schrieb Bamberger wie bereits erwähnt, seien „gegen die Natur des Völkerrechts, so wie die Sklaverei gegen das Menschenrecht" sei.[767]

„Wenn aber unbezweifelbar Münze im internationalen Sinn nur als vollwichtiges und vollwerthiges Geld verstanden werden soll, so heißt mit einem Staate eine Münzconvention abschließen nichts

[767] Ludwig Bamberger, Reichsgold. Studien über Währung und Wechsel, 3. Auflage Leipzig 1876, S. 36.

anderes als ihn verpflichten, daß er weder einen Krieg noch eine Revolution noch vielleicht eine Missernte erleben soll – ein Versprechen, so töricht von Seiten des Gebers wie des Nehmers (...).“[768]

Jede währungspolitische Kooperation mit anderen Staaten, so der Kerngedanke, erhöhe die nationale Abhängigkeit, schränke die nationale Souveränität ein, und genau dies lehnten Bamberger und Delbrück ab. Damit wurden durch die neuen außenpolitischen Akteure auch andere Maßstäbe für die deutsche Außenpolitik eingeführt, nationale Unabhängigkeit und Souveränität zum positiven Ziel. Ganz ähnlich wie die deutschen Liberalen argumentierte auch der belgische Liberale Hubert Frère-Orban:

„De très bons esprits sont opposés à de semblables conventions; ils sont convaincus qu'un pays ne doit pas abandonner son indépendence monétaire; et à voir ce qui se passe aujourd'hui, je serais presque tenté aujourd'hui de partager cette manière de voir.“[769]

Bamberger und Frère-Orban also unterschieden selbst zwischen Währungsverträgen und jenen der Politik. Das internationale Währungssystem funktionierte aus ihrer Sicht anders als das internationale politische System und musste daher auch anders behandelt werden. Der Grund war aus systemtheoretischer Perspektive die unterschiedliche Kommunikationsstruktur der beiden Systeme. Frère-Orban und Bamberger stellten die politische Perspektive in den Vordergrund, der Erhalt nationaler Unabhängigkeit auch im Währungssektor war für sie das Entscheidende.

„Was blieb“, so beschreibt Peter Krüger die Situation treffend, „war ein prekäres, immer neue, häufig gefährliche Machtkonstellationen hervorbringendes System von Großmächten mit wachsender Handlungsfreiheit und ohne die traditionellen Bindungen, dafür aber zunehmend mit innen- und außenpolitischen Zwangslagen konfrontiert, die das Verlangen nach freier Hand in der Außenpolitik nur noch verstärkten.“[770]

Eben dies lässt sich auch am Beispiel der Währungspolitik zeigen: Die seit den sechziger Jahren immer engere wirtschaftliche Verknüpfung zwischen den Nationalstaaten drohte ihre (währungs-) politische Souveränität zu unterlaufen und sie reagierten hierauf seit den siebziger Jahren mit einer verstärkten Betonung der nationalen Unabhängigkeit. Dies traf auf das Deutsche Reich ebenso wie auf Großbritannien, die USA und Belgien zu. Wesentlich war, dass diese Veränderungen im Bereich der Währungspolitik aus der deutschen Innenpolitik erwuchsen und dann über Parlament und Regierung auf das internationale System übertragen wurden. Es war eine für diese Zeit auch für Europa insgesamt typische Konstellation in der deutschen Innenpolitik, welche zu einer währungspoli-

[768] Ebd., S. 45.

[769] Chambre des Représentants. Annales Parlementaires, Séance du 11 Août 1885 (Salle du Sénat), Bruxelles 1885, S. 1781.

[770] Peter Krüger, Das Problem der Stabilisierung Europas nach 1871: Die Schwierigkeiten des Friedensschlusses und die Friedensregelung als Kriegsgefahr, in: Ders. (Hrsg.), Das Europäische Staatensystem im Wandel. Strukturelle Bedingungen und bewegende Kräfte seit der Frühen Neuzeit, München 1996, S. 171–189, hier S. 178.

tischen Revolution in Europa führte und damit auch eine neue Situation im europäischen Staatensystem schuf.

Der im entstehenden Deutschen Reich von den Liberalen formulierte Anspruch auf die Gestaltung des Landes und auch seiner Außenpolitik blieb natürlich nicht auf Deutschland beschränkt. Im Gegenteil, die deutsche Entwicklung kann als exemplarisch für die anderer politischer Systeme mit ähnlichem ökonomischen Entwicklungsstand gesehen werden. Dies zeigte sich im vierten Kapitel, das den Eintritt der Vereinigten Staaten in die bis dahin von Europa dominierte internationale Währungsdebatte zum Gegenstand hat. Die Währungsfrage war in der Zeit zwischen dem Ende des Bürgerkrieges 1865 und der Einführung des Goldstandards 1900 das dominierende Thema US-amerikanischer Innenpolitik. Nicht zufällig sind dies die Jahre der stürmischen Industrialisierung des Landes, und diese kann als die wichtigste Ursache der Kontroverse gesehen werden. Während die exportorientierten, zum großen Teil hochverschuldeten Farmer des Südens und Westens für eine inflationäre Währungspolitik eintraten, plädierte das durch die rasche Industrialisierung im Aufstieg befindliche neue Bürgertum der Ostküste für eine stabile Währung, in der Regel für den Goldstandard. Ähnlich wie im Deutschen Reich fand auch diese Auseinandersetzung weitgehend im Parlament statt, zahllose Debatten wurden in Senat und Repräsentantenhaus über die Währungsfrage geführt. Diesem Kontext entstammte auch der von den Bimetallisten gegen harten Widerstand durchgesetzte Bland-Allison Act vom Februar 1878, der die Regierung verpflichtete, jährlich eine bestimmte Menge Silber zu Münzen auszuprägen und – das ist entscheidend – eine internationale Konferenz über die Währungsfrage einzuberufen. Dieser Teil des Gesetzes ging auf drei Motive zurück: Erstens wurde der innenpolitische Konflikt um die Währungsfrage nach außen gelenkt und damit zumindest vorübergehend entschärft. Zweitens entsprang er einer währungstechnischen Notwendigkeit: Wenn die Vereinigten Staaten alleine gegen den Trend der Zeit ein bimetallistisches System eingeführt hätten, wären große Mengen Silber von Europa nach Amerika geflossen und dort in Gold umgetauscht worden, so dass die USA bald kein Gold mehr in ihren Währungsreserven gehabt hätten. Dieser Zusammenhang war auch den amerikanischen Bimetallisten klar, also verpflichteten sie die Regierung per Gesetz, eine Konferenz mit den wichtigsten Handelsstaaten einzuberufen, um diese für ein internationales bimetallistisches System zu gewinnen. Damit, und das ist für die Fragestellung entscheidend, sprang der sozio-ökonomisch fundierte innenpolitische Konflikt in den USA auf die Ebene der internationalen Politik. Die Gründe lagen vor allem in den strukturellen Bedingungen des sich entwickelnden internationalen Währungsmarktes. Das dritte Motiv entsprang der ideologischen Ebene und wurde vom US-Delegierten Fenton auf der Währungskonferenz 1878 zusammengefasst: „The first necessity of a commercial people is that their standard of value should be accepted by other commercial nations, for one of the chief uses of the precious metals is to liquidate balances with other countries (...)".[771] Hinter dieser Äußerung verbarg sich die in

[771] International Monetary Conference August 1878, S. 146.

den US-Quellen zur Währungsfrage immer wieder zu findende Überzeugung von einem Missionsauftrag, den das Land zu erfüllen habe, eine (nicht nur) ökonomische Zivilisierung der Welt, verbunden mit dem Interesse neue Absatzmärkte zu erschließen.

Doch scheiterte die Konferenz, zum einen an der mangelhaften diplomatischen Vorbereitung durch das State Department, das lediglich die eigenen, aber nicht die Interessen der Verhandlungspartner berücksichtigte, zum anderen aber, weil die beiden wichtigsten wirtschaftlichen Großmächte Europas, Großbritannien und das Deutsche Reich, jegliche internationale Kooperation auf dem Gebiet der Währungspolitik ablehnten. Berlin schickte – dem Kurs Bambergers und Delbrücks konsequent folgend – erst gar keine Vertreter zur Konferenz nach Paris, die britischen Delegierten nahmen lediglich als Beobachter teil. Auch die Staaten der Lateinischen Münzunion, die zumindest formal ein bimetallistisches Währungssystem hatten und deswegen an einer Internationalisierung dieses Prinzips interessiert waren, konnten die US-Initiative nicht unterstützen, weil in Frankreich und Italien der Zwangskurs galt. Als entscheidend bleibt aber festzuhalten, dass dies der erste US-amerikanische Versuch war, die transatlantisch-westeuropäischen Währungsbeziehungen nach eigenen Vorstellungen zu gestalten. Diesem sollten noch einige folgen bis dann, knapp sechzig Jahre später, in Bretton Woods diesem Konzept, wenn auch unter modernen Bedingungen, tatsächlich der gewünschte Erfolg beschieden sein würde.

Doch wurden die internationalen Währungsbeziehungen der Epoche nicht nur durch innenpolitische Konflikte geprägt, auch der entstehende Weltmarkt für landwirtschaftliche Produkte hatte seine Auswirkungen, die das fünfte Kapitel beschreibt. Der technische Fortschritt im Verkehrswesen hatte die Transportkosten für Agrarprodukte von den USA nach Europa gesenkt, so dass die dortigen weniger effizient produzierenden Landwirte in Absatzschwierigkeiten gerieten. Innerhalb weniger Jahre war so ein Weltagrarmarkt entstanden, der zunächst den amerikanischen Produzenten neue Absatzmärkte in Europa bescherte. Dies führte zu einem Zahlungsbilanz-Ungleichgewicht der USA gegenüber den europäischen Staaten, das durch den Export von Gold nach Amerika wieder ausgeglichen wurde, was in Europa wiederum zu einer dort als bedrohlich empfundenen Goldknappheit führte. Die Agrarkrise wurde damit auch zur Währungskrise. War dies der strukturelle Hintergrund für die neuen Verhandlungen über ein internationales Währungsabkommen, so bildete ein innenpolitisches Manöver, das der deutsche Reichskanzler Otto von Bismarck im Kontext der Wende von 1879/80 vollzog, den Auslöser für die französisch-amerikanische Initiative. Bismarck erklärte sich nach dem Bruch mit den Nationalliberalen in der Öffentlichkeit bereit, eventuell den in Deutschland eingeführten Goldstandard zugunsten eines bimetallistischen Systems aufzugeben, ohne sich jedoch zu verpflichten. In Washington und Paris wurde dies als günstige Gelegenheit empfunden, die Reichsregierung für das Lager der Bimetallisten zu gewinnen. Würde dies gelingen, so wäre Großbritannien die einzige Großmacht gewesen, die noch am Goldstandard festhielte und damit isoliert. Doch erwiesen sich diese Überlegungen in Paris und Washington als Fehlspekulation. Während der Verhandlungen wurde klar, dass die Reichsregierung keineswegs an eine Währungsreform dachte und erneut, wie schon 1871, die währungspolitische Souveränität des Landes zur Maxime der Verhandlungen erklärte. Wie schon drei Jahre zuvor blieben die Verhandlungen in Paris daher ohne Ergebnis. In diesem Kapitel konnte gezeigt werden, wie eine Agrarkrise, die zum ersten Mal den gesamten nordatlantisch-europäischen Raum betraf, auf den Währungssektor sprang und hier den Wunsch nach politischer Regulierung auslöste.

Doch waren solche politischen Regulierungen ökonomischer Prozesse und Strukturen nicht nur konfliktlösend, wie das sechste Kapitel zeigt. Es behandelt die Krise der Lateinischen Münzunion von 1885, als Belgien die Währungsunion zu verlassen beabsichtigte, hieran jedoch dadurch gehindert wurde, dass die Kosten für einen Austritt durch die inzwischen gewachsenen wechselseitigen strukturellen Verknüpfungen zwischen den Staaten prohibitiv hoch geworden waren. In ähnlicher Weise war die italienische Regierung schon zu Beginn der achtziger Jahre von den Vertragspartnern dazu gezwungen worden, den für diese nachteiligen Corso Forzoso aufzugeben. Am Beispiel der Lateinischen Münzunion wurde exemplarisch gezeigt, was der französische Konsul in Leipzig 1880 in hellsichtiger Weise formuliert hatte:

„Ces exemples prouvent qu'une convention monétaire internationale implique ou suppose une foule d'homogénéités et de solidarités *impossibles* entre les parties contractantes. Toute pacte de cette nature, en effet, ne forme qu'un chaînon de la grande chaîne qui unit les contractants, et la moindre secousse qui vient ébranler la situation de l'un d'entre eux, sera immédiatement et par ricochet ressentie, par tout les autres. Survienne dans l'un des pays alliés une guerre ou une mauvaise récolte, les intérêts de l'Etat directement atteint seront affectés les premiers, mais l'impression électrique de la catastrophe se communiquera nécessairement aux autres."[772]

Das schrittweise Zusammenwachsen der Welt zumal auf dem wirtschaftlichen Sektor wurde von den Zeitgenossen also durchaus bemerkt, und dies stand im Widerspruch zu dem gleichzeitigen Bestreben anderer, durch die Betonung nationaler Unabhängigkeit eben diesen Prozess aufzuhalten oder zu korrigieren. Aus diesem Widerspruch mussten Spannungen entstehen, die auch die beiden Regierungen, welche die Bedeutung der nationalen Unabhängigkeit auf dem Währungssektor am stärksten betont hatten, Großbritannien und das Deutsche Reich, gegen Ende der neunziger Jahre erfahren mussten. Das siebte Kapitel zeigt, wie unter dem Eindruck der Wirtschaftskrise auch in Großbritannien die Unterstützung insbesondere der exportorientierten Wirtschaftzweige für ein bimetallistisches Währungssystem rapide anstieg, weil man sich hiervon die Abwertung des Pfundes und damit eine Exporterleichterung erhoffte. Auch von der wichtigsten Kolonie Indien, das einen reinen Silberstandard hatte, und dem India-Office wurden diese Forderungen unterstützt. Damit geriet die Regierung nicht nur von außen, von den auf den Bimetallismus drängenden Regierungen der USA und Frankreichs unter Druck, sondern auch von innen. Sie widerstand diesem und konnte am reinen Goldstandard festhalten, weil die innenpolitischen Anhänger

772 MAE Direction Commerciale. Questions monetaires et financières. Conférence de 1881, Vol. 612, Consulat Général de France à Leipzig à MAE, 30.11.1880 (Hervorhebung im Original).

des Bimetallismus aufgrund des Wahlsystems keine Mehrheit im Parlament erhielten, die Bewegung wurde damit durch das politische System blockiert. Nach außen sorgte das nach wie vor immense Gewicht Großbritanniens in politischer und vor allem wirtschaftlicher Hinsicht dafür, dass ein internationales bimetallistisches Abkommen nicht ohne London geschlossen werden konnte. Auch im Deutschen Reich wurde die Regierung Hohenlohe 1895 von einer Koalition unter der Führung des mächtigen Bundes der Landwirte zu einer internationalen Demarche zugunsten des Bimetallismus gezwungen. Außenpolitische Entscheidungsträger, das ist wesentlich, wurden in allen sich industrialisierenden Staaten sowohl von außen als auch von innen vor allem in wirtschaftspolitischer Hinsicht in ihrer Handlungsfreiheit eingeschränkt.

Es bleibt die zentrale Frage dieser Arbeit zu behandeln, jene nämlich nach der Bedeutung diese Vorgänge für das internationale Staatensystem in der zweiten Hälfte des 19. Jahrhunderts. Was bedeutete es, wie der eingangs zitierte Rudolf Ibbeken formulierte, dass „die Wirtschaft (...) aus dem Bannkreis ihrer sachlichen Existenz in die Bewegtheit des politischen Lebens hinüber (rückte)“?[773] Zunächst muss festgehalten werden, dass das in dieser Zeit entstehende internationale Währungssystem als Teilsystem der internationalen Beziehungen im Sinne der Eingangs erläuterten Theorien von Luhmann und Parsons noch in vielerlei Hinsicht autonom war gegenüber dem klassischen diplomatischen Staatensystem. Das internationale Währungssystem funktionierte gegenüber dem diplomatischen System nach eigenen Regeln, nämlich jenen der Wirtschaft, deren zentrales Element die Institution des Marktes ist. Die Lateinische Münzunion entstand 1865, wie gezeigt, auch dadurch, dass das seit ca. fünfzig Jahren bestehende Wertverhältnis zwischen Gold und Silber von 1:15,5 durch Goldfunde in Kalifornien und Australien zerstört wurde. Das Goldangebot stieg, und damit fiel der Preis für das gelbe Metall, politische Entscheidungen waren diesem Ereignis nicht vorangegangen. Der dann seit Beginn der siebziger Jahre anhaltende Silberpreisverfall, der die Lateinische Münzunion nachhaltig in Schwierigkeiten brachte, entstand durch das steigende Überangebot von Silber auf dem internationalen Markt für Währungsmetalle. Auch die Agrarkrise Ende der siebziger, Anfang der achtziger Jahre mit ihren weitreichenden währungspolitischen Auswirkungen ist zunächst auf rein ökonomische Ursachen zurückzuführen; eine Folge von Missernten in Europa und der notgedrungene Import vor allem von Getreide aus den USA führten dazu, dass ein transatlantischer Markt für Agrarprodukte entstand. Wesentlich und für die Zeitgenossen neu war jedoch, dass die Bedeutung dieses Teilsystems der Wirtschaft für das Gesamtsystem der internationalen Beziehungen in der zweiten Hälfte des 19. Jahrhunderts rasch zunahm, weil es innerhalb weniger Jahre Gebiete ökonomisch integrierte, die zuvor unabhängig voneinander gewirtschaftet hatten. So entstand innerhalb relativ kurzer Zeit – begünstigt durch bahnbrechende Entwicklungen in der Transport- und Kommunikationstechnologie – parallel zur Diplomatie ein nach spezifischen Re-

[773] Rudolf Ibbeken, Staat und Wirtschaft, S. 277.

geln funktionierendes, weitgehend selbstgesteuertes internationales Währungssystem.

Wesentlich für das Verständnis des Gesamtsystems der internationalen Beziehungen ist, dass es sehr schnell zu wechselseitigen Interferenzen zwischen dem Teilsystem der Diplomatie und jenem der Wirtschaft kam, die in beiden in ihren Regelmechanismen verschiedenen Systemen jeweils spezifische Auswirkungen hatten. Das Regime Napoleons III. betrieb die Wiederherstellung der Lateinischen Münzunion, wie dargelegt, nicht nur aus ökonomischen Gründen, sondern strebte parallel zur französischen politischen Hegemonie auf dem europäischen Kontinent auch die währungspolitische Vorherrschaft an, die Währungspolitik flankierte so die Diplomatie. Ähnliches konnte für die Politik Otto von Bismarcks 1868 und 1880 gezeigt werden, und auch die italienische Regierung bediente sich 1883 dieses Instrumentes, um die gestörten diplomatischen Beziehungen zu Frankreich nicht ganz abreißen zu lassen. Die Diplomatie bemächtigte sich also sofort des neuen internationalen Systems, versuchte es für ihre Zwecke zu nutzen und zu beeinflussen, letztlich in ihr Regelwerk zu integrieren. Doch ließ sich die Autonomie des neuen Teilsystems der internationalen Beziehungen nicht durchbrechen. Zwar versuchte die Lateinische Münzunion das Verhältnis zwischen den Währungsmetallen Gold und Silber durch einen völkerrechtlichen Vertrag, das heißt mit diplomatischen Mitteln, zu fixieren und damit in das Währungssystem zu intervenieren, doch dies scheiterte 1873 an den Eigengesetzlichkeiten des Währungssystems. Damit wird die ambivalente Beziehung zwischen den Teilsystemen deutlich: Zwar nutzte die Diplomatie mehrfach und erfolgreich das System der Währungspolitik zu ihren Zwecken, andererseits schränkten die – für die Diplomaten neuen – Gesetzmäßigkeiten der internationalen Währungspolitik die Diplomatie in ihrer Handlungsfreiheit ein. Während also der Währungsvertrag von 1865 im Teilsystem der Wirtschaft die Transaktionskosten senkte und damit die Effizienz internationaler Austauschbeziehungen verbesserte, bedeutete er für das Teilsystem der Diplomatie eine Einschränkung der Souveränität. Dies wurde am Beispiel der belgischen Regierung gezeigt, die 1885 versuchte die Lateinische Münzunion zu kündigen, hieran jedoch durch die durch diese geschaffenen ökonomischen Strukturen gehindert wurde. Es entstand also eine vielfältige und komplizierte Interferenz zwischen dem bestehenden internationalen System der Diplomatie und dem unter den Bedingungen der industriellen Revolution neu entstandenen internationalen Währungssystem, die die Funktionsweise beider Teilsysteme im Gesamtsystem beeinflusste und nachhaltig veränderte.

Die Diplomatie wurde in ihrer Freiheit erheblich eingeschränkt, nicht nur durch äußere Faktoren, wie Schwankungen des Gold- und Silberpreises, sondern ebenfalls, und auch das war neu, durch innenpolitisch wirkende Strukturveränderungen. So konnte gezeigt werden, dass der internationale Goldstandard entstand, weil sich das Deutsche Reich für dieses System entschied. Bedingt war dies durch eine spezifische innenpolitische Situation, deren wesentliche Elemente die Reichsverfassung, die Rolle der sich formierenden Wirtschaftsverbände und ihre Beziehung zur nationalliberalen Fraktion im Reichstag sowie deren Verhältnis zum Reichskanzler Bismarck war. Gerade durch diese historisch einzigartige Situation wirkten die deutschen Nationalliberalen, insbesondere Ludwig Bamberger und Rudolph von Delbrück, zum Teil beabsichtigt, zum Teil unabsichtlich an der Gestaltung des internationalen Währungssystems, des Goldstandards, mit. Noch ausgeprägter als in Deutschland, wo Bamberger und Delbrück aufgrund der verfassungsrechtlichen Stellung des Reichskanzlers ihre Politik nur so weit betreiben konnten, wie Bismarck dies zuließ, war die Situation in den Vereinigten Staaten. Hier war die Währungsfrage in den Jahren zwischen 1865 und 1900 das dominierende Thema der Innenpolitik. Es gelang den Anhängern des Bimetallismus mehrfach, den Präsidenten zu verpflichten, eine internationale Konferenz über die Währungsfrage einzuberufen. Gerade in diesen Konferenzen lagen die wichtigsten Berührungspunkte zwischen beiden Regelungsmechanismen, denn nun intervenierte die Politik in das ökonomische System, um dieses nach ihren Wünschen zu gestalten. Auslöser waren, wie geschildert die durch die Phase stürmischer Industrialisierung in den USA ausgelösten sozioökonomischen Konflikte zwischen den Anhängern einer Hartwährungspolitik (Goldstandard) und jenen einer inflationären Politik (Bimetallismus). Auch der Zusammenhang zwischen Innen- und Außenpolitik lässt sich mit den Begrifflichkeiten der Systemtheorie greifen: Für das System der Wirtschaft sind nationale Grenzen im Kontext der Internationalisierung in der zweiten Hälfte des 19. Jahrhunderts weitgehend irrelevant. Es gibt also keine strenge Teilung zwischen Innen- und Außenpolitik. Anders das System der Diplomatie, hier wird sehr scharf zwischen nationaler und internationaler Politik getrennt. Gerade im Kontext der internationalen Währungskonferenzen und Verträge wurden beide Systeme angesprochen, es kam zu der von Luhmann beschriebenen Systemdifferenzierung und damit zu der für die Zeitgenossen schwer zu verstehenden „doppelten Bedeutung“ eines Ereignisses. Innen- und Außenpolitik ließen sich daher nicht mehr genau trennen.

Doch ist Vorsicht geboten, denn auch wenn diese Arbeit, bedingt durch die Fragestellung und die hierdurch gegebene Quellenauswahl, ein enges Verhältnis zwischen internationalem Währungs- und Staatensystem beschreibt, so darf nicht übersehen werden, dass sie lediglich den Anfang einer Entwicklung behandelt, die erst in der zweiten Hälfte des 20. Jahrhunderts ihren (vorläufigen) Höhepunkt erreichte. „Die säkulare Tendenz“, so schreibt Klaus Hildebrand, „führte nicht zu einer umgehenden Ablösung der alten Kabinettspolitik.“[774] Dem ist auch nach dieser Untersuchung zuzustimmen, noch waren beide Systeme in starkem Maße autonom: Auf der Währungskonferenz von 1878 wurden die gleichzeitig stattfindende Berliner Konferenz und die Balkankrise mit keinem Wort erwähnt, man sah offenbar keinen Zusammenhang zwischen beiden Problemen. Ebenso wurde auf der Konferenz der Lateinischen Münzunion 1885 die Doppelkrise um den Balkan und Boulanger nicht thematisiert, obwohl sowohl Frankreich als auch Italien in beiden Bereichen, in der Doppelkrise ebenso wie in der Währungskrise, eine zentrale Rolle spielten. Noch waren also die Interferen-

[774] Klaus Hildebrand, Das vergangene Reich, S. 166f.

zen zwischen beiden Systemen punktuell, sie wurden jedoch fortschreitend deutlicher.

Ein Indiz hierfür ist das Personal, welches die jeweiligen Regierungen als Vertreter zu den Währungskonferenzen delegierten. Von den 19 Staaten, die auf der Währungskonferenz von 1867 vertreten waren, war bezeichnenderweise nur Frankreich durch seinen Außenminister vertreten, alle anderen hatten Experten für Währungsfragen, Notenbankpräsidenten, Beamte des Finanzministeriums oder bisweilen Sondergesandte der für Wirtschaftsfragen zuständigen Konsulate geschickt. Es waren Technokraten, also Akteure des ökonomischen Teilsystems, nicht Diplomaten, die miteinander verhandelten. Das Deutsche Reich entsandte zur Konferenz von 1881 einen Beamten des Finanzministeriums und einen untergeordneten Botschaftsangehörigen nach Paris, allerdings mit der Auflage, täglich über die dortigen Vorgänge an den Reichskanzler zu berichten. Bismarck, der die Währungsverhandlungen unter rein diplomatischen Aspekten betrachtete, warf den beiden Währungsexperten auch sofort diplomatisches Ungeschick vor.[775] Die Delegierten dachten nämlich in den Kategorien des währungspolitischen Teilsystems, der Reichskanzler in jenen der Diplomatie. In den Währungsverhandlungen der neunziger Jahre wurde die Teilnahme von Spitzendiplomaten, Botschaftern oder gar Außenministern, immer häufiger. 1897, als die Regierungen der USA und Frankreichs vergeblich versuchten die Briten für eine weitere Währungskonferenz zu gewinnen, verhandelten in London der französische Botschafter, ein amerikanischer Sondergesandter und Außenminister (und Ministerpräsident) Salisbury. Der Bedeutungsgewinn der Währungspolitik aus der Sicht der Außenpolitiker lässt sich also auch daran sehen, dass der diplomatische Rang der Unterhändler in Währungsfragen langsam stieg. Das wiederum war auch mit Problemen verbunden. Der französische Botschafter entschuldigte sich in den Verhandlungen in London im Juli 1897 für seine „slight personal competence" hinsichtlich der währungspolitischen Probleme.[776] Auch Bismarck interessierte sich nicht für die Details der Währungsprobleme, er blieb den entscheidenden Reichstagsdebatten sogar fern, auch wenn er wie kaum ein anderer seiner Zeitgenossen das politische Potential dieses neuen internationalen Systems erkannte. Auch hieran lässt sich die Entstehung der autonomen Teilsysteme beobachten: „Nur Nationalökonomen berechneten vor 1914 die verschiedenen Sozialprodukte", schreibt Raymond Aron. „Die Staatsmänner nahmen undeutlich die Entwicklung des einen oder anderen Produktes wahr, sie überschlugen in etwa die gleichen Wachstumstempi, ebenso den jeweiligen Reichtum bei den Großen wie bei den Kleineren."[777] Andererseits ahnte man in den Außenministerien, dass das System der Wirtschaft weiter an Bedeutung gewinnen würde. „Auf national-

[775] BA R901 Bd. 21459, Bismarck an Schraut/Thielmann, Abschrift, 15.5.1881.

[776] PRO, CAB 37/45/36 Memorandum of a Meeting held at the Foreign Office on Thursday July 15, 1897.

[777] Raymond Aron, Die letzten Jahre des Jahrhunderts, Stuttgart 1986, S. 39.

ökonomischen Fragen baut sich heute die innere und äußere Politik auf", stellte der deutsche Botschafter in Wien, Philipp von Eulenburg, 1893 fest.[778]

Charakteristisch für die gesamte Außenpolitik dieser Zeit ist, dass diese durch die neuen Bereiche, speziell in der Wirtschaft, immer mehr Fachkenntnisse erforderte, und die Berufsdiplomaten alter Schule damit zunehmend überfordert wurden. Es gab eben kaum jemanden, der mit den beiden Kommunikationscodes der Teilsysteme von Wirtschaft und Diplomatie gleichzeitig vertraut war. Diplomaten wurden durch diese Entwicklung abhängig von Experten, sei es aus den Fachressorts der staatlichen Verwaltung oder der Wissenschaft. Auch das ist ein Indiz dafür, dass mit dem hier beschriebenen Zeitraum eine fundamentale Veränderung von internationaler Politik begann; diese war nicht mehr allein Angelegenheit der eigens ausgebildeten Diplomaten, sondern diese wurden, zumal auf dem Währungssektor, zunehmend abhängig von der Expertise von Wissenschaftlern oder Fachleuten der öffentlichen Verwaltung, die mit dem Regelwerk des neuen Systems vertraut waren. Es ist kein Zufall, dass die weitsichtigsten diplomatischen Berichte zu währungspolitischen Fragen in dieser Zeit nicht von den Spitzendiplomaten stammen, sondern von untergeordneten Konsuln oder Botschaftsmitarbeitern. So lieferten beispielsweise die französischen Generalkonsulate in Leipzig und Köln Mitte der achtziger Jahre hervorragende Berichte über die währungspolitische Diskussion im Deutschen Reich, während die Depeschen der Botschaft in Berlin dieses Thema nur am Rande berühren, obwohl es für die französische Politik zentral war. Ähnliches gilt für das deutsche diplomatische Korps dieser Zeit. Erneut zeigt sich, dass das Handwerk der Diplomatie wesentlich komplizierter wurde, es galt nun auch Entwicklungen zu berücksichtigen, die wegen des anderen Regelmechanismus aus der Sicht der Diplomaten unberechenbar erschienen, zugleich aber auch neue Machtinstrumente bereitstellten sowie umgekehrt neue Abhängigkeiten schufen.

Schwierigkeiten bereitete den europäischen Diplomaten auch, dass sich das seit Jahrhunderten vertraute europäische diplomatische System durch die zunehmenden Interferenzen mit dem Wirtschaftssystem ins Globale ausweitete. Die Vereinigten Staaten waren einer der wichtigsten Akteure der internationalen Währungspolitik dieser Zeit, gehörten aber nicht zum klassischen „Konzert der Mächte", wie es zumindest bis in die siebziger Jahre des 19. Jahrhunderts noch existierte. Auf der anderen Seite waren Russland und Österreich-Ungarn fraglos wesentliche Protagonisten im „Europäischen Konzert", spielten aber aufgrund ihrer schwachen Wirtschaft und Währung im internationalen Währungssystem keine wesentliche Rolle. Ähnliches lässt sich in abgeschwächter Form für Italien feststellen. Das internationale Währungssystem und das der Diplomatie hatten also nur teilweise identische Akteure, auch das verkomplizierte das Geschäft der internationalen Politik, was sich zum Beispiel an der Einschätzung der Rolle der USA aus europäischer Sicht erkennen lässt. Für die Diplomaten alter Schule waren die USA nicht zuletzt wegen ihrer inneren Verfassung noch eine Quantité

[778] John Röhl (Hrsg.), Phillipp Eulenburgs politische Korrespondenz, Bd. II, Nr. 773, Eulenburg an Leo Graf von Caprivi, 24.2.1893, Boppard 1979, S. 1029.

négligeable auf dem europäischen Kontinent. Beim Berliner Kongress 1878 war die amerikanische Regierung nicht vertreten, weil die USA nicht zum klassischen Europäischen Konzert der Mächte zählten. Allein die in dieser Hinsicht sensiblen und kundigen Wirtschaftsexperten erkannten das in Übersee heranwachsende Potential und seine möglichen Konsequenzen für den europäischen Kontinent. So erklärte der italienische Delegierte Luigi Luzzatti auf der Währungskonferenz von 1881:

„Les États-Unis sont un monde de géants, dont l'éclosion marque comme une ère nouvelle de l'humanité. Leur progrès sont prodigieux, sans précédent, ils défient le calcul comme la comparaison. Leur population s'est accrue de 12 millions d'habitants dans la dernière période décennenale, leur territoire se couvre de villes nouvelles; leur agriculture qui défriche des millions d'hectares en une seule année, leur industrie que grandit tous les jours dans des proportions inouïes, deviennent pour l'Europe une menace et un danger contre lesquels un nombre d'Etats de l'ancien continent cherchent à se protéger à l'aide de tarifs douaniers."[779]

Die Rolle, welche insbesondere die Vereinigten Staaten im internationalen Währungssystem spielten und in Zukunft spielen würden, war den Akteuren im diplomatischen System nur teilweise deutlich. Wieder war es Otto von Bismarck, der sich, wie geschildert, in seinem Interview mit der Philadelphia Times vom August 1879, die Rolle der USA im internationalen Währungssystem zu nutze machte, und damit zeigte, wie virtuos er mit den verschiedenen Regelwerken internationaler Politik umzugehen wusste.[780] Doch war der Reichskanzler in dieser Hinsicht eine Ausnahme unter den europäischen Staatsmännern.

Der sich abzeichnende fundamentale Wandel der internationalen Politik im Sinne der Systemdifferenzierung lässt sich an weiteren Indizien verfolgen. Es war charakteristisch für die internationale Währungspolitik dieser Zeit, dass ihre Verträge und Verhandlungen öffentlich waren. Fachzeitschriften wie der Berliner Börsen-Curier, der Economiste Français, oder der Londoner Economist berichteten ausführlich über die Ereignisse in diesem Bereich. Auch die internationalen Währungsverträge, der der Lateinischen Münzunion mit den jeweiligen Änderungen, wie auch die Protokolle der internationalen Währungskonferenzen wurden von den Außenministerien Frankreichs und der Vereinigten Staaten unmittelbar veröffentlicht. Auch damit galten im internationalen Währungssystem andere Prinzipien als in der Diplomatie, die nach wie vor ein für die Öffentlichkeit schwer zu durchschauendes Arkanum war. Diplomatische Verhandlungen und Verträge blieben in der Regel geheim, selbst die Parlamente waren, je nach Verfassung, nicht über die Details der Außenpolitik informiert. Anders im Teilsystem der Wirtschaft, hier waren die Parlamente nicht nur informiert, sie waren sogar wesentliche Akteure, wie vor allem am Beispiel der Vereinigten Staaten und des Deutschen Reiches gezeigt werden konnte. Liegt dieser Befund bei republikanisch regierten Staaten wie den USA oder Frankreich nahe, so überrascht er für das Deutsche Reich. Aber im internationalen Währungssystem wirk-

[779] Conférence Monétaire Internationale, Avril–Mai 1881, Procès Verbaux, Discours de M. Luzzatti, S. 122.
[780] Philadelphia Times, 4.8.1879.

te die Diskussion in der deutschen Öffentlichkeit über das Parlament in die internationale Staatenwelt, wie vor allem für die Jahre 1871–73, 1879–1881 und auch 1895 gezeigt werden konnte. Auch hier deutete sich ein fundamentaler Wandel von Außenpolitik an, nicht nur die mit der Währungsfrage verbundenen wirtschaftlichen Interessenverbände wirkten nun auch international, auch irrationale Emotionen, im diplomatischen Verkehr bislang unbekannt, bahnten sich über Öffentlichkeit und Parlament ihren Weg in das neue Gesamtsystem der internationalen Beziehungen. Auch dies, die zunehmende Intervention der Parlamente und der Öffentlichkeit, insbesondere im deutschen Fall, bereitete den Diplomaten alter Schule Schwierigkeiten. „Der Bund (der Landwirte, d.V.) ist wohl mehr ein neues Symptom der Gärung, welche die parlamentarischen Flegeljahre des jungen Deutschland hervorrufen und welche durch die Fehler bei der Geburt des Reiches – das allgemeine Wahlrecht – so bösartige Formen angenommen haben", schrieb der deutsche Botschafter in Wien, von Eulenburg, an Caprivi.[781] Dazu passt, dass sich auch die währungspolitischen Interessenverbände zunehmend transnational organisierten. Die internationalen bimetallistischen Kongresse in Köln (1882) und London (1892) führten zwar nicht zum erhofften Durchbruch für dieses Währungssystem, verfehlten ihre propagandistische Wirkung jedoch nicht.

Die eingangs vorgestellte These von Talcott Parsons und ihre Weiterentwicklung von Niklas Luhmann über die Ausdifferenzierung der modernen europäischen Gesellschaften in verschiedene teilautonome Funktionssysteme hat sich als fruchtbar für die Interpretation der sich entwickelnden internationalen Währungspolitik in der zweiten Hälfte des 19. Jahrhunderts erwiesen. Das internationale Währungssystem entstand unter den Auswirkungen der fundamentalen Doppelrevolution als Bestandteil der Differenzierung der gesellschaftlichen Teilsysteme von Ökonomie und Diplomatie. Es konnte gezeigt werden, wie diese Differenzierung unter den Bedingungen der industriellen Revolution aus den nationalen Gesellschaften vermittelst der Parlamente in die internationale Politik getragen wurde. Gerade die Formulierung Philipp von Eulenburgs, dass sich „auf national-ökonomischen Fragen" die „innere und äußere Politik" aufbaue, zeigt, dass auch die Zeitgenossen den die epochale Bedeutung der Ausdifferenzierung von internationaler Ökonomie und Politik durchaus wahrgenommen haben. Die Äußerung kann daher als Schlüsseldokument zum Verständnis dieser Zeit und der ihr entspringenden Konsequenzen für die Zukunft gewertet werden. Es bleibt abschließend noch die Frage nach dem neuen Verhältnis zwischen beiden Systemen. War es wirklich so, wie Klaus Hildebrand im Anschluss an Raymond Aron meinte, dass das „neue Machtpotential (...) erst einmal in den Dienst des Überlieferten" gestellt wurde, dem diplomatischen System also der Primat gegenüber dem der Währungen zukam?[782] Die vorangegangenen Unter-

[781] Phillipp Eulenburgs politische Korrespondenz, Bd. II, Nr. 773, Eulenburg an Leo Graf von Caprivi, 24.2.1893, S. 1029.

[782] Klaus Hildebrand, Das vergangene Reich, S. 167. Vgl. auch Raymond Aron, Die letzten Jahre des Jahrhunderts, Stuttgart 1986, S. 28f.

suchungen zeigen, dass eine grundsätzliche Aussage dieser Art unzulässig ist, dass es schon in den Anfängen dieser Ausdifferenzierung der internationalen Politik in Teilsysteme wechselseitige Interferenzen zwischen diesen gab, wobei mal das eine, mal das andere die dominierende Rolle übernahm, dass es gerade diese unauflösbare, intermittierende Beziehung zwischen den Teilsystemen war, die den Charakter des neuen internationalen Gesamtsystems dieser Zeit ausmachte. Es war ja das Besondere an der Lateinischen Münzunion, dass durch sie die bereits bestehenden ökonomischen gesellschaftlichen Strukturen zwischen den Teilnehmerländern nun durch die Diplomatie bestätigt wurden, die Diplomaten aber zugleich versuchten, diese Strukturen in ihrem Sinne zu nutzen. Ähnlich ist die Entstehung des internationalen Goldstandards zu deuten: Gegen die sozioökonomische Struktur des Deutschen Reiches, aus der dieser, wie geschildert, erwuchs, konnte auch Otto von Bismarck nichts ausrichten, er konnte diesen Strukturen und den aus ihnen entstehenden politischen Bewegungen aber eine Richtung geben und sie so für seine Zwecke nutzen. Wie bereits gesagt, noch waren die hier beschriebenen Veränderungen in ihrer Anfangsphase, sie waren für hellsichtige Zeitgenossen erkennbar, ihre volle Bedeutung erlangten sie aber erst in der zweiten Hälfte des 20. Jahrhunderts, im Zeitalter der Globalisierung.

IX. Quellen und Literatur

1. Ungedruckte Quellen

Bundesarchiv Berlin-Lichterfelde (BA)
  Handelspolitische Abteilung des Auswärtigen Amtes (R901)
  Reichskanzleramt (R1401)
Politisches Archiv des Auswärtigen Amtes, Berlin (PAAA)
  R 6176-R6689, Die Finanzen Frankreichs
  R5598-R5611, Die Finanzen Englands
  R7836-R7870, Die Finanzen Italiens
  R 17440-R17441, Die Finanzen der USA
Geheimes Preußisches Staatsarchiv, Berlin-Dahlem
  HA III, Abteilung Abt. 2, Nr. 1877 (Frankreich)
Public Record Office, London (PRO)
  Cabinet Papers, Foreign Office, Treasury Papers, Mint, Fremantle Papers
Archives du Ministère des Affaires Etrangères, Paris (MAE)
  Direction Commerciale (avant 1904), Questions Monétaires et financières, Vol. 603–624.
Archives Historiques de la Banque de France, Paris (BdF)
  Débats sur la question monétaire: Monométallisme-Bimétallisme, Union Latine
Archivio del Ministero degli Affari Esteri, Roma (MAEI)
  Serie Politica A, Francia, Rappresentenze Diplomatiche, Francia 1861–1950.
Archivio Storico della Banca d'Italia, Roma
  Studi (1861–1914), Direttorio Grillo, Carte Stringher.
National Archives and Record Administration, Washington D.C. (NARA)
  Record Group 59 (Department of State)

2. Gedruckte Quellen

Atti Parlamentari, Camera dei Deputati, Roma 1865–1900.
Chambre des Représentants, Annales Parlementaires, Bruxelles 1865–1900.
Conférence Monétaire entre la Belgique, la France, l'Italie et la Suisse. Procès Verbaux, Paris 1874–1876.
Conférence Monétaire entre la Belgique, la France, l'Italie et la Suisse. Procès Verbaux, Paris 1885.
Conférence Monétaire Internationale 1892. Procès Verbaux, Bruxelles 1892.
Conférence Monétaire internationale, Procès Verbaux, Paris 1881.
Congressional Record. Containing the Proceedings and Debates of the Congress, Washington 1873/74–1900.

Das System der Vereinten Nationen und seine Vorläufer. Bd. II. Vorläufer der Vereinten Nationen. 19. Jahrhundert und Völkerbundzeit, hrsg. von Franz Knipping, Bern München 1996.
Der internationale bimetallistische Kongreß zu Köln am 11.–13. October 1882. Stenographischer Bericht der Verhandlungen, Berlin 1882.
Documenti Diplomatici Italiani, Serie 1 (1861–1870), Roma 1952–1963, Serie 2 (1870–1896), Roma 1960–2000.
Documents Rélatifs à la Question Monétaire Recueillis et Publiés par M. Jules Malou, Bruxelles 1874.
Dunbar, Charles F. (Ed.), Laws of the United States Relating to Currency, Finance and Banking from 1789–1891, New York 1968.
Foreign Relations of the United States, Washington 1870–1900.
Grasser, Walter, Deutsche Münzgesetze 1871–1971, München 1971.
Hansard's Parliamentary Debates.
International Monetary Conference in Paris in August 1878, Washington 1879.
Kohl, Horst (Hrsg.), Die Politischen Reden des Fürsten Bismarck 1847–1897. Historisch-Kritische Gesamtausgabe, Bd. 8, Stuttgart 1970.
Kroos, Hermann E.(Hrsg.), Documentary History of Banking and Currency in the United States, Vol. III, New York Toronto London Sydney 1977.
Röhl, John (Hrsg.), Philipp Eulenburgs politische Korrespondenz, Bd. II, Boppard 1979.
Stenographische Berichte über die Verhandlungen des Reichstags des Deutschen Reiches 1871–1914, Berlin 1871–1914.
Verhandlungen des deutschen Handelstages zu Frankfurt am Main. Herstellung deutscher Münzeinheit. Neue Vereinsgoldmünze zur Anbahnung der Goldwährung. Stenographischer Bericht, Berlin 1865.
Verhandlungen des ersten deutschen Handelstages zu Heidelberg, Berlin 1861.
Verhandlungen des Reichstages des Norddeutschen Bundes, Berlin 1870.
Verhandlungen des vierten deutschen Handelstages zu Berlin. Herstellung der deutschen Münzeinheit auf Grund der Goldwährung. Stenographischer Bericht, Berlin 1868.
Williams, Charles Richard, Diary and Letters of Rutherford B. Hayes. Nineteenth President of the United States, Vol. 3: 1865–1881, Columbus 1924.

3. Zeitgenössische Literatur

Allard, A., L'Or, l'Argent et le Commerce Belge, Bruxelles, Paris 1861.
Arend, Otto, Die vertragsmäßige Doppelwährung, Berlin 1880.
Bagehot, Walter, Lombard Street, London 1878.
Bagehot, Walter, On the Depreciation of Silver, London 1879.
Bamberger, Ludwig, Bismarcks großes Spiel. Die geheimen Tagebücher Ludwig Bambergers. Eingeleitet und herausgegeben von Ernst Feder, Frankfurt 1932.
Bamberger, Ludwig, Die Enttronung eines Weltenherrschers, Berlin 1876.
Bamberger, Ludwig, Reichsgold, Leipzig 1876.
Blaum, Kurt, Das Geldwesen der Schweiz seit 1789, Straßburg 1908.
Bonnet, Victor Etudes sur la Monnaie, Paris 1870.
Bonnet, Victor, Reprise de l'étalon d'argent aux Etats-Unis, ohne Ort 1870.
Bonnet, Victor, La Reprise de l`Etalon d'Argent aux Etats Unies et le Projet de Conférence internationale, in: Revue des Deux Mondes XXVII, 1. Juni 1878, S. 679–680.
Broch, Ole Jacob, On de nye tyske Myntlow, Christiania 1872.
Broch, Ole Jacob, On Myntforandring, Christiania 1879.
Brossult, E., Histoire de l'Union Monétaire Latine, ohne Ort 1903.
Brown, William, Silver in its Relation to Industry, Montreal 1880.
Carey, Henry C., Appreciation in the Price of Gold, New York 1877.
Cernuschi, Henri, Diplomatie Monétaire en 1878, Paris 1878.

Cernuschi, Henri, Le Bimétallisme à 15,5, Paris 1881.
Cernuschi, Henri, Le Bimétallisme en Angleterre, Paris 1879.
Cernuschi, Henri, Le Bland-Bill, Paris 1878.
Cernuschi, Henri, M. Michel Chevalier et le Bimétallisme, Paris 1876.
Cernuschi, Henri, Mécanique d'échange, Paris 1865.
Cernuschi, Henri, Nomisma or Legal Tender, New York 1877.
Cernuschi, Henri, Projets Monétaires de M. Say, Paris 1878.
Cernuschi, Henri, The Bland Bill: Its Grounds, its Alleged Dishonesty, its Imperfections, Paris 1878.
Chanier, O. de, La Conférence Monétaire de Paris, Paris 1881.
Chevalier, Michel, De la Baisse probable d'or, Paris 1859.
Chevalier, Michel, De la Monnaie, Paris 1866.
Chevalier, Michel, Etablissement d'une Monnaie Nouvelle, Paris 1868.
Chevalier, Michel, Les Mines d'or et d'argent du Nouveau Monde, Paris 1846.
Daniell, Clarmont, Gold in the East, London 1879.
Dawson, Thomas Fulton, Life and Character of Edward Oliver Walcott. Late a Senator of the United States from the State of Colorado, New York 1911.
Delbrück, Rudolph von, Lebenserinnerungen 1817–1867, 2 Bde. Leipzig 1905.
Der Deutsche Handelstag. Hrsg. vom deutschen Handelstag, Bd. 1, Berlin 1911.
Eggers, August, Die Geldreform, Berlin 1873.
Eggers, August, Dollar d'argent universel, Bremen 1881.
Faucher, Production et démonétisation de l'or, Paris 1852.
Feer- Herzog, Carl, Rapport sur l'état de la question monétaire, Zürich 1878.
Feer-Herzog, Carl, La France et ses Alliés Monétaires, Paris 1870.
Ferraris, C., La Convenzione monetaria dal 5 Novembre 1878 ed il Corso Forzoso, Milano 1879.
Fochiert, Emmanuel, La Circulation fiduciaire et les crises du change en Italie et en Espagne, in: Questions monétaires contemporaines (1905), S. 441–514.
Frauz, Emil, Die Verfassung der staatlichen Zahlungsmittel Italiens seit 1861, Straßburg 1911.
Fried, Alfred H., Das internationale Leben der Gegenwart, Leipzig 1908. (Aus Natur und Geisteswelt. Sammlung wissenschaftlich-gemeinverständlicher Darstellungen, Bd. 226)
Gibbs, Henry Huck, Silver and Gold, London 1879.
Goschen, George F., Théorie des Echanges étrangères, Paris 1875.
Hamilton, Money and Value, London 1878.
Helfferich, Karl (Hrsg.), Ludwig Bamberger. Ausgewählte Reden und Aufsätze über Geld- und Bankwesen, Berlin 1900.
Helfferich, Karl, Die Reform des deutschen Geldwesens nach der Gründung des Reiches, Leipzig 1898.
Helfferich, Karl, Zur Geschichte der Goldwährung, Berlin 1896.
Hirschfeld, Ludwig von, Die Finanzen Frankreichs nach dem Kriege von 1870-71, Berlin 1875.
Horton, Dana, Silver and Gold and their Relation to the Problem of Resumtion, Cincinatti 1887.
Horton, Dana, Silver in Europe, New York 1892.
Horton, Dana, The monetary Situation, Cincinatti 1878.
Jacoby, Friedrich Wilhelm, Gold und Silber im Landes- und Weltverkehr, Leipzig 1881.
Jevons, Stanley, Metallic Currency of the United Kingdom, London 1868.
Kardorff-Wabnitz, Wilhelm von, Die deutsche Landwirtschaft und ihre Zukunft, Berlin 1892.
Kardorff-Wabnitz, Wilhelm von, Zur Währungsfrage. Schriften des deutschen Vereins für die internationale Doppelwährung, Bd. 4, Berlin 1881.
Landsberger, Julius, The German Silver Commission, in: Economic Journal, Vol. 5 (1895), S. 95–109.
Laughlin, Laurence, The History of Bimetallism in the United States, New York 1893.
Laveleye, Emile de, La Monnaie internationale, in : Revue des deux Mondes Avril 1867.
Laveleye, Emile de, Le Marché monétaire et ses Crises, Paris 1865.
Léon, M., Lettres sur la Question des Monnaies, Paris 1860.

Leroy-Beaulieu, L'Encaisse de la Banque de France et les Dangers de l'Envahissement de Monnaie d'Argent, in: Economiste Français, No. 33, 16.8.1879.
Luzzatti, Luigi, Memorie tratte di carteggio e da altri documenti, 2 Bde., Bologna 1935.
Meyer, Josef, Das Münzwesen auf einheitlicher Grundlage, Berlin 1870.
Meyer, Josef, Zur Münzfrage, Berlin 1880.
Mitchell, Wesley Clair, A History of the Greenbacks. With special Reference to their Issue, 1862–1865, Chicago 1903.
Neuwirth, Joseph, Der Kampf um die Währung, Jena 1881.
Paillard, Georges, La Suisse et l'Union monétaire latine, Paris, Lausanne 1909.
Parieu, Félix Esquirou de, De l'uniformité monétaire, Paris 1867.
Parieu, Félix Esquirou de, L'Union Monétaire, Paris 1866.
Parieu, Félix Esquirou de, La Question Monétaire en France et à l'Etrangère, Paris 1866.
Parieu, Félix Esquirou de, La question monétaire et l'opportunité de sa solution, Paris 1868.
Parieu, Félix Esquirou de, L'unification monétaire devant l'Exposition Universelle de 1878, in: Journal des Economistes (1878), S. 179.
Parieu, Félix Esquirou de, L'Union Monetaire de la France, de l'Italie, de la Belgique et de la Suisse, Le Münzverein Latin, in: Revue Contemporaine, Vol. 15, 15.10.1866, S. 617–636.
Parieu, Félix Esquirou de, La Politique française dans la question monétaire cosmopolite, Paris 1875.
Parieu, Félix Esquirou de, La question de l'uniformité monétaire en 1878, in: Correspondant LXXV (1878), S. 720–726.
Parieu, Félix Esquirou de, La question monétaire en 1873, Paris 1873.
Parieu, Félix Esquirou de, La Révolution Monétaire par la dépréciation de l'argent, Paris 1875.
Rest, E. van der, L'Union Monétaire Latine, son Origine et ses Phases Diverses, in: Revue de Droit international, Vol. 13 (1881), S. 5.
Roden, A., The Dollar of our Daddies, in: Sound Currency, Vol. IV (1897), S. 1–27.
Rozenraad, Cornelis, L'Emprunt italien pour l'Ablition du Cours Forcé, Paris 1883.
Rusconi, Carlo, Conferenza Monetaria, Roma 1878.
Russell, Henry B., International Monetary Conferences, New York London 1898.
Schäffle, Albert, Für internationale Doppelwährung, Tübingen 1881.
Schneider, Joh. Phil., Die Goldwährungs-Autoritäten, Bremen 1881.
Seyd, Ernst, Die Münz-, Währungs- und Bankfragen in Deutschland. Bemerkungen über das vom Bundesrath vorgeschlagene neue deutsche Münzgesetz, Elberfeld 1871.
Sherman, John, Recollections of Forty Years in the House, Senate and Cabinet. An Autobiography, Chicago, New York, London, Berlin 1895.
Smith, Samuel, The Bi-Metallic Question, London 1887.
Soetbeer, Adolf, Andeutungen in Bezug auf die vermehrte Goldproduktion und ihren Einfluß, Hamburg 1852.
Soetbeer, Adolf, Bedenken gegen die sog. Doppelwährung. Der Übergang zur Goldwährung in Deutschland, Berlin 1869.
Soetbeer, Adolf, Beiträge zur Erörterung der Goldfrage, ohne Ort 1854.
Soetbeer, Adolf, Denkschrift betreffend die Einführung der Goldwährung in Deutschland, Berlin 1856.
Soetbeer, Adolf, Die Silberfrage, ohne Ort 1857.
Soetbeer, Adolf, Edelmetall-Produktion, Gotha 1879.
Soetbeer, Adolf, Goldwährung und deutsche Münzverhältnisse, in: Vierteljahresblätter für Volkswirtschaft Vol. 1 (1863).
Soetbeer, Adolf, Übersicht der Litteratur über die deutsche Münzfrage in den Jahren 1869–1871, in: Holtzendorff's Jahrbuch, Vol. 2, 1873.
Soetbeer, Adolf, Zur deutschen Münzfrage, Jena 1869.
Stringher, Bernardo, Gli Scambi con l'Estero e la Politica commerciale Italiana dal 1860 al 1910, in: Cinquant'anni di Storia Italiana, Vol. III, Milano 1911.

Vrolik, A. Moet Nederland voor zijn muntwezen den gouden standaard aannemen of den zilveren behouden. Overzicht van het verhandelde over de muntwetten in den Staten-General 1874–1878, in: De Economist Amsterdam 1878.
Wagner, Adolph, Die jüngste Münzdebatte im deutschen Reichstag, Berlin 1881.
Wagner, Adolph, Für eine bimetallistische Währungspolitik Deutschlands, Berlin 1881.
Wagner, Adolph, Staatspapiergeld und Banknoten, Berlin 1874.
Walker, Francis A. Money Trade and Industry, London 1880.
Walker, Francis A. Money, New York 1878.
Weston, George M., The Silver Question, New York 1978.
Willis, Henry Parker, A History of the Latin Monetary Union, Chicago 1901. (unveränderter Nachdruck 1971)
Wolowski, Louis, De l'influence du Change sur le marché monétaire, Paris 1868.
Wolowski, Louis, Die Währungsfrage im Deutschen Handelstage, Berlin 1881.
Wolowski, Louis, Ein Beitrag zur Frage der Goldwährung, Berlin 1880.
Wolowski, Louis, L'or et l'argent question monétaire, Paris 1868.
Wolowski, Louis, L'or et l'argent, Paris 1870.

4. Literatur

Adams, Willi Paul, Die USA vor 1900, München 2000.
Afflerbach, Holger, Der Dreibund. Europäische Großmacht- und Allianzpolitik vor dem Ersten Weltkrieg, Wien, Köln, Weimar 2002.
Aldenhoff-Hübinger, Rita, Agrarpolitik und Protektionismus. Deutschland und Frankreich im Vergleich 1879–1914, Göttingen 2002.
Altgeld, Wolfgang, Rudolf Lill, Kleine Geschichte Italiens, Bonn 2005.
Ambrosius, Gerold, Die historisch wirksamen Kräfte bei der Entwicklung öffentlicher Unternehmen: Deutschland im internationalen Vergleich, in: Peter Eichhorn, Werner Wilhelm Engelhardt (Hrsg.), Standortbestimmung öffentlicher Unternehmen in der Sozialen Marktwirtschaft, Baden-Baden 1994, S. 199–216.
Ambrosius, Gerold, Globalisierung und multilaterale Konvergenz nationaler Regulierung vor dem Ersten Weltkrieg, in: Jahrbuch für Wirtschaftsgeschichte, Berlin 2003, S. 99–120.
Ambrosius, Gerold, Regulativer Wettbewerb und koordinative Standardisierung zwischen Staaten. Theoretische Annahmen und historische Beispiele, Stuttgart 2005.
Aron, Raymond, Die letzten Jahre des Jahrhunderts, Stuttgart 1986.
Bairoch, Paul, Die Landwirtschaft und die Industrielle Revolution 1700–1914, in: Carlo Cipolla, Knut Borchardt (Hrsg.), Europäische Wirtschaftsgeschichte, Bd. 4, Stuttgart 1985, S. 316–329.
Bairoch, Paul, The Geographical Structure and Trade Balance of European Foreign Trade from 1800 to 1974, in: The Journal of European Economic History, Vol. 3 (1973), S. 557–608.
Barrett, Don C., The Greenbacks and Resumption of Specie Payments, 1862–1879, Cambridge 1931.
Bartel, Robert J., International Monetary Unions. The 19th Century Experience, in: Journal of European Economic History, Vol. 3 (1974), S. 689–704.
Battilossi, Stefano, Storia economica d'Italia, 2 Vol. Bari, Roma 1999.
Baumgart, Winfried, Europäisches Konzert und nationale Bewegung. Internationale Beziehungen 1830–1878 (Handbuch der Geschichte der internationalen Beziehungen, Bd. 6), Paderborn 1999.
Beard, Charles A., Mary Beard, The Rise of American Civilization, New York 1944.
Becker, Frank (Hrsg.), Geschichte und Systemtheorie. Exemplarische Fallstudien, Frankfurt/Main 2004.
Bensel, Richard Franklin, The Political Economy of American Industrialization, 1877–1900, Cambridge 2000.

Berghoff, Hartmut, Vermögenseliten in Deutschland und England vor 1914. Überlegungen zu einer vergleichenden Sozialgeschichte des Reichtums, in: Ders., Dieter Ziegler (Hrsg.), Pionier oder Nachzügler? Vergleichende Studien zur Geschichte Großbritanniens und Deutschlands im Zeitalter der Industrialisierung. Festschrift für Sidney Pollard zum 70. Geburtstag, Bochum 1995, S. 281–308.

Bloomfield, A.L., Monetary Policy under the international Gold Standard, 1880–1914, New York 1959.

Bloomfield, A.L., Short-term Capital Movements under the pre-1914 Gold Standard, Princeton 1963.

Böhret, Carl, „Politische Ökonomie", in: Gert von Eynern (Hrsg.), Wörterbuch zur Politischen Ökonomie, Opladen 1973, S. 292–302.

Bondi, G., Deutschlands Außenhandel 1815 bis 1870, Berlin 1958.

Bordo, Michael D., Anna J. Schwartz (Ed.), A Retrospective on the Classical Gold Standard 1821–1931, Chicago, London 1984.

Bosher, J.F., French Finances 1770–1795, Cambridge 1970.

Cagan, Phillip, Determinants and Effects of Changes in the Stock of Money, 1875–1860, New York 1965.

Cannadine, David, The Decline and Fall of British Aristocracy, New Haven 1990.

Capone, Alfredo, Destra e Sinistra da Cavour a Crispi, Torino 1981.

Carlisle, Robert, Rothschild, James, Baron de, in: William Echard (Ed.), Historical Dictionary of the French Second Empire, 1852–1870, S. 564–568.

Caron, François, Histoire Economique de la France XIX-XX siècles, Paris 1981.

Carothers, Neil, Fractional Money. A History of Small Coins and Fractional Paper Currency of the United States, New York 1930.

Cecco, Marcello De, Money and Empire, Oxford 1974.

Cecco, Marcello De (a cura di), L'Italia e il Sistema Finanziario Internazionale 1861–1914, Roma 1990.

Conze, Eckart, Abschied von der Diplomatiegeschichte? Neuere Forschungen zur Rolle der Bundesrepublik Deutschland in den internationalen Beziehungen 1949–1969, in: Historisches Jahrbuch, Bd. 116 (1996), S. 137–154.

Conze, Eckart, Moderne Politikgeschichte. Aporien einer Kontroverse, in: Guido Müller (Hrsg.), Deutschland und der Westen. Festschrift für Klaus Schwabe zum 65. Geburtstag, Stuttgart 1998, S. 19–30.

Coussis, Demosthenes, Die griechische Währung von 1828–1928, Athen 1932.

Cox, Robert W., Weltordnung und Hegemonie. Grundlagen der internationalen politischen Ökonomie, Marburg 1998.

Czempiel, Ernst-Otto, Deutsche Außenpolitik von 1871 bis 1945, in: Geschichte und Gesellschaft, Bd. 22 (1996), S. 243–256.

Dansette, Adrien, Naissance de la France Moderne. Le Second Empire, Paris 1976.

Darnis, Jean Marie, L'Union Monétaire Latine. Leçon pour l'Europe économique et monétaire du temps présent, in: Etudes et Documents. Ed. par le Comité pour l'Histoire Economique et Financière de la France, Vol. 6 (1994), S. 329–359.

Delhaes-Günther, Dietrich von, K.H. Hartwig, U. Vollmer (Hrsg.), Monetäre Institutionenökonomik, Stuttgart 2001.

Delivanis, Dimitrios, Holm Sundhausen, Griechenland 1830–1914, in: Handbuch der Europäischen Wirtschafts- und Sozialgeschichte, Bd. 5, Stuttgart 1985, S. 649-663.

Della Peruta, F., Cernuschi, Enrico, in: Dizionario Biografico degli Italiani, Vol. 23, Roma 1979, S. 781–788.

Despy-Meyer, Andrée (Hrsg.), Frère-Orban et le Libéralisme Politique, Bruxelles 1996.

Dewey, Davis Richard, Financial History of the United States, New York 1968.

Dinnerstein, Leonard, The Election of 1880, in: Arthur M. Schlesinger (Ed.), History of American Presidential Elections, New York 1971.

Dintenfass, The Decline of Industrial Britain, 1870–1980, London 1992.

Dippel, Horst, Geschichte der USA, 3. Auflage, München 1999.

Dornbusch, Rüdiger, Jacob Fraenkel, The Gold Standard and the Bank of England in the Crisis of 1847, in: Michael Bordo, Anna Schwartz, A Retrospective on the Classical Gold Standard 1821–1931, Chicago London 1984, S. 233–264.
Dowd, Kevin, David Grenaway, Currency Competition, Network Externalities, and Switching Costs. Towards an alternative View of Optimal Currency Areas, in: The Economic Journal, Vol. 103 (1993), S. 1180–1189.
Duby, Georges, Armand Wallon, Histoire de la France Rurale, Tome 3, Paris 1975.
Dugdale, Blanche E.C., Arthur James Balfour, 1848–1906, New York 1937.
Dülffer, Jost, Martin Kröger, Harald Wippich, Vermiedene Kriege. Deeskalation von Konflikten der Großmächte zwischen Krimkrieg und Erstem Weltkrieg (1956–1914), München 1997.
Dülffer, Jost, Karl Holl (Hg.), Bereit zum Krieg. Kriegsmentalität im wilhelminischen Deutschland 1890–1914. Beiträge zur historischen Friedensforschung, Göttingen 1986.
Dumoulin, Michel, Les relations économiques italo-belges (1861–1914), Bruxelles 1990.
Duroselle, Jean Baptiste, L'histoire des relations internationales vue par un historien, in: Relations internationales, Bd. 38 (1995), S. 195–210.
Echard, William, Napoleon III and the Concert of Europe, Baton Rouge 1983.
Eichengreen, Barry, Golden Fetters. The Gold Standard and the Great Depression 1919–1939, New York 1992.
Eichengreen, Barry, Marc Flandreau, The Geography of the Gold Standard, in: Barry Eichengreen, Jaime Rais, Jorge Braga De Macedo (Eds.), Currency Convertibility, London 1996, S. 113–143.
Eichengreen, Barry, Vom Goldstandard zum EURO. Die Geschichte des internationalen Währungssystems, Berlin 2000.
Einaudi, Luca, Monetary Unions and Free Riders. The Case of the Latin Monetary Union (1865–1878), in: Rivista di Storia Economica (1997), S. 327–362.
Einaudi, Luca, Money and Politics. European Monetary Unification and the International Gold Standard (1865–1873), Oxford 2001.
Einaudi, Luca, From the Franc to the Europe. The Attempted Transformation of the Latin Monetary Union into a European Monetary Union, 1865–1873, in: The Economic History Review, Vol. 53 (2000), S. 284–308.
Elrod, R.B., The Concert of Europe. A Fresh Look at an International System, in: World Politics, Vol. 28 (1975/76), S. 159–174.
Ensor, C.K, England 1870–1914, Oxford 1936.
Erdmann, M., Die verfassungspolitische Funktion der Wirtschaftsverbände in Deutschland 1815–1871, Berlin 1968.
Esslen, J. B., Münzbund, in: Handwörterbuch der Staatswissenschaften, Bd. VI, Jena 1926, S. 664–668.
Eynern, Gerd von, Die Reichsbank. Probleme des deutschen Zentralnoteninstituts in geschichtlicher Darstellung, Jena 1928.
Fechter, Ursula, Schutzzoll und Goldstandard im Deutschen Reich 1879–1914, Köln, Wien 1972.
Fehrenbach, Elisabeth, Preußen-Deutschland als Faktor der französischen Außenpolitik in der Reichsgründungszeit, in: Eberhard Kolb (Hrsg.), Europa und die Reichsgründung. Preußen-Deutschland in der Sicht der großen europäischen Mächte 1860–1880, Historische Zeitschrift Beiheft 6 (NF), München 1980, S. 109–137.
Fellner, Fritz, Der Dreibund. Europäische Diplomatie vor dem Ersten Weltkrieg, Wien 1960.
Fels, Rendigs, American Business Cycles, Chapel Hill 1959.
Ferguson, Niall, The World's Banker. The History of the House of Rothschild, London 1998.
Fisch, Jörg, Europa zwischen Wachstum und Gleichheit 1850–1914, Stuttgart 2002.
Flandreau, Marc, L'Or du Monde. La France et la Stabilité du Système monétaire international, 1848–1873, Paris 1995.
Flandreau, Marc, The French Crime of 1873. An Essay on the Emergence of the International Gold Standard, 1870–1880, in: The Journal of Economic History (1996), S. 862–897.

Fratianni, Michele, Franco Spinelli, Currency Competition, Fiscal Policy and the Money Supply Process. Italy from Unification to World War I, in: Journal of European Economic History, Vol. 14 (1985), S. 473–499.

Fratianni, Michele, Franco Spinelli, Italy in the Gold Standard Period, 1861–1914, in: Michael Bordo, Anna Schwartz (Hrsg.), A Retrospective on the Classical Gold Standard, Chicago 1984, S. 405–454.

Fremdling, Rainer, German National Accounts for the 19th and Early 20th Century, in: VSWG Bd. 75 (1988), S. 339–357.

Frieden, Jeffry, The Dynamics of International Monetary Systems: International and Domestic Factors in the Rise, Reign, and Demise of the Classical Gold Standard, in: Jack Snyder, Robert Jervis (Ed.), Coping with Complexity in the international system, Boulder San Francisco Oxford 1993, S. 137–162.

Friedman, Milton, Anna Schwartz, A Monetary History of the United States, 1867–1960, Princeton 1963.

Friedman, Milton, The Crime of 1873, in: Journal of Political Economy, Vol. 89 (1990), S. 1159–1194.

Gall, Lothar (Hrsg.), Liberalismus, Köln 1980.

Gall, Lothar, Bismarck. Der Weisse Revolutionär, Berlin 1980.

Gall, Lothar, Europa auf dem Weg in die Moderne 1850–1890, 4. Auflage, München 2003.

Gallarotti, Giulio, The Anatomy of an International Monetary System. The Classical Gold Standard, 1880–1914, New York, Oxford 1995.

Gallarotti, Giulio, The Scramble for Gold. Monetary Regimes Transformation in the 1870s, in: Micheal Bordo, Forrest Capie (Eds.), Monetary Regimes in Transition, Cambridge 1993, S. 85–104.

Geyer, Martin, Johannes Paulmann (Hrsg.), The Mechanics of Internationalism. Culture, Society, and Politics from the 1840s to the First World War, Oxford 2001.

Geyer, Michael, Deutsche Rüstungspolitik 1860–1980, Frankfurt 1984

Gilpin, Robert, The Political Economy of International Relations, Princeton 1987.

Gopal, Sarvepalli, British Policy in India, 1858–1905, Cambridge 1965.

Görtemaker, Manfred, Geschichte Europas 1850–1918, Stuttgart 2002.

Green, E.H.H., Rentiers versus Producers? The Political Economy of the Bimetallic Controversy 1880–1898, in: English Historical Review, Vol. 103 (1988), 588–612.

Greul, R. Die Lateinische Münzunion. Eine völkerrechtsgeschichtliche Studie, Berlin 1926.

Haberler, Gottfried, Integration and Growth of the World Economy in Historical Perspective, in: The American Economic Review, Vo. 65 (1964), S. 1–22.

Hagenbach, Paul, Die Entwicklung zur Goldwährung in der Schweiz, Rheinfelden 1929.

Hammond, Bray, The North's empty Purse, 1861–1862, in: American Historical Review, Vol. LXVII, No. 1 (October 1961).

Harris, José, Private Lives, Public Spirit. A Social History of Britain, Oxford 1993.

Haupt, Heinz-Gerhard, Sozialgeschichte Frankreichs seit 1789, Frankfurt 1989.

Haynes, Fred H., Third Party Movements Since the Civil War, with special Reference to Iowa. A Study in Social Politics, Iowa City 1916.

Heffter, Heinrich, Martin Friedrich Rudolph von Delbrück, in: Neue Deutsche Biographie, Bd. 3, S. 579–580.

Jürgen Heideking (Hrsg.), Die amerikanischen Präsidenten. 41 historische Portraits von George Washington bis Bill Clinton, München 1995.

Held, David, Democracy and the Global World Order. From the Modern State to Cosmopolitan Governance, Cambridge 2002.

Henrich-Franke, Christian, Cornelius Neutsch, Guido Thiemeyer (Hrsg.), Internationalismus und Europäische Integration im Vergleich. Fallstudien zu Währungen, Landwirtschaft, Verkehrs- und Nachrichtenwesen, Baden-Baden 2007.

Hentschel, Volker, Die deutschen Freihändler und der volkswirtschaftliche Kongreß 1858–1885, Stuttgart 1975.

Hepburn, A. Barton, A History of Currency in the United States, New York 1915.

Herren, Madeleine, Hintertüren zur Macht. Internationalismus und modernisierungsorientierte Außenpolitik in Belgien, der Schweiz und den USA 1865–1914, München 2000.

Herren, Madeleine, L'Union Monetaire Latine, la Guerre et la Suisse, in: Relations Internationales, No 99, Automne 1999, S. 269–288.

Herren, Madeleine, Modernisierung, Außenpolitik und Integration im Jahrhundert des Internationalismus, in: Historische Mitteilungen (1994), S. 1–43.

Hertner, Peter, „Relative Rückständigkeit", Währungssystem, Protektionismus und Stabilisierung der wirtschaftlichen Entwicklung vor 1914, Russland und Italien als Beispiele, in: Alfred Schüller, Ulrich Wagner (Hrsg.), Außenwirtschaftspolitik und Stabilisierung von Wirtschaftssystemen, Stuttgart, New York 1980, S. 99–123.

Hertner, Peter, Banken und Wirtschaftsentwicklung in Italien. Ein Forschungsbericht. Teil I: 1883–1914, in: Quellen und Forschungen aus italienischen Archiven und Bibliotheken, Bd. 65 (1985), S. 436–451.

Hertner, Peter, Das Auslandskapital in der italienischen Wirtschaft, 1883–1914. Probleme einer Quantifizierung und Auswertung, in: Knut Borchardt, Eckart Schremmer, Wolfgang Zorn (Hrsg.), Weltwirtschaftliche und währungspolitische Probleme seit dem Ausgang des Mittelalters, Stuttgart, New York 1981, S. 93–121.

Hertner, Peter, Foreign Capital in the Italian Banking Sector, in: R. Cameron, V. I. Bovykin (Ed.), International Banking 1870–1914, New York, Oxford 1991, S. 345–350.

Hertner, Peter, Il Capitale straniero in Italia (1883–1914), in: Studi Storici (1981), S. 767–795.

Hertner, Peter, Italien 1850–1914, in: W. Fischer (Hrsg.), Handbuch der Europäischen Wirtschafts- und Sozialgeschichte, Bd. 5, Stuttgart 1985, S. 765–770.

Hertner, Peter, Modern Banking in Italy/Le Système bancaire italien moderne, in: European Association for Banking History (Ed.), Handbook on the History of European Banks, Aldershot 1994, S. 561–592.

Hertner, Peter, Neuere Erklärungsansätze zur Geschichte der ersten Phase der Industrialisierung Italiens, in: R. Melville, C. Scharf, M. Vogt, U. Wengenroth (Hrsg.), Deutschland und Europa in der Neuzeit. Festschrift für Karl Otmar Freiherr von Aretin zum 65. Geburtstag, Bd. 2, Wiesbaden 1988, S. 727–738.

Hildebrand, Klaus, Das vergangene Reich. Deutsche Außenpolitik von Bismarck bis Hitler 1871–1945, Stuttgart 1995.

Hildebrand, Klaus, Deutsche Außenpolitik 1871–1918, München 1989.

Hillgruber, Andreas, Bismarcks Außenpolitik, 3. Auflage, Freiburg 1993.

Hoffmann, W.G., Strukturwandlungen im Außenhandel der deutschen Volkswirtschaft seit der Mitte des 19. Jahrhunderts, in: Kyklos, Bd. 20 (1967), S. 287–306.

Holten, Robert J., Making Globalization, New York 2005.

Holtfrerich, Carl Ludwig, The Monetary Unification Process in nineteenth Century Germany: Relevance and Lessons for Europe Today? In: Marcello de Cecco, Alberto Giovannini (Ed.), A European Central Bank? Perspectives on Monetary Unification after ten Years of the EMS, Cambridge 1989, S. 216–241.

Howe, A.C., Bimetallism 1880–1898. A Controversy Reopened? In: English Historical Review, Vol. 105 (1990), S. 377–391.

Hymans, P. Frère-Orban, 2 Bde. Bruxelles 1905–1910.

Ibbeken, Rudolf, Das außenpolitische Problem Staat und Wirtschaft in der deutschen Reichspolitik 1880–1914, Schleswig 1928.

Jansen, Christian, Bismarck und die Linksliberalen, in: Lothar Gall (Hrsg.), Otto von Bismarck und die Parteien, Paderborn 2001, S. 91–110.

Janssens, Valéry, Le Franc Belge. Un siècle et demi d'histoire monétaire, Bruxelles 1976.

Jarchow, H.J., P. Rühmann, Monetäre Außenwirtschaft, Bd. 2: Internationale Währungspolitik, Göttingen 1997.

Johnung, Lars, Swedish Experience under the Classical Gold Standard, 1873–1914, in: Michael Bordo, Anna Schwartz, A Retrospective on the Classical Gold Standard 1821–1931, Chicago London 1984, S. 361–399.

Jonge, Jan Aart de, Die Wirtschaft, in: Handbuch der Europäischen Wirtschafts- und Sozialgeschichte, hrsg. von Wolfram Fischer, Stuttgart 1985, S. 324–329.

Kauch, P. La Banque Nationale de Belgique, 1850–1918, Bruxelles 1950.

Kemmerer, Edwin Walter, Modern Currency Reforms. A History and Discussion of Recent Currency Reforms in India, Porto Rico, Philippine Islands, Straits Settlements and Mexico, New York 1916.

Kenwood, A.G., A.L. Lougheed, The Growth of the International Economy 1820–1960. An Introductory Text, London 1971.

Kindleberger, Charles P. A Financial History of Western Europe, London 1984.

Kleppner, Paul, Continuity and Change in Electoral Politics, 1893–1928, New York 1987.

Kluke, Paul, Großbritannien von den Reformen Gladstones bis zum Ende des Ersten Weltkriegs, in: Handbuch der Europäischen Geschichte, hrsg. von Theodor Schieder, Stuttgart 1985, S. 297–304.

Klump, Rainer, Entstehung und Verwendung von Schlüsselwährungen. Theoretische Erklärungen, historische Erfahrungen, wirtschaftspolitische Schlussfolgerungen, Hamburg 1986.

Koch-Mehrin, Silvana, Historische Währungsunion zwischen Wirtschaft und Politik. Die Lateinische Münzunion 1865–1927, Baden-Baden 2001.

Koehler, Benedict, Ludwig Bamberger. Revolutionär und Bankier, Stuttgart 1999.

Kohler-Koch, Beate, Internationalisierung, Globalisierung, Entstaatlichung, in: Rolf H. Hasse (Hrsg.), Nationalstaat im Spagat. Zwischen Suprastaatlichkeit und Subsidiarität, Stuttgart 1997.

Kolb, Eberhard (Hrsg.), Europa und die Reichsgründung. Preußen-Deutschland in der Sicht der großen europäischen Mächte 1860–1880, München 1980.

Kolb, Eberhard, Stabilisierung oder Konsolidierung? Zur Konfiguration des europäischen Mächtesystems 1871–1914, in: Peter Krüger (Hrsg.), Das europäische Staatensystem im Wandel. Strukturelle Bedingungen und bewegende Kräfte seit der Frühen Neuzeit, München 1996, S. 189–195.

Kuznets, S., Modern Economic Growth, New Haven 1966.

Langer, William L., European Alliances and Alignments, 1870–1890, New York 1931.

Langewiesche, Dieter, Bismarck und die Nationalliberalen, in: Lothar Gall (Hrsg.), Otto von Bismarck und die Parteien, Paderborn 2001, S. 73–89.

Langewiesche, Dieter, Deutscher Liberalismus im europäischen Vergleich. Konzeptionen und Ergebnisse, in: Ders. (Hrsg.), Liberalismus im 19. Jahrhundert, Göttingen 1988, S. 11–19.

Lauterbach, Ansgar, Im Vorhof der Macht. Die nationalliberale Reichstagsfraktion in der Reichsgründungszeit (1866–1880), Frankfurt a.M. 2000.

Leffler, Melvyn, New Approaches, old Interpretations, and prospective Reconfigurations, in: Diplomatic History Bd. 19/2 (1995), S. 173–169.

Lill, Rudolf, Geschichte Italiens in der Neuzeit, Darmstadt 1988.

Lindert, Peter, Key-Currencies and Gold, Princeton 1969.

Long, J. Bradford De, Productivity, Growth, Convergence, and Welfare: Comment, in: American Economic Review, Vol. 78 (1988), S. 1138–1154.

Loth, Wilfried, Das Kaiserreich. Obrigkeitsstaat und politische Mobilisierung, München 1996.

Lubelski-Bernard, Nadine, Frère-Orban, Chef du Cabinet, in: Andrée Despy-Meyer (Hrsg.), Frère-Orban et le Libéralisme Politique, Bruxelles 1996, S. 11–24.

Luhmann, Niklas, Die Gesellschaft der Gesellschaft, Frankfurt/Main 1997.

Luhmann, Niklas, Die Wirtschaft der Gesellschaft als autopoietisches System, in: Ders., Die Wirtschaft der Gesellschaft, Frankfurt 1989, S. 43–90.

Lutz, Heinrich, Außenpolitische Tendenzen der Habsburger Monarchie von 1866 bis 1870. „Wiedereintritt" in Deutschland und Konsolidierung als europäische Macht im Bündnis mit Frankreich, in: Eberhard Kolb (Hrsg.), Europa vor dem Krieg von 1870. Mächtekonstellationen-Konfliktfelder- Kriegsausbruch, München 1987, S. 1–16.

Luzzatto, G., L'Economia Italiana dal 1861 al 1914, 2. Aufl., Milano 1963.

Lyons, F.S.L., Internationalism in Europe 1815–1914, Leyden 1963.

Mack Smith, Dennis, Modern Italy. A Political History, New Haven, London 1997 (1959).

Mattia, Renato de, Moneta, Credito e Finanza, in: 1861–1887. Il Processo di Unificazione nella realtà del Paese. Atti del L Congresso di Storia del Risorgimento Italiano, Roma 1982.
Mattia, Renato Di, Gli Istituti di Emissione in Italia. I Tentativi di Unificazione 1843–1892, Roma Bari 1990.
Mc Goulrick, Paul, Operations of the German Central Bank and the Rules of the Game 1873–1913, in: Michael Bordo, Anna Schwartz, A Retrospective on the Classical Gold Standard 1821–1931, Chicago London 1984, S. 311–349.
Menczer, Bela, Exposition of 1867, in: History Today, Vol. 17.1, July 1967, S. 429–436.
Mertens, Jacques, La Naissance et le Developpement de l'étalon-or 1696–1922, Paris 1944.
Metzler, Gabriele, Gesellschaftlicher Wandel und internationale Politik. Zum Verhältnis von Politik- und Sozialgeschichte am Beispiel der britischen Europapolitik 1856–1871, in: Zeitschrift für Geschichtswissenschaft, Bd. 46 (1998), S. 776–797.
Metzler, Gabriele, Großbritannien – Weltmacht in Europa. Handelspolitik im Wandel des europäischen Staatensystems 1856–1871, Berlin 1997.
Miquel, Pierre, Le Second Empire, Paris 1992.
Morgan, H. Wayne, From Hayes to McKinley. National Party Politics, 1877–1896, New York 1969.
Moulin, Annie, Les Paysans dans la Société Française. De la Révolution à nos jours, Paris 1988.
Murphy, C.N., International Organization and Industrial Change. Global Governance since 1850, New York 1994.
Myers, Margret G., A Financial History of the United States, New York, London 1970.
Nichols, Jeannette P., Silver Diplomacy, in: Political Science Quaterly Vol. XLVIII (1933), S. 565–588.
Niederer, A., Die Lateinische Münzunion- Ausstellungskatalog, Hilterfingen 1976.
Nipperdey, Thomas, Deutsche Geschichte 1866–1918, 2 Bde., München 1992–1994.
Nugent, Walter K., Money and American Society, 1865–1880, New York 1968.
Olszak, Norbert, Histoire des Unions Monétaires, Paris 1996.
Oncken, Hermann, Die Rheinpolitik Kaiser Napoleons III. von 1863 bis 1870 und der Ursprung des Krieges von 1870/71, 3. Bde., Berlin, Leipzig 1926.
Osterhammel, Jürgen, Niels Petersson, Geschichte der Globalisierung. Dimensionen, Prozesse, Epochen, München 2003.
Otto, Frank, Die Entstehung eines nationalen Geldes. Integrationsprozesse der deutschen Währungen im 19. Jahrhundert, Berlin 2002.
Otto, Frank, Die Währungsvereinheitlichung in Deutschland im 19. Jahrhundert – Modell für die Europäische Währungsunion 1999? In: Historische Mitteilungen, Bd. 12 (1999), S. 69–89.
Parish, J.C., The Emergence of the Idea of Manifest Destiny, Los Angeles 1932.
Parsons, Talcott, Evolutionary Universals in Society, in: American Sociological Review, Bd. 29 (1964), S. 339–357.
Plessis, Alain, La Banque de France et les relations monétaires internationales jusqu'en 1914, in: Relations Internationales, No. 29 (1982), S. 3–23.
Plessis, Alain, Histoires de la Banque de France, Paris 1998.
Pletcher, David M. The Awkward Years. American Foreign Relations under Garfield and Arthur, Colombia 1962.
Polanyi, Karl, The Great Transformation. Politische und ökonomische Ursprünge von Gesellschaften und Wirtschaftssystemen, Frankfurt 1995 (1944).
Pollard, Sidney, Britain's Prime and Britain's Decline. The British Economy 1870–1914, London 1989.
Pollmann, Karl-Erich, Parlamentarismus im Norddeutschen Bund 1867–1870, Düsseldorf 1985.
Pratt, J.W., The Origin of „Manifest Destiny", in: Journal of American History, Vol. 32 (1927), S. 795–798.
Pugh, Martin, State and Society. British Political and Social History 1870–1914, London 1994.
Ratcliffe, Barrie M., Latin Monetary Union, in: William B. Echard (Ed.), Historical Dictionary of the French Second Empire, 1852–1870, Westport/Conn. 1985, S. 342–343.
Ratcliffe, Barrie M., Saint Simonism, in: William B. Echard (Ed.), Historical Dictionary of the French Second Empire, 1852–1870, Westport/Conn. 1985, S. 595–598.

Ratcliffe, Barry, William Echard, Fould Achille, in: William B. Echard (Ed.), Historical Dictionary of the French Second Empire, 1852–1870, Westport/Conn. 1985, S. 242–245.
Reddish, Angela, Recent Contributions to the History of Monetary and International Financial Systems: A Review Essay, in: European Review of Economic History, Vol. 10 (2006), S. 231–248.
Reddish Angela, Bimetallism. An Economic and Historical Analysis, Cambridge 2000.
Reinhard, Wolfgang, Geschichte der Staatsgewalt. Eine vergleichende Verfassungsgeschichte Europas von den Anfängen bis zur Gegenwart, 2. Auflage, München 2000.
Reti, Steven P., Silver and Gold. The Political Economy of International Monetary Conferences, 1867–1892, Westport 1998.
Rittmann, Herbert, Deutsche Geldgeschichte 1484–1914, München 1975.
Romanelli, R., L'Italia Liberale (1861–1900), Bologna 1979.
Rostow, Walt W., British Economy of the Nineteenth Century, Oxford 1948.
Sabbatucci, V. Vidotto, Storia d'Italia, Vol. 2, Bari 1995.
Saint-Marc, Michèle, Histoire Monétaire de la France, 1800–1980, Paris 1983.
Salvatorelli, Luigi, La Triplice Alleanza, Milano 1939.
Sartorius von Waltershausen, A., Deutsche Wirtschaftsgeschichte 1815–1914, Jena 1923.
Sayers, Richard, The Question of the Standard in the 1850s, in: Economic History. Economic Journal Supplement 2 (1933), S. 575–601.
Schieder, Wolfgang, Sozialismus, in: Geschichtliche Grundbegriffe, Bd. 5, Stuttgart 1984, S. 269–718.
Schmidt, Gustav, Politischer Liberalismus, „Landed Interests" und organisierte Arbeiterschaft 1850–1880. Ein deutsch-englischer Vergleich, in: Lothar Gall (Hrsg.), Liberalismus, Köln 1980, S. 232–253.
Schröder, Hans Jürgen, Englische Geschichte, 2. Aufl., München 1995.
Schröder, Paul, The 19th Century International System, in: World Politics, Vol. 39 (1986), S. 1–26.
Schumpeter, Joseph, Kapitalismus, Sozialismus und Demokratie, 2. Aufl. München 1951.
Secrétan, Edouard, Un Sommet économique et social du Second Empire: L'Exposition Universelle de 1867, in: Souvenir Napoléonien Vol. 48 (1985), S. 34–40.
Sedillot, René, Histoire du Franc, Paris 1979.
Sell, Friedrich C., Die Tragödie des deutschen Liberalismus, Stuttgart 1953.
Sereni, Emilio, Capitalismo e mercato nazionale in Italia, Roma 1966.
Siemann, Wolfram, Gesellschaft im Aufbruch. Deutschland 1849–1871, Frankfurt 1990.
Smith, William H.C., Napoleon III., Paris 1982.
Spiller, Cristina Nardi, Luigi Luzzatti e l'Unione Monetaria Latina, in: Luigi Luzzatti e il Suo Tempo. Atti del Convegno Internazionale di Studio raccolti da Pier Luigi Ballini e Paolo Pecorari, Venezia 1994, S. 349–387.
Spinner, Thomas F., George Joachim Goschen. The Transformation of a Victorian Liberal, London 1973.
Sprenger, Bernd, Das Geld der Deutschen, Paderborn 2002.
Sprenger, Bernd, Währungswesen und Geldpolitik in Deutschland von 1834 bis 1875. Kölner Vorträge und Abhandlungen zur Sozial- und Wirtschaftsgeschichte, Heft 33, Köln 1981.
Stern, Fritz, Gold und Eisen. Bismarck und sein Bankier Bleichröder, Berlin, Frankfurt 1978.
Strupp, Karl, Wörterbuch des Völkerrechts, Bd. 2, 2. aktual. Aufl. (hg. v. Hans-Jürgen Schlochauer), Berlin 1961.
Stürmer, Michael, Die Geburt eines Dilemmas. Nationalstaat und Massendemokratie im Mächtesystem 1848, in: Merkur Bd. 36 (1982), S. 1–12.
Taylor, A.J.P., The Struggle for Mastery in Europe, Oxford 1954.
Theunissen, J.J., Vie du Comte Ferdinand de Meeus, Louvain 1863.
Theurl, Theresia, Eine Währung für Europa. 12 Lehren aus der Geschichte, Innsbruck 1992.
Theurl, Theresia, Erfolgs- und Mißerfolgsfaktoren von Währungsunionen: Historische Erfahrungen, in: Zeitschrift für bayrische Sparkassengeschichte, Bd. 13 (1999), S. 129–156.
Thiemeyer, Guido, Napoleon III, Otto von Bismarck und die Lateinische Münzunion, in: Bankhistorisches Archiv, Bd. 28 (2002), S. 1–20.

Timberlake, Richard H. Jr., Repeal of Silver Monetization in the Late Nineteenth Century, in: Journal of Money, Credit, and Banking, Vol. 10 (1978), S. 27–45.
Toniolo, Gianni, Storia economica dell'Italia liberale 1850–1918, Bologna 1988.
Tracy, Michael, Agriculture in Western Europe, London 1982.
Trimborn, Wilhelm, Der Weltwährungsgedanke. Eine historisch-kritische Untersuchung, Jena 1931.
Tudyka, Kurt, Politische Ökonomie und internationale Beziehungen, in: Volker Rittberger (Hrsg.), Theorien der internationalen Beziehungen, Wiesbaden 1990, S. 130–150.
Ullmann, Hans-Peter, Interessenverbände in Deutschland, Frankfurt 1988.
Unger, Irwin, The Greenback Era. A Social and Political History of American Finance, 1865–1879, Princeton 1964.
Valence, Georges, Histoire du Franc. La Légende du Franc 1360–2002, Paris 1998.
Valsecchi, F., Das Zeitalter Napoleons III. und Bismarcks 1854–1870, in: Historia Mundi, Bd. X, Bern 1961.
Wallerstein, Immanuel, Das moderne Weltsystem: Kapitalistische Landwirtschaft und die Entstehung der europäischen Weltwirtschaft im 16. Jahrhundert, Frankfurt 1986 (New York 1974).
Waltz, Kenneth, Man, the State, and War. A Theoretical Analysis, New York 1959.
Warren, George F., Frank A. Pearson, Gold and Prices, New York 1935.
Wehler, Hans Ulrich, Der Aufstieg des amerikanischen Imperialismus. Studien zur Entwicklung des Imperium Americanum 1865–1900, Göttingen 1974.
Wehler, Hans Ulrich, Deutsche Gesellschaftsgeschichte 1849–1914, München 1995.
Weinstein, Allen, Prelude to Populism. The Origins of the Silver Issue, 1867–1878, New Haven 1970.
Wende, Peter, Großbritannien 1500–2000, München 2001.
Witte, Els, Jan Craeybeckx, La Belgique Politique de 1830 à nos jours. Les Tensions d'une Démocratie bourgeoise, Bruxelles 1987.
Zabel, Hans Henning, Gottlieb Adalbert Delbrück, in: Neue Deutsche Biographie, Bd. 3, Berlin 1957, S.576–577.
Zamagni, Vera, The Economic History of Italy, 1860–1990, Oxford 1993.
Zellfelder, Friedrich, Der Lateinische Münzbund. Grundlagen, Entstehung und Scheitern, in: Jürgen Schneider (Hrsg.), Währungen der Welt, Bd. I, Stuttgart 1991, S. 105–121.
Zellfelder, Friedrich, Lateinische Münzunion, in: Michael North (Hrsg.), Von Aktie bis Zoll. Ein historisches Lexikon des Geldes, München 1995, S. 213–214.
Zellfelder, Friedrich, Wiener Münzvertrag, in: Michael North (Hrsg.), Von Aktie bis Zoll. Ein historisches Lexikon des Geldes, München 1995, S. 428.
Zerback, Ralf, Die wirtschaftliche Position als Konstituierungsfaktor des Bürgertums, in: Lothar Gall (Hrsg.), Stadt und Bürgertum im Übergang von der traditionalen zur modernen Gesellschaft, HZ Beihefte (NF), Bd. 16, München 1993, S. 202–222.
Ziebura, Gilbert, Frankreich von der großen Revolution bis zum Sturz Napoleons III. 1789–1870, in: Handbuch der Europäischen Geschichte, Bd. 6, hrsg. von Theodor Schieder, Stuttgart 1981, S. 269–718.
Zorn, Wolfgang, Wirtschaft und Gesellschaft in Deutschland in der Zeit der Reichsgründung, in: Reichsgründung 1870/71. Tatsachen, Kontroversen, Interpretationen, hrsg. von Theodor Schieder und Ernst Deuerlein, Stuttgart 1970, S. 197–225.
Zucker, Stanley, Ludwig Bamberger. German Liberal Politician and Social Critic, 1823–1899, Pittsburgh 1975.

Dank

Die vorliegende Arbeit ist die überarbeitete Version meiner Habilitationsschrift, die im Sommersemester 2004 von der Universität Kassel angenommen wurde. Nach dem Abschluss des Projektes habe ich vielfältigen Dank abzustatten: Zunächst Herrn Professor Dr. Hartmut Ullrich, der mir die Freiheit gewährte, die Arbeit innerhalb der Assistentenzeit von sechs Jahren zu schreiben und der mich immer unterstützte, obwohl sein Herz doch mehr an einem italienischen Thema gehangen hätte. Herr Professor Dr. Peter Hertner (Halle Wittenberg) und Professor Dr. Jens Flemming verfassten die weiteren Gutachten und gaben wichtige Hinweise für die Bearbeitung. Konstruktive Kritik übten auch die Herausgeber der „Studien zur internationalen Geschichte", wofür ich insbesondere Professor Dr. Wilfried Loth danke. Die umfangreichen Archivrecherchen für diese Arbeit hätten nicht unternommen werden können ohne die großzügige Reisebeihilfe, die mir die Fritz-Thyssen Stiftung (Köln) gewährte. Ihr verdanke ich zudem die Übernahme des Druckkostenzuschusses. Wertvolle technische Hilfestellungen gaben mir zudem Eva Haas, Sara Schlaak (Kassel) sowie Dominik Weber (Siegen). Vor allem aber danke ich Bettina, Saskia und Julius, die mir jenes Umfeld gaben, ohne das diese Arbeit nicht hätte geschrieben werden können.

Personenregister

Adee, Alvey A. 205
Allard, Alphonse 208
Allison, William B. 109–111, 206
Alvensleben, Graf 206
Arendt, Otto 137
Avila, Graf v. 45

Balfour, Arthur 211
Bamberger, Ludwig 77, 87–93, 96–98, 111, 116, 142, 145, 147, 168, 182, 187, 210, 226f., 229, 233
Baralis, ital. Delegierter 121
Beach, Michael Hicks 217
Beernaert, Auguste F. M. 182, 184, 204, 206
Benedetti, Vincent Graf 40f., 43, 98
Bergius, Carl Julius 92
Bieberstein, Marschall v. 200
Billé, schwed. Gesandter 68
Bismarck, Otto v. 36, 40–43, 57, 87, 89, 95–98, 126, 140–147, 150, 152f., 156f., 159, 200f., 226, 229, 232–234, 236, 238
Blaine, James G. 149, 199
Bland, Richard 108f., 191, 206
Bleichröder, Gerson 32
Bonneville, frz. Geschäftsträger in Rom 48
Bowman, Selwyn 136
Braun, dt. Abgeordneter 91
Broch, O. J. 122
Broglie, Victor de 75f.
Bryan, William Jennings 215f.
Bülow, Bernhard v. 116

Camphausen, Otto v. 89
Caprivi, Leo v. 8, 201, 212, 237
Carnot, Sadi 183f.
Cavendish, Lord 148–150
Cernuschi, Henri 137, 149–151, 154, 156, 206
Churchill, Lord Randolph 194
Cleveland, Grover 210, 214–216, 221
Coghen, J.A. 23
Cooper, Peter 106
Corti, Graf 115
Courcel, Baron de 216
Cranbrook, Viscount 134
Currie, Bertram 206

Dechend, Hermann v. 143
Delbrück, Adelbert 94
Delbrück, Rudolph v. 86f., 89f., 94, 96, 111, 141, 145, 147, 187, 226f., 229, 233
Dibble, Samuel 192
Disraeli, Benjamin 66

Emanuel, König Viktor 51
Eulenburg, Philipp v. 8, 10, 235, 237
Evarts, William M. 136, 157

Farrer, T. H. 197f.
Feer-Herzog, Carl 79f., 122, 125f., 165
Fenton, Reuben E. 118f., 123f., 128, 228
Ferry, US-Senator 110
Forsell, Hans 209
Fould, Achille 28, 31, 33, 36f., 52, 58
Fremantle, Sir Charles 148f., 196, 206
Frère-Orban, Hubert 29, 39f., 69, 152, 168, 170f., 182, 187, 227
Freycinet, Charles 170–172, 183

Garfield, James 136
Gibbs, Henry 62, 133–135
Giolitti, Giovanni 203
Glasenapp, Otto Georg v. 206
Gobineau, Arthur de 68
Goschen, George Joachim 117, 119f., 125, 134, 195
Graham, Thomas 44
Granville, Lord 149f.
Grillo, Giacomo 176

Halstead, Murat 107
Hamilton, Alexander 101
Hamilton, Edward 198
Hamilton, Lord George 217
Hammer, Bernhard 179
Hancock, Winfield 136
Harcourt, William V. 196, 199
Harrison, Benjamin 193, 195, 210
Hartung, Reichsbankdirektor 206
Hayes, Rutherford B. 106, 111f., 119, 136
Helfferich, Karl 93
Herbet, M. 50
Herschell, Lord 210
Hervé, Charles François 137
Heydt, August v.d. 40, 42, 57
Hock, Baron v. 48–50
Hohenlohe, dt. Reichskanzler 213, 231
Horton, Dana 123, 153f., 156
Houldsworth, William 206, 209
Hume, David 63

Jacobs, belg. Delegierter 80
Jefferson, Thomas 102
Jones, John P. 107, 109f., 190, 206

Kardorff, Wilhelm v. 200
Kelley, William D. 108f., 140
Kleinman, Direktor Crédit Lyonnais 220
Knox, John Jay 104
Kreglinger, belg. Delegierter 29

Laughlin, Laurence 218
Laveleye, Emile de 170, 204
Leroy-Beaulieu, Paul 138, 220f.
Levi, Montefiore 209
Levy, Moritz 206–208
Lhuys, Drouyn de 36, 40
Linderman, Henry 104
Louis Philippe 24
Lowell, James Russell 156
Luzzatti, Luigi 78, 152f., 158, 168, 174, 176, 181, 183, 206, 236

Mac Donald, Ramsay 212
Magliani, Agostino 79, 167, 169, 173–175
Magne, Pierre 50, 52, 72, 75f., 81f., 138, 164
Magnin, Pierre 138f., 203
Mallet, Sir Louis 149, 155
Malou, Jules 69–71, 115
Mancini, Pasquale Stanislao 174f.
McKinley, William 215f., 222
Medill, Joseph 107
Mees, W. C. 44, 123
Méline, Jules 216
Merrimon, Augustus 110f.
Michaelis, Otto 87
Minghetti, Marco 78
Mirbach, Graf v. 213
Mohl, Moritz 92
Morny, Graf von 33
Moser, E. 164

Napoleon III. 32f., 37f., 41, 45, 50f., 56f., 119, 137, 187, 225, 232
Neeff, belg. Abgeordneter 204
Noyes, Edward Follansbee 113f.

Paine, Charles J. 216
Parieu, Félix de 29–31, 37, 40, 42, 49f., 58f., 78–80, 137, 224
Peel, Robert 150
Pierson, niederl. Delegierter 154
Pirmez, Eudore 122, 129, 151f., 164, 180f., 184f., 206
Posadowsky-Wehner, Freiherr v. 212
Prince-Smith, John 92

Raffalovich, A. 208
Ressmann, ital. Delegierter 165
Ricardo, David 63
Riedel, Reichstagsabgeordneter 86
Ropes, Joseph 111
Rossi, Alessandro 220
Rothschild, Alfred de 206–208
Rothschild, James de 32f.
Rouher, Eugène 50, 164
Rouland, Gustave 31
Rouvier, Maurice 202f.
Ruggles, Samuel B. 104
Rusconi, Graf 121, 124, 126
Russell, Henry B. 18

Saint Hilaire, Barthélemy 146
Salisbury, Marquess of 194f., 217, 234
Say, Jean Baptiste 118
Say, Léon 114f., 118–121, 123, 125f., 174, 183
Scialoja, Antonio 163
Seismit-Doda, Federico 152
Sherman, John 106
Sieyès, Emmanuel Abbé 226
Simonelli, Pasquale 174, 206
Soetbeer, Adolf 84–86, 92, 94, 152, 187, 207f.
Soubeyran, frz. Delegierter 79, 138, 202
Stanley, Lord 44
Stein, Lorenz v. 92
Stevenson, Adlai E. 216

Thielmann, Baron v. 146f., 150f.
Thoemer, T. v. 153
Tietgen, Carl Frederick 209
Tirard, Pierre 177, 206, 208

Wachtmeister, Carl 53, 67
Waddington, William Henry 114
Waern, Carl Fredrik 122
Walker, Francis A. 138, 192
Wallenberg, schwed. Gesandter 53
Warner, Adoniram 135
Weaver, James B. 136
Weston, George M. 106
White, Andrew D. 140
White, Horace 106
Willis, Henry Parker 18, 30, 81
Wilson, C. Rivers 206, 208
Wolcott, Edward 216

Zeppa, ital. Abgeordneter 206

Studien zur Internationalen Geschichte

Herausgegeben von Wilfried Loth
und Eckart Conze, Anselm Doering-Manteuffel, Jost Dülffer und Jürgen Osterhammel

„Internationale Geschichte" stellt eine zentrale Dimension der Geschichte des 19. und 20. Jahrhunderts dar. Sie umfasst Beziehungen zwischen den Staaten und Gesellschaften ebenso wie Prozesse ihrer Vernetzung und wechselseitigen Durchdringung im Zeichen beschleunigter Kommunikation und wachsender Interdependenz. Die „Studien zur Internationalen Geschichte" wollen das Verständnis der internationalen Dimension von Geschichte fördern. Sie greifen auf, was die systematischen Sozialwissenschaften zur Erklärung der internationalen Beziehungen bereitstellen, und tragen mit empirisch dichten Untersuchungen zur Präzisierung theoretischer Einsichten bei.

Bisher erschienen:

Band 1
Gerhard Th. Mollin
Die USA und der Kolonialismus
Amerika als Partner und Nachfolger der belgischen Macht in Afrika 1939–1965
1996. 544 S., 24 Abb., 2 Karten
ISBN 3-05-002735-5

Band 2
Wolfram Kaiser
Großbritannien und die Europäische Wirtschaftsgemeinschaft 1955–1961
Von Messina nach Canossa
1996. 233 S.
ISBN 3-05-002736-3

Band 3
Konrad Canis
Von Bismarck zur Weltpolitik
Deutsche Außenpolitik 1890–1902
1997. 430 S.
ISBN 3-05-002758-4

Band 4
Gabriele Metzler
Großbritannien – Weltmacht in Europa
Handelspolitik im Wandel des europäischen Staatensystems 1856 bis 1871
1997. 353 S.
ISBN 3-05-003083-6

Band 5
Marc Frey
Der Erste Weltkrieg und die Niederlande
Ein neutrales Land im politischen und wirtschaftlichen Kalkül der Kriegsgegner
1998. 412 S.
ISBN 3-05-003265-0

Band 6
Guido Thiemeyer
Vom „Pool Vert" zur Europäischen Wirtschaftsgemeinschaft
Europäische Integration, Kalter Krieg und die Anfänge der Gemeinsamen Europäischen Agrarpolitik 1950–1957
1999. X, 299 S.
ISBN 3-486-56427-7

Band 7
Ursula Lehmkuhl
Pax Anglo-Americana
Machtstrukturelle Grundlagen anglo-amerikanischer Asien- und Fernostpolitik in den 1950er Jahren
1999. 304 S.
ISBN 3-486-56430-7

Band 8
Klaus Mühlhahn
Herrschaft und Widerstand in der „Musterkolonie" Kiautschou
Interaktionen zwischen China und Deutschland, 1897–1914
2000. 474 S.
ISBN 3-486-56465-X

Band 9
Madeleine Herren
Hintertüren zur Macht
Internationalismus und modernisierungsorientierte Außenpolitik in Belgien, der Schweiz und den USA 1865–1914
2000. VIII, 551 S.
ISBN 3-486-56431-5

Band 10
Internationale Geschichte
Themen – Ergebnisse – Aussichten
Herausgegeben von Wilfried Loth und Jürgen Osterhammel
2000. XIV, 415 S.
ISBN 3-486-56487-0

Band 11
Niels P. Petersson
Imperialismus und Modernisierung
Siam, China und die europäischen Mächte 1895–1914
2000. 492 S.
ISBN 3-486-56506-0

Band 12
Friedrich Kießling
Gegen den „großen" Krieg?
Entspannung in den internationalen Beziehungen 1911–1914
2002. VIII, 351 S.
ISBN 3-486-56635-0

Band 13
Günther Kronenbitter
„Krieg im Frieden"
Die Führung der k. u. k. Armee und die Großmachtpolitik Österreich-Ungarns 1906–1914
2003. VIII, 579 S.
ISBN 3-486-56700-4

Band 14
Henning Hoff
Großbritannien und die DDR 1955–1973
Diplomatie auf Umwegen
2003. 492 S.
ISBN 3-486-56737-3

Band 15
Guido Müller
Europäische Gesellschaftsbeziehungen nach dem Ersten Weltkrieg
Das Deutsch-Französische Studienkomitee und der Europäische Kulturbund
2005. XII, 525 S.
ISBN 3-486-57736-0

Band 16
Andreas Eckert
Herrschen und Verwalten
Afrikanische Bürokraten, staatliche Ordnung und Politik in Tansania, 1920–1970
2007. VIII, 313 S., 5 Abb., 1 Karte
ISBN 978-3-486-57906-2

Band 17
Marc Frey
Dekolonisierung in Südostasien
Die Vereinigten Staaten und die Auflösung der europäischen Kolonialreiche
2006. VIII, 351 S., 1 Karte
ISBN 3-486-58035-3

Band 18
Achim Trunk
Europa, ein Ausweg
Politische Eliten und europäische Identität in den 1950er Jahren
2007. 387 S.
ISBN 978-3-486-58187-4

www.ingramcontent.com/pod-product-compliance
Ingram Content Group UK Ltd.
Pitfield, Milton Keynes, MK11 3LW, UK
UKHW022117051026
15623UKWH00003B/924

9 783486 584318